Friemel/Schiml
Lehrbuch der Abgabenordnung

Steuerfachkurs

Lehrbuch der Abgabenordnung

Von

Ltd. Regierungsdirektor Rainer Friemel
Vorsteher des Finanzamtes Fürth

Regierungsdirektor Kurt Schiml
Dozent am Fachbereich Finanzwesen der
Bayerischen Beamtenfachhochschule, Herrsching

12., überarbeitete Auflage

Verlag Neue Wirtschafts-Briefe
Herne/Berlin

Bearbeitervermerk:

Kap. A, B, C:	*Schiml*
Kap. D, E:	*Friemel*
Kap. F:	*Schiml*
Kap. G, H, I:	*Friemel/Schiml*
Kap. K:	*Friemel*
Kap. L:	*Friemel/Schiml*
Kap. M:	*Schiml*
Kap. N:	*Friemel*
Kap. O, P:	*Schiml*
Kap. Q:	*Schiml/Friemel*

Die Deutsche Bibliothek – CIP-Einheitsaufnahme

Steuerfachkurs – Herne; Berlin: Verl. Neue Wirtschafts-Briefe.

Lehrbuch der Abgabenordnung. – 12., überarb. Aufl. – 1994

Lehrbuch der Abgabenordnung / von Rainer Friemel; Kurt Schiml. – 12., überarb. Aufl. – Herne; Berlin: Verl. Neue Wirtschafts-Briefe, 1994
  (Steuerfachkurs)
  ISBN 3-482-74182-4
NE: Friemel, Rainer; Schiml, Kurt

ISBN 3-482-**74182-4** – 12., überarbeitete Auflage 1994
© Verlag Neue Wirtschafts-Briefe, Herne/Berlin, 1978
Alle Rechte vorbehalten.
Dieses Buch und alle in ihm enthaltenen Beiträge und Abbildungen sind urheberrechtlich geschützt. Mit Ausnahme der gesetzlich zugelassenen Fälle ist eine Verwertung ohne Einwilligung des Verlages unzulässig.
Druck: Griebsch & Rochol Druck GmbH, Hamm

Vorwort

Die Lehrbuchreihe *Steuerfachkurs* enthält die Darstellung der wichtigsten Steuerarten. Sie will dem Leser das Grundwissen über die einzelnen Steuerrechtsgebiete vermitteln. Der Leser findet eine systematische und anschauliche Darstellung, die ihn befähigt, sich auf die beruflichen Prüfungen und die praktische Arbeit vorzubereiten.

Die Abgabenordnung ist das „Grundgesetz" des Steuerrechts. Sie enthält das Verfahrensrecht für alle öffentlich-rechtlichen Abgaben, die durch Finanzbehörden verwaltet werden. Eine grundlegende Reformierung des Verfahrenrechts, dessen erste Kodifizierung, die Reichsabgabenordnung von 1923, auf Enno Becker zurückgeht, erfolgte durch die seit dem 1. 1. 1977 geltende Abgabenordnung.

Die vorliegende 12. Auflage des Lehrbuches wurde überarbeitet und dem neuesten Rechtsstand angepaßt.

Verfasser und Verlag hoffen, daß das Lehrbuch, um dessen Zuverlässigkeit und Vollständigkeit sich die Autoren bemüht haben, den Lesern und Lernenden auch künftig eine wertvolle Hilfe ist. Für Anregungen und Kritik sind wir jederzeit verbunden.

Herne, im Juni 1994 *Rainer Friemel*
Kurt Schiml

Inhaltsverzeichnis

	Seite
Vorwort	5
Inhaltsverzeichnis	7
Literaturhinweise	11
Abkürzungsverzeichnis	12

A. Einführung ... 15
   I. Die Abgabenordnung ... 15
   II. Andere Rechtsgrundlagen des Allgemeinen Steuerrechts ... 15
   III. Geltungsbereich der AO ... 16
   IV. Steuern ... 16
   V. Einteilung der Steuern ... 19
   VI. Übersicht über die wichtigsten Steuern und Monopole ... 22
   VII. Steuerrecht ... 23
   VIII. Die Finanzbehörden ... 24

B. Anwendung der Gesetze ... 27
   I. Ermittlung des Sachverhaltes ... 27
   II. Auslegung der Steuerrechtsvorschriften ... 27
   III. Die Subsumtion ... 37
   IV. Die rechtliche Schlußfolgerung ... 37

C. Amtsträger ... 38
   I. Begriff ... 38
   II. Ausschließung und Enthaltung von Amtsträgern ... 38
   III. Das Steuergeheimnis ... 41

D. Zuständigkeit ... 48
   I. Begriff ... 48
   II. Sachliche Zuständigkeit ... 48
   III. Örtliche Zuständigkeit ... 51

E. Fristen und Termine ... 69
   I. Begriffe ... 69
   II. Arten der Fristen ... 70
   III. Berechnung der Fristen ... 71
   IV. Wiedereinsetzung in den vorigen Stand ... 73

F. Steuerliches Ermittlungsverfahren ... 83
  I. Besteuerungsgrundsätze ... 83
  II. Mitwirkungspflichten der Bürger ... 87
  III. Befugnisse der Behörden ... 97

G. Verwaltungsakte ... 103
  I. Begriff des Verwaltungsaktes ... 103
  II. Bestimmtheit und Form von Verwaltungsakten ... 104
  III. Nebenbestimmungen des Verwaltungsaktes ... 105
  IV. Arten von Verwaltungsakten ... 107
  V. Steuerbescheide ... 113
  VI. Feststellungsbescheide ... 115
  VII. Bekanntgabe von Steuerverwaltungsakten ... 123

H. Fehlerhafte Verwaltungsakte ... 142
  I. Nichtige Verwaltungsakte ... 142
  II. Fehlerhafte Verwaltungsakte ... 144
  III. Systematik der Fehlerbeseitigung ... 146

I. Korrektur von Steuerverwaltungsakten ... 147
  I. Bindungswirkung ... 147
  II. Systematische Übersicht ... 147
  III. Berichtigung offenbarer Unrichtigkeiten ... 148
  IV. Rücknahme und Widerruf von „Nicht-Steuerbescheiden" ... 151
  V. Aufhebung und Änderung von Steuerbescheiden ... 158
   1. Steuerbescheide ... 158
   2. System der Aufhebung und Änderung von Steuerbescheiden (§ 172 AO) ... 158
   3. Aufhebung und Änderung von Steuerbescheiden „unter Vorbehalt der Nachprüfung" (§ 164 AO) ... 159
   4. Aufhebung und Änderung von vorläufigen Steuerbescheiden (§ 165 AO) ... 161
   5. Aufhebung und Änderung von Steuerbescheiden bei Zustimmung (§ 172 Abs. 1 Nr. 2a AO) ... 164
   6. Aufhebung und Änderung von Steuerbescheiden einer sachlich unzuständigen Behörde (§ 172 Abs. 1 Nr. 2b AO) ... 167
   7. Aufhebung und Änderung von Steuerbescheiden, die durch unlautere Mittel erwirkt worden sind (§ 172 Abs. 1 Nr. 2c AO) ... 167
   8. Aufhebung oder Änderung wegen neuer Tatsachen oder Beweismittel (§ 173 AO) ... 168
   9. Änderung wegen widerstreitender Steuerfestsetzungen (§ 174 AO) ... 174
   10. Änderung von Folgebescheiden (§ 175 Abs. 1 Nr. 1 AO) ... 180

11. Änderung nach Eintritt eines Ereignisses mit Wirkung für
   die Vergangenheit (§ 175 Abs. 1 Nr. 2 AO) 181
12. Änderung von Steuerbescheiden zur Umsetzung von
   Verständigungsvereinbarungen (§ 175 a AO) 186
13. Mitberichtigung von materiellen Fehlern im Rahmen der
   Änderung von Steuerbescheiden (§ 177 AO) 186
14. Vertrauensschutz bei der Änderung von Steuerbescheiden
   (§ 176 AO) 192
VI. Rücknahme, Widerruf und Änderung im Rechtsbehelfsverfahren 193

K. Steuerschuldverhältnis 195
   I. Begriff 195
   II. Der Anspruch aus dem Steuerschuldverhältnis 195
   III. Schuldner und Gläubiger 198
   IV. Entstehung der Ansprüche aus dem Steuerschuldverhältnis 203
   V. Fälligkeit von Ansprüchen aus dem Steuerschuldverhältnis 207
   VI. Verschiebung von Fälligkeit 217
   VII. Zinsen 220
   VIII. Abtretung, Verpfändung, Pfändung 228

L. Erlöschen von Ansprüchen aus dem Steuerschuldverhältnis 232
   I. Erlöschensgründe 232
   II. Zahlung (§§ 224, 225 AO) 233
   III. Aufrechnung (§ 226 AO) 234
   IV. Erlaß (§§ 163, 227 AO) 239
   V. Verjährung 244
   VI. Festsetzungsverjährung von Steuern (§§ 169–171 AO) 245
      1. Beginn der Festsetzungsfrist (§ 170 Abs. 1 AO) 245
      2. Anlaufhemmung (§ 170 Abs. 2–4 AO) 245
      3. Dauer der Festsetzungsfrist (§ 169 AO) 247
      4. Ablaufhemmung (§ 171 AO) 250
      5. Wahrung der Festsetzungsfrist (§ 169 Abs. 1 Satz 3 AO) 257
   VII. Festsetzungsverjährung für gesonderte Feststellungen (§ 181 AO) 258
   VIII. Fesetzungsverjährung für Steuermeßbescheide 262
   IX. Festsetzungsverjährung für steuerliche Nebenleistungen 262
   X. Zahlungsverjährung von Ansprüchen aus dem
      Steuerschuldverhältnis (§§ 228–232 AO) 263

M. Haftung 272
   I. Die Grundlagen 272
   II. Persönliche gesetzliche Haftung 272
   III. Dingliche gesetzliche Haftung (Sachhaftung) 290

IV. Verfahren 291
V. Vertragliche Haftung 302

N. Außenprüfung, verbindliche Zusage und Auskünfte 303
    I. Außenprüfung (§§ 193–203 AO) 303
   II. Verbindliche Zusage aufgrund einer Außenprüfung
       (§§ 204–297 AO) 308
  III. Verbindliche Auskünfte 310

O. Rechtsbehelfsverfahren 312
    I. Grundlagen (Vorverfahren und gerichtliche Verfahren) 312
   II. Das außergerichtliche Vorverfahren 314
       1. Die Zulässigkeit der Rechtsbehelfe 314
       2. Verfahrensgrundsätze 335
       3. Verfahren über den Einspruch 347
       4. Verfahren über die Beschwerde 349
       5. Die Rechtsbehelfsentscheidung 350
  III. Das gerichtiche Rechtsbehelfsverfahren 354
       1. Gerichtsverfassung 354
       2. Klagen 355
       3. Entscheidungen 363
       4. Rechtsmittel 366
       5. Kosten und Vollstreckung 368
  IV. Die Verfassungsbeschwerde 370

P. Vollstreckung wegen anderer Leistungen als Geldforderungen 372
    I. Zwangsmittel 372
   II. Verfahren 373

Q. Steuerstraf- und Steuerordnungswidrigkeitenrecht 376
    I. Einleitung 376
   II. Grundbegriffe des Steuerstrafrechts 377
  III. Steuerstraftaten 382
  IV. Grundbegriffe des Ordnungswidrigkeitenrechts 389
   V. Steuerordnungswidrigkeiten 391
  VI. Straf- und Bußgeldverfahren 395

Paragraphenschlüssel 403
Stichwortverzeichnis 407

Literaturhinweise

Lehrbücher:

Ax/Fuchs/Große, Abgabenordnung und FGO, 13. Aufl., Stuttgart 1990
Jakob, Steuerverwaltungsverfahren, München 1991
Lammerding/Sudau/Brauel, Abgabenordnung und FGO, 12. Aufl., Achim 1993

Fallsammlungen:

Heinke/Merkel, Abgabenordnung, 60 praktische Fälle, 4. Aufl., Achim 1991
Friemel/Schiml, Fälle mit Lösungen zur Abgabenordnung, 9. Aufl., Herne 1994

Kommentare:

Hübschmann/Hepp/Spitaler, Kommentar zur AO und FGO, Loseblatt Köln
Klein/Orlopp/Brockmeyer, Kommentar zur AO, 4. Aufl., München 1989
Kühn/Kutter/Hofmann, Kommentar zur AO und FGO, 16. Aufl., Stuttgart 1990
Tipke/Kruse, Kommentar zur AO und FGO, Loseblatt Köln

Abkürzungsverzeichnis

Abs.	Absatz
AEAO	Anwendungserlaß zur AO
AktG	Aktiengesetz
Art.	Artikel
AStG	Außensteuergesetz
BewG	Bewertungsgesetz
BFH	Bundesfinanzhof
BFH-EntlG	Gesetz zur Entlastung des Bundesfinanzhofes
BFH/NV	Sammlung nicht veröffentlicher Entscheidungen des Bundesfinanzhofes (Zeitschrift)
BGB	Bürgerliches Gesetzbuch
BMF	Bundesministerium der Finanzen
BpO	Betriebsprüfungsordnung (BStBl I 1987, 802)
BStBl	Bundessteuerblatt
BVerfG	Bundesverfassungsgericht
BVerfGG	Bundesverfassungsgerichtsgesetz
ErbStG	Erbschaftssteuergesetz
EStDV	Einkommensteuerdurchführungsverordnung
EStG	Einkommensteuergesetz
EStR	Einkommensteuer-Richtlinien
EuGH	Europäischer Gerichtshof
EW	Einheitswert
EWBV	Einheitswert des Betriebsvermögens
FA	Finanzamt
FGO	Finanzgerichtsordnung
FVG	Finanzverwaltungsgesetz
GewStG	Gewerbesteuergesetz
GG	Grundgesetz
GmbHG	Gesetz betreffend die Gesellschaften mit beschränkter Haftung
GKG	Gerichtskostengesetz
GrdStG	Grundsteuergesetz
GrEStG	Grunderwerbsteuergesetz
GVG	Gerichtsverfassungsgesetz
h. M.	herrschende Meinung
HFR	Höchstrichterliche Finanzrechtsprechung (Zeitschrift)

Abkürzungsverzeichnis 13

i. S.	im Sinne
i. V. m.	in Verbindung mit
InvZulG	Investitionszulagengesetz
JGG	Jugendgerichtsgesetz
KG	Kommanditgesellschaft
KiSt	Kirchensteuer
KO	Konkursordnung
KraftStG	Kraftfahrzeugsteuergesetz
KStG	Körperschaftsteuergesetz
KStR	Körperschaftsteuer-Richtlinien
LStR	Lohnsteuerrichtlinien
OFD	Oberfinanzdirektion
OHG	Offene Handelsgesellschaft
OWiG	Ordungswidrigkeitengesetz
Rdnr.	Randnummer
StBerG	Steuerberatungsgesetz
StGB	Strafgesetzbuch
Stpfl.	Steuerpflichtiger
StPO	Strafprozeßordnung
str.	strittig
Tz	Textziffer
UStG	Umsatzsteuergesetz
VermBG	Vermögensbildungsgesetz
VStG	Vermögensteuergesetz
VwZG	Verwaltungszustellungsgesetz
WoPG	Wohnungsbauprämiengesetz
ZPO	Zivilprozeßordnung

A. Einführung

I. Die Abgabenordnung

Die Abgabenordnung (AO) nimmt als steuerliches Grundgesetz eine Sonderstellung im gesamten Steuerrecht ein. Sie ist die gemeinsame Grundlage für die Verwaltung aller Steuern. Alles, was der Gesetzgeber für alle Steuern gleichartig geregelt haben wollte, klammerte er aus den Einzelsteuergesetzen aus und faßte es in der AO zusammen.
So enthält die AO in erster Linie die Regeln des **Verfahrensrechts,** also Bestimmungen darüber, wie bestimmte Angelegenheiten zu behandeln sind, z. B. den Inhalt eines Steuerbescheides, die Form der Einlegung von Rechtsbehelfen oder den Gang des Ermittlungs- und Beweisverfahrens. Daneben enthält die AO aber auch Bestimmungen des **materiellen** Rechts, z. B. die Regeln über die Haftung und das Erlöschen der Ansprüche.
Während der Vorgänger der AO, die sog. Reichsabgabenordnung von 1923, darum bemüht war, das ganze Verfahrensrecht zu vereinigen – auch soweit es nur eine einzelne Steuer betraf –, geht die AO einen anderen Weg. Bestimmungen, die nur für einzelne Steuern gelten, finden sich in den Einzelsteuergesetzen.

Beispiel:
Die Entstehung der ESt in § 36 EStG, der USt in § 13 UStG, der VSt in § 5 Abs. 2 VStG.

1

II. Andere Rechtsgrundlagen des Allgemeinen Steuerrechts

Neben der AO gibt es noch einige andere Gesetze, in denen bestimmte Teile des Abgabenrechts geregelt sind:

2

1. Das **Grundgesetz** regelt im Abschnitt „Finanzwesen" (Art. 104a–115) die Gesetzgebungs-, Ertrags- und Verwaltungshoheit und die Grundlagen des Haushaltsrechts.
2. Das **Finanzverwaltungsgesetz** (FVG) bestimmt den Aufbau der Finanzverwaltung in Bund und Ländern und die sachliche Zuständigkeit der Finanzbehörden.

3. Die **Finanzgerichtsordnung** (FGO) regelt das gerichtliche Rechtsbehelfsverfahren. Ergänzend hierzu ist das BFH-Entlastungsgesetz zu beachten.
4. Das **Verwaltungszustellungsgesetz** (VwZG) behandelt die Art und Weise von Zustellungen; darunter versteht man die förmliche Bekanntgabe von Verwaltungsakten.
5. Das **Steuerberatungsgesetz** (StBerG) enthält Bestimmungen über die Ausbildung, Prüfung und die Berufspflichten der Steuerberater.

III. Geltungsbereich der AO

3 § 1 AO grenzt den Geltungsbereich der AO gegenüber anderen Verwaltungsgesetzen (z. B. Verwaltungsverfahrensgesetz oder Verwaltungsgerichtsordnung) ab. Soweit das FA Steuern verwaltet, geschieht dies immer nach der AO, weil das FA eine Landesfinanzbehörde ist (§ 2 Abs. 1 Nr. 3 FVG) und die Steuern bundesrechtlich geregelt sind. Soweit dem FA andere Aufgaben übertragen sind (z. B. Verwaltung von staatlichen Wohnungen), ist dafür die AO nicht anwendbar.
Bei den Realsteuern (GewSt und GrdSt, § 3 Abs. 2 AO) teilen sich FA und Gemeinde in die Verwaltungsarbeit. § 1 Abs. 2 AO stellt klar, daß insoweit auch die Gemeindebehörden die wesentlichen Bestimmungen der AO anwenden müssen.

IV. Steuern

4 Das Wort „Steuer" kommt aus dem althochdeutschen „stiura" und wurde über „stuira" zur heutigen „Steuer". Es bedeutete ursprünglich etwa Beihilfe oder Unterstützung, die der Landesherr von seinen Untertanen zur Verwaltung des Gemeinwesens in Anspruch nahm. Die Steuern sind die wichtigsten Einnahmen des Staates; die anderen Geldquellen, wie z. B. Gebühren, Beiträge, Anleihen, Strafen und Spenden, haben daneben keine große praktische Bedeutung, wie ein Blick in den Haushaltsplan zeigt.
Die Abgrenzung der Steuern von den übrigen Einnahmen des Staates wird in § 3 AO vorgenommen. Danach müssen sechs Tatbestandsmerkmale vorliegen, damit der Steuerbegriff erfüllt ist:
1. Es muß sich um eine **Geldleistung** handeln; damit scheiden alle Naturalleistungen aus.

Beispiel:
Die Hand- und Spanndienste, die eine Gemeinde ihren Bürgern auferlegen kann, oder der Wehrdienst sind keine Steuern.

2. Es darf sich um **keine Gegenleistung** für eine besondere Leistung handeln. Damit scheiden die Gebühren und Beiträge aus. Beiden ist gemeinsam, daß sie als Entgelt für besondere Leistungen oder Einrichtungen der öffentlichen Hand erhoben werden. Der Unterschied liegt darin, daß die Gebühr eine tatsächliche Inanspruchnahme der öffentlichen Leistungen voraussetzt, während die **Beiträge** auch bei bloßer Bereitstellung besonderer Einrichtungen von den vorzugsweise Begünstigten gefordert werden können.

Beispiel:
Gebühren sind demnach die Vollstreckungs- (§ 337 AO) und Schreibgebühren, mit denen die Unkosten von Sonderleistungen der Steuerverwaltung gedeckt werden sollen. – Beiträge werden von den Finanzämtern nicht erhoben. Als Beispiele wären zu nennen: Kurtaxen, Straßenanliegerbeiträge und die Beiträge an die Sozialversicherung.

Weil die Beiträge und Gebühren genauso wie die Steuern ihre Rechtsgrundlagen im öffentlichen Recht haben, faßt man diese drei Geldleistungen unter dem **Sammelbegriff „öffentlich-rechtliche Abgaben"** zusammen.

3. Die Steuer muß von einem öffentlich-rechtlichen Gemeinwesen auferlegt sein. Unter dem **öffentlich-rechtlichen Gemeinwesen** verstehen wir die Gebietskörperschaften des öffentlichen Rechts; das sind Körperschaften, denen durch Verfassung oder Gesetz ein bestimmter Teil des Staatsgebietes zur Selbstverwaltung zugeteilt ist, nämlich

a) der Bund,   d) die Landkreise,

b) die Länder,   e) die Gemeinden.

c) die Regierungsbezirke,

Schließlich gehören hierher auch die **Religionsgesellschaften,** soweit sie nach Landesrecht Körperschaften des öffentlichen Rechts sind (z. B. die Evangelische Kirche, die Römisch-katholische Kirche, die Altkatholische Kirche und die Jüdische Kultusgemeinde).

Andere Körperschaften des öffentlichen Rechts, wie z. B. der Rundfunk oder ein Zweckverband, können nicht Steuergläubiger sein; sie dürfen nur Gebühren oder Beiträge erheben.

4. „Auferlegt" bedeutet hier, daß die Leistungsverpflichtung nicht vom Willen des Zahlenden abhängen darf, sondern einseitig von dem Gemein-

dewesen nach dessen wirtschaftlichen Bedürfnissen bestimmt sein muß.
Freiwillige Zahlungen aller Art gehören deshalb nicht zu den Steuern.

Beispiel:

Eine Spende ist eine freiwillige Zahlung. Der Kaufpreis für Holz aus dem Gemeindewald oder die Miete für eine Wohnung in einem staatseigenen Haus beruhen zwar auf vertraglicher Verpflichtung; dieser Vertrag wurde aber von den Beteiligten freiwillig abgeschlossen, so daß die darauf beruhenden Leistungen keine Steuern sind (abgesehen davon, daß es sich hierbei auch um Gegenleistungen handelt).

5. Die Steuer muß zur **Erzielung von Einnahmen** erhoben werden. Die Absicht, dem Gemeinwesen Mittel zu beschaffen, braucht aber nicht das einzige Motiv für die Erhebung der Steuer zu sein. Wirtschaftspolitische Beweggründe (wie z. B. bei den Zöllen) oder andere Absichten (wie z. B. Konsumlenkung bei der Tabak- und der Branntweinsteuer) dürfen mitbestimmend gewesen sein. Die Erzielung von Einnahmen darf aber nicht zu einer bloßen Folge herabsinken, sonst verliert die Leistung ihre Steuereigenschaft (§ 3 Abs. 1 2. Halbsatz AO).

Beispiel:

Geldstrafen werden nur dazu verhängt, einen Verstoß gegen die Gesetze mit wirtschaftlichen Mitteln zu sühnen.

Ähnlich verhält es sich mit den **Säumniszuschlägen, Verspätungszuschlägen** und **Zwangsgeldern,** die als Ungehorsamsfolgen und Druck- oder Erziehungsmittel festgesetzt werden; die Absicht, Einnahmen zu erzielen, ist hier nicht ausschlaggebend.

6. Die Steuer muß allen, bei denen der Tatbestand zutrifft, auferlegt sein. In diesem Tatbestandsmerkmal finden die beiden grundlegenden Prinzipien des Besteuerungsverfahrens ihren Niederschlag:

a) **Die Tatbestandsmäßigkeit der Besteuerung.**

b) **Die Gleichmäßigkeit der Besteuerung.** (Vgl. Rdnr. 85)

Die Frage, ob eine bestimmte Leistung alle sechs vorgenannten Tatbestandsmerkmale erfüllt und somit eine „Steuer" ist, ist nicht nur eine theoretische Spielerei, sondern daran knüpfen praktische Folgen. Wenn das Gesetz von Steuer spricht, dann meint es nur die in § 3 AO charakterisierten Leistungen.

Beispiel:

Der Betriebsübernehmer haftet im Falle des § 75 AO für „Steuern", also nicht für Säumniszuschläge und Zwangsgelder dazu.

Wo die AO nicht nur Steuern, sondern auch andere Leistungen in eine Regelung einbezieht, gebraucht sie die Bezeichnung
„Ansprüche aus dem Steuerschuldverhältnis"
(z. B. in den §§ 226, 227, 228 AO – Begriff in § 37 AO).
Steuerliche Nebenleistungen sind die Verspätungszuschläge, Zinsen, Zwangsgelder und Kosten (§ 3 Abs. 3 AO). Dieser Sammelbegriff dient lediglich der Vereinfachung bei Aufzählungen.

V. Einteilung der Steuern

Man kann die Steuern nach mannigfaltigen Gesichtspunkten einteilen. Hier sollen nur die Arten erwähnt werden, die für die Praxis Bedeutung haben, weil Gesetze oder Verwaltungsanweisungen daran anknüpfen.

1. Ertragshoheit

Unter Ertragshoheit versteht man das Recht eines bestimmten Gemeinwesens, das Aufkommen einer Steuer für seine Zwecke zu beanspruchen. Die Ertragshoheit findet ihre grundsätzliche Regelung in Art. 106 GG, wo das Aufkommen zwischen Bund und Ländern verteilt ist. Dort wird bereits den Gemeinden ein gewisses Mindestaufkommen garantiert, nämlich die Realsteuern; darüber hinaus bleibt es den Landesverfassungen oder anderen Bestimmungen des Landesrechts überlassen, den Gemeinden, Kreisen und Bezirken einen Teil ihrer Ertragshoheit abzutreten.

Nach der Ertragshoheit unterscheidet man:

a) Bundessteuern, vgl. Art. 106 Abs. 1 GG;

b) Landessteuern, vgl. Art. 106 Abs. 2 GG;

c) Gemeinschaftsteuern, vgl. Art. 106 Abs. 3 GG;

d) Gemeindesteuern, vgl. Art. 106 Abs. 6 GG und die Landesverfassungen;

e) Kirchensteuern, vgl. Art. 140 GG, Art. 137 Abs. 6 Weimarer Verfassung, sowie die landesrechtlichen Kirchensteuergesetze und die Rechtsnormen der jeweiligen Kirchen.

Der Ertrag der Zinsen folgt der Ertragshoheit der dazugehörigen Steuer; das Aufkommen der übrigen Nebenleistungen bestimmt sich nach der Verwaltungshoheit (§ 3 Abs. 4 AO).

2. Verwaltungshoheit

6 Verwaltungshoheit ist das Recht und die Pflicht einer bestimmten Gebietskörperschaft, eine Steuer festzusetzen, zu erheben, beizutreiben usw. Während man die Ertragshoheit schlagwortartig mit der Frage „Wer erhält das Geld?" kennzeichnen kann, könnte man für die Verwaltungshoheit entsprechend sagen „Wer macht die Arbeit?".

Die Verwaltungshoheit ist in Art. 108 Abs. 1 bis Abs. 3 GG zwischen Bund und Ländern aufgeteilt. Dabei werden die Steuern nicht einzeln aufgezählt, sondern als Gruppen angesprochen. Es heißt, der Bund verwaltet Zölle, Monopole und Verbrauchsteuern; die Länder verwalten die übrigen Steuern, die man in die Gruppe Besitz- und Verkehrsteuern zusammenfaßt (vgl. hierzu auch § 8 Abs. 2 FVG, wo der Aufbau einer OFD geregelt ist und wo es heißt, sie bestehe aus einer Zoll- und Verbrauchsteuerabteilung... und einer Besitz- und Verkehrsteuerabteilung).

Es ist deshalb erforderlich, die folgenden Begriffe zu kennen:

a) **Zölle** sind Steuern, deren Entstehung an den Grenzübertritt einer Ware anknüpft (z. B. Einfuhr- und Ausfuhrzölle);

b) **Verbrauchsteuern** sind Steuern, deren Entstehung an den Verbrauch eines Gegenstandes anknüpft (z. B. Tabak-, Tee-, Salzsteuer).

c) **Monopol-Erträge** sind Einnahmen des Staates für den Verzicht auf ein ihm eigentlich zustehendes Alleinherstellungsrecht (Branntweinmonopol).

d) **Besitzsteuern** sind Steuern, die an den Besitz (Vermögen) oder den Erwerb (Einkommen) anknüpfen, z. B. ESt, VSt, KiSt, ErbSt;

e) **Verkehrsteuern** knüpfen an Rechtsgeschäfte an (z. B. USt, GrESt, WechselSt).

Die Unterscheidung zwischen **Besitz- und Verkehrsteuern** ist oft schwierig, manchmal auch umstritten.

> **Beispiel:**
>
> Wenn ich sage, die ErbSt besteuert den Übergang des Vermögens vom Erblasser auf den Erben, halte ich sie für eine Verkehrsteuer; gehe ich aber davon aus daß das Vermögen anläßlich des Todes einer zusätzlichen Besteuerung unterworfen wird, muß ich sie bei den Besitzsteuern einreihen.

Diese Unterscheidung hat aber keine praktische Bedeutung. Wichtig ist nur die Unterscheidung in Zölle und Verbrauchsteuern einerseits und Besitz- und Verkehrsteuern andererseits.

Einteilung der Steuern　　　　　　　　　　　　　　　　　　　　　21

3. Auswirkung beim Steuerschuldner

Es gibt Steuern, die in ihrer wirtschaftlichen Auswirkung allein den Steuerschuldner belasten. Steuerschuldner ist der Adressat des Steuerbescheides. Andere Steuern zahlt der Steuerschuldner aus Mitteln, die er sich von anderen (meist seinen Kunden) beschafft hat; man sagt, die Steuer wird überwälzt.

Demgemäß unterscheidet man:

a) Direkte Steuern,

das sind solche, bei denen der Steuerschuldner und der Steuerträger identisch sind. Unter Steuerträger verstehen wir denjenigen, der die Steuer wirtschaftlich trägt.

b) Indirekte Steuern,

das sind solche, bei denen Steuerschuldner und Steuerträger verschiedene Personen sind. Bei den Verbrauchsteuern ist dies immer der Fall.

Beispiel:

A bekommt einen ErbSt-Bescheid; er muß die Steuer aus seinen eigenen Mitteln bezahlen; direkte Steuer.

Sektfabrikant B bekommt einen Schaumweinsteuer-Bescheid; er erhöht den Preis seiner Ware entsprechend und bezahlt die Steuer aus den Mitteln, die von den Verbrauchern aufgebracht wurden; indirekte Steuer. Hierzu gehört auch die USt, sie wird allein vom Endverbraucher getragen.

4. Personen- und Sachsteuern

Nach der Abzugsfähigkeit bei der Gewinnermittlung unterscheidet man

a) Personensteuern,

das sind solche Steuern, die an die Leistungsfähigkeit eines bestimmten Steuersubjekts anknüpfen. Sie sind bei der Gewinnermittlung nicht abzugsfähig. Hierzu gehören die ESt, KSt, VSt und die KiSt.

b) Sachsteuern, Betriebsteuern,

das sind Steuern, die objektiv an einen Gegenstand oder einen Verkehrsvorgang anknüpfen. Dazu gehören alle nicht unter a genannten Steuern; sie sind bei der Gewinnermittlung absetzbare Betriebsausgaben.

5. Realsteuern

Das Wort Realsteuer ist eine historische Bezeichnung, die § 3 Abs. 2 AO übernimmt; man versteht darunter die Gewerbe- und die Grundsteuer.

VI. Übersicht über die wichtigsten Steuern und Monopole

9   Die folgende Tafel soll eine Übersicht über Bundes- und Landessteuern geben; daneben sind die häufigsten Gemeindesteuern mit erwähnt.

	Bundessteuern	*Landessteuern*	*Gemeindesteuern*
Zölle	Ein- und Ausfuhrzölle		
Verbrauchsteuern	Mineralölsteuer Heizölsteuer Tabaksteuer Kaffeesteuer Schaumweinsteuer	Biersteuer	
Monopole	Branntwein-Monopolabgabe		
Besitzsteuern		Vermögensteuer Erbschaftsteuer	Grundsteuer
	50 % Einkommensteuer 50 % und 50 % Körperschaftsteuer 50 % (abzügl. Gemeindeanteil) nach Art. 106 Abs. 5 und 7 GG)		Gewerbesteuer (abzügl. Umlage nach Art. 106 Abs. 6 GG) Hundesteuer
Verkehrsteuern	Umsatzsteuer (abzügl. Gemeindeanteil nach Art. 106 Abs. 5 und 7 GG)		
	Versicherungsteuer	Kfz-Steuer Grunderwerbsteuer Rennwett- u. Lotteriesteuer Spielbankabgabe	

Steuerrecht – Grundlagen/Rechtsnormen

VII. Steuerrecht

1. Grundlagen

Unter Steuerrecht verstehen wir die Gesamtheit der Rechtsvorschriften, die sich mit der Steuerverwaltung befassen. Es ist ausnahmslos **öffentliches Recht**. Auch dort, wo die AO auf Vorschriften des Privatrechts verweist, werden diese zum Bestandteil des öffentlichen Rechts. 10

Beispiel:
In § 108 AO heißt es, die Berechnung der Fristen bestimme sich nach dem BGB; damit werden die §§ 186 bis 193 BGB in ihrem Wortlaut zum Bestandteil der AO. Der Gesetzgeber will sich mit solchen Verweisungen nur die wörtliche Wiederholung von Vorschriften aus anderen Gesetzen ersparen.
Vgl. auch § 79 AO.

Im Bereiche des öffentlichen Rechts ist das Steuerrecht z. T. Staatsrecht, nämlich das Recht der Finanzverfassung und der Steuergesetzgebung; z. T. ist es Strafrecht, soweit es sich um die steuerlichen Straftatbestände und deren Verfolgung handelt. Der weitaus überwiegende Teil gehört zum Verwaltungsrecht.

2. Rechtsnormen

Die Quellen des Steuerrechts sind die Rechtsnormen. Mit Rechtsnormen bezeichnet man jede rechtliche Regelung, die für Bürger, Behörden und Gericht gleichermaßen verbindlich ist. Die AO spricht immer nur von „Gesetz", obwohl als Rechtsnormen auch andere Rechtsquellen in Frage kommen (§ 4 AO). Wenn die AO also Gesetz sagt, meint sie damit: 11

a) die **Verfassung,** und zwar sowohl das Grundgesetz als auch die Landesverfassungen;

b) die **förmlichen Gesetze;** darunter versteht man die Beschlüsse einer Volksvertretung, die auf eine bestimmte, in der Verfassung vorgesehene Art und Weise zustandegekommen und veröffentlicht sind (vgl. für Bundesgesetze Art. 76 ff. GG);

c) das **Gewohnheitsrecht;** das ist ungeschriebenes Recht, das durch ständige von Rechtsüberzeugung getragene Übung zur Rechtsnorm erstarkt ist. Das Gewohnheitsrecht hat heute keine große praktische Bedeutung mehr, weil der Gesetzgeber fast überall eingreift. Wohl einziges Beispiel im Bereich des Steuerrechts ist der Grundsatz von Treu und Glauben.

12 d) die **Rechtsverordnungen;** das sind für alle Beteiligten verbindliche Anordnungen, die nicht von der Volksvertretung herrühren, sondern von der Spitze der Verwaltung, die vom Parlament in einem Gesetz hierzu ermächtigt wurde (Art. 80 GG). Die Rechtsverordnungen sind genauso verbindlich wie die Gesetze; auch die Gerichte sind daran gebunden.

e) Keine Rechtsnormen sind die **Verwaltungsanweisungen;** das sind Anordnungen, die eine bestimmte Dienststelle der Steuerverwaltung (z. B. das Ministerium, die OFD oder der Vorsteher) im Rahmen ihrer Anordnungsbefugnis erteilt. Zum Erlaß der allgemeinen Verwaltungsvorschriften, die im Steuerrecht meist Richtlinien heißen (z. B. EStR, KStR, LStR usw.), ist die Bundesregierung befugt, auch dann, wenn die Steuern im übrigen von den Landesbehörden verwaltet werden (Art. 108 Abs. 7 GG). So hat der Bundesminister der Finanzen Zweifelsfragen zur Abgabenordnung im Anwendungserlaß zur AO (BStBl I 1987, 664; zuletzt geändert in BStBl I 1994, 106) geregelt. Die Verwaltungsanordnungen binden als Anweisungen eines Dienstvorgesetzten kraft Beamtenrechts alle nachgeordneten Dienststellen und Beamten. Der Veranlagungsbeamte darf also nicht gegen die Richtlinien oder die für den speziellen Fall einschlägigen Weisungen der OFD oder eines Sachgebietsleiters tätig werden. Die Gerichte sind jedoch an die Verwaltungsanordnungen grundsätzlich nicht gebunden. Ihnen steht somit das Recht zu, den Gesetzestext anders auszulegen, als das in einer Verwaltungsanweisung geschah; mit der Bezeichnung „Auslegung des Gesetzes in Zweifelsfällen durch vorgesetzte Dienststellen" sind die Verwaltungsanordnungen am besten charakterisiert. Für die Gleichmäßigkeit der Verwaltungsausübung und damit die Gleichmäßigkeit der Besteuerung kommt ihnen jedoch eine entscheidende Bedeutung zu.

VIII. Die Finanzbehörden

1. Überblick

13 § 6 AO zählt auf, welche Behörden unter diese Bezeichnung fallen. Diese Finanzbehörden haben die Steuern zu verwalten und bestimmte, andere ihnen übertragene Arbeiten zu erledigen. Welche Behörde im Einzelfall zuständig ist, regeln die Verfassung, das FVG und die AO.

Die grundsätzliche Teilung der Verwaltungsaufgaben ist in Art. 108 GG geregelt. Danach werden die Zölle, Monopole und Verbrauchsteuern durch Bundesfinanzbehörden verwaltet.

Die übrigen Steuern, d. h. also alle Besitz- und Verkehrsteuern, werden durch die Landesfinanzbehörden verwaltet.

Bundesfinanzbehörden sind: Hauptzollämter als örtliche Behörden, die Oberfinanzdirektion als Mittelbehörden, der Bundesminister der Finanzen, dem die oberste Leitung zukommt (§ 1 FVG), und das Bundesamt für Finanzen für Sonderaufgaben (§ 5 FVG).

Landesfinanzbehörden sind die Finanzämter als örtliche Behörden, die Oberfinanzdirektionen als Mittelbehörden und der Landesfinanzminister (bzw. -Senator), der die oberste Leitung innehat (§ 2 FVG).

2. Das Finanzamt

Organisation und Aufgaben der Finanzämter werden in § 17 FVG behandelt. Hauptaufgabe der Finanzämter ist danach die **Verwaltung der Besitz- und Verkehrsteuern.** Soweit der Ertrag dieser Steuern teilweise dem Bund zusteht (ESt, KSt, USt), werden die Finanzämter im Auftrag des Bundes tätig (sog. Auftragsverwaltung, Art. 108 Abs. 3 GG). Außerdem sind die Finanzämter wesentlich an der Verwaltung der Realsteuern beteiligt, weil sie die Gewerbe- und Grundsteuermeßbeträge festsetzen; den Gemeinden verbleibt es nur noch, auf diese Meßbeträge ihren Hebesatz anzuwenden. Daneben sind den Finanzämtern durch Vorschriften des Landesrechts häufig noch verschiedene Aufgaben im Bereich der staatlichen Vermögens- und Liegenschaftsverwaltung zugewiesen. Schließlich ist das FA nach § 367 AO berufen, über die Einsprüche gegen seine Bescheide zu entscheiden.

Sitz und Bezirk der Finanzämter werden durch das Ministerium bestimmt (§ 17 Abs. 1 FVG). Dieses hat auch die Möglichkeit zum Zweck der Rationalisierung bei einem FA, gleichartige Aufgaben für mehrere Amtsbezirke zusammenzufassen (§ 17 Abs. 2 Satz 3 FVG); als Beispiel sei hier auf die zentralisierten Erbschaftsteuerstellen, gemeinsame Strafsachen-, Betriebsprüfungs-, Körperschaftsteuerstellen usw. hingewiesen. Das FA wird durch seinen Vorsteher geleitet. Ihm steht die organisatorische und sachliche Leitung aller Geschäfte zu. Er trägt die Verantwortung für alle Entscheidungen, die deshalb auch in seinem Namen ergehen; alle anderen Amtsträger unterzeichnen „In Vertretung" bzw. „Im Auftrag" des Vorstehers.

3. Oberfinanzdirektion

15 Die OFD ist **Bundes- und Landesbehörde** zugleich (§ 8 Abs. 1 FVG). Sie ist entsprechend ihren jeweiligen Aufgaben mit Bundes- und Landesbeamten besetzt (§ 8 Abs. 2 FVG). Der Oberfinanzpräsident als Behördenleiter (§ 9 FVG) ist Bundes- und Landesbeamter zugleich. Die OFD ist die **Mittelbehörde** (§§ 1, 2 FVG). Als solche hat sie drei Gruppen von Aufgaben zu erledigen: die einer Aufsichtsbehörde, die einer Rechtsbehelfsbehörde und schließlich ist sie in seltenen Ausnahmefällen als erste Instanz zuständig.

Als Aufsichtsbehörde überwacht die OFD die Geschäftsführung der nachgeordneten Dienststellen. Sie tut dies im Einzelfall auf Anregung oder stichprobenweise durch Geschäftsprüfungen bei den Finanzämtern. Die OFD kann ein FA zu bestimmten Verhalten anweisen. Niemals kann sie aber selbst Verwaltungsakte erlassen, für die das FA zuständig ist.

Als Rechtsbehelfsbehörde tritt die OFD im Beschwerdeverfahren auf. Sie ist „nächsthöhere Behörde" i. S. des § 368 Abs. 2 AO, wenn der angegriffene Verwaltungsakt vom FA erlassen worden ist (§ 2 FVG). Dadurch, daß die Beschwerden gegen die Verwaltungsakte vieler Finanzämter bei einer OFD zusammenkommen, kann die Mittelbehörde die Gleichmäßigkeit der Besteuerung wesentlich beeinflussen.

4. Das Ministerium

16 Den Ministerien obliegt die oberste Leitung für ihren Bereich (§ 3 FVG). Dort werden die maßgeblichen Organisations- und Personalangelegenheiten entschieden, und durch Verwaltungsanweisungen wirkt der Minister auch auf die sachliche Anwendung der Steuergesetze ein. Schließlich stellt er den Haushaltsplan auf und hat meist auch noch die oberste Leitung auf dem Gebiete der Vermögensverwaltung. Wenn er Rechtsverordnungen erläßt, wirkt der Minister bei der Rechtsetzung mit (vgl. Art. 80 GG i. V. mit § 156 AO oder § 51 EStG).

B. Anwendung der Gesetze

Versucht man, die Anwendung einer Gesetzesvorschrift am praktischen Fall zu analysieren, so erkennt man vier aufeinanderfolgende Abschnitte:
- Ermittlung des Sachverhaltes
- Ermittlung der Norm
- Subsumtion
- Schlußfolgerung

I. Ermittlung des Sachverhaltes

Es handelt sich hierbei um die Feststellung der **tatsächlichen Vorgänge** des Wirtschaftslebens und des Rechtsverkehrs, die für die Besteuerung von Interesse sind. In der Regel besteht diese Tätigkeit darin, daß der zuständige Amtsprüfer prüft, ob der Inhalt von Steuererklärungen zutreffend und vollständig ist (§ 88 AO). Oft stößt ein zuständiger Amtsträger auf andere Weise auf steuerpflichtige Vorgänge. In diesen Fällen hat er von sich aus die steuerlich bedeutsamen Sachverhalte zu ermitteln. 17

> **Beispiel:**
> Ein Kaufmann zahlt laufend Zinsen an den privaten Darlehensgeber D. Durch eine Kontrollmitteilung (§ 194 Abs. 3 AO) erfährt das für D zuständige FA davon.
>
> Das FA hat den Sachverhalt zu ermitteln. Dazu gehören die Steuerpflicht des Empfängers, die Hingabe des Darlehens, die Höhe der Zinsen, die mit den Zinsen in Zusammenhang stehenden Werbungskosten usw.

II. Auslegung der Steuerrechtsvorschriften

Nach der Ermittlung des Sachverhaltes muß das anzuwendende Steuergesetz bzw. die zutreffende Gesetzesvorschrift festgestellt werden. 18

> **Beispiel:**
> Im vorhergehenden Fall kommt das EStG in Betracht, insbesondere die Vorschriften über die Einkünfte aus Kapitalvermögen (§§ 2 Abs. 1 Nr. 5, 20 Abs. 1 Nr. 7 EStG).

Ist der Wortlaut des Gesetzes nicht klar und verständlich, so bedarf es der **Auslegung des Gesetzes.** Die Rechtslehre hat einige Auslegungsmethoden entwickelt, die auch bei der Auslegung von Steuergesetzen anwendbar sind. Von Bedeutung sind die grammatische, die systematische und die teleologische Methode. Dazu kommt im Steuerrecht, das meist an wirtschaftliche Vorgänge anknüpft, insbesondere die wirtschaftliche Bedeutung des Steuergesetzes. Man bezeichnet diese Auslegungsmethode auch als **wirtschaftliche Betrachtungsweise**. Alle diese Methoden schließen sich nicht gegenseitig aus, sondern ergänzen einander und sind je nach dem auszulegenden Gesetz unterschiedlich heranzuziehen.

1. Die grammatische Methode

19 Jede Auslegung beginnt mit der Auslegung des Wortlautes der Rechtsvorschrift. Unter Beachtung der Regeln der Grammatik und des Sprachgebrauches ist der Wortlaut klarzustellen.

Beispiel:

Nach § 361 Abs. 2 AO (§ 69 Abs. 3 FGO) soll die Finanzbehörde (Finanzgericht) auf Antrag die Vollziehung aussetzen, wenn **ernstliche Zweifel** an der Rechtmäßigkeit des angefochtenen Verwaltungsaktes bestehen.

In seinen Entscheidungen greift der BFH auf „Deutsche Wörterbücher" zurück, um die Begriffe „Zweifel" und „ernstliche" zu klären. Er kommt dabei zu folgendem Ergebnis: Ernstliche Zweifel liegen vor, wenn bei der Überprüfung des angefochtenen Verwaltungsaktes in rechtlicher oder tatsächlicher Hinsicht neben für die Rechtmäßigkeit sprechenden Umständen, gewichtige gegen die Rechtmäßigkeit sprechende Gründe vorliegen, die Unsicherheit in der Beurteilung der Rechtsfragen oder Unklarheiten in der Beurteilung von Tatfragen bewirken.

2. Die logisch-systematische Methode

20 Es handelt sich hier um zwei an sich verschiedene Auslegungsmethoden, deren Grenzen zueinander fließend sind. Diese Methode versucht, den Zusammenhang von Rechtsvorschriften und Rechtsbegriffen zu klären. Sie betrachtet dabei den Aufbau des Gesetzes, die Überschrift über den Rechtsvorschriften, die Stellung der Vorschrift im Gesetz usw.

Beispiel:

Ein Verwaltungsakt ist demjenigen bekanntzugeben, der von ihm betroffen wird (§ 122 Abs. 1 Satz 1 AO). Ein einheitlicher und gesonderter Gewinnfeststellungsbescheid richtet sich gegen alle Personen, denen der Gegenstand bei der Besteuerung zuzurechnen ist (§ 179 Abs. 2 AO). Entgegen § 122 Abs. 1 AO kann dennoch der Gewinnfeststellungsbescheid dem Empfangsbevollmächtigten mit Wirkung für und gegen alle Feststellungsbeteiligten bekanntgegeben werden (§ 183 Abs. 1 AO). Hier geht die spezielle Vorschrift (§ 183 Abs. 1 AO) der allgemeinen Vorschrift (§ 122 Abs. 1 AO) vor.

Auslegung der Steuerrechtsvorschriften

3. Die teleologische Methode

Auch die teleologische Methode überschneidet sich mit der logisch-systematischen Methode. Sie stellt auf den **Zweck der Rechtsvorschrift** ab, geht also davon aus, daß jede Rechtsnorm einem oder mehreren bestimmten Zwecken dient.

21

Beispiel:
Ehegatten vermieten ihr eigenes Einfamilienhaus. Sie beziehen somit Einkünfte aus Vermietung und Verpachtung (§ 21 Abs. 1 Nr. 1 EStG). Nach §§ 179 Abs. 2 Satz 2, 180 Abs. 1 Nr. 2a AO sind ihre einkommensteuerpflichtigen Einkünfte grundsätzlich einheitlich und gesondert festzustellen. Die Vorschriften über die einheitliche und gesonderte Feststellung von Einkünften haben den Zweck, unterschiedliche Ergebnisse zu vermeiden. Da im vorliegenden Fall unterschiedliche Ergebnisse mit großer Wahrscheinlichkeit ausgeschlossen sind, solange die Ehegatten zusammenveranlagt werden, erübrigt sich eine einheitliche und gesonderte Feststellung (§ 180 Abs. 3 Satz 1 Nr. 2 AO). Hier führen die logisch-systematische und die teleologische Auslegungsmethode zum selben Ergebnis.

4. Die wirtschaftliche Betrachtungsweise

Alle Steuergesetze stellen ihrer Natur nach mehr oder weniger auf wirtschaftliche Vorgänge ab. Dies gilt vor allem für die Einkommen-, Körperschaft-, Gewerbe- und Umsatzsteuer. Die Berücksichtigung der wirtschaftlichen Bedeutung bei der Auslegung von Steuergesetzen bezeichnet man auch als **wirtschaftliche Betrachtungsweise**. Sie verpflichtet zur Prüfung der Frage, welcher wirtschaftliche Sachverhalt unter Verwendung von Begriffen aus anderen Rechtsgebieten, insbesondere aus dem bürgerlichen Recht, steuerlich erfaßt werden soll.

22

Beispiel:
Ein Kfz-Händler verkauft einen Lkw unter Eigentumsvorbehalt bis zur Bezahlung der letzten Rate.

Nach der wirtschaftlichen Betrachtungsweise ist die Lieferung bereits mit der Übergabe des Fahrzeugs bewirkt und nicht erst mit der viel späteren bürgerlich-rechtlichen Verschaffung des Eigentums. Die Umsatzsteuer entsteht daher bereits mit Ablauf des Kalendermonats, in dem die Übergabe erfolgt ist (§ 13 Abs. 1 UStG).

Einige typische Rechtsfolgen der wirtschaftlichen Betrachtungsweise hat der Gesetzgeber geklärt.

a) Zurechnung von Wirtschaftsgütern

23 Regelmäßig werden Sachen und Rechte dem Eigentümer zugerechnet (§ 39 AO).

Beispiel:
Eine Leihbücherei hat am Anfang eines Jahres einen Großteil ihrer Bücher an Kunden ausgeliehen. – Die Bücher werden dem Betriebsvermögen der Bücherei zugerechnet, weil sie Eigentümerin ist (§ 39 Abs. 1 AO).

In anderen Fällen gehen die tatsächlichen wirtschaftlichen Verhältnisse und die Regelung des bürgerlichen Rechtes so weit auseinander, daß das wirtschaftlich orientierte Steuerrecht dem bürgerlichen Recht nicht mehr folgen kann.

So sind Wirtschaftsgüter grundsätzlich demjenigen zuzurechnen, der die tatsächliche Herrschaft darüber in der Weise ausübt, daß andere Personen auf die Dauer von der Einwirkung auf das Wirtschaftsgut rechtlich oder tatsächlich ausgeschlossen sind (§ 39 Abs. 2 Nr. 1 AO). Die andere Person darf nicht verfügungsberechtigt sein; auf den Herrschaftswillen des Berechtigten, das Wirtschaftsgut wie ein Eigentümer zu besitzen, kommt es grundsätzlich nicht an (vgl. allerdings Rdnr. 26). In § 39 Abs. 2 Nr. 1 Satz 2 AO sind Fälle aufgezählt, in denen jeweils ein anderer als der rechtliche Eigentümer als wirtschaftlicher Eigentümer zu betrachten ist. Diese Aufzählung kann wegen der Vielgestaltigkeit des Wirtschaftslebens nicht abschließend sein.

Beispiel:
Ein Unternehmer (Leasingnehmer) hat einen Leasingvertrag auf eine Dauer von 10 Jahren geschlossen. Die betriebsgewöhnliche Nutzungsdauer des Vertragsgegenstandes beträgt ebenfalls 10 Jahre. – Der Leasingnehmer ist in der Lage, den Leasinggeber während der vollen Zeit der betriebsgewöhnlichen Nutzungsdauer von der Einwirkung auf das Leasinggut auszuschließen (§ 39 Abs. 2 Nr. 1 Satz 1 AO). Dies gilt selbst dann, wenn dem Leasingnehmer der Herrschaftswille fehlt. Das Leasinggut ist daher dem Betriebsvermögen des Leasingnehmers zuzurechnen.

aa) Treuhandverhältnisse

24 Die Treuhandschaft ist wirtschaftlich betrachtet ein Fall der verdeckten Stellvertretung. Der Treuhänder handelt nach außen hin nicht im fremden, sondern scheinbar im eigenen Namen. Im Innenverhältnis wird der Treuhänder nur im Interesse und für Rechnung des Treugebers tätig. Dieser wirtschaftlichen Betrachtungsweise trägt § 39 Abs. 2 Nr. 1 Satz 2 AO

Rechnung, in dem angeordnet wird, daß Wirtschaftsgüter, die treuhänderisch übertragen werden, dennoch dem Treugeber zuzurechnen sind.

Beispiel:
Ein Kunstsammler will bei einer Kunstauktion nicht selbst in Erscheinung treten. Er beauftragt daher einen Bekannten, im eigenen Namen, aber auf seine Rechnung, ein wertvolles Bild zu erwerben. – Vom Erwerb durch den Bekannten an ist das Bild steuerrechtlich dem Vermögen des Sammlers zuzurechnen (§ 39 Abs. 2 Nr. 1 Satz 2 AO, § 114 BewG, § 4 Abs. 1 Nr. 1 VStG).

bb) Sicherungseigentum

Das bürgerliche Recht kennt kein **besitzloses Pfandrecht**. Kommt etwa die verpfändete Sache wieder in den Besitz des Eigentümers, so erlischt das Pfandrecht (§§ 1205 Abs. 1, 1253 Abs. 1 BGB). Im modernen Wirtschaftsleben ist daher das Pfandrecht an beweglichen Sachen, wie es im BGB geregelt ist, zu Sicherungszwecken wenig geeignet. Der Kaufmann, der Kredit braucht, hat keine Sachen, auf deren Besitz er verzichten kann. Ohne Warenlager, Maschinen usw. kann er seinen Betrieb nicht weiterführen.

Als Ersatz für das mit dem Besitz verbundene Pfandrecht hat sich daher in der Wirtschaftspraxis das Sicherungseigentum entwickelt. Das Eigentum an einer Sache kann zum Unterschied vom Pfandrecht auch ohne Besitzübergabe übertragen werden. Als Ersatz für den Besitzübergang genügt die Einräumung eines Besitzmittlungsverhältnisses (§ 930 BGB). Dieses bedeutet das Recht auf mittelbaren Besitz (z. B. Leihe, Miete usw.), wobei der unmittelbare Besitz bei dem früheren Eigentümer verbleibt. Ist eine derartige Eigentumsübertragung noch von der auflösenden Bedingung der Rückzahlung eines Kredites abhängig, so spricht man von einer **Sicherungsübereignung**. Der Sicherungseigentümer erwirbt dabei vollwertiges Eigentum. Wirtschaftlich betrachtet hat er aber nur ein Befriedigungsrecht aus den übereigneten Sachen für den Fall, daß der Schuldner seinen Kredit nicht zurückzahlen kann. Durch § 39 Abs. 2 Nr. 1 Satz 2 AO wird daher die Folgerung gezogen, daß die nur zur Sicherung übereigneten Gegenstände nach wie vor dem Sicherungsgeber zugerechnet werden.

Beispiel:
Ein Kaufmann benötigt einen Kredit. Da er keine anderen Sicherheiten hat, übereignet er seiner Bank seinen gesamten Warenbestand zur Sicherung. Im Sicherungsübereignungsvertrag wird vereinbart, daß der Kaufmann Waren verkaufen darf und daß vom Erlös beschaffte neue Waren an deren Stelle treten.

Es liegt eine Eigentumsübertragung an die Bank vor. Als Besitzmittlungsverhältnis (§ 930 BGB) wurde ein Verwahrungsvertrag zwischen den Parteien geschlossen. Der Kaufmann verwahrt die Waren als unmittelbarer Besitzer für die Bank. Die Bank ist Eigentümerin und mittelbare Besitzerin. Dennoch wird der gesamte Warenbestand dem Betriebsvermögen des Kaufmanns zugerechnet (§ 39 Abs. 2 Nr. 1 Satz 2 AO, § 95 BewG).

cc) Eigenbesitz und Eigentumsvorbehalt

26 Das bürgerliche Recht unterscheidet bei Besitzverhältnissen zwischen Eigen- und Fremdbesitz (§ 872 BGB). **Eigenbesitzer** ist danach, wer eine Sache als **ihm gehörig** besitzt. **Fremdbesitzer** ist dagegen, wer zwar als Besitzer die tatsächliche Herrschaft über eine Sache ausübt, aber das Eigentumsrecht des anderen anerkennt. Fremd- und Eigenbesitz unterscheiden sich also nur durch die Willensrichtung des Besitzers.

Beispiel 1:
Der Mieter einer Wohnung, der Entleiher eines Buches, der Verwahrer in der Gepäckaufbewahrung, der Pächter eines Betriebes sind Fremdbesitzer. Sie leiten ihr Besitzrecht vom Eigentümer ab und achten die Grenzen ihrer sich aus dem Besitzverhältnis ergebenden Herrschaftsbefugnisse.

Beispiel 2:
Ein Bauunternehmer kauft Anfang 03 einen Kran **unter Eigentumsvorbehalt** (§ 455 BGB). Außerdem kauft er durch notariellen Vertrag (§ 313 BGB) ein Grundstück, das er als Abstellplatz für seine Baufahrzeuge benötigt. Bald nach Abschluß des notariellen Kaufvertrags übernimmt der Unternehmer das Grundstück. Die für den Eigentumsübergang erforderliche Umschreibung im Grundbuch (§ 873 BGB) erfolgt erst 2 Jahre später.
Bürgerlich-rechtliche Eigentümer des Kranes wie auch des Grundstückes sind, solange der Eigentumsvorbehalt besteht bzw. der Eigentumsübergang nicht in das Grundbuch eingetragen ist, die Veräußerer. In beiden Fällen ist der Unternehmer jedoch, wirtschaftlich betrachtet, Eigentümer, da er Kran und Grundstück als ihm gehörig besitzt. Bei der Feststellung des Einheitswertes des Betriebsvermögens auf den 1. 1. 03 (§ 21 Abs. 2 BewG) werden die Gegenstände bereits dem Unternehmer und nicht den Veräußerern zugerechnet (§ 39 Abs. 2 Nr. 1 Satz 2 AO).

dd) Gesamthandsverhältnisse

27 Das bürgerliche Recht unterscheidet bei der Beteiligung mehrerer Rechtsträger zwischen **Gesamthands-** und **Bruchteilsgemeinschaften.** Bei letzteren ist jeder Beteiligte berechtigt, über seinen Bruchteil zu verfügen, ihn z. B. selbständig zu veräußern (§ 747 BGB). Die Gesamthandsge-

Auslegung der Steuerrechtsvorschriften

meinschaften sind dagegen so ausgestaltet, daß der einzelne nicht über seinen Teil verfügen kann, sondern nur alle Beteiligten zusammen über den ganzen Gegenstand (§ 719 BGB).

Zu den Gesamthandsgemeinschaften gehören:
die Gesellschaft des bürgerlichen Rechtes (§ 705 ff. BGB),
die offene Handelsgesellschaft (§ 105 ff. HGB),
die Kommanditgesellschaft (§ 161 ff. HGB),
die Erbengemeinschaft (§ 2032 ff. BGB),
die eheliche Gütergemeinschaft (§ 1419 ff. BGB),
sowie die fortgesetzte Gütergemeinschaft (§ 1483 ff. BGB).

Gesamthandsgemeinschaften sind im Besteuerungsverfahren häufig nicht steuerfähig. Sie zahlen z. B. nicht selbst Einkommensteuer oder Vermögensteuer, sondern ihre Erträge und ihr Vermögen werden einheitlich und gesondert festgestellt (§ 179 Abs. 2 AO, § 180 Abs. 1 Nr. 1 AO i. V. m. § 19 BewG, § 180 Abs. 1 Nr. 2a AO) und bei der Besteuerung der Gesellschafter (Gemeinschafter) erfaßt. Dazu ist es aber erforderlich, die Gesamthandsgemeinschaften wie Bruchteilsgemeinschaften zu behandeln (§ 39 Abs. 2 Nr. 2 AO). Die Bruchteile, die den einzelnen Gesellschaftern (Gemeinschaftern) zugerechnet werden, bestimmen sich, wenn bürgerlich-rechtliche Vereinbarungen nicht vorliegen, nach der Anzahl der Beteiligten bzw. nach dem **Auseinandersetzungsguthaben**, d. h. den Ansprüchen, die der einzelne Berechtigte im Falle der Auflösung der Gesellschaft (Gemeinschaft) gegen die anderen Beteiligten hätte.

Beispiel:

An einer OHG sind zwei Gesellschafter beteiligt. Die Kapitalkonten beider Gesellschafter belaufen sich am 1. 1. eines Jahres auf 20 000 DM und 30 000 DM.

Zum Zwecke der Vermögensbesteuerung wird der Wert des gesamten Betriebsvermögens einheitlich und gesondert festgestellt (§§ 179 Abs. 2 Satz 2, 180 Abs. 1 Nr. 1 AO i. V. m. § 19 BewG). Dieser Wert wird nach rechnerischen Bruchteilen im Verhältnis 2:3 auf die Gesellschafter verteilt und beiden Gesellschaftern bei der Ermittlung ihres jeweiligen Vermögens zugerechnet (§ 39 Abs. 2 Nr. 2 AO).

b) Gesetz- oder sittenwidriges Handeln

Nach bürgerlichem Recht sind Rechtsgeschäfte, die gegen ein gesetzliches Verbot verstoßen, nichtig (§ 134 BGB).

Beispiel:
Ein Steuerberater macht sein Honorar von der zu erzielenden Steuerermäßigung abhängig. – Diese Vereinbarung eines sogenannten „**Erfolgshonorars**" ist nichtig (§ 9 StBerG, § 134 BGB).

Dasselbe gilt für Rechtsgeschäfte, die gegen die guten Sitten verstoßen (§ 138 BGB).

Beispiel:
Ein Geldverleiher gewährt einem in Not geratenen Ausländer unter Ausnutzung von dessen Unerfahrenheit und Sprachschwierigkeiten ein Darlehen (§ 607 BGB) zu weit überhöhten Zinsen. – Der Darlehensvertrag ist nichtig (§ 138 Abs. 2 BGB).

Das Steuerrecht schließt sich hier der zivilrechtlichen Folge der Nichtigkeit eines gesetz- oder sittenwidrigen Rechtsgeschäftes **nicht** an. Es stellt vielmehr auf das wirtschaftliche Ergebnis dieser Rechtsgeschäfte ab und zieht daraus die steuerlichen Folgen (§ 40 AO).

Beispiel:
In den vorangehenden Beispielen haben die Steuerberater wie auch der Geldverleiher ihre rechts- bzw. sittenwidrigen Einkünfte zu versteuern.

c) Unwirksame Rechtsgeschäfte

Zu den unwirksamen und schwebend unwirksamen Rechtsgeschäften (vgl. Rdnr. 210).

Werden die wirtschaftlichen Ergebnisse eines unwirksamen Rechtsgeschäftes aufrechterhalten, so sind daraus auch die steuerrechtlichen Folgen zu ziehen (§ 41 Abs. 1 AO).

Beispiel:
Ein Händler verkauft in einer Schule während der Pause Milch auch an die noch nicht sieben Jahre alten Kinder. – Diese Kaufverträge sind nichtig (§ 105 Abs. 1 BGB). Dennoch hat der Händler auch diese Umsätze und Erträge der Umsatz- bzw. Einkommensbesteuerung zu unterwerfen.

d) Scheingeschäfte

29 Scheingeschäfte sind nichtig (§ 117 BGB). Sie sind auch für die Besteuerung ohne Bedeutung (§ 41 Abs. 2 AO). Ein Scheingeschäft liegt vor, wenn die Beteiligten ihre Willenserklärungen nur zum Schein abgegeben haben. Im allgemeinen soll durch ein Scheingeschäft ein anderes Rechtsgeschäft verdeckt werden. In diesen Fällen ist das verdeckte Geschäft für die Besteuerung maßgebend (§ 41 Abs. 2 Satz 2 AO).

Beispiel:
Ein Vater will seinem Sohn ein Haus schenken. Um die Erbschaftsteuer zu sparen, schließen beide zum Schein einen Kaufvertrag ab. Entgeltlicher Erwerb vom Vater unterliegt nicht der Grunderwerbsteuer (§ 3 Nr. 6 GrEStG). Der Vater erteilt dem Sohn zum Schein eine Quittung über den Kaufpreis. – Hinter dem Schein-Kauf steckt eine Schenkung, die der Besteuerung unterliegt (§ 1 Abs. 1 Nr. 2 ErbStG, § 41 Abs. 2 Satz 2 AO).

Auch Scheinhandlungen sind für das Steuerrecht unverbindlich.

Beispiel:
Um der inländischen Besteuerung zu entgehen, begründet ein Unternehmer zum Schein einen Wohnsitz im Ausland. – Die Begründung des Scheinwohnsitzes ist steuerrechtlich unbeachtlich (§ 41 Abs. 2 Satz 2 AO).

e) Mißbrauch rechtlicher Gestaltungsmöglichkeiten

Das Steuerrecht bestimmt in § 42 AO, daß ein Vorgang nach seinem wirtschaftlichen Zweck und Gehalt besteuert wird, auch wenn dieser auf Umwegen herbeigeführt wird, die keinen steuerlichen Tatbestand erfüllen.

aa) Grundsatz der Vertrags- und Gestaltungsfreiheit

Nach der Rechtsordnung kann jeder Bürger seine Verhältnisse so gestalten, wie es ihm zweckmäßig erscheint. Man nennt dies den Grundsatz der Vertrags- und Gestaltungsfreiheit. Dieser Grundsatz gilt auch im Steuerrecht. Er findet allerdings dort seine Grenze, wo das bürgerliche oder auch einmal das öffentliche Recht dazu mißbraucht wird, die Besteuerung zu umgehen.

bb) Mißbrauchstatbestand

Der Begriff des Mißbrauches ist im Gesetz nicht klar umrissen. § 42 Satz 2 AO spricht von einer **angemessenen rechtlichen Gestaltung**. Demnach muß dem Mißbrauch eine unangemessene oder ungewöhnliche Gestaltung zugrunde liegen. Aus § 42 AO lassen sich im Ergebnis drei Tatbestandsmerkmale herausschälen:

- Die Rechtsordnung muß mehrere Wege zur Verfügung stellen.
  Wo die Rechtsordnung dem Bürger nur einen (wenn auch Um-)Weg eröffnet, kommt ein Mißbrauch nicht in Betracht.
- Der gewählte Weg muß unangemessen und vom Gesetzgeber für andere Zwecke bestimmt sein.

- Die Wahl des ungewöhnlichen Weges muß bestimmt gewesen sein von der alleinigen Absicht, Steuern zu sparen. Eine Umgehung liegt also nicht vor, wo etwa betriebliche Gesichtspunkte für die Wahl der getroffenen Gestaltung maßgeblich waren.

Nur wo alle drei Tatbestandsmerkmale erfüllt sind, liegt ein Mißbrauch vor.

Beispiel:
1. A verkauft sein Grundstück an B. Der will später an C weiterveräußern. B und A heben den Vertrag auf, damit die Grunderwerbsteuer erstattet wird (§ 16 GrEStG). Nun veranlaßt B den A, das Grundstück an C zu verkaufen.
2. Der Bruder möchte seiner Schwester ein Grundstück verkaufen. Bei einem Kaufpreis von 100 000 DM würde die Grunderwerbsteuer 2 000 DM betragen. Da Grundstücksveräußerungen unter Verwandten in gerader Linie steuerfrei sind (§ 3 Nr. 6 GrEStG), verkauft er zuerst an seinen Vater und dieser an die Tochter.
3. Ein Unternehmer nimmt kurz vor dem Bewertungsstichtag größere Entnahmen vor, um den Einheitswert des Betriebsvermögens zu mindern. Kurz nach dem Bewertungsstichtag kommt es zu entsprechenden Wiedereinlagen.
4. Das Grundkapital einer GmbH wird herabgesetzt und an die Gesellschafter zurückgezahlt, um Gewinnauszahlungen zu vermeiden.

In diesen Beispielen haben die Steuerpflichtigen von mehreren Wegen, die die Rechtsordnung zur Verfügung stellt, eine **ungewöhnliche Vertragsgestaltung** gewählt. Für die ungewöhnliche Gestaltung war jeweils die Absicht maßgeblich, die Besteuerung zu umgehen. Ein Mißbrauch rechtlicher Gestaltungsmöglichkeiten im Sinne des § 42 AO liegt daher vor.

cc) Rechtsfolgen

Wo das FA einen Mißbrauch bemerkt, hat es die Steuern so zu erheben, wie sie bei einer angemessenen rechtlichen Gestaltung zu erheben wären (§ 42 Satz 2 AO).

5. Grenzen

Auch die Steuerverwaltung ist an Recht und Gesetz gebunden (Art. 20 Abs. 3 GG). Die Auslegung der Gesetze findet daher ihre Grenze in der **Tatbestandsmäßigkeit** (§ 85 AO). Jede Sinndeutung, die über den möglichen Wortsinn des Gesetzes hinausgeht, ist nicht mehr Gesetzesauslegung.

III. Die Subsumtion

Nach der Ermittlung des Sachverhaltes und der Feststellung des Steuergesetzes folgt die Prüfung, ob der konkrete Lebenssachverhalt alle Tatbestandsmerkmale der abstrakten Gesetzesvorschrift erfüllt. Es handelt sich hier um die Untersuchung, ob sich Sachverhalt und Tatbestand decken. Man bezeichnet diesen Vorgang als **Subsumtion**.

31

IV. Die rechtliche Schlußfolgerung

Der letzte Schritt der Gesetzesanwendung besteht darin, die vom Gesetzgeber angeordnete Rechtsfolge herbeizuführen. Decken sich Sachverhalt und Rechtsvorschrift nicht, so ist regelmäßig nichts veranlaßt. Erfüllt jedoch ein Sachverhalt alle Voraussetzungen des gesetzlichen Tatbestandes, dann erläßt die Finanzbehörde einen Steuerverwaltungsakt, durch den die im Gesetz vorgesehene Rechtsfolge angeordnet wird.

32

Beispiel:
Das FA stellt fest, daß ein Unternehmer seine Umsatzsteuerschuld erst einen Monat nach Fälligkeit entrichtet hat (§ 240 Abs. 1 AO). – Lebenssachverhalt und Gesetzesvorschrift (§ 240 AO) decken sich. Das FA erläßt als Rechtsfolge einen Steuerverwaltungsakt, mit dem es den angefallenen Säumniszuschlag anmahnt.

Häufig räumt das Gesetz den Finanzbehörden bei der Festlegung der Schlußfolgerung die Wahl zwischen mehreren Möglichkeiten ein. In diesen Fällen muß sich die Behörde für eine der vorgesehenen Möglichkeiten entscheiden. Man bezeichnet diese Art der Verwaltung als **Ermessensverwaltung** (vgl. Rdnr. 113).

Beispiel:
Ein Stpfl. hat seine Steuererklärung schuldhaft verspätet abgegeben. – Der konkrete Lebenssachverhalt deckt sich mit § 152 AO. Das FA hat nun die Möglichkeit, je nach dem Verschulden, das es in der verspäteten Abgabe erblickt, keinen Verspätungszuschlag oder einen Zuschlag bis zu 10 % festzusetzen.

C. Amtsträger

I. Begriff

33 Mit der Sammelbezeichnung **Amtsträger** erfaßt die AO alle Personen, die im Rahmen der Besteuerung hoheitsrechtliche Befugnisse ausüben können. Die Amtsträger sind in § 7 AO abschließend aufgezählt. Danach sind Amtsträger:
1. Alle **Beamten** und Richter ohne Rücksicht auf Art und Inhalt der ausgeübten Tätigkeit (§ 7 Nr. 1 AO). Darunter fallen auch die ehrenamtlichen Richter eines Finanzgerichtes (§ 7 Nr. 1 AO, § 11 Abs. 1 Nr. 3 StGB).
2. Alle Personen, die, ohne Beamte oder Richter zu sein, in einem öffentlich-rechtlichen **Amtsverhältnis** stehen (§ 7 Nr. 2 AO). Auch in diesen Fällen kommt es nicht auf die Art und den Inhalt der ausgeübten Tätigkeit an. Hierunter fallen etwa Abgeordnete der Parlamente, nichtbeamtete Regierungsmitglieder, Notare.
3. Andere Personen, die zur Wahrnehmung **hoheitlicher Aufgaben bestellt** sind (§ 7 Nr. 3 AO). Hierzu gehören Behördenangestellte, die als Sachbearbeiter, Außenprüfer usw. in den Finanzämtern tätig sind.

Der Begriff der Amtsträgerschaft ist in folgenden Fällen von Bedeutung:
1. Die Amtsträger haben das **Steuergeheimnis** zu wahren (§ 30 AO).
2. Kommt es infolge einer Amts- oder **Dienstpflichtverletzung** eines Amtsträgers zu Steuerausfällen, so kann dieser nur in Anspruch genommen werden, wenn die Pflichtverletzung mit einer Strafe bedroht ist (§ 32 AO).
3. Schließlich können Amtsträger unter den in § 82 ff. AO genannten Voraussetzungen ausgeschlossen bzw. abgelehnt werden.
4. **Selbstanzeige** nach einer Steuerhinterziehung (§ 370 AO) führt nicht zur Straffreiheit, wenn ein Amtsträger zur Ermittlung einer Steuerstraftat oder Steuerordnungswidrigkeit erschienen ist (§ 371 Abs. 2 Nr. 1a AO).

II. Ausschließung und Enthaltung von Amtsträgern

34 Es ist denkbar, daß ein Amtsträger bei der Erfüllung der ihm zugewiesenen Aufgaben nicht unbefangen tätig werden kann, weil seine eigenen

Interessen betroffen sind oder weil er aus anderen Gründen persönlich berührt wird. Um dort, wo solche Interessenkollisionen auch nur möglich sind, jeden bösen Anschein zu vermeiden, schließt die AO einen Amtsträger in all den Fällen von der Mitwirkung aus, in denen er selbst, seine Angehörigen oder ihm nahestehende Personen beteiligt sind (§ 82 AO). Darüber hinaus besteht die Möglichkeit, daß ein Amtsträger sich der Ausübung seines Amtes enthält, wenn er aus anderen Gründen besorgt ist, seine Objektivität könne in Zweifel gestellt werden (§ 83 AO).

1. Ausschließung von Amtsträgern

a) Bedeutung der Ausschließung

§ 82 AO zählt die Fälle einzeln auf, in denen der Amtsträger ausgeschlossen ist.

Der Ausschluß bedeutet, daß der Amtsträger an der gesamten Willensbildung für eine Entscheidung nicht beteiligt sein darf. Er kann also weder den Entwurf des Verwaltungsaktes fertigen noch an etwaigen Beratungen teilnehmen oder den Verwaltungsakt abschließend zeichnen. Eine Ausnahme gilt nur für unaufschiebbare Maßnahmen bei Gefahr in Verzug (§ 82 Abs. 2 AO). Zu beachten ist, daß die Teilnahme einer ausgeschlossenen Person grundsätzlich nicht die Nichtigkeit des Verwaltungsaktes zur Folge hat (§ 125 Abs. 3 Nr. 2 AO). Aber auch eine Aufhebung eines Verwaltungsaktes wegen dieses Verfahrensfehlers kommt bei gebundenen Verwaltungsakten jedenfalls dann nicht in Betracht, wenn sie materiell fehlerfrei sind (§ 127 AO).

Beispiel:
Der Amtsprüfer erläßt in eigener Sache einen Einkommensteuererstattungsbescheid.
Dieser Bescheid ist ausnahmsweise nichtig (§ 82 Abs. 1 Nr. 1, § 125 Abs. 3 Nr. 2 AO).

b) Einzelfälle

aa) Ausgeschlossen ist, wer **selbst beteiligt** ist (§ 82 Abs. 1 Nr. 1 AO). Der Amtsträger darf nicht in eigener Steuersache tätig werden. Dies gilt auch, wenn er als Haftungsschuldner herangezogen wird.

bb) Ein Amtsträger darf auch nicht in Steuersachen seiner **Angehörigen** mitwirken (§ 82 Abs. 1 Nr. 2 AO). Wer Angehöriger ist, ergibt sich abschließend aus § 15 AO. Es handelt sich um einen Kreis von Verwandten und anderen dem Amtsträger besonders nahestehenden Personen.

Beispiel:
Ein Amtsprüfer verlanlagt seine von ihm geschiedene Ehefrau zur Einkommensteuer.
Als Angehöriger durfte der Amtsprüfer nicht tätig werden (§ 15 Abs. 1 Nr. 2 AO). Dies gilt, obwohl die Ehe geschieden ist (§ 15 Abs. 2 Nr. 1 AO).

cc) Schließlich sind Amtsträger ausgeschlossen, wenn sie gesetzliche **Vertreter** oder durch Rechtsgeschäft Bevollmächtigte eines Beteiligten (§ 78 AO) sind (§ 82 Abs. 1 Nr. 3 AO). Dies könnte von Bedeutung sein, wenn ein Amtsträger Vorstand eines Vereins, Bürgermeister oder Vormund ist.

dd) Nicht mitwirken darf der Angehörige (§ 15 AO) einer Person, die für einen Beteiligten (§ 78 AO) in diesem Verfahren **Steuerhilfe** leistet (§ 82 Abs. 1 Nr. 4 AO). Das Vertrauen in die Objektivität der Steuerverwaltung wäre erschüttert, wenn etwa in einem Einspruchsverfahren der zuständige Amtsträger und der Steuerberater als Vertreter des Einspruchsführers nahe Angehörige sind.

ee) **Angestellte**, Beamte und Aufsichtsratsmitglieder der Beteiligten sind ebenfalls ausgeschlossen (§ 82 Abs. 1 Nr. 5 AO).

ff) Ausgeschlossen ist endlich, wer außerhalb seiner amtlichen Eigenschaft etwa ein privates Gutachten abgegeben hat. Auch hier bestünde Gefahr, daß der Amtsträger im Besteuerungsverfahren nicht mehr objektiv ist.

2. Enthaltung wegen Befangenheit

35 Wenn aus anderen als den in § 82 AO genannten Gründen ein Mißtrauen gegen die Unbefangenheit des Amtsträgers gerechtfertigt ist, hat sich dieser unter den besonderen Voraussetzungen des § 83 AO der Mitwirkung zu enthalten. Eine Enthaltung kommt nicht nur dann in Betracht, wenn der Amtsträger tatsächlich befangen ist oder sich für befangen hält, sondern bereits dann, wenn ein vernünftiger Grund vorliegt, der einen Beteiligten befürchten läßt, daß in seinem Falle nicht objektiv entschieden wird.

Beispiele:
1. Die Ehefrau eines Außenprüfers hat eine Handelsvertretung für Nähmaschinen. Der Außenprüfer soll ein Unternehmen der gleichen Branche prüfen. Er wird sich enthalten, um den Anschein der Befangenheit zu vermeiden.
2. Der Sachbearbeiter einer Rechtsbehelfsstelle führt gegen einen Einspruchsführer seit Jahren einen Zivilprozeß. Der Sachbearbeiter ist befangen und wird im Rahmen der Einspruchsentscheidung nicht tätig werden.

Die Entscheidung über die Mitwirkung eines Amtsträgers trifft der Behördenleiter bzw. dessen Beauftragter, gegebenenfalls auch die Aufsichtsbehörde. § 83 AO räumt dem Beteiligten kein förmliches mit Rechtsbehelfen durchsetzbares Ablehnungsrecht ein. Ein solches Recht brächte die Gefahr der mißbräuchlichen Verschleppung eines Verwaltungsverfahrens mit sich (BStBl II 1981, 634). Allerdings hat der Beteiligte die Gelegenheit, einen Verstoß gegen § 83 AO durch Anfechtung des Verwaltungsaktes überprüfen zu lassen, soweit nicht § 127 AO diese Möglichkeit im Einzelfall ausschließt.

III. Das Steuergeheimnis

1. Begriff

Im Steuerverfahren muß der Steuerpflichtige den Finanzbehörden gegenüber seine gesamten wirtschaftlichen, persönlichen und sozialen Verhältnisse vollständig und wahr mitteilen. Dies gilt sogar, wenn der Steuerpflichtige gesetz- oder sittenwidrig gehandelt hat. Denn gemäß § 40 AO ist dies für die Besteuerung unerheblich. Dieser umfassenden Offenbarungspflicht entspricht das Institut des Steuergeheimnisses. Das Steuergeheimnis garantiert dem Steuerpflichtigen, daß die Dinge, die er den Finanzbehörden mitteilen mußte, den Bereich der mit der Sache befaßten Amtsträger nicht verlassen. Dem Gesetzgeber erscheint dieses Institut so bedeutsam, daß er an die Verletzung des Steuergeheimnisses sogar strafrechtliche Folgen knüpft (§ 355 StGB).

36

2. Amtsträger und gleichgestellte Personen

Amtsträger müssen das Steuergeheimnis wahren (§ 30 Abs. 1 AO). Wer Amtsträger ist, ergibt sich aus § 7 AO (vgl. Rdnr. 33).

Den Amtsträgern gleichgestellt sind:

a) **Die für den öffentlichen Dienst besonders Verpflichteten** (§ 30 Abs. 3 Nr. 1 AO i. V. m. § 11 Abs. 1 Nr. 4 StGB).

Es handelt sich um Personen, die, ohne Amtsträger zu sein, bei einer Behörde beschäftigt **und auf die gewissenhafte Erfüllung ihrer Obliegenheit aufgrund eines Gesetzes förmlich verpflichtet sind** (§ 1 Verpflichtungsgesetz).

Beispiele:
Hausmeister, Kraftfahrer, Putzfrauen, Schreibkräfte usw.

b) **Amtlich zugezogene Sachverständige** (§ 30 Abs. 3 Nr. 2 AO). Diese müssen von einer Finanzbehörde, einem Finanz- oder Strafgericht bzw. von der Staatsanwaltschaft zugezogen sein.

c) **Träger von Ämtern der Kirchen und anderen öffentlich-rechtlichen Religionsgemeinschaften** (§ 30 Abs. 3 Nr. 3 AO; vgl. Rdnr. 4).

3. Gegenstand des Steuergeheimnisses

37 Das Steuergeheimnis schützt die **Verhältnisse eines anderen** sowie **fremde Betriebs- und Geschäftsgeheimnisse** (§ 30 Abs. 2 AO).

a) **Dienstliche Kenntniserlangung**

Dem Steuergeheimnis unterliegt allerdings immer nur, was dem Amtsträger **in Ausübung seiner Tätigkeit,** etwa in einem Verwaltungs-, Straf- oder Bußgeldverfahren (§ 30 Abs. 2 Nr. 1a bis c AO), bekannt geworden ist. Was der Amtsträger in privatem Kreis von Bekannten oder Verwandten erfährt, ist nicht durch § 30 AO geschützt. Es ist selbstverständlich, daß der Amtsträger auch in diesen Fällen mit der Weitergabe seiner Informationen zurückhaltend ist, um jeden Anschein einer Verletzung des § 30 AO zu vermeiden.

Schließlich werden die Amtsträger sowie die gleichgestellten Personen über ihre Amtszeit hinaus verpflichtet, das Steuergeheimnis zu wahren. Auch der Beamte im Ruhestand oder der Angestellte, der die Verwaltung verlassen hat, können sich einer Verletzung des Steuergeheimnisses schuldig machen.

b) **Verhältnisse eines anderen**

38 Verhältnisse sind nicht nur die steuerlich bedeutsamen Tatsachen und Umstände (wie z. B. Umsatz, Gewinn, Vermögen, Eigentumsverhältnisse an Gegenständen), sondern alle Dinge, die die Finanzbehörde über den Steuerpflichtigen oder einen anderen in Erfahrung gebracht hat (z. B. persönliche Verhältnisse, Familienstand, Alter, Kinder, Religion, Krankheiten). Die Tatsache, daß Außenstehende sich anderweitig Kenntnis von den Verhältnissen verschaffen können, enthebt den Verpflichteten nicht von seiner Verschwiegenheitspflicht. Geschützt sind die Verhältnisse des Steuerpflichtigen, aber auch die **Verhältnisse anderer,** etwa derjenigen, die Auskunft zu erteilen haben (§ 93 AO), bzw. derjenigen, die den Finanzbehörden vertraulich Tatsachen über Steuerpflichtige mitteilen usw. Es ist selbstverständlich, daß einem Beteiligten die eigenen Verhältnisse, ohne das Steuergeheimnis zu verletzen, offengelegt werden können.

Steuergeheimnis 43

Beispiel:
Ein Stpfl. begehrt Einsicht in seine eigenen Akten. – Das Steuergeheimnis dient dem Schutz des Stpfl., es kann nicht **gegen** ihn angewendet werden.

Schwierigkeiten können entstehen, wenn z. B. an einem Steuerverfahren mehrere Personen beteiligt sind. In diesen Fällen ist die Frage der Offenlegung unter Berücksichtigung der Interessen aller Beteiligten zu prüfen.

Beispiele:
1. Dem Haftungsschuldner dürfen Verhältnisse der Stpfl. mitgeteilt werden, soweit sie Grundlage für die Haftung sind. *Aber erst, wenn Haftungsfall eingetreten ist.*
2. Zusammenveranlagten Ehegatten (§ 26b EStG) können alle einkommensteuerlichen Verhältnisse <u>für den Zeitraum der Zusammenveranlagung</u> mitgeteilt werden. *[Anm.: sie werden steuerl. wie eine Person behandelt]*
3. Gesellschaftern von Personengesellschaften können Verhältnisse der Gesellschaft mitgeteilt werden, soweit sie für den Folgebescheid (§ 182 Abs. 1 AO) von Bedeutung sind.
4. Gesellschaftern von Kapitalgesellschaften dürfen dagegen die Verhältnisse der Gesellschaft nicht mitgeteilt werden.

c) Fremde Betriebs- und Geschäftsgeheimnisse

Es handelt sich gemäß dem Wortsinn um die Offenbarung oder Verwertung von Patenten, Erfindungen, Rezepten, darüber hinaus um die Beschaffenheit von Waren, Bezugsquellen, Kundenlisten usw.

39

Beispiele:
1. Ein Außenprüfer lernt bei seiner Tätigkeit ein besonders günstiges Herstellungsverfahren kennen. Er scheidet aus der Verwaltung aus, gründet einen eigenen Betrieb und benutzt dieses Verfahren, das er – jetzt im eigenen wirtschaftlichen Interesse – geheim hält. – Der Außenprüfer hat ein Betriebsgeheimnis verwertet und damit gegen § 30 Abs. 2 Nr. 2 AO verstoßen.
2. Ein Außenprüfer fertigt bei einem Briefmarkenversandhaus eine Abschrift der Kundenkartei und verkauft diese an ein Konkurrenzunternehmen. – Hier liegt ein Verstoß gegen § 30 Abs. 2 Nr. 1a und Nr. 2 AO vor.

d) Datenschutz

Die Vorschrift verbietet das unbefugte Abrufen geschützter Daten.

Beispiel:
Ein Steuerbeamter ruft die ESt-Daten seiner geschiedenen Ehefrau ab, um die Angemessenheit ihrer Unterhaltsansprüche nachzuprüfen. – Hier liegt ein Verstoß gegen § 30 Abs. 2 Nr. 3 AO vor.

4. Die befugte Offenbarung

40 Eine Verletzung des Steuergeheimnisses liegt in jeder unbefugten Offenbarung der Verhältnisse des Steuerpflichtigen und anderer Personen sowie in jeder unbefugten Verwertung fremder Betriebs- und Geschäftsgeheimnisse. Die Offenbarung kann allerdings in den in § 30 Abs. 4 und 5 AO abschließend geregelten Fällen gerechtfertigt sein.

In folgenden Fällen kann sich eine Zulässigkeit der Offenbarung ergeben.

a) Das Steuergeheimnis soll nicht steuerliche Ermittlungsverfahren bzw. Bußgeld- und Strafverfahren in Steuersachen verhindern. Deshalb ist in diesen Fällen eine Offenbarung rechtmäßig (§ 30 Abs. 4 Nr. 1 AO).

Beispiele:
1. Ein Unternehmer hat gegen einen Umsatzsteuerbescheid Einspruch eingelegt. Das FA hat die Absicht, gegebenenfalls den Betriebserwerber in Haftung zu nehmen (§ 75 AO).

Es kann den Erwerber ohne Verletzung des Steuergeheimnisses zum Rechtsbehelfsverfahren hinzuziehen (§ 360 Abs. 1 AO).

2. Anläßlich einer Außenprüfung bei einem Kaufmann wird festgestellt, daß der Kaufmann an einen Geschäftsfreund für ein Darlehen Zinsen gezahlt hat.

Das FA kann dem für den Geschäftsfreund zuständigen FA ohne Verletzung des Steuergeheimnisses eine Kontrollmitteilung (§ 194 Abs. 3 AO) über die gezahlten Zinsen übersenden.

b) Gesetzliche Zulässigkeit der Offenbarung (§ 30 Abs. 4 Nr. 2 AO)

41 Die Zulässigkeit zur Offenbarung kann sich aus der Abgabenordnung oder einem sonstigen Gesetz ergeben.

Beispiele:
1. § 31 Abs. 1 AO berechtigt die Finanzämter, den Gemeinden die Steuermeßbeträge mitzuteilen.
2. § 386 Abs. 4 AO berechtigt die Finanzbehörde, die Steuerstrafsache an die Staatsanwaltschaft abzugeben.
3. § 10 StBerG gestattet den Finanzbehörden die Mitteilung von Pflichtverletzungen an die Steuerberaterkammer.

Weitere Beispiele finden sich in AEAO, Tz 8 zu § 30.

c) Zustimmung des Betroffenen (§ 30 Abs. 4 Nr. 3 AO)

42 Die Zustimmung ist zwar formlos möglich, sollte aber aus Beweissicherungsgründen immer vom Geschützten schriftlich eingeholt werden.

Beispiele:
1. Ein Kaufmann veräußert sein Unternehmen und gestattet dem Erwerber, sich beim FA über die wirtschaftliche Situation des Unternehmens zu erkundigen.
2. Ein Student benötigt zur Erlangung eines Stipendiums eine Bescheinigung über seine Einkünfte und sein Vermögen.

In beiden Fällen ist die Offenbarung gerechtfertigt.

d) Offenbarung zur Durchführung eines nichtsteuerlichen Strafverfahrens (§ 30 Abs. 4 Nr. 4 AO)

Die **Offenbarung** von Verhältnissen **zur Durchführung eines Steuerstrafverfahrens** richtet sich nach § 30 Abs. 4 Nr. 1 AO. Die Offenbarung von Verhältnissen **zur Durchführung anderer Strafverfahren** bemißt sich dagegen nach § 30 Abs. 4 Nr. 4 AO. Danach ist das FA befugt, Kenntnisse, die es in einem Steuerstrafverfahren oder in einem Bußgeldverfahren wegen einer Steuerordnungswidrigkeit erworben hat, den Strafverfolgungsbehörden mitzuteilen. Dies gilt allerdings nicht, wenn der Steuerpflichtige **in Unkenntnis der Einleitung** des Strafverfahrens oder des Bußgeldverfahrens die strafrechtserheblichen Tatsachen offenbart hat (§ 30 Abs. 4 Nr. 4a AO). Zur „Einleitung" vgl. Rdnr. 497. Eine Mitteilung an andere Behörden zur Durchführung eines Bußgeldverfahrens gestattet diese Vorschrift nicht.

43

Beispiele:
1. Gegen einen Kaufmann wird im Jahre 05 ein Strafverfahren wegen Umsatzsteuerhinterziehung (§ 370 AO), begangen im Kalenderjahr 02, eingeleitet. Dies wird dem Kaufmann nicht mitgeteilt (§ 397 AO). Kurz darauf offenbart der Kaufmann der Strafsachenstelle des FA Tatsachen, aus denen hervorgeht, daß er im Jahre 02 mehrere Geschäftsfreunde betrogen hat (§ 263 StGB).

Die Mitteilungen des Stpfl. erfolgten in Unkenntnis des eingeleiteten Steuerstrafverfahrens; eine Weiterleitung der betrugserheblichen Tatsachen an die Strafverfolgungsbehörden wäre eine Verletzung des Steuergeheimnisses (§ 30 Abs. 4 Nr. 4a 2. Halbsatz AO).

2. Wie Beispiel 1. Allerdings war dem Kaufmann die Einleitung des Strafverfahrens bekannt. Er wurde über sein Aussageverweigerungsrecht gemäß § 385 Abs. 1 AO, § 136 Abs. 1 StPO belehrt.

Der Kaufmann war nicht verpflichtet, in dem Strafverfahren mitzuwirken, worüber er gem. § 385 Abs. 1 AO, § 136 Abs. 1 StPO belehrt worden war. Wenn er dennoch die betrugserheblichen Tatsachen offenbarte, so steht § 30 Abs. 4 Nr. 4a AO einer Weiterleitung dieser Tatsachen an die Strafverfolgungsbehörden nichts im Weg.

3. Wie Beispiel 1. Allerdings wurden die betrugserheblichen Tatsachen ohne Mitwirkung des Steuerpflichtigen bei einer Fahndungsprüfung (§ 208 AO) ermittelt.

Die betrugserheblichen Tatsachen können ohne Verletzung des Steuergeheimnisses an die Strafverfolgungsbehörden weitergeleitet werden, gleichgültig ob die Einleitung des Steuerstrafverfahrens dem Kaufmann bekannt war oder nicht. **Er hat die Tatsachen nicht offenbart,** so daß § 30 Abs. 4 Nr. 4a 2. Halbsatz AO nicht in Betracht kommt.

4. Wie Beispiel 1. Dem Kaufmann wurde die Einleitung des Strafverfahrens im Juli 05 bekanntgegeben. Bereits im Januar 05 waren die betrugserheblichen Tatsachen ermittelt worden.

Diese Tatsachen sind nicht in einem Steuerstrafverfahren, sondern vorher bekannt geworden. Das Steuergeheimnis muß gewahrt werden (§ 30 Abs. 4 Nr. 4a 2. Halbsatz AO).

Soweit entgegen § 30 Abs. 4 Nr. 4a 2. Halbsatz AO Tatsachen und Beweismittel an die Staatsanwaltschaft weitergeleitet worden sind, dürfen diese in einem Strafverfahren nicht verwertet werden (§ 393 Abs. 2 AO). In einem Verfahren gemäß § 30 Abs. 2 AO erworbene Kenntnisse dürfen auch dann an Strafverfolgungsbehörden weitergeleitet werden, wenn sie ohne steuerliche Verpflichtung bzw. unter Verzicht auf ein Auskunftsverweigerungsrecht bekannt geworden sind (§ 30 Abs. 4 Nr. 4b AO). Dies ist der Fall, wenn etwa eine dritte Person, z. B. ein Denunziant, ohne vom FA dazu aufgefordert worden zu sein (§ 93 AO), strafrechtserhebliche Tatsachen bekanntgibt oder ein Angehöriger (§ 15 AO) eines Steuerpflichtigen unter Verzicht auf sein ihm bekanntes Auskunftsverweigerungsrecht (§ 101 AO) solche Tatsachen mitteilt.

Schließlich dürfen vorsätzlich falsche Angaben eines Betroffenen den Strafverfolgungsbehörden gegenüber offenbart werden (§ 30 Abs. 5 AO).

Beispiel:
Nachdem ein Kaufmann einen Angestellten entlassen hat, bezichtigt dieser zu Unrecht den Kaufmann beim FA der Steuerhinterziehung (§ 370 AO) sowie des Betruges (§ 263 StGB), um sich für seine Entlassung zu rächen.

In diesen Fällen einer falschen Anschuldigung (§ 165 StGB) verdient die Persönlichkeit des Verdächtigen Schutz. Das FA kann daher seine Kenntnisse an die Strafverfolgungsbehörden, nicht aber an den Steuerpflichtigen weiterleiten (§ 30 Abs. 5 AO).

e) Offenbarung aus zwingendem öffentlichen Interesse (§ 30 Abs. 4 Nr. 5 AO)

44 Ein zwingendes öffentliches Interesse liegt vor, wenn der **Allgemeinheit** – nicht einem einzelnen – schwerer Schaden zustieße, sofern die Finanz-

behörde nicht ihre im Besteuerungsverfahren erlangten Kenntnisse verwertet. Diese Fälle sind in der Praxis selten, da die Rechtsordnung das Interesse an der Bestrafung kleiner Rechtsbrecher grundsätzlich hinter das Steuergeheimnis zurückstellt.

Das Gesetz nennt – nicht abschließend – drei Fallgruppen:

aa) Verbrechen und schwere Vergehen gegen hochwertige Rechtsgüter (§ 30 Abs. 4 Nr. 5a AO)

Hierunter fallen besonders alle Vergehen und Verbrechen, die nach § 138 StGB angezeigt werden müssen, z. B. Mord (§ 211 StGB), Totschlag (§ 212 StGB), Raub und räuberische Erpressung (§ 249 ff. StGB), Geldfälschung (§ 146 StGB), Hochverrat und Landesverrat (§ 81 ff. StGB) usw.

bb) Wirtschaftsstraftaten (§ 30 Abs. 4 Nr. 5b AO)

Diese müssen aufgrund ihrer Begehungsweise und des Umfangs des verursachten Schadens geeignet sein, die wirtschaftliche Ordnung **erheblich zu stören** bzw. das Vertrauen der Allgemeinheit in die ordnungsmäßige Arbeit der Behörden und öffentlichen Einrichtungen **schwer erschüttern**. Vorstellbar wäre dies bei umfangreichen Korruptionsfällen, Subventionsbetrug in besonders schwerem Ausmaß usw.

cc) Offenbarung zur Richtigstellung in der Öffentlichkeit verbreiteter unwahrer Tatsachen (§ 30 Abs. 4 Nr. 5c AO)

Eine Offenbarung im Sinne dieser Vorschrift kommt nur in Ausnahmefällen in Betracht. Sie werden von den obersten Finanzbehörden entschieden.

5. Folgen der Verletzung des Steuergeheimnisses

Die Verletzung des Steuergeheimnisses kann mit Geld- oder Freiheitsstrafe **bestraft** werden (§ 355 StGB). Sie wird nur auf Antrag des Dienstvorgesetzten oder Verletzten verfolgt. Daneben wird die Verletzung **disziplinarrechtlich geahndet.**

Schließlich kommt eine **Schadensersatzpflicht** in Betracht, wenn die Verletzung des Steuergeheimnisses einen Schaden verursacht hat. Anspruchsgrundlage ist in diesen Fällen in erster Linie § 839 BGB i. V. m. Art. 34 GG.

D. Zuständigkeit

I. Begriff

46 Zuständigkeit ist das Recht und die Pflicht einer bestimmten Behörde, in einem bestimmten Fall tätig zu werden. Die Zuständigkeit ist auf die verschiedenen Behörden unter sachlichen und räumlichen Gesichtspunkten aufgeteilt; deshalb müssen die sachliche und die örtliche Zuständigkeit unterschieden werden.

Zuständig im Sinne des Gesetzes ist **die Behörde** als solche (z. B. das FA Würzburg), nicht eine bestimmte Dienststelle innerhalb dieser Behörde (z. B. die Grunderwerbsteuerstelle) oder ein bestimmter Beamter, dem durch den Geschäftsverteilungsplan des Behördenleiters ein behördeninterner „Tätigkeitsbereich" zugewiesen ist. Der Geschäftsverteilungsplan dient nur der innerdienstlichen Arbeitsteilung. Nach außen ergeht jeder Verwaltungsakt als Willenserklärung der Behörde.

Dies kommt u. a. dadurch zum Ausdruck, daß außer dem Vorsteher alle anderen Beamten eines FA „Im Auftrag" oder „In Vertretung" des Vorstehers unterzeichnen.

Beispiel:
Wenn der Sachgebietsleiter der Kraftfahrzeugsteuerstelle im zuständigen FA Grunderwerbsteuer stundet oder ein Sachbearbeiter entgegen dem Zeichnungsrecht ohne Mitwirkung des Sachgebietsleiters Regelungen trifft, sind diese Verwaltungsakte mit keinem Zuständigkeitsmangel behaftet (vgl. BStBl II 1987, 504). – Die Überschreitung der Befugnisse kann allerdings, soweit es sich um einen besonders schwerwiegenden und offenkundigen Mangel handelt, zur Nichtigkeit des Verwaltungsaktes führen (BStBl II 1978, 575 und 1987, 592; vgl. Rdnr. 151).

II. Sachliche Zuständigkeit

1. Begriff und Regelung

47 Durch die sachliche Zuständigkeit wird der Tätigkeitsbereich einer bestimmten Behörde „der Sache nach" abgegrenzt. Dies erfolgt zunächst

Sachliche Zuständigkeit

durch das Grundgesetz und die Landesverfassung, wo den einzelnen Verwaltungszweigen bestimmte Aufgaben zugewiesen werden.

Beispiel:
Den Gesundheitsbehörden obliegt Vorsorge vor Krankheiten und deren Bekämpfung; Aufgabe der Arbeitsverwaltung ist die Arbeitsvermittlung; die Verkehrsverwaltung ordnet und sichert den Verkehr auf dem Lande, auf dem Wasser und in der Luft usw.

Die sachliche Zuständigkeit der Finanzbehörden richtet sich nach dem Finanzverwaltungsgesetz, das durch Bestimmungen der AO ergänzt wird (§ 16 AO). Die Bundesfinanzbehörden (§ 1 FVG) und die Landesfinanzbehörden (§ 2 FVG) haben vor allem die Aufgabe die Steuern festzusetzen und einzuziehen (vgl. Art. 108 GG; §§ 4, 5, 8, 12, 17 FVG).

In den Bereich der sachlichen Zuständigkeit gehört auch die Abgrenzung des Tätigkeitsbereiches der **Steuergerichte** (vgl. §§ 35–37 FGO). Die Finanzgerichte und der BFH sind keine Behörden der Finanzverwaltung, sondern selbständige Organe der rechtsprechenden Gewalt (vgl. Art. 20 Abs. 3, Art. 92, 95, 97 GG).

Innerhalb eines Verwaltungszweiges werden die Aufgaben auf verschiedene Instanzen verteilt. Man nennt diese Aufgabenwahrnehmung durch Unter-, Mittel- und Oberbehörden „**funktionelle Zuständigkeit**".

Beispiel:
Die Finanzämter verwalten die Steuern mit Ausnahme der Zölle und der Verbrauchsteuern (§ 17 Abs. 2 FVG) – Die OFD leitet die Finanzverwaltung des Bundes und des Landes in ihrem Bezirk (§ 8 Abs. 1 FVG).

Zu beachten ist, daß die Landesregierung zum Zwecke der Zentralisierung bestimmter Aufgaben durch Rechtsverordnung die sachliche Zuständigkeit einzelner Finanzämter beschränken und Aufgaben auf andere Finanzämter übertragen kann (vgl. § 17 Abs. 2 Satz 3 FVG). Dies geschah insbesondere bei der Erbschaftsteuer, der Körperschaftsteuer, der Betriebsprüfung und der Steuerfahndung.

2. Die Rechtsfolgen der sachlichen Unzuständigkeit

Die Verletzung der Vorschriften über die sachliche Zuständigkeit führt zur Nichtigkeit des Verwaltungsaktes, wenn es sich um eine schwere, d. h. unerträgliche Rechtsverletzung handelt.

a) Absolute Unzuständigkeit

Wird statt einer Finanzbehörde eine Behörde eines anderen Verwaltungszweiges tätig, ist deren Verwaltungsakt **nichtig** (§ 125 Abs. 1 AO). Denn hier liegt ein besonders schwerer, offenkundiger Fehler vor. Der Verwaltungsakt ist unwirksam (§ 124 Abs. 3 AO). Rechtsfolgen treten nicht ein. Der Rechtsschein kann jederzeit beseitigt werden (§ 125 Abs. 5 AO, § 41 Abs. 1 FGO).

Beispiele:
Die vom Forstamt ausgestellte Lohnsteuerkarte oder der von der Gemeinde erlassene Einkommensteuerbescheid sind nichtig.

b) Sonstige Fälle der sachlichen Unzuständigkeit

In den anderen Fällen wird der Erlaß eines Verwaltungsaktes durch eine sachlich oder funktionell unzuständige Behörde nicht stets als unerträgliche Rechtsverletzung anzusehen sein (BStBl II 1986, 880 und 1988, 183). Soweit sich der Verwaltungsakt nicht als nichtig erweist, ist er nur fehlerhaft. Dann kann der Betroffene die Unzuständigkeit mit dem Einspruch oder der Beschwerde rügen (§§ 348, 349 AO); daraufhin muß die zuständige Behörde den fehlerhaften Verwaltungsakt durch einen rechtmäßigen ersetzen (§§ 367, 368 AO). Auch nach Ablauf der Rechtsbehelfsfrist kann der Stpfl. einen entsprechenden Antrag stellen. Diesem kann die sachlich zuständige Behörde durch Rücknahme (§ 130 Abs. 1 bzw. Abs. 2 Nr. 1; vgl. Rdnr. 171) oder Aufhebung bzw. Änderung (§ 172 Abs. 1 Nr. 2b AO; vgl. Rdnr. 188) entsprechen.

Beispiele:
1. Aufgrund einer Rechtsverordnung wird die Zuständigkeit für Körperschaften im Regierungsbezirk O auf das Finanzamt R übertragen. Eine Aktiengesellschaft mit Geschäftsleitung im Regierungsbezirk O erhält noch einen KSt-Bescheid vom FA W. – Der KSt-Bescheid ist nicht nichtig, sondern nur fehlerhaft.
2. Eine OFD erläßt eine Prüfungsanordnung (§ 196 AO). – Hierfür sind die Finanzämter zuständig (§ 195 AO, § 17 Abs. 2 FVG). Die Prüfungsanordnung ist nicht nichtig, sondern nur fehlerhaft (BStBl II 1988, 183).
3. Ein FA erläßt ohne die vorgeschriebene Mitwirkung der OFD (vgl. Erlaß vom 10. 4. 1994, BStBl I 1994, 94) die auf 250 000 DM festgesetzte Einkommensteuer 01 in Höhe von 50 000 DM. – Trotz der – durch Verwaltungsanweisung – angeordneten Mitwirkung von Mittel- bzw. Oberbehörden ist das Finanzamt für den Erlaß (§ 227 AO) sachlich zuständig (§ 17 Abs. 2 Satz 1 AO). Der Erlaß ist rechtmäßig.

III. Örtliche Zuständigkeit

1. Begriff und Grundlagen

Die örtliche Zuständigkeit grenzt den Aufgabenbereich gleichartiger Behörden unter räumlichen Gesichtspunkten ab. Jeder Behörde ist ein sogenannter „Amtsbezirk" zugewiesen.

49

In der AO ist die örtliche Zuständigkeit nur für die Finanzämter geregelt, und zwar in den §§ 17 bis 29 AO und einigen verstreuten Sonderbestimmungen. Die Zuständigkeit der OFD und der Landesministerien ergibt sich aus der Zugehörigkeit einer Gruppe von Finanzämtern zu einem Oberfinanzbezirk bzw. zu einem Bundesland.

Die örtliche Zuständigkeit der Finanzgerichte regelt § 38 FGO. Danach ist das Gericht zuständig, in dessen Bezirk die Behörde ihren Sitz hat, gegen die sich die Klage richtet.

Nach der Formulierung „soweit nichts anderes bestimmt ist" in § 17 AO gelten die § 18 ff. AO nur subsidiär; Sonderbestimmungen finden wir vor allem in den Einzelsteuergesetzen.

Beispiele:
§ 388 AO bestimmt die örtliche Zuständigkeit für die Durchführung von **Steuerstrafverfahren.** – §§ 41a Abs. 1, 41 Abs. 2 EStG bestimmen, daß für die Anmeldung und Abführung der **Lohnsteuer** das FA zuständig ist, in dessen Amtsbezirk die Betriebsstätte liegt, in der der Arbeitslohn ermittelt wird **(Betriebsstättenfinanzamt).**

2. Merkmale der örtlichen Zuständigkeit

Für die Bestimmung der örtlichen Zuständigkeit geht der Gesetzgeber von sinnvollen Anknüpfungsmerkmalen aus, beispielsweise der Lage eines Grundstückes oder dem Wohnsitz einer Person. In einigen Fällen benennt das Gesetz selbst die örtlich zuständigen Finanzämter:

50

- Lagefinanzamt (§ 18 Abs. 1 Nr. 1 AO),
- Betriebsfinanzamt (§ 18 Abs. 1 Nr. 2 i. V. m. §§ 10, 12 AO),
- Wohnsitzfinanzamt (§ 19 Abs. 1 Satz 1 i. V. m. §§ 8, 9 AO).

Für andere örtlich zuständige Finanzämter haben sich bestimmte Begriffe eingebürgert:
- Tätigkeitsfinanzamt (§ 18 Abs. 1 Nr. 3 AO),
- Verwaltungsfinanzamt (§ 18 Abs. 1 Nr. 4 AO),
- Geschäftsleitungsfinanzamt (§ 20 Abs. 1 i. V. m. §§ 10, 11 AO),
- Unternehmensfinanzamt (§ 21 AO).

3. Zuständigkeit für gesonderte Feststellungen

51 Die einzelnen Besteuerungsgrundlagen (§ 199 AO) sind regelmäßig unselbständiger Teil des Steuerbescheides (§ 157 Abs. 2 AO).

In bestimmten Fällen, die sich aus § 180 AO und den Einzelsteuergesetzen ergeben, werden jedoch **einzelne Besteuerungsgrundlagen gesondert festgestellt.**

Das heißt, in einem besonderen Veranlagungsverfahren werden Einkünfte oder Werte von Gegenständen ermittelt. Darüber wird ein **Feststellungsbescheid** (vgl. Rdnr. 120 ff.) erteilt. Die für diese gesonderten Feststellungen zuständigen Finanzämter ergeben sich aus § 18 AO.

a) Gesonderte Feststellungen für die Einkommensteuer

Soweit für **Einkünfte** eine gesonderte Feststellung erforderlich ist (§ 180 Abs. 1 Nr. 2 AO), sind folgende Finanzämter zuständig:

• aus Land- und Forstwirtschaft	das Lage-FA (§ 18 Abs. 1 Nr. 1 AO)
• aus Gewerbebetrieb	das Betriebs-FA (§ 18 Abs. 1 Nr. 2 AO)
• aus freiberuflicher Tätigkeit	das „Tätigkeits"-FA (§ 18 Abs. 1 Nr. 3 AO)
• aus Kapitalvermögen • aus Vermietung und Verpachtung • sowie sonstige Einkünfte (§ 22 EStG)	das „Verwaltungs"-FA (§ 18 Abs. 1 Nr. 4 AO)

Örtliche Zuständigkeit

b) Gesonderte Feststellungen für die Vermögensteuer

Soweit für die Vermögensteuer Feststellungsbescheide erforderlich sind (§ 180 Abs. 1 Nr. 1 AO i. V. m. § 19 BewG, § 180 Abs. 1 Nr. 3 AO), ist zuständig:

• für Betriebe der Land- u. Forstwirtschaft • für Grundstücke • für Betriebsgrundstücke	das Lage-FA (§ 18 Abs. 1 Nr. 1 AO)
• für gewerbliche Betriebe	das Betriebs-FA (§ 18 Abs. 1 Nr. 2 AO)
• für das freiberufliche Vermögen (§ 19 Abs. 1 Nr. 2, §§ 95, 96 BewG)	das „Tätigkeits"-FA (§ 18 Abs. 1 Nr. 3 AO)
• für den Wert von vermögensteuer- pflichtigen Wirtschaftsgütern • für den Wert von Schulden und sonstigen Abzügen	das „Verwaltungs"-FA (§ 18 Abs. 1 Nr. 4)

4. Zuständigkeit für die Einkommensteuer und Vermögensteuer

a) Regelfall

Für die Festsetzung der Einkommen- und Vermögensteuer natürlicher Personen ist grundsätzlich das **Wohnsitzfinanzamt** zuständig (§ 19 Abs. 1 Satz 1 i. V. m. §§ 8, 9 AO). Bei mehrfachem Wohnsitz im Inland ist das FA zuständig, an dem sich ein lediger Steuerpflichtiger vorwiegend aufhält bzw. an dem sich bei verheirateten Steuerpflichtigen die Familie vorwiegend aufhält (§ 19 Abs. 1 Satz 2 AO).

Hat ein Steuerpflichtiger **weder** einen Wohnsitz (§ 8 AO) **noch einen gewöhnlichen Aufenthalt** (§ 9 AO), so sind folgende **Hilfszuständigkeiten** zu prüfen:

aa) Bei unbeschränkt einkommen- bzw. vermögensteuerpflichtigen Arbeitnehmern, die im Ausland beschäftigt werden, ist das FA zuständig, in dessen Bezirk sich die den **Lohn auszahlende öffentliche Kasse** befindet (§ 19 Abs. 1 Satz 3 AO).

Beispiel:

Botschaftsrat Graf lebt in Madrid. Sein Gehalt wird von der Kasse des Bundesaußenministeriums in Bonn überwiesen. – Für die Einkommen- und Vermögensteuer ist das FA Bonn zuständig (§ 19 Abs. 1 Satz 3 AO).

bb) Bei inländischem Vermögen ist das FA örtlich zuständig, in dessen Bezirk sich das **Vermögen** bzw. der wertvollste Teil des Vermögens des Steuerpflichtigen befindet (§ 19 Abs. 2 Satz 1 AO).

Beispiel:

Scheich Abdulla lebt in Oman. Er hat in Kiel eine Schiffswerft (Einheitswert des Betriebsvermögens: 5 Millionen DM) und in Fürth eine Reifenfabrik (Einheitswert des Betriebsvermögens: 12 Millionen DM) aufgekauft. – Zuständig ist das FA Fürth (§ 19 Abs. 2 Satz 1 AO).

cc) Hat der Steuerpflichtige kein Vermögen im Inland, so kommt es auf den **Ort seiner Inlandstätigkeit** bzw. den Ort der Verwertung seiner Tätigkeit an. Diese Regelung gilt für Grenzgänger, Künstler und Berufssportler, ferner für im Ausland lebende Personen, die aus dem Inland Einnahmen für die Vergabe von Lizenzen oder Urheberrechten beziehen (§ 19 Abs. 2 Satz 2 AO).

Beispiele:

1. Im Bezirk des FA Lindau arbeiten tagsüber Arbeitnehmer, die in Bregrenz (Österreich) wohnen und täglich heimkehren. – Das FA Lindau ist für die Einkommensteuer zuständig.

2. Boxweltmeister C verteidigt seinen Titel in der Dortmunder Westfalenhalle. Nach dem Kampf kehrt er in die USA zurück. – Das FA Dortmund-Süd besteuert das Einkommen.

3. Ein in der Schweiz lebender Schriftsteller bezieht Vergütungen von einem Wiesbadener Verlag, der die Werke des Schriftstellers in Deutschland verbreitet. – Das FA Wiesbaden ist zuständig

Örtliche Zuständigkeit 55

b) Zuständigkeit in Großstädten mit mehreren Finanzamtsbezirken

In Großstädten mit mehreren Finanzamtsbezirken kommt es vor, daß 54
Steuerpflichtige ihren Wohnsitz und ihren (gewerblichen oder landwirtschaftlichen) Betrieb bzw. ihre freiberufliche Niederlassung in den Bezirken verschiedener Finanzämter haben. Hier müßten Feststellungen (§ 180 Abs. 1 Nr. 2 AO) vom Lage-, Betriebs- oder Tätigkeitsfinanzamt (§ 18 Abs. 1 Nr. 1–3 AO) vorgenommen und die Personensteuern vom Wohnsitzfinanzamt festgesetzt werden (§ 19 Abs. 1 AO): Es wären also mehrere Finanzämter einer Stadt mit dem gleichen Steuerpflichtigen befaßt. Dieses unerwünschte Ergebnis wird durch eine Sonderregelung für viele Fälle vermieden: Die Zuständigkeit für die Einkommen- und Vermögensteuer wird vom Wohnsitzfinanzamt auf das für die Feststellung der Einkünfte zuständige FA verlagert (§ 19 Abs. 3 und 4 AO).

aa) Die Sonderregelung setzt folgendes voraus:

● Das Gebiet einer Großstadt muß in mehrere Finanzamtsbezirke aufgeteilt sein.

● Ein Steuerpflichtiger muß Einkünfte
aus Land- und Forstwirtschaft,
aus Gewerbebetrieb oder
aus freiberuflicher Tätigkeit haben.

● Der Wohnsitz und der Betrieb bzw. die freiberufliche Niederlassung müssen in verschiedenen Finanzamtsbezirken derselben Großstadt liegen.

bb) Unter diesen Voraussetzungen hat das an sich für die Feststellung der Einkünfte (§ 180 Abs. 1 Nr. 2 AO) zuständige **Lage**finanzamt (§ 18 Abs. 1 Nr. 1 AO), **Betriebs**finanzamt (§ 18 Abs. 1 Nr. 2 AO) oder **Tätigkeits**finanzamt (§ 18 Abs. 1 Nr. 3 AO) ausnahmsweise die Einkommensteuer und Vermögensteuer festzusetzen. Die gesonderte Feststellung nach § 180 Abs. 1 Nr. 2b AO hat dann zu unterbleiben:

Beispiele:
In der Stadt W gibt es vier nach den Himmelsrichtungen benannte Finanzämter, deren Bezirke in den folgenden Kreisen als Sektoren dargestellt sind. Die in den Beispielen verwendeten Symbole bedeuten:

Wohnsitz

Gewerbebetrieb	Land- und Forstwirtschaft	freiberufliche Tätigkeit
Geschäftsleitung eines Einzelunternehmens	Lage eines Einzelbetriebes	Ort der vorwiegenden Berufstätigkeit eines Freiberuflers
Geschäftsleitung einer Personengesellschaft	Lage eines Betriebes, an dem mehrere beteiligt sind.	Ort der vorwiegenden Berufstätigkeit einer Praxisgemeinschaft

Beispiel 1:

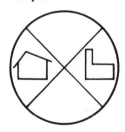

A wohnt im Bezirk des FA WEST und hat im Bezirk des FA OST eine Spielzeugfabrik. – Für die Einkommen- und Vermögensteuer ist das Betriebs-FA OST zuständig (§§ 19 Abs. 3 Satz 1, 18 Abs. 1 Nr. 2 AO). Eine gesonderte Einkunftsfeststellung für die Spielzeugfabrik unterbleibt.

Örtliche Zuständigkeit

Beispiel 2:

C wohnt im Bezirk des FA NORD. Er betreibt ein landwirtschaftliches Mustergut und eine Tierarztpraxis im Finanzamtsbezirk WEST. – Für die Einkommen- und Vermögensteuer ist das Lage- und Tätigkeits-FA WEST zuständig (§§ 19 Abs. 3 Satz 1, 18 Abs. 1 Nr. 2 und 3 AO). – Gesonderte Einkunftsfeststellungen unterbleiben.

Beispiel 3:

B wohnt im Bezirk des FA SÜD und ist im Bezirk des FA NORD als Rechtsanwalt in einer Sozietät tätig. – Für die Einkommen- und Vermögensteuer ist das Tätigkeits-FA NORD zuständig (§§ 19 Abs. 3, 18 Abs. 1 Nr. 3 AO). Die einheitliche und gesonderte Einkunftsfeststellung für die Anwaltssozietät (§§ 180 Abs. 1 Nr. 2a, 179 Abs. 2 Satz 2 AO) wird vom Tätigkeits-FA NORD durchgeführt (§ 18 Abs. 1 Nr. 3 AO).

Beispiel 4:

D wohnt im Bezirk des FA WEST. Er hat einen landwirtschaftlichen Betrieb im Bezirk SÜD und eine Reparaturwerkstatt für Schlepper im Bezirk NORD. – Für die Einkommen- und Vermögensteuer kann sowohl das Lage-FA SÜD als auch das Betriebs-FA NORD zuständig sein (§ 19 Abs. 3 Satz 1 i. V. m. § 18 Abs. 1 Nr. 1 bzw. Nr. 2). Nach § 25 AO ist hier von diesen beiden Ämtern das zuständig, das sich auf Betreiben des D oder von Amts wegen zuerst mit Veranlagungstätigkeiten befaßt. – Eine gesonderte Feststellung ist hier nur von dem FA durchzuführen, das D nicht zur Einkommen- und Vermögensteuer veranlagt (§ 180 Abs. 1 Nr. 2b AO).

cc) Ist ein Steuerpflichtiger an einem landwirtschaftlichen oder gewerblichen Betrieb beteiligt oder übt er eine freiberufliche Tätigkeit in einer Praxisgemeinschaft aus, so übernimmt das für die Feststellung der Einkünfte (§ 180 Abs. 1 Nr. 2a AO) zuständige FA (§ 18 Abs. 1 Nr. 1 bis 3 AO) die Veranlagung zur Einkommen- und Vermögensteuer nur, wenn der Steuerpflichtige in der Großstadt nicht auch andere nach § 180 Abs. 1

Nr. 2b AO nur gesondert festzustellenden Einkünfte hat (§ 19 Abs. 3 Satz 2 AO). Hier hat das an sich für die gesonderte Feststellung (§ 180 Abs. 1 Nr. 2b AO) zuständige FA die Einkommen- und Vermögensteuer festzusetzen, wodurch sich die nur gesonderte Feststellung erübrigt.

Beispiel 5:

E wohnt im Bezirk des FA NORD. Im Bezirk des FA OST ist er an der Fleischwaren KG beteiligt; im Finanzamtsbezirk WEST betreibt er eine Metzgerei. – Für die Einkommen- und Vermögensteuer ist das Betriebs-FA WEST zuständig (§§ 19 Abs. 3, 18 Abs. 1 Nr. 2 AO). – Das Betriebs-FA OST hat eine einheitliche und gesonderte Einkunftsfeststellung durchzuführen (§§ 180 Abs. 1 Nr. 2a, 18 Abs. 1 Nr. 2 AO).

ad) Nach § 19 Abs. 4 AO ist es bei Anwendung des § 19 Abs. 3 AO gleichgültig, ob der landwirtschaftliche oder gewerbliche Betrieb bzw. die Beteiligung an einem solchen Betrieb dem Steuerpflichtigen selbst oder einem mit ihm zu veranlagenden (§ 26 EStG, § 14 VStG) Haushaltsangehörigen gehört. Dasselbe gilt für die Ausübung einer freiberuflichen Tätigkeit.

Beispiel 6:

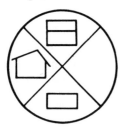

Das Ehepaar F wohnt im Bezirk des FA WEST. Herr F betreibt gemeinsam mit Herrn S eine Steuerberaterkanzlei im Amtsbezirk NORD. Frau F hat eine Praxis im Amtsbezirk SÜD. – Für die Einkommen- und Vermögensteuer ist das Tätigkeitsfinanzamt SÜD zuständig (§§ 19 Abs. 3 und 4, 18 Abs. 1 Nr. 3 AO). – Das Tätigkeitsfinanzamt NORD hat eine einheitliche und gesonderte Einkunftsfeststellung durchzuführen (§§ 180 Abs. 1 Nr. 2a, 18 Abs. 1 Nr. 3 AO).

Tabellarische Übersicht zur Zuständigkeit bei der Einkommensteuer

A. Für die Feststellung der Besteuerungsgrundlagen	B. Für die Steuerfestsetzung
(regelmäßig unselbständiger Teil des Steuerbescheides – § 157 Abs. 2 AO) ist örtlich zuständig das	ist örtlich zuständig das
1. **Lage-FA** (§ 18 Abs. 1 Nr. 1 AO) für gesonderte Feststellungen der Einkünfte aus **Land- u. Forstwirtschaft** nach §§ 180 Abs. 1 Nr. 2a, 179 Abs. 2 Satz 2 AO und nach § 180 Abs. 1 Nr. 2b AO	**Wohnsitz-FA:** § 19 Abs. 1 Satz 1 AO (Hilfszuständigkeiten enthält § 19 in Abs. 1 Satz 2, 3 und Abs. 2 AO)
2. **Betriebs-FA** (§ 18 Abs. 1 Nr. 2 AO) für gesonderte Feststellungen der Einkünfte aus **Gewerbebetrieb** nach §§ 180 Abs. 1 Nr. 2a, 179 Abs. 2 Satz 2 AO und nach § 180 Abs. 1 Nr. 2b AO	ausnahmsweise in Großstädten mit mehreren FA-Bezirken
3. „**Tätigkeits**"-**FA** (§ 18 Abs. 1 Nr. 3 AO) für gesonderte Feststellungen der Einkünfte aus **freiberufl. Tätigkeit** nach §§ 180 Abs. 1 Nr. 2a, 179 Abs. 2 Satz 2 AO und nach § 180 Abs. 1 Nr. 2b AO	**Lage-FA:** §§ 19 Abs. 3, 18 Abs. 1 Nr. 1 AO **Betriebs-FA:** §§ 19 Abs. 3, 18 Abs. 1 Nr. 2 AO „**Tätigkeits**"-**FA:** §§ 19 Abs. 3, 18 Abs. 1 Nr. 3 AO (Bei berufstätigen Ehegatten beachte § 19 Abs. 4 AO!)
4. „**Verwaltungs**"-**FA** (§ 18 Abs. 1 Nr. 4 AO) für gesonderte **und einheitliche** Feststellungen der Einkünfte aus Kapitalvermögen der Einkünfte aus Vermietung und Verpachtung und der sonstigen Einkünfte nach §§ 180 Abs. 1 Nr. 2a, 179 Abs. 2 Satz 2 AO	

Beispiel zur Anwendung der Tabelle

57 Emsig gibt in seiner ESt-Erklärung an: Er wohne mit seiner Familie in Speyer, in Worms gehöre ihm zusammen mit seinem Bruder ein Weingut, in Trier sei er Kommanditist eines Transportunternehmens. Seine Frau praktiziere in Heidelberg als Ärztin, ihr gehöre zusammen mit einer Tante in Mainz ein Wohnhaus, das von dort aus verwaltet werde, schließlich sei seine Frau Alleineigentümerin eines vermieteten Einfamilienhauses in Berlin.

Welche Finanzämter müssen im Rahmen der ESt-Veranlagung tätig werden?

Steuerfestsetzung bzw. gesonderte Feststellung	erforderlich nach	zuständiges Finanzamt	gemäß	Tabelle
Weingut: Einkünfte aus Landwirtschaft	§§ 180 Abs. 1 Nr. 2a, 179 Abs. 2 Satz 2 AO	Lage-FA Worms	§ 18 Abs. 1 Nr. 1 AO	A 1
Transportunternehmen: Einkünfte aus Gewerbebetrieb	§§ 180 Abs. 1 Nr. 2a, 179 Abs. 2 Satz 2 AO	Betriebs-FA Trier	§ 18 Abs. 1 Nr. 2 AO	A 2
Arztpraxis: Einkünfte aus freiberuflicher Tätigkeit	§ 180 Abs. 1 Nr. 2b	„Tätigkeits-FA" Heidelberg	§ 18 Abs. 1 Nr. 3 AO	A 3
Wohnhaus: Einkünfte aus Vermietung	§§ 180 Abs. 1 Nr. 2a, 179 Abs. 2 Satz 2 AO	„Verwaltungs-FA" Mainz	§ 18 Abs. 1 Nr. 4 AO	A 4
Einfamilienhaus: Einkünfte aus Vermietung:	– (§ 157 Abs. 2 AO)	–	–	–
ESt-Festsetzung	§ 25 EStG	Wohnsitz-FA Speyer	§ 19 Abs. 1 Nr. 1 AO	B

Örtliche Zuständigkeit

Tabellarische Übersicht zur Zuständigkeit bei der Vermögensteuer

A. Für die Feststellung der Besteuerungsgrundlagen	B. Für die Steuerfestsetzung
(regelmäßig unselbständiger Teil der Steuerfestsetzung – § 157 Abs. 2 AO) ist örtlich zuständig das	ist örtlich zuständig das
1. **Lagefinanzamt:** (§ 18 Abs. 1 Nr. 1 AO) für die gesonderte Feststellung n. § 180 Abs. 1 Nr. 1 (179 Abs. 2 Satz 2) AO des • EW Betrieb der Land- und Forstwirtschaft (§ 19 Abs. 1 Nr. 1 BewG), • EW Grundstück (§ 19 Abs. 1 Nr. 1 BewG), • EW Betriebsgrundstück (§ 19 Abs. 1 Nr. 1, Abs. 3 Nr. 1b BewG),	**Wohnsitz-FA:** § 19 Abs. 1 Satz 1 AO (Hilfszuständigkeiten enthält § 19 in Abs. 1 Satz 2, 3 und Abs. 2 AO) ausnahmsweise in Großstädten mit mehreren FA-Bezirken **Lage-FA:** §§ 19 Abs. 3, 18 Abs. 1 Nr. 1 AO **Betriebs-FA:** §§ 19 Abs. 3, 18 Abs. 1 Nr. 2 AO **„Tätigkeits"-FA:** §§ 19 Abs. 3, 18 Abs. 1 Nr. 3 AO (Bei berufstätigen Ehegatten beachte § 19 Abs. 4 AO!)
2. **Betriebs-FA** (§ 18 Abs. 1 Nr. 2 AO) für die gesonderte Feststellung nach § 180 Abs. 1 Nr. 1 (§ 179 Abs. 2 Satz 2) AO des EW gewerblicher Betrieb (§ 19 Abs. 1 Nr. 2 BewG)	
3. **„Tätigkeits"-FA:** (§ 18 Abs. 1 Nr. 3 AO) für die gesonderte Feststellung nach § 180 Abs. 1 Nr. 1 (§ 179 Abs. 2 Satz 2) AO des EW freiberufliches Vermögen (§§ 19 Abs. 1 Nr. 1, 95, 96 BewG)	
4. **„Verwaltungs"-FA:** (§ 18 Abs. 1 Nr. 4 AO) für die gesonderte und einheitliche Feststellung (§§ 180 Abs. 1 Nr. 3, 179 Abs. 2 Satz 2 AO) des Wertes von vermögensteuerpflichtigen Wirtschaftsgütern und des Wertes von Schulden und sonstigen Abzügen.	

Beispiel zur Anwendung der Tabelle

Reich gibt in seiner VSt-Erklärung an: Er wohne mit seiner Familie in Hameln, wo seine Frau ein Einfamilienhaus besitze. Sie betreibe eine Baustoffgroßhandlung auf eigenem Grundstück in Goslar. Er selbst sei in Hildesheim als Steuerberater tätig. Auch gehöre ihm eine Münzsammlung zusammen mit seinem Vetter, die dieser in Paderborn verwahre.

Welche Finanzämter müssen im Rahmen der VSt-Veranlagung tätig werden?

Steuerfestsetzung bzw. gesonderte Feststellung	erforderlich nach	zuständiges Finanzamt	gemäß	Tabelle
Einfamilienhaus: EW Grundstück	§ 180 Abs. 1 Nr. 1 AO, § 19 BewG	Lage-FA Hameln	§ 18 Abs. 1 Nr. 1 AO	A 1
Baustoffgroßhandlung: EW Betriebsgrundstück	§ 180 Abs. 1 Nr. 1 AO, § 19 BewG	Lage-FA Goslar	§ 18 Abs. 1 Nr. 1 AO	A 1
EW gewerblicher Betrieb	§ 180 Abs. 1 Nr. 1 AO, § 19 BewG	Betriebs-FA Goslar	§ 18 Abs. 1 Nr. 2 AO	A 2
Steuerberater Kanzlei: EW freiberufl. Vermögen	§ 180 Abs. 1 Nr. 1 AO, §§ 19, 96 BewG	„Tätigkeits-FA" Hildesheim	§ 18 Abs. 1 Nr. 3 AO	A 3
Wert der Münzsammlung	§§ 180 Abs. 1 Nr. 3, 179 Abs. 2 Satz 2 AO	„Verwaltungs-FA" Paderborn	§ 18 Abs. 1 Nr. 4 AO	A 4
VSt-Festsetzung	§ 15 VStG	Wohnsitz-FA Hameln	§ 19 Abs. 1 AO	B

Örtliche Zuständigkeit

5. Zuständigkeit für die Körperschaftsteuer und die Vermögensteuer der Körperschaften

Für die Veranlagung von Körperschaften, Personenvereinigungen und Vermögensmassen zur KSt und VSt ist nach § 20 AO das FA örtlich zuständig, in dessen Bezirk sich die Geschäftsleitung (§ 10 AO) befindet („Geschäftsleitungsfinanzamt"). Hilfsweise ist für die Bestimmung der örtlichen Zuständigkeit der Sitz (§ 11 AO), die Lage des (wertvollsten) Vermögens oder der Ort der vorwiegenden Ausübung der Tätigkeit maßgebend (§ 20 Abs. 2 bis 4 AO).

58

Beispiel:
Drei Mitarbeiter einer Unternehmensberatungs-AG mit Geschäftsleitung und Sitz in Zürich sind mehrere Wochen in Karlsruhe tätig, um Pläne für den Aufbau einer Erdölraffinerie zu erarbeiten. Die beschränkt körperschaftsteuerpflichtige Gesellschaft wird vom FA Karlsruhe veranlagt, weil sie im Bezirk des FA Karlsruhe tätig geworden ist (§ 20 Abs. 4 AO).

6. Zuständigkeit für die Umsatzsteuer

Für die Veranlagung zur USt ist das FA örtlich zuständig, von dessen Bezirk aus das Unternehmen betrieben wird (§ 21 Abs. 1 Satz 1 AO). Der Unternehmer betreibt sein Unternehmen dort, von wo aus er seine Tätigkeit anbietet, wo er Aufträge entgegennimmt, ihre Ausführungen vorbereitet und die Zahlungen an ihn geleistet werden. Läßt sich ein solcher Ort im Inland nicht feststellen, so ist das FA zuständig, in dessen Bezirk der Ort der Lieferung (§ 3 Abs. 6 UStG) bzw. der Ort der sonstigen Leistung (§ 3a UStG) liegt.

59

Da ein Unternehmer zwar mehrere Betriebe, aber nur ein Unternehmen haben kann, ist für den Unternehmer nur eine Umsatzsteuerveranlagung durchzuführen. Bei Unternehmen mit mehreren Betrieben kommt es darauf an, von welchem Finanzamtsbezirk aus das Unternehmen vorwiegend betrieben wird (§ 21 Abs. 1 Satz 2 AO)

Soweit Umsatzsteuer von Steuerpflichtigen zu erheben ist, die nicht Unternehmer i. S. d. § 2 UStG sind (vgl. z. B. §§ 2a, 14 Abs. 3 UStG), ist auch für die Umsatzsteuer das FA örtlich zuständig, das die Besteuerung nach dem Einkommen durchzuführen hat (§ 21 Abs. 2 AO).

7. Zuständigkeit für die Gewerbesteuer und die Grundsteuer

Die Verwaltung der Realsteuern (§ 3 Abs. 2 AO) zerfällt in zwei Verfahrensabschnitte (vgl. Rdnr. 116). Die Festsetzung der Steuermeßbeträge – einschließlich einer bisweilen erforderlichen Zerlegung oder Zuteilung

60

des Meßbetrages (§§ 185 bis 190 AO) – obliegt den Finanzämtern; die anschließende Festsetzung, Erhebung und Beitreibung der Realsteuern ist grundsätzlich Sache der Gemeinden (vgl. § 184 Abs. 3 AO).
Der **Grundsteuermeßbetrag** wird durch das Lagefinanzamt festgesetzt (§§ 22 Abs. 1, 18 Abs. 1 Nr. 1 AO).
Der **Gewerbesteuermeßbescheid** wird vom Betriebsfinanzamt erlassen (§§ 22 Abs. 1, 18 Abs. 1 Nr. 2 AO).
In den Stadtstaaten sind die Finanzämter ausnahmsweise auch mit der Festsetzung und Erhebung der Realsteuern befaßt. Das örtlich zuständige FA ist dann nach § 22 Abs. 2 und 3 AO zu bestimmen.

8. Ersatzzuständigkeit und Zuständigkeit bei Gefahr im Verzug

a) Ersatzzuständigkeit (§ 24 AO)

61 Ergibt sich für Amtshandlungen weder aus der AO noch aus einem anderen Gesetz, welche Behörde örtlich zuständig ist, so hat die Finanzbehörde tätig zu werden, in deren Bezirk die Amtshandlung veranlaßt wird.

Beispiel:
Das FA Regensburg stellt fest, daß ein in Berlin wohnender Generalbevollmächtigter für hinterzogene Steuerbeträge eines in Regensburg ansässigen Betriebes nach § 69 AO haftet.
In den Steuergesetzen ist nicht geregelt, welches FA für den Erlaß von Haftungsbescheiden örtlich zuständig ist. Der Erlaß eines Haftungsbescheides (§ 191 Abs. 1 AO) ist im Finanzamtsbezirk Regensburg veranlaßt worden. Dort wurden die Steuern festgesetzt, die Vollstreckungsmaßnahmen eingeleitet und die die Haftung begründenden Tatsachen entdeckt. Daher ist das FA Regensburg für den Erlaß des Haftungsbescheides gegen den in Berlin wohnenden Bevollmächtigten zuständig.

b) Zuständigkeit bei Gefahr im Verzug (§ 29 AO)

Auch wenn an sich ein anderes FA örtlich zuständig ist, kann ein FA unaufschiebbare Maßnahmen treffen, die in seinem Finanzamtsbezirk veranlaßt sind.

9. Mehrfache örtliche Zuständigkeit und Zuständigkeitsstreit

a) Mehrfache örtliche Zuständigkeit (§ 25 AO)

62 Bisweilen sind aufgrund der gesetzlichen Regelung mehrere Finanzbehörden für die Veranlagung einer bestimmten Steuer eines Steuerpflichtigen zuständig (vgl. z. B. oben Beispiel 4 Rdnr. 54). Hier soll grundsätzlich das FA entscheiden, das zuerst mit der Sache befaßt wurde.

Örtliche Zuständigkeit 65

Beispiel:
Familie Gscheidle zieht in den Finanzamtsbezirk Nürnberg-Nord. Herr Gscheidle eröffnet ein Anwaltsbüro im Bezirk Nürnberg-West, Frau Dr. Gscheidle läßt sich als Ärztin im Bezirk des FA Nürnberg-Ost nieder. Herr Gscheidle beantragt beim FA Nürnberg-West Fristverlängerung für die Abgabe der Einkommensteuererklärung der Eheleute (§§ 149 Abs. 2, 109 Abs. 1 AO).
Für die ESt der Eheleute ist sowohl das FA Nürnberg-West als auch das FA Nürnberg-Ost zuständig (§§ 19 Abs. 3 Satz 1 und Abs. 4, 18 Abs. 1 Nr. 3 AO). Da das FA Nürnberg-West aufgrund des Fristverlängerungsantrages zuerst mit der ESt der Eheleute Gscheidle befaßt wurde, ist es örtlich zuständig.
Allerdings können sich die Finanzämter Nürnberg-West und Nürnberg-Ost dahingehend einigen, daß das FA Nürnberg-Ost zuständig ist. – Auch könnte die OFD Nürnberg als fachlich zuständige Aufsichtsbehörde bestimmen, daß das FA Nürnberg-Ost für die ESt der Familie Gscheidle örtlich zuständig ist.

b) Zuständigkeitsstreit (§ 28 AO)

Ebenso entscheidet die gemeinsame fachlich zuständige Aufsichtsbehörde, wenn sich mehrere Finanzämter für zuständig oder für unzuständig halten (§ 28 AO). 63

Beispiel:
Ein Unternehmer ist Inhaber von zwei etwa gleich großen Betrieben in Ingolstadt (OFD München) und Fürth (OFD Nürnberg). Zunächst wollen beide Finanzämter die Zuständigkeit für die Umsatzsteuer an sich reißen. Nach näherer Prüfung halten sich beide Finanzämter für unzuständig. – Das Bayerische Staatsministerium der Finanzen bestimmt als gemeinsame fachlich zuständige Aufsichtsbehörde, ob das FA Ingolstadt oder das FA Fürth zuständig ist.

10. Zuständigkeitsvereinbarung (§ 27 AO)

Von praktischer Bedeutung ist die Möglichkeit von Zuständigkeitsvereinbarungen. 64

Nach § 27 AO sind die gesetzlichen Vorschriften über die örtliche Zuständigkeit nachgiebiges Recht; d. h. wenn aus irgendwelchen Gründen eine andere Regelung angemessen erscheint, kann sie von den beteiligten Finanzbehörden **mit Zustimmung** des Steuerpflichtigen getroffen werden. Eine solche Zuständigkeitsvereinbarung kann von der Verwaltung angeregt werden, häufig wird sie auf Antrag eines Steuerpflichtigen getroffen.

Beispiele:
1. Frau A führt eine Apotheke im Finanzamtsbezirk Augsburg-Land, wo die Familie A auch wohnt. Herr A betreibt eine Anwaltskanzlei im Bezirk des FA Augsburg-Stadt. – Für die Besteuerung der Apotheke sowie für die Einkom-

mensteuer und Vermögensteuer ist das FA Augsburg-Land zuständig. – Das FA Augsburg-Stadt kann hier anregen, daß das FA Augsburg-Land auch die Besteuerung der Anwaltskanzlei (Umsatzsteuer, Lohnsteuer, Feststellung des Einheitswertes des Betriebsvermögens, Ermittlung der Einkünfte aus freiberuflicher Tätigkeit) übernimmt. Die erforderliche Zustimmung des Steuerpflichtigen wird leicht zu erhalten sein, da er es nun nur noch mit einem FA zu tun hat.

2. B hat in München eine Buchhandlung. Er wohnt in einem Einfamilienhaus im Bezirk des FA Starnberg. Für die Umsatzsteuer und die Lohnsteuer sowie die Feststellung des Einheitswertes des Betriebsvermögens und der Einkünfte ist das FA München I zuständig, für die Einkommensteuer und die Vermögensteuer das Wohnsitzfinanzamt Starnberg. – B hat nach Starnberg einen viel weiteren Weg als zum FA München I, in dessen Nähe er sich wegen seines Geschäftes ohnehin den ganzen Tag aufhält. Er wird anregen, daß das FA München I im Einvernehmen mit dem FA Starnberg auch die Personensteuern übernimmt.

11. Beginn, Ende und Wechsel der Zuständigkeit

a) Beginn und Ende

Die Voraussetzungen der Zuständigkeit müssen immer im Augenblick des Tätigwerdens der Behörde vorliegen. Auf den Zeitpunkt der Entstehung der Steuerschuld oder der Veranlassung der Amtshandlung kommt es grundsätzlich nicht an.

Beispiel:
A wohnt bis 02 in Bonn, 03 in Köln und ab 04 in Jülich. Im Jahre 05 findet eine Außenprüfung statt, die zu Steuernachholungen für alle Jahre führt. – Das FA Jülich ist im Jahre 05 als Wohnsitzfinanzamt (§ 19 Abs. 1 AO) zuständig für die Festsetzung und Einziehung aller nachzufordernden Steuern.

Die Zuständigkeit beginnt grundsätzlich mit dem Zeitpunkt, in dem die zuständigkeitsbegründenden Voraussetzungen eingetreten sind; sie endet mit deren Wegfall.

b) Wechsel der Zuständigkeit (§ 26 AO)

Von einer Änderung der die Zuständigkeit begründenden Voraussetzungen, z. B. einem Wohnsitzwechsel, erfahren die beteiligten Finanzämter häufig erst nach Monaten. Hier kommt es für den Beginn und das Ende der Zuständigkeit darauf an, wann eine der beteiligten Finanzbehörden von den Umständen, die den Wechsel der Zuständigkeit begründen, tatsächlich und zweifelsfrei Kenntnis erlangt, beispielsweise ein Schriftstück mit der neuen Anschrift bei dem bisher zuständigen oder dem nun zuständigen FA eingeht (BStBl II 1989, 483).

Beispiel:

B lebt von den Einkünften aus seinem Grundbesitz. Am 1.1.03 verlegt er seinen Wohnsitz von Schleswig nach Flensburg. Am 4.3.03 versendet das FA Schleswig den Einkommensteuerbescheid 01 an B. Am 20.3.03 bittet B um Aufhebung des Bescheides wegen örtlicher Unzuständigkeit.
Das FA Schleswig war am 4.3.03 noch örtlich zuständig. Erst mit Eingang des Schreibens vom 20.3.03 erfährt das FA Schleswig vom Wechsel der Zuständigkeit; erst von da ab ist das FA Flensburg örtlich zuständig (§ 26 Satz 1 AO).

Die bisher zuständige Finanzbehörde kann jedoch ein von ihr begonnenes Verfahren zu Ende führen, wenn dies der einfachen und zweckmäßigen Durchführung des Verfahrens dient, die nunmehr zuständige Behörde zustimmt und die Interessen der Beteiligten dadurch nicht beeinträchtigt werden (§ 26 Satz 2 AO). Diese Voraussetzungen werden insbesondere bei der Bearbeitung von Rechtsbehelfen vorliegen.

Beispiel:

Handelsvertreter H hat seinen Wohnsitz von Bremen nach Passau verlegt, was er dem FA Passau im Juli 03 mitteilt. Über seinen Einspruch gegen den Einkommensteuerbescheid 01 ist noch nicht entschieden.
Hier wird es zweckmäßig sein, daß das bisher zuständige FA in Bremen im Einvernehmen mit dem FA Passau noch über den Einspruch entscheidet, weil das Bremer FA mit den örtlichen Gegebenheiten und Gepflogenheiten besser vertraut ist. Allerdings darf diese Verlagerung der Zuständigkeit nicht zu einer Einschränkung der Mitwirkungsrechte des Steuerpflichtigen führen.

12. Rechtsfolgen der örtlichen Unzuständigkeit

Verwaltungsakte einer örtlich unzuständigen Finanzbehörde sind nicht nichtig (§ 125 Abs. 3 Nr. 1 AO). Soweit also der Mangel der örtlichen Zuständigkeit nicht innerhalb der Rechtsbehelfsfrist gerügt wird, ist er völlig unbeachtlich.

Legt der Steuerpflichtige einen zulässigen Rechtsbehelf ein, so ist § 127 AO zu beachten:

a) Bei **gebundenen** Verwaltungsakten (vgl. zu diesem Begriff Rdnr. 113) führt die Rüge der örtlichen Unzuständigkeit nicht zur Aufhebung (BStBl II 1987, 412). Die Regelung entspricht praktischen Bedürfnissen. Denn insbesondere nach einem Zuständigkeitswechsel werden Finanzbehörden tätig, die nicht mehr zuständig sind. Wenn die beanstandeten gebundenen Verwaltungsakte sonst keine Mängel enthalten, erscheint es sinnlos, sie aufzuheben und durch gleichlautende Bescheide der örtlich zuständigen Behörde zu ersetzen.

b) Rügt der Steuerpflichtige jedoch fristgerecht die örtliche Unzuständigkeit für einen **Ermessensverwaltungsakt**, so ist dieser grundsätzlich von der örtlich zuständigen Behörde aufzuheben und nach erneuter Ermessensausübung wieder zu erlassen (BStBl II 1989, 483). Die Ermessensausübung verschiedener Finanzämter führt zu abweichenden Ergebnissen. Es soll vermieden werden, daß der Steuerpflichtige durch die zu strenge Ermessensausübung eines örtlich unzuständigen Finanzamtes benachteiligt wird.

Beispiel:
K ist im Mai 04 von Bamberg nach Würzburg umgezogen und hat seine neue Anschrift noch im gleichen Monat dem FA Würzburg bei Abgabe der Einkommensteuererklärung 03 angezeigt. Im Juni 04 geht ihm ein nach § 175 Abs. 1 Nr. 1 AO geänderter Einkommensteuerbescheid 01 des FA Bamberg zu. K bittet um Stundung der angeforderten Nachzahlung, Das FA Bamberg lehnt den Stundungsantrag ab. Fristgerecht legt K nun gegen den Einkommensteuerbescheid Einspruch und gegen die Ablehnung der Stundung Beschwerde ein. In beiden Fällen rügt er die örtliche Unzuständigkeit des FA Bamberg.

Das FA Würzburg erlangte im Mai 04 vom Wohnsitzwechsel des K Kenntnis und war daher von diesem Zeitpunkt an für die Besteuerung vom Einkommen zuständig (§§ 19 Abs. 1, 26 Satz 1 AO). Der geänderte Einkommensteuerbescheid ist ein gebundener Verwaltungsakt (vgl. § 182 Abs. 1 AO). Der Einspruch ist daher vom zuständigen FA Würzburg zurückzuweisen (§ 127 AO). Die Ablehnung der Stundung ist ein Ermessensverwaltungsakt (vgl. § 222 AO), nach dessen Rücknahme das FA Würzburg über den Stundungsantrag erneut zu entscheiden hat

E. Fristen und Termine

I. Begriffe

1. Begriff der Frist

Unter einer Frist ist ein abgegrenzter **Zeitraum** zu verstehen, nach dessen Ablauf eine bestimmte Rechtsfolge eintritt.

Beispiele:
Verlust des Rechtsbehelfes nach Ablauf der Rechtsbehelfsfrist (§ 355 AO); Verlust der Wohnungsbauprämie bei Versäumung der Antragsfrist (§ 4 Abs. 2 WoPG); Erlöschen der Ansprüche aus dem Steuerschuldverhältnis nach Ablauf der Verjährungsfrist (§§ 47, 169, 228 AO).

2. Begriff des Termins

Termin ist ein bestimmter **Zeitpunkt,** an dem eine Handlung vorzunehmen ist oder eine Rechtsfolge eintritt.

Beispiele:
1. Im Rahmen seiner Prüfungsanordnung (§ 196 AO) setzt das FA den Zeitpunkt des Beginns der Außenprüfung (§ 197 AO) fest. Der Stpfl. hat zu diesem Zeitpunkt einen Arbeitsplatz, Hilfsmittel und die Unterlagen bereitzuhalten (§ 200 AO).
2. Die vier Mitglieder einer Erbengemeinschaft werden zur gemeinschaftlichen Erörterung am Freitag, dem 14. 7., um 10 Uhr, in das FA gebeten. Hier läßt sich der erstrebte Zweck nur erreichen, wenn alle Miterben zum gleichen Zeitpunkt erscheinen.

Von echten Terminen zu unterscheiden sind die Fälle, in denen nur der letzte Tag einer Frist zur genauen Abgrenzung dieser Frist genannt wird.

Beispiele:
1. Das FA droht ein Zwangsgeld von 50 DM für den Fall an, daß die ESt-Erklärung für ein bestimmtes Jahr nicht bis zum 31. 10. abgegeben wird (vgl. §§ 328, 332 AO).
2. Die Zahlungsaufforderung auf dem Steuerbescheid lautet: Bitte zahlen Sie die rückständigen Beträge spätestens bis 1. 4.

II. Arten der Fristen

1. Behördliche Fristen

69 Behördliche Fristen sind solche Fristen, die dem Stpfl. von einer Behörde gesetzt werden.

Beispiele:
Frist zur Vorlage von Belegen (§ 97 AO); Stundungsfrist (§ 222 AO); Frist, während der die Vollziehung eines Verwaltungsaktes ausgesetzt wird (§ 361 AO).

Die von Finanzbehörden gesetzten Fristen können – auch rückwirkend – verlängert werden (§ 109 Abs. 1 AO). Die Verlängerung kann von einer Sicherheitsleistung oder einer Auflage (vgl. Rdnr. 110) abhängig gemacht werden (§ 109 Abs. 2 AO). Wegen der Verlängerbarkeit erübrigt sich die Wiedereinsetzung in den vorigen Stand (§ 110 AO) bei behördlichen Fristen.

Beispiel:
Das FA stundet eine ESt-Vorauszahlung von 8 000 DM bis 1. 4. Am 10. 4. beantragt der Stpfl., die Stundung bis 1. 6. zu verlängern. – Das FA kann am 20. 4. die Stundung mit Wirkung ab 1. 4. verlängern und mit der Auflage verbinden, die neue ESt-Erklärung bis 15. 5. dem FA vorzulegen.

2. Gesetzliche Fristen

70 Gesetzliche Fristen sind Fristen, deren Dauer sich aus dem Gesetz – oder einer Rechtsverordnung (vgl. § 4 AO) – ergibt.

Beispiele:
Frist für die Abgabe von Steuererklärungen (§ 149 Abs. 2 AO);
Frist für die Abgabe der Lohnsteueranmeldung (§ 41a Abs. 1 EStG);
Frist für die Abgabe der Umsatzsteuervoranmeldung (§ 18 Abs. 1 UStG);
Festsetzungsverjährungsfrist (§ 169 Abs. 2 AO);
Zahlungsverjährungsfrist (§ 228 AO);
Rechtsbehelfsfrist (§ 355 AO);
Wiedereinsetzungsfrist (§ 110 Abs. 2 AO).

Gesetzliche Fristen können nur verlängert werden, wenn dies im Gesetz ausdrücklich bestimmt ist, wie z. B. für die Fristen zur Einreichung von Steuererklärungen in § 109 Abs. 1 AO. Nicht verlängerbar ist die Frist für die Einreichung des Antrages auf Veranlagung (§ 46 Abs. 2 Nr. 8 EStG).

Berechnung der Fristen 71

Bei unverschuldeter Versäumung bestimmter gesetzlicher Fristen ist **Wiedereinsetzung in den vorigen Stand** zu gewähren (§ 110 AO).

III. Berechnung der Fristen

Für die Berechnung der Fristen gelten nach § 108 Abs. 1 AO grundsätzlich die §§ 187 bis 193 BGB; jedoch bringt § 108 AO einige Sonderregelungen. Die Vorschriften dienen der Vereinfachung der Fristberechnung. Es wird mit vollen Tagen gerechnet.

71

1. Beginn der Fristen

Fristen beginnen grundsätzlich mit Ablauf des Ereignistages (§ 187 Abs. 1 BGB, § 108 Abs. 2 AO). Der Tag, auf den das Ereignis fällt, bleibt also unberücksichtigt.

Beispiel:
Die Rechtsbehelfsfrist beginnt mit Bekanntgabe des Verwaltungsaktes (§ 355 AO). Es ist gleichgültig, ob die Bekanntgabe am 1. 7. früh um 8.30 Uhr oder erst nachmittags um 16 Uhr erfolgt: Die Frist beginnt in jedem Fall erst mit Ablauf des 1. 7.

Folgende Besonderheiten gelten für den Fristbeginn:

a) Werden schriftliche Verwaltungsakte durch die Post übermittelt, so gelten sie mit dem dritten Tag nach Aufgabe zur Post als bekanntgegeben, außer wenn sie in Wirklichkeit nicht oder zu einem späteren Zeitpunkt zugehen (§ 122 Abs. 2 Nr. 1 AO). Demgemäß beginnt die **Rechtsbehelfsfrist** grundsätzlich mit Ablauf des dritten Tages nach Aufgabe zur Post.

Beispiel:
Ein Steuerbescheid wird am Montag zur Post gegeben. Er gilt am Donnerstag als bekanntgegeben. Die Rechtsbehelfsfrist beginnt mit Ablauf des Donnerstags zu laufen.

Wenn dem Stpfl. der Bescheid jedoch erst am Freitag übermittelt wurde, beginnt die Rechtsbehelfsfrist erst mit Ablauf des Freitags zu laufen.

b) Verjährungsfristen beginnen mit Ablauf eines Kalenderjahres (§§ 170 Abs. 1, 229 Abs. 1 Satz 1).

c) Bei der Berechnung des **Lebensalters** wird der Tag der Geburt mitgerechnet (§ 187 Abs. 2 Satz 2 BGB).

Beispiel:
A wurde am 12. 4. 1980 um 23 Uhr geboren. Er ist mit Ablauf des 11. 4. 1998 18 Jahre alt.

2. Dauer der Fristen

72 Die Dauer der wichtigsten Fristen:

Frist für Einspruch und Beschwerde:	1 Monat (§ 355 AO)
Frist für die Wiedereinsetzung:	1 Monat (§ 110 Abs. 2 AO)
Frist für die Einreichung des Antrags	
• auf Veranlagung	2 Jahre (§ 46 Abs. 2 Nr. 8 EStG)
• auf Festsetzung der Wohnungsbauprämie	2 Jahre (§ 4 Abs. 2 WoPG)
• auf Festsetzung der Arbeitnehmer-Sparzulage	2 Jahre (§ 14 Abs. 4 Satz 2 5. VermBG)
Frist für die Festsetzungsverjährung grundsätzlich:	4 Jahre (§ 169 Abs. 2 Nr. 2 AO)
Frist für die Zahlungsverjährung:	5 Jahre (§ 228 Satz 2 AO)
Schonfrist, innerhalb derer Säumniszuschläge bei Zahlung durch Überweisung nicht erhoben werden:	5 Tage (§ 240 Abs. 3 AO)

3. Ende der Fristen

a) Ende der Tagesfristen

Tagesfristen enden mit Ablauf des letzten Tages der Frist (§ 108 Abs. 1 AO i. V. m. § 188 Abs. 1 BGB). Es muß also die Anzahl der Tage abgezählt werden.

Beispiel:
Die Überweisung der LSt für Januar geht am 15. 2. beim FA ein. – Der Arbeitgeber hat die Lohnsteuer am 10. des Folgemonats an das FA abzuführen (§ 41a Abs. 1 Nr. 2 EStG). Da jedoch Säumniszuschläge bei einer Säumnis von bis zu fünf Tagen nicht erhoben werden (§ 240 Abs. 3 AO), fallen bei Zahlung vor Ablauf des 15. 2. Säumniszuschläge nicht an.

b) Ende der Monatsfristen

Monatsfristen enden mit Ablauf des Tages, der die gleiche Zahl trägt wie der Ereignistag (§ 108 Abs. 1 AO i. V. m. § 188 Abs. 2 BGB).

Beispiel:
Die Ablehnung eines Stundungsantrages gilt am 24. 7. als bekanntgegeben (§ 122 Abs. 2 Nr. 1 AO). – Die einmonatige Rechtsbehelfsfrist (§ 355 Abs. 1 AO) endet mit Ablauf des 24. 8.

Fehlt in dem Monat, in dem die Frist endet, der Tag, der die gleiche Zahl trägt wie der Ereignistag, dann tritt an seine Stelle der letzte Tag des Monats (§ 108 Abs. 1 AO i. V. m. § 188 Abs. 3 BGB).

Beispiel:
Ein Steuerbescheid wird am 31. 1. bekanntgegeben. – Die einmonatige Rechtsbehelfsfrist würde mit Ablauf des 31. enden, der im Februar fehlt. Die Frist endet daher mit Ablauf des 28. 2., in einem Schaltjahr mit Ablauf des 29. 2.

c) Ablaufhemmung an arbeitsfreien Tagen

Ist der nach den vorstehenden Grundsätzen ermittelte letzte Tag einer Frist ein Samstag, Sonntag oder gesetzlicher Feiertag, dann endet die Frist erst mit Ablauf des nächstfolgenden Werktages (§ 108 Abs. 3 AO).

Beispiel:
Ein Steuerbescheid wird am 25. 11. bekanntgegeben. Wann endet die Rechtsbehelfsfrist, wenn der 1. Weihnachtsfeiertag auf einen Donnerstag fällt?
Die einmonatige Rechtsbehelfsfrist würde mit Ablauf des 25. 12. enden. Da dieser und die folgenden Tage aber arbeitsfreie Tage sind, endet die Frist erst mit Ablauf des 29. 12. (Montag).

4. Beispiel zur Fristberechnung

Jede Fristberechnung muß folgerichtig durchgeführt werden. Es müssen Anfang, Dauer und Ende eindeutig erkennbar sein.

Beispiel:
Ein Steuerbescheid wird am 29. März zur Post gegeben. Das für den Fristbeginn maßgebende Ereignis ist die Bekanntgabe (§ 355 Abs. 1 Satz 1 AO).

Beginn:	Die Aufgabe zur Post erfolgte am	29. 3.
	Die Bekanntgabe gilt am 3. Tag danach als bewirkt (§ 122 Abs. 2 Nr. 1 AO), also am	1. 4.
Dauer:	1 Monat (§ 355 Abs. 1 Satz 1 AO)	
Ende:	Die Monatsfrist endet mit Ablauf des	1. 5.,
	da dies ein Feiertag ist, endet die Rechtsbehelfsfrist nach § 108 Abs. 3 AO mit Ablauf des	2. 5.

IV. Wiedereinsetzung in den vorigen Stand (§ 110 AO)

1. Begriff

Durch die Versäumung gesetzlicher Fristen kann der Steuerpflichtige große Rechtsnachteile erleiden. Um Härtefälle zu vermeiden, kennen alle

Verfahrensgesetze das Rechtsinstitut der **Wiedereinsetzung in den vorigen Stand** (vgl. z. B. auch § 56 FGO).

2. Voraussetzungen der Wiedereinsetzungen in den vorigen Stand

a) Wiedereinsetzungsfähige Frist

Wiedereinsetzungsfähig sind grundsätzlich alle **gesetzlichen** Fristen, die der **Steuerpflichtige** einzuhalten hat, wenn er Rechtsnachteile von sich abwenden will. Wiedereinsetzung in den vorigen Stand ist jedoch nicht möglich, wenn das FA die Einhaltung einer gesetzlichen Frist versäumt hat, also beispielsweise einen Steuerbescheid nicht vor Ablauf der Frist für die Festsetzungsverjährung versandt hat (vgl. § 169 ff. AO) oder die festgesetzte Steuer nicht innerhalb der für die Zahlungsverjährung geltenden Fünf-Jahres-Frist beigetrieben hat (vgl. § 228 ff. AO).

Wiedereinsetzungsfähige Fristen sind insbesondere:
- die Rechtsbehelfsfrist (§ 355 Abs. 1 AO);
- die Frist zur Abgabe des Antrags auf Veranlagung (§ 46 Abs. 2 Nr. 8 EStG);
- die Frist für die Abgabe des Antrags auf Wohnungsbauprämie (§ 4 Abs. 2 Satz 1 WoPG);
- die Frist für den Antrag auf Wiedereinsetzung in den vorigen Stand (§ 110 Abs. 2 Satz 1 AO).

Aus dem Sinn mancher Vorschriften ergibt sich, daß für bestimmte gesetzliche Fristen nicht Wiedereinsetzung in den vorigen Stand gewährt werden kann. So soll beispielsweise die Jahresfrist in § 110 Abs. 3 AO (Wiedereinsetzung in den vorigen Stand), in § 354 Abs. 2 Satz 2 i. V. m. § 110 Abs. 3 AO (Geltendmachung der Unwirksamkeit eines Rechtsbehelfsverzichtes), in § 362 Abs. 2 Satz 2 i. V. m. § 110 Abs. 3 AO (Geltendmachung der Unwirksamkeit der Rücknahme eines Rechtsbehelfes) und in § 356 Abs. 2 Satz 1 AO (Einlegung von Rechtsbehelfen bei unterbliebener oder unrichtiger Rechtsbehelfsbelehrung) sicherstellen, daß jedenfalls nach Ablauf dieses Jahres Steuerverwaltungsakte unanfechtbar werden und Rechtsfrieden eintreten soll. Für diese Jahresfristen kommt daher eine Wiedereinsetzung in den vorigen Stand nicht in Betracht. Ebenso kann Wiedereinsetzung nicht bei der Versäumung von gesetzlichen Zahlungsfristen (vgl. z. B.: § 41a Abs. 1 Satz 1 Nr. 2 EStG für Lohnsteuerzahlungen und § 18 Abs. 1 Satz 5 UStG für Umsatzsteuervorauszahlungen) gewährt werden. Hier regelt § 240 AO (Säumniszuschläge) die Folgen der Säumnis abschließend.

b) Verhinderung ohne Verschulden

Wiedereinsetzung in den vorigen Stand ist nur dem zu gewähren, der ohne Verschulden verhindert war, eine wiedereinsetzungsfähige Frist einzuhalten. Verhindert war, wer wegen äußerer Umstände oder aus persönlichen Gründen die Frist nicht wahren konnte. Im Rahmen der Verschuldensprüfung ist zu untersuchen, ob der Bürger die im Rechtsverkehr erforderliche Sorgfalt (vgl. § 276 BGB), die ihm nach seinen persönlichen Verhältnissen zumutbar ist, aufgewandt hat, um die Frist einzuhalten.

74

Einzelfälle:

(1) Verschulden bei der **Absendung von Schreiben:**

Wer einen fristgebundenen Antrag durch die Post befördern läßt, muß den Brief so rechtzeitig aufgeben, daß die Zustellung innerhalb der Frist normalerweise gewährleistet ist. Wer vormittags um 10 Uhr ein Einspruchsschreiben in einem Dorf als Eilbrief aufgibt und darauf vertraut, daß dieser noch am selben Tag beim FA in der Kreisstadt eingeht, handelt schuldhaft, weil er sich normalerweise darauf nicht verlassen kann (BStBl II 1988, 111). Auf die bei der Post aushängenden Brieflaufzeiten kann der Bürger vertrauen (BStBl II 1991, 437).

(2) Verschulden beim **Empfang von Schreiben:**

Wer seinen Briefkasten oder sein Postfach nicht regelmäßig leert, handelt schuldhaft. Ebenso hat sich der Bürger an die einem Verwaltungsakt beigefügte Rechtsbehelfsbelehrung zu halten.

Beispiel:
Müller hat am 5. 7. einen fehlerhaften Steuerbescheid erhalten. Er wendet sich nach 14 Tagen mit einem Schreiben an den Landtagsabgeordneten. Dieser leitet das Schreiben auf dem Dienstweg über den Finanzminister des Landes und die zuständige OFD an das FA weiter. Dort geht das Schreiben verspätet ein. Müller versäumte die Rechtsbehelfsfrist schuldhaft, weil er aus der Rechtsbehelfsbelehrung ersehen konnte, bei welchem FA sein Rechtsbehelf innerhalb eines Monats eingehen mußte.

Ein der deutschen Sprache nicht mächtiger Ausländer handelt schuldhaft, wenn er sich nicht alsbald darum bemüht, daß ihm der Bescheid und die Rechtsbehelfsbelehrung übersetzt werden.

(3) Verschulden bei **Arbeitsüberlastung**

Die durch Arbeitsüberlastung verursachte Versäumung einer Frist ist grundsätzlich schuldhaft. Denn an die Form von außergerichtlichen Rechtsbehelfen und fristwahrenden Anträgen werden nur geringe Anforderungen gestellt. Eine nur zeitweilige Verhinderung ist kein Grund für die Wiedereinsetzung, wenn ihr Ende noch in den Lauf der Rechtsbehelfsfrist fällt (BStBl II 1987, 303).

(4) Verschulden bei **Urlaubs- und Geschäftsreisen**

Bei einer vorübergehenden Abwesenheit von seiner Wohnung muß der Bürger wegen der möglichen Bekanntgabe von Bescheiden keine besonderen Vorkehrungen treffen. Als „vorübergehend" bezeichnet das BVerfG eine Frist von höchstens sechs Wochen. Wer hingegen häufig längere Geschäfts- oder Dienstreisen unternimmt, muß es sich als Verschulden anrechnen lassen, wenn er keine Vorkehrungen dafür trifft, daß er von ihm zugehenden Bescheiden Kenntnis erhält (BStBl II 1982, 165).

(5) Verschulden bei **Krankheit**

Hier kommt es darauf an, ob der Kranke wirklich verhindert ist, eine Frist einzuhalten.

Beispiele:

1. Ein Fabrikant erhält einen Steuerbescheid. 3 Wochen später verunglückt er schwer und liegt dann 2 Wochen bewußtlos im Krankenhaus. Hier ist sicher Wiedereinsetzung in den vorigen Stand zu gewähren.

2. Ein Beamter erhält seinen Einkommensteuerbescheid. Wenige Tage später erleidet er beim Skifahren einen Beinbruch, weswegen er zunächst eine Woche im Krankenhaus liegt und dann mehrere Wochen zu Hause bleiben muß. Der Beamte ist an der Fristwahrung nicht verhindert.

(6) Verschulden bei **Ausnutzen einer Frist**

Der Bürger hat das Recht, die vom Gesetz eingeräumten Fristen bis zur letzten Stunde auszunutzen. Bei drohendem Fristablauf obliegen ihm jedoch erhöhte Sorgfaltspflichten (BStBl II 1986, 563). Verzögerungen der Postbeförderung hat er jedoch nicht zu vertreten (BVerfG in BStBl II 1980, 544).

Beispiele:

1. Ein Studienrat entschließt sich erst am letzten Tag der Frist gegen 22 Uhr, einen Einspruch einzulegen. Um 23 Uhr fährt er mit seinem Pkw los, um das Einspruchsschreiben bei dem 2 km entfernten FA einzuwerfen. Auf der Fahrt zum FA verunglückt er und wacht am nächsten Tag im Krankenhaus auf. Hier ist Wiedereinsetzung zu gewähren, denn ohne den unvorhergesehenen Unfall hätte der Studienrat seinen Einspruch rechtzeitig bei FA eingeworfen.

2. Herr Schlaumeier wirft am Tag nach Ablauf der Frist morgens um 7 Uhr eine Beschwerde beim FA ein. Er meint, auch wenn er das Schreiben am Vorabend beim Finanzamt eingeworfen hätte, könnte es erst am Folgetag bearbeitet werden. Wiedereinsetzung kommt nicht in Frage.

Wiedereinsetzung in den vorigen Stand

(7) **Rechtsirrtum:**
Hier ist zu unterscheiden, ob ein Irrtum über das **Verfahrensrecht** oder über das **materielle Steuerrecht** vorliegt.

(a) **Irrtum über das materielle Steuerrecht**
Wer darüber irrt, ob die Steuer richtig festgesetzt wurde, ist an der Fristwahrung nicht gehindert. Denn wer glaubt, die Steuer sei richtig festgesetzt, läßt die Frist bewußt verstreichen, er will einen Rechtsbehelf gar nicht einlegen. Auch in solchen Fällen gilt jedoch ein Irrtum ausnahmsweise als nicht verschuldet, wenn das FA einem Verwaltungsakt die erforderliche Begründung (vgl. § 121 Abs. 1 AO) nicht beigefügt oder die erforderliche Anhörung eines am Besteuerungsverfahren Beteiligten unterlassen (vgl. §§ 91 Abs. 1 Satz 2, 78 AO) hat und **gerade dadurch** die rechtzeitige Anfechtung versäumt wurde (§ 126 Abs. 3 AO; vgl. Rdnr. 156).

Beispiel:
Das FA weicht bei der Feststellung des Gewinnes einer OHG wesentlich von der Erklärung zur gesonderten Feststellung ab, ohne die OHG vor Erlaß des Feststellungsbescheides zu verständigen. Dem Bescheid wird eine Begründung für die Abweichung nicht beigefügt. Die Rechtsbehelfsfrist verstreicht. Einige Zeit später bemerkt ein Gesellschafter, daß der Gewinn vom FA zu hoch festgestellt wurde. Er erfährt nach Anfrage vom FA, daß bestimmte Betriebsausgaben nicht anerkannt wurden. Nun legt die OHG – vertreten durch den Gesellschafter – Einspruch ein.
Das FA wich von der Erklärung (vgl. § 181 Abs. 2 Satz 2 Nr. 1 AO) wesentlich zuungunsten der OHG ab. Daher hätte einem Gesellschafter der OHG Gelegenheit zur Äußerung gegeben werden müssen (§ 91 Abs. 1 AO). Außerdem hätte das FA dem Feststellungsbescheid eine Begründung für die Abweichung von der Erklärung beifügen müssen (§ 121 Abs. 1 AO). Da die rechtzeitige Anfechtung des Feststellungsbescheides infolge dieser Versäumnisse des FA unterblieben ist, gilt die Versäumung der Rechtsbehelfsfrist durch die OHG als nicht verschuldet (§ 126 Abs. 3 AO).

(b) **Irrtum über das Verfahrensrecht**
Ein Irrtum über das Verfahrensrecht bewirkt, daß der Bürger nicht weiß, wann die Frist verstreicht, er ist also an deren Einhaltung gehindert. Ein Irrtum über verfahrensrechtliche Vorschriften ist daher immer ein Hinderungsgrund. Wenn der Irrtum unverschuldet ist, ist Wiedereinsetzung zu gewähren.

Beispiel:
Ein Notar erhielt den am 3. 6. zur Post gegebenen Einkommensteuerbescheid am Pfingstsamstag (6. 6.). Sein Einspruch ging am 9. 7. beim Finanzamt ein. Aufgrund der Rechtsbehelfsbelehrung war er der Meinung, daß die 3-Tages-

Frist (§ 122 Abs. 2 Nr. 1 AO) wegen § 108 Abs. 3 AO nicht am Pfingstsamstag, sondern erst am nächstfolgenden Werktag, dem Pfingstdienstag (9. 6.) endete, die Monatsfrist (§ 355 AO) also erst mit Ablauf des 9. 7. auslief. – Nach § 122 Abs. 2 Nr. 1 AO gilt die Bekanntgabe auch dann mit dem dritten Tag nach Aufgabe zur Post als bewirkt, wenn diese „uneigentliche" Frist an einem Sonntag, Feiertag oder Samstag endet (BStBl II 1977, 133).

Hier war der Notar aufgrund eines Irrtums über den Beginn der Rechtsbehelfsfrist an der Fristwahrung gehindert. Ein Verschulden kann ihm nicht vorgeworfen werden.

(8) **Verschulden bei Einschaltung dritter Personen:**

77 Hier ist zwischen Personen zu unterscheiden, die kraft eigenen Entschlusses als gesetzliche Vertreter oder aufgrund einer Vollmacht gesetzliche Fristen für den Steuerpflichtigen zu wahren haben und reinen Hilfspersonen, die nur Weisungen anderer ausführen.

(a) **Verschulden bei Einschaltung von Hilfspersonen durch den Steuerpflichtigen**

Wenn Angestellte, Familienangehörige oder Bekannte auf Bitten des Steuerpflichtigen im Rahmen der Fristwahrung tätig werden, kommt es allein auf das Verschulden des Steuerpflichtigen an. Dies kann auf schlechter Auswahl der Hilfspersonen (**Auswahl**verschulden), auf mangelhafter Überwachung (**Überwachungs**verschulden) und auf ungenügender innerbetrieblicher Organisation (**Organisations**verschulden) beruhen.

Beispiele:
1. Ein Kaufmann bittet seinen fünfjährigen Sohn, auf dem Weg zum Kindergarten einige Briefe – darunter befindet sich auch ein Einspruchsschreiben – in den nahen Postkasten einzuwerfen. Der Sohn verliert die Briefe. Die Einspruchsfrist wird versäumt.

Wiedereinsetzung kann nicht gewährt werden. Den Kaufmann trifft ein Auswahlverschulden, weil er eine nicht geeignete Person mit der Aufgabe des Briefes betraut hat.

2. Schulze beauftragt seinen als vertrauenswürdig und gründlich bekannten Buchhalter, im Auftrag der Firma einen Rechtsbehelf gegen den Umsatzsteuerbescheid einzulegen. Schulze weist den Buchhalter auf den Fristablauf hin. Trotzdem übersieht der Buchhalter den vorgemerkten Termin und reicht den Rechtsbehelf verspätet ein.

Schulze hat den Buchhalter gut ausgewählt und richtig angeleitet. Daher trifft Schulze kein Verschulden. Wiedereinsetzung ist zu gewähren.

(b) Verschulden bei Tätigwerden von **gesetzlichen Vertretern oder Bevollmächtigten**

Gesetzliche Vertreter haben für nicht geschäftsfähige Steuerpflichtige oder Personenvereinigungen deren steuerliche Pflichten zu erfüllen und deren Interessen wahrzunehmen (§ 34 Abs. 1 AO). Gesetzliche Vertreter sind insbesondere die Eltern (§ 1629 BGB), der Vormund (§ 1793 BGB), der GmbH-Geschäftsführer (§ 35 GmbHG) und der Vorstand der Aktiengesellschaft (§ 78 AktG).

Auch kann sich jeder Steuerpflichtige bei der Erfüllung seiner steuerlichen Pflichten durch einen Bevollmächtigten, z. B. einen Steuerberater, vertreten lassen (§ 80 Abs. 1 AO).

Ein Verschulden dieser Personen steht nach § 110 Abs. 1 Satz 2 AO dem eigenen Verschulden des Steuerpflichtigen gleich.

Der Steuerpflichtige muß sich das Verschulden seines gesetzlichen Vertreters oder seines Bevollmächtigten als eigenes Verschulden anrechnen lassen.

Beispiel:
Ein Vormund vernachlässigt die steuerlichen Angelegenheiten seines Mündels. Der Vormund wird durch einen neuen Vormund ersetzt. Der neue Vormund erhebt nun gegen alle geschätzten Steuerfestsetzungen Einspruch und bittet um Wiedereinsetzung mit der Begründung, sein Mündel treffe kein Verschulden an der Fristversäumung.

Dem Antrag kann nicht entsprochen werden. Zwar kann dem Mündel ein Verschulden nicht vorgeworfen werden, doch das Verschulden des Vormunds gilt als Verschulden des Mündels (§ 110 Abs. 1 Satz 2 AO). Der neue Vormund kann nur im Namen des Mündels privatrechtlich Schadensersatzansprüche gegenüber dem alten Vormund geltend machen.

(c) Verschulden bei Einschaltung von **Erfüllungsgehilfen** durch Vertreter

Die gesetzlichen Vertreter, vor allem aber die steuerberatenden Berufe, bedienen sich oft ihrer Mitarbeiter und Hilfskräfte zur Erfüllung ihrer Verpflichtungen. Werden derartige Erfüllungsgehilfen (vgl. § 278 BGB) für gesetzliche Vertreter oder Bevollmächtigte tätig, so ist bei der Verschuldensprüfung im Rahmen der Wiedereinsetzung ebenso zu verfahren, als wenn der Steuerpflichtige Hilfspersonen einschaltet. Das Verschulden der Erfüllungsgehilfen ist also unbeachtlich; es kommt allein darauf an, ob dem Vertreter ein Auswahl-, Überwachungs- oder Organisationsverschulden vorgeworfen werden kann.

Beispiel:
Ein junger Steuerberater stellt seine erste Bürokraft aufgrund ihrer guten Zeugnisse ein. Er beauftragt sie mit der Fertigung der Reinschrift und der rechtzeitigen Versendung von fristgebundenen Schreiben, bevor er für einige Tage verreist. Aufgrund einer Verwechslung der neuen Bürokraft wird die Einspruchsfrist für einen Zahnarzt versäumt. Wiedereinsetzung zugunsten des Zahnarztes kommt nicht in Betracht. Der Steuerberater hätte die Arbeitsweise der neuen Bürokraft überwachen müssen, z. B. durch tägliche Telefonanrufe. Außerdem muß ein Steuerberatungsbüro durch organisatorische Maßnahmen, z. B. Führung eines Fristenkontrollbuches, die Wahrung der gesetzlichen Fristen sicherstellen (BStBl II 1984, 441 und 1989, 266). Der Steuerberater versäumte die Frist schuldhaft. Sein Verschulden ist dem Zahnarzt zuzurechnen.

c) Glaubhaftmachung der Wiedereinsetzungsgründe und Nachholung der versäumten Rechtshandlung

78 (1) Das FA kann Wiedereinsetzung in den vorigen Stand jedoch nur gewähren, wenn ihm vom Steuerpflichtigen die Gründe für die Versäumung glaubhaft dargelegt werden (§ 110 Abs. 2 Satz 2 AO). Das heißt, die Wiedereinsetzungsgründe sind so vorzutragen, daß sie das FA für glaubhaft hält.

Erforderlichenfalls hat der Steuerpflichtige oder sein Vertreter Zeugen zu benennen oder eine eidesstattliche Versicherung (§ 95 AO) abzugeben.

(2) Auch muß der Steuerpflichtige die versäumte Rechtshandlung, also beispielsweise den Rechtsbehelf oder den Antrag auf Veranlagung, nachholen.

(3) Ein ausdrücklicher Wiedereinsetzungsantrag ist nicht erforderlich (vgl. § 110 Abs. 2 Satz 4 AO). Zwar geht das Gesetz davon aus, daß das FA meist durch den Antrag von den Wiedereinsetzungsgründen erfährt (vgl. § 110 Abs. 1 Satz 1, Abs. 2 Satz 1–3 AO). Wenn der Behörde aber auf andere Weise Gründe für eine Wiedereinsetzung bekannt werden, ist von Amts wegen Wiedereinsetzung zu gewähren.

d) Wahrung der Wiedereinsetzungsfrist

79 Die Wiedereinsetzung ist in doppelter Weise befristet. Innerhalb eines Monats nach Wegfall des Hindernisses ist der Wiedereinsetzungsgrund dem FA darzulegen (BStBl II 1985, 386 und 1990, 546) und die versäumte Rechtshandlung nachzuholen (§ 110 Abs. 2 Sätze 1, 3 AO). Allerdings ist bei unverschuldeter Versäumung der Wiedereinsetzungsfrist

erneut Wiedereinsetzung zu gewähren (vgl. Rdnr. 73). Nach Ablauf eines Jahres vom Ende der versäumten Frist an kann Wiedereinsetzung in den vorigen Stand nicht mehr beantragt werden (§ 110 Abs. 3 AO).

Beispiele:
1. Ein Rechtsanwalt hat eine bisher stets zuverlässige Kanzleikraft am 10. 5. damit beauftragt, unbedingt noch am gleichen Tage ein wichtiges Einspruchsschreiben beim FA einzuwerfen, da sonst eine Einspruchsfrist versäumt würde. Die Kanzleikraft verlegt den Brief und scheut sich, dem Rechtsanwalt ihr Mißgeschick mitzuteilen. Am 25. 9. erfährt der Anwalt bei einem Telefongespräch mit dem FA, daß das Einspruchsschreiben dort nie eingegangen ist. Wegen Urlaubs kommt der Anwalt erst am 25. 10. dazu, ein neues Einspruchsschreiben mit Wiedereinsetzungsantrag fertigzustellen. Als er selbst abends diesen Schriftsatz zum FA bringt, wird er in einen schweren Verkehrsunfall verwickelt. Der Anwalt wird am 27. 10. aus dem Krankenhaus entlassen.

Die am 10. 5. auslaufende Einspruchsfrist (§ 355 Abs. 1 AO) wurde versäumt. Ein Verschulden trifft den Anwalt nicht, da er eine zuverlässige Angestellte mit dem Einwerfen des Briefes beauftragt hatte. Die Frist für die Wiedereinsetzung begann mit Ablauf des 25. 9. (§ 110 Abs. 2 Satz 1 AO). Denn der Anwalt wußte von diesem Tag an, daß ein Einspruch beim FA noch nicht eingegangen war. Somit war das Hindernis für seine Untätigkeit beseitigt. Die Einmonatsfrist endete mit Ablauf des 25. 10.

Da der Anwalt am 25. 10. auf dem Weg zum FA verunglückte, wurde die Wiedereinsetzungsfrist (§ 110 Abs. 2 Satz 1 AO) versäumt. Bei der Prüfung der Verschuldensfrage kommt es nicht darauf an, ob sich der Anwalt als Autofahrer schuldhaft verhalten hat. Entscheidend ist, daß er die ihm als Anwalt zumutbare Sorgfalt aufgewandt hat. Am 27. 10., dem Tag der Entlassung aus dem Krankenhaus, fällt das Hindernis für die Einreichung des Wiedereinsetzungsantrages weg. Daher beginnt mit Ablauf des 27. 10. die Einmonatsfrist für den Wiedereinsetzungsantrag zu laufen. Spätestens am 27. 11. müssen der ursprüngliche Einspruch, der erste Wiedereinsetzungsantrag und ein Schriftsatz, in dem Unfall und Krankenhausaufenthalt glaubhaft gemacht werden, beim FA eingehen.

2. Würde der Anwalt in obigem Fall erst nach dem 10. 5. des Folgejahres den Wiedereinsetzungsantrag stellen, weil er erst kurz vorher von dem Mißgeschick seiner Kanzleikraft erfahren hat, so könnte Wiedereinsetzung wegen Ablauf der Jahresfrist nicht gewährt werden (§ 110 Abs. 3 AO).

3. Verfahren

Über den Antrag auf Wiedereinsetzung entscheidet die Behörde, die über die versäumte Rechtshandlung zu befinden hat (§ 110 Abs. 4 AO). Wurde z. B. die Beschwerdefrist versäumt, so befindet die OFD im Rahmen der Beschwerdeentscheidung über die Wiedereinsetzung (§ 368 Abs. 2 Satz 2

AO). Die Entscheidung über den Wiedereinsetzungsantrag ist nicht selbständig anfechtbar (BStBl II 1987, 7 und 1990, 277).

Beispiel:
Ein Unternehmer reicht am 10. 12. einen Antrag auf Gewährung einer Investitionszulage beim Finanzamt ein. Gleichzeitig bittet er wegen beruflicher Überlastung um Wiedereinsetzung. – Der Unternehmer hat die Antragsfrist (§ 6 Abs. 1 InvZulG) versäumt. Trotz beruflicher Überlastung war ihm die Antragstellung zuzumuten. Die Investitionszulage kann daher nicht mehr gewährt werden. Dies wird das Finanzamt dem Unternehmer mitteilen. – Der Unternehmer kann sich nun nicht gegen die Ablehnung der Wiedereinsetzung als solche wenden, sondern er muß Einspruch gegen die Ablehnung der Gewährung der Investitionszulage einlegen (§ 348 Abs. 1 Nr. 1 AO i. V. m. § 7 Abs. 1 Satz 1 InvZulG).

F. Steuerliches Ermittlungsverfahren

Das Ermittlungsverfahren und das Steuerfestsetzungsverfahren bilden zusammen das **Veranlagungsverfahren**. Die Ermittlung der Besteuerungsgrundlagen gehört neben der Festsetzung des Steueranspruches zu den wichtigsten Teilen des Besteuerungsverfahrens.

Besteuerungsgrundlagen (§ 199 Abs. 1 AO) sind die Tatsachen eines Lebenssachverhaltes, die unter den abstrakten Steuertatbestand des Gesetzes subsumiert (vgl. Rdnr. 31) werden können, z. B. Gewinn, Ertrag, Umsatz, Vermögensteile. Im Ermittlungsverfahren hat die Finanzbehörde unter Beachtung der Besteuerungsgrundsätze die Besteuerungsgrundlagen zu ermitteln.

I. Besteuerungsgrundsätze

1. Untersuchungsgrundsatz

Während etwa im Verfahren vor dem Finanzgericht das Gericht nur auf Verlangen des Klägers tätig werden darf, haben die Finanzbehörden das Verfahren von Amts wegen zu beginnen (§ 86 AO) und alle Ermittlungen von Amts wegen durchzuführen (§ 88 AO). Daraus ergibt sich folgendes:

Das FA ist nicht an das Vorbringen und die Beweisanträge der Beteiligten gebunden.

Das FA hat Ermittlungen gegebenenfalls auch zugunsten des Steuerpflichtigen durchzuführen (§ 88 Abs. 2 AO).

Darüber hinaus legt § 89 AO den Finanzbehörden **Beratungs- und Auskunftspflichten** auf, die sich aus der Fürsorgepflicht gegenüber dem Steuerpflichtigen ergeben. Diese Pflichten betreffen Anträge und Erklärungen der Steuerpflichtigen, die sich bei einem bestimmten Sachverhalt aufdrängen. Ansonsten hat sich der Steuerpflichtige über Steuervergünstigungen und ihre formellen Voraussetzungen selbst zu unterrichten, gegebenenfalls durch Rückfrage bei den Finanzämtern. Die Verpflichtung der Finanzbehörden nach § 89 Satz 2 AO betrifft nur Verfahrensvorschriften.

Beispiel:
Das FA hat den Stpfl. bei schuldloser Fristversäumnis auf die Möglichkeit eines Antrages auf Wiedereinsetzung in den vorigen Stand (§ 110 AO) hinzuweisen.

Auf die Erteilung sonstiger Rechtsauskünfte, die etwa materielle Ansprüche des Steuerpflichtigen betreffen, besteht grundsätzlich kein Anspruch. Vgl. aber Rdnr. 376.

a) Grenzen des Untersuchungsgrundsatzes

Der Untersuchungsgrundsatz findet seine Grenze in der Mitwirkungspflicht der Beteiligten (§ 90 AO). Eine weitere Grenze ergibt sich aus der **Zumutbarkeit der Ermittlungen.** Ihre Pflicht, steuererhebliche Sachverhalte aufzuklären, verletzen die Finanzbehörden nur, wenn sie Tatsachen oder Beweismittel außer acht lassen oder Zweifelsfragen nicht nachgehen, die offenkundig waren. Sie sind dagegen nicht verpflichtet, die Sachverhalte auf alle möglichen Ausnahmen hin zu erforschen. Nach dem **Verhältnismäßigkeitsgrundsatz** ist schließlich abzustellen auf das Verhältnis des Arbeitsaufwandes zum steuerlichen Erfolg.

b) Beweislast

Die AO legt dem Stpfl. keine **Beweisführungslast** auf, dergestalt, daß er etwa verpflichtet wäre, die seinen Anträgen und Erklärungen zugrunde liegenden Tatsachen zu beweisen. Es ist daher ohne weiteres denkbar, daß das FA z. B. aufgrund der gesamten Würdigung des Sachverhaltes zugunsten des Steuerpflichtigen den Abzug von Werbungskosten bei Einkünften aus nichtselbständiger Tätigkeit zuläßt, ohne daß der Stpfl. deren Entstehen beweisen konnte.

Dennoch gibt es Fälle, in denen Sachverhaltsfeststellung und Beweiswürdigung durch das FA zu keinem eindeutigen Ergebnis führen. Es taucht dann die Frage auf, zu wessen Lasten diese Beweisnot geht. In diesen Fällen kennt auch das Steuerrecht eine **objektive Beweislast:**

aa) Geht es um steuerbegründende bzw. steuererhöhende Tatsachen, so hat der Steuergläubiger die Folgen der Beweislosigkeit zu tragen (BStBl II 1992, 55).

bb) Geht es um steuerbegünstigende Tatsachen, so hat der Steuerpflichtige die Folgen der Beweislosigkeit zu tragen (BStBl II 1987, 679).

In einigen Vorschriften stellt in diesem Zusammenhang die AO Regeln für bestimmte Konfliktsituationen auf:

Besteuerungsgrundsätze 85

● **Nachweis der Treuhandschaft (§ 159 AO)**

Beruft sich ein Inhaber von Rechten oder ein Besitzer von Sachen auf ein Treuhand- oder ähnliches Verhältnis, so hat er dessen Bestehen nachzuweisen. Gelingt ihm dies nicht, so sind ihm regelmäßig die Rechte bzw. Sachen zuzurechnen. Hierbei sind die Vorschriften über das Auskunftsverweigerungsrecht (§ 102 AO) zu beachten (§ 159 Abs. 2 AO). Das Auskunftsverweigerungsrecht erstreckt sich grundsätzlich nicht auf die Vorlage von Wertsachen, Urkunden, Geschäftsbüchern und sonstigen Aufzeichnungen, soweit sie für den Beteiligten aufbewahrt werden (§ 104 Abs. 2 AO).

● **Benennung von Gläubigern und Zahlungsempfängern (§ 160 AO)**

Zur Verhinderung von Steuerausfällen haben Steuerpflichtige, sofern sie den Abzug irgendwelcher Ausgaben (z. B. Betriebsausgaben, Werbungskosten) beantragen, die Gläubiger oder Empfänger genau zu bezeichnen. Selbst wenn das FA überzeugt ist, daß der Stpfl. Aufwendungen der genannten Art tatsächlich hatte, ist deren steuerliche Berücksichtigung grundsätzlich zu versagen, wenn der Stpfl. der Aufforderung des FA nicht nachkommt, den Gläubiger oder Empfänger zu benennen.

Beispiele:

1. Ein Barbesitzer will Zahlungen an unbekannte Taxifahrer als Betriebsausgaben (§ 4 Abs. 4 EStG) absetzen, die für die Zuführung von Gästen aufgewendet wurden.

Hat der Barbesitzer Namen und Anschrift der Taxifahrer nicht festgehalten, so kommt ein Abzug der Zahlungen nicht in Betracht.

2. Eine Baufirma weist nach, daß sie im Rahmen eines Handelsgeschäftes Schmiergelder an einen nicht benannten Ausländer bezahlt hat, der der deutschen Steuerpflicht nicht unterliegt.

Ein Abzug der Zahlungen als Betriebsausgaben kommt in Betracht, da selbst bei Benennung des Zahlungsempfängers bei diesem eine Besteuerung nach deutschem ESt-Recht nicht erfolgen könnte.

Die Aufforderung des FA nach Benennung der Empfänger ist kein Verwaltungsakt, sondern eine Vorbereitungshandlung zur Steuerfestsetzung (BStBl II 1986, 537).

2. Gesetzmäßigkeit der Besteuerung

Die Finanzbehörden haben die Steuern nach Maßgabe der Gesetze festzusetzen (§ 85 Satz 1 AO). Der Grundsatz der Gesetzmäßigkeit der Besteuerung, der sich auch aus Art. 20 Abs. 3 GG ergibt, gebietet, nach dem

Gesetz entstandene Steueransprüche geltend zu machen und verbietet Verträge bzw. Vergleiche über Steueransprüche.

3. Gleichmäßigkeit der Besteuerung

Die Finanzbehörden haben die Steuern gleichmäßig festzusetzen (§ 85 Satz 1 AO). Der Grundsatz der Gleichmäßigkeit der Besteuerung, der aus Art. 3 Abs. 1 GG abgeleitet werden kann, verbietet willkürliche Unterschiede bei der Festsetzung und Erhebung von Steuern. Dabei ist zu beachten, daß nicht eine absolut gleichmäßige steuerliche Belastung aller Steuerpflichtigen gewollt ist, sondern eine relativ gleichmäßige.

Beispiel:
Der progressive ESt-Tarif verstößt nicht gegen den Gleichheitsgrundsatz; denn dieser wie der soziale Rechtsstaat erfordern geradezu, daß jeder nach seiner Leistungsfähigkeit besteuert wird.

Schließlich widersprechen auch **Typisierungen** und **Pauschalierungen** grundsätzlich nicht dem Gleichheitsgrundsatz. Beide Institute gehen davon aus, daß die Ermittlungspflicht der Verwaltung und die Aufklärungspflicht des Stpfl. nicht auf alle Einzelheiten erstreckt werden können, sondern eine Anlehnung an typische Durchschnittsfälle stattfindet. Hier tritt in zulässiger Weise die individuelle hinter der generellen Gleichmäßigkeit zurück.

Beispiel:
Bei Dienstreisen können die Mehraufwendungen für Verpflegung ohne Einzelnachweis in Höhe bestimmter Pauschbeträge als Werbungskosten anerkannt werden (Abschn. 39 Abs. 2 LStR).

Es ist für die Verwaltung und den Stpfl. unzumutbar, genau zu ermitteln, wie hoch der Mehraufwand tatsächlich ist. Daher werden „typische Beträge" für den Verpflegungsmehraufwand angesetzt.

4. Rechtliches Gehör

Bevor durch einen Verwaltungsakt in die Rechte eines Beteiligten eingegriffen wird, soll diesem Gelegenheit zur Äußerung gegeben werden (§ 91 Abs. 1 AO). Dieser Grundsatz ist in Art. 103 Abs. 1 GG nur für gerichtliche Verfahren vorgeschrieben, gilt aber nach allgemeiner Meinung auch für das Verwaltungsverfahren. Durch das Wort „soll" wird zum Ausdruck gebracht, daß in Ausnahmefällen von diesem Grundsatz abgewichen werden kann (§ 91 Abs. 2, 3 AO).

Beispiel:
Das FA gibt einen automatisierten ESt-Bescheid bekannt, wobei es in der Erläuterungsspalte mitteilt, daß bestimmte Werbungskosten nicht anerkannt worden sind.
Hier liegt ein Verstoß gegen den Grundsatz des rechtlichen Gehörs vor (§ 91 Abs. 1 Satz 2 AO). Aus Gründen der Rechtsstaatlichkeit werden Fälle dieser Art gerade nicht von § 91 Abs. 2 Nr. 4 AO erfaßt.
Das Anhörungsrecht besteht im übrigen nur bezüglich der Tatsachen, die für die Entscheidung maßgeblich sind. § 91 AO begründet keinen Anspruch auf ein Rechtsgespräch. Zur Heilung, wenn gegen den Grundsatz auf rechtliches Gehör verstoßen wurde, vgl. Rdnr. 155.

II. Mitwirkungspflichten der Bürger

Damit das FA seiner Aufgabe, die steuerpflichtigen Fälle zu ermitteln, gerecht werden kann, bedarf es der Mithilfe der Beteiligten sowie anderer dritter Personen.

Diesen Personen sind daher in der AO eine Fülle von Pflichten auferlegt. Die Finanzbehörde wird sich dabei im Rahmen ihres Ermessens bei der Ermittlung des Sachverhaltes der Beweismittel bedienen, die sie für erforderlich hält (§ 92 AO). Sie kann insbesondere

- Auskünfte von den Beteiligten und anderen Personen einholen (§§ 93, 94, 95 AO),
- Sachverständige hinzuziehen (§ 96 AO),
- Urkunden und Akten beiziehen (§§ 97, 98 AO),
- Augenschein einnehmen (§ 98 AO),
- Grundstücke und Räume betreten (§ 99 AO).

Eine Kombination der rechtlichen Möglichkeiten, die sich aus diesen und anderen Mitwirkungspflichten der Steuerpflichtigen ergeben, befähigt das FA, auch im Betrieb eines Steuerpflichtigen und außerhalb einer Außenprüfung (§ 193 ff. AO) im Steuerermittlungsverfahren Sachverhalte aufzuklären und anschließend die Steuer festzusetzen. Man spricht in diesen Fällen von einer **betriebsnahen Veranlagung**.

1. Beteiligte, gesetzliche Vertreter, Bevollmächtigte und Beistände

a) Beteiligte und „andere Personen"

88 Der Begriff der Beteiligten ergibt sich aus § 78 AO. Im Steuerverwaltungsverfahren hat vor allem § 78 Nr. 2 AO Bedeutung. Beteiligter ist danach derjenige, an den eine Finanzbehörde den Verwaltungsakt richten will oder gerichtet hat. Dies sind insbesondere die Steuerpflichtigen (§ 33 Abs. 1 AO). Beteiligte können aber auch dritte Personen sein.

Beispiel:
Das FA hat im Rahmen eines Steuerermittlungsverfahren des Kaufmannes Mai dessen Geschäftspartner Roth vergeblich um Auskunft gebeten (§ 93 AO). Es will nunmehr gegenüber Roth ein Zwangsgeld festsetzen (§ 328 ff. AO).
In dem Steuerermittlungsverfahren ist nur Mai Beteiligter i. S. von § 78 Nr. 2 AO, nicht dagegen Roth. Im Zwangsmittelverfahren ist Roth Beteiligter (§ 78 Nr. 2 AO), da das FA gegen ihn ein Zwangsgeld festsetzen will.

Der Begriff des Beteiligten hat also immer dort besondere Bedeutung, wo das Gesetz selbst zwischen Beteiligten und **anderen Personen** unterscheidet, z. B. in den §§ 93, 94, 95, 101, 103 AO usw. Im Rechtsbehelfsverfahren gilt ein besonderer Beteiligtenbegriff (§ 359 AO).

Die Besteuerung knüpft regelmäßig an die Merkmale eines Lebenssachverhaltes an, über die im allgemeinen der Beteiligte am besten Bescheid weiß. Daher ist er **im Rahmen des ihm Zumutbaren** zur Mitwirkung verpflichtet, indem er die für die Besteuerung wesentlichen Tatsachen vollständig und wahrheitsgemäß offenlegt sowie ihm bekannte Beweismittel angibt (§ 90 Abs. 1 AO). In zahlreichen weiteren Vorschriften (z. B. die §§ 93, 95, 97, 99 AO) ist diese allgemeine Mitwirkungspflicht konkretisiert.

Die Offenlegungspflicht wird zu einer Aufklärungspflicht erweitert, wenn es sich darum handelt, Sachverhalte aufzuklären, die sich auf Vorgänge außerhalb des Geltungsbereiches der AO beziehen (§ 90 Abs. 2 AO).

b) Bevollmächtigte

89 Ein Beteiligter kann sich durch einen **Bevollmächtigten** vertreten lassen (§ 80 Abs. 1 AO). Der Bevollmächtigte handelt im Namen des Vertretenen. Er ist ermächtigt, alle das Verwaltungsverfahren betreffenden Handlungen für den Beteiligten vorzunehmen (§ 80 Abs. 1 Satz 2 AO). Dies gilt natürlich nur, soweit die Vollmacht reicht.

Beispiel:

Der Steuerberater Mai legt folgende Vollmacht seines Mandanten vor: „Steuerberater Mai ist berechtigt, mich in meinen steuerlichen Angelegenheiten vor dem FA A. zu vertreten. Diese Vollmacht umfaßt auch die Entgegennahme von Steuervergütungen und Steuererstattungsbeträgen. Die Einlegung von Rechtsbehelfen behalte ich mit vor. Unterschrift"
Es handelt sich um eine Vollmacht (§ 164 ff. BGB, § 80 AO). Diese umfaßt auch das Inkasso von Steuererstattungen und Steuervergütungen. § 80 Abs. 1 Satz 2 AO findet hier keine Anwendung, da die Vollmacht insoweit ausdrücklich das Inkasso mit umfaßt. Selbstverständlich kann der Vollmachtgeber eine Vollmacht jederzeit wirksam einschränken und sich die Einlegung von Rechtsbehelfen vorbehalten. (Zur Frage der Bekanntgabe bzw. Zustellung von Steuerbescheiden an Bevollmächtigte vgl. Rdnr. 147).

Die AO schreibt für die Bevollmächtigung keine Form vor. **Schriftform** ist nur zu verlangen, wenn Zweifel an der Wirksamkeit der Vollmacht bestehen.

Beispiel:

Eine angesehene Steuerberatungskanzlei gibt ohne Vorlage einer Vollmacht für einen Unternehmer erstmalig dessen Steuererklärungen ab. – Das FA kann auf eine schriftliche Vollmacht verzichten. Das Vorliegen einer Bevollmächtigung wird vermutet.

Wenn ein Beteiligter wissentlich duldet, daß ein Dritter für ihn als Bevollmächtigter auftritt, liegt eine **Duldungsvollmacht** vor, der Beteiligte muß sich die Verfahrenshandlungen des Dritten daher zurechnen lassen. Dasselbe gilt bei der **Anscheinsvollmacht**. Diese liegt vor, wenn der Beteiligte das Handeln des angeblichen Vertreters zwar nicht kennt, es aber bei Anwendung pflichtgemäßer Sorgfalt erkennen und verhindern kann, und die Finanzbehörde annehmen durfte, es liege tatsächlich eine Vertretungsmacht vor (BStBl II 1991, 120).

Eine Bevollmächtigung zur Unterzeichnung von Steuererklärungen ist dann unzulässig, wenn das Gesetz die **eigenhändige Unterschrift** des Steuerpflichtigen fordert (z. B. § 25 Abs. 3 EStG). In diesen Fällen kann auf eine Unterschrift nur verzichtet werden, wenn der Stpfl. wegen körperlicher oder geistiger Gebrechen bzw. längerer Abwesenheit verhindert ist (§ 150 Abs. 3 AO).

Beispiel:

Ein Arzt macht eine einjährige Weltreise. – Bei der Abgabe der Einkommensteuererklärung kann er sich von einem Steuerberater vertreten lassen (§ 80 Abs. 1 AO). Dieser kann die Steuererklärung gegebenenfalls für seinen Mandanten unterzeichnen (vgl. § 25 Abs. 3 EStG, § 150 Abs. 3 AO). Nach der Rückkehr des Arztes kann das FA die eigenhändige Unterschrift des Arztes nachfordern (§ 150 Abs. 3 Satz 2 AO).

Das FA kann bestimmte Bevollmächtigte unter den Voraussetzungen des § 80 Abs. 5 und 6 AO zurückweisen. Soweit zurückgewiesene Bevollmächtigte Verfahrenshandlungen vornehmen, sind diese unwirksam.

Ist ein Bevollmächtigter bestellt, so soll sich das FA auch an diesen wenden. Weigert sich der Bevollmächtigte, Auskunft zu erteilen, oder ist er zu einer Mitwirkung aus irgendwelchen Gründen nicht in der Lage, so kann sich das FA im Rahmen seines pflichtgemäßen Ermessens (§ 5 AO) an den Beteiligten selbst wenden (§ 80 Abs. 3 AO).

Die Vollmacht erlischt durch Widerruf, der erst mit Zugang dem Finanzamt gegenüber wirksam wird (§ 80 Abs. 1, 2 AO).

c) Beistand

Im Gegensatz zum Bevollmächtigten nimmt der **Beistand** keine Handlungen im Namen eines Vertretenen vor, sondern er unterstützt den Beteiligten (§ 80 Abs. 4 AO).

Beispiel:
Der Vater erscheint mit seinem steuerlich unerfahrenen Sohn, der Auskunft erteilen soll, beim FA (§ 93 Abs. 1 AO). – Hier ist der Vater nur als Helfer erschienen, er ist also Beistand (§ 80 Abs. 4 AO).

d) Gesetzliche Vertreter und Vermögensverwalter

Es gibt Steuerrechtssubjekte, die aus rechtlichen oder tatsächlichen Gründen nicht in der Lage sind, ihre steuerlichen Mitwirkungspflichten zu erfüllen (vgl. § 79 AO). In diesen Fällen sieht § 34 AO vor, daß die in dieser Vorschrift genannten Personen die steuerlichen Pflichten der verhinderten Personen als eigene Mitwirkungspflichten zu erfüllen haben (BStBl II 1989, 955).

Beispiele:
1. Rechtsanwalt Kerr wurde durch das Vormundschaftsgericht als Betreuer für die vermögensrechtlichen Angelegenheiten von Frau Alt bestellt (§ 1896 BGB). 2. Der Wirtschaftskriminelle Reich hat sich mit unbekanntem Ziel abgesetzt. Er besitzt im Inland Vermögen. Das Gericht hat einen Abwesenheitspfleger eingesetzt (§ 1911 BGB). 3. Kaufmann Mai ist Liquidator der Südmetall-GmbH (§ 68 GmbHG).

Mitwirkungspflichten der Bürger

Diese Personen sind gesetzliche Vertreter und haben, soweit ihre Befugnisse reichen, die steuerlichen Mitwirkungspflichten der Vertretenen zu erfüllen. Dazu gehört auch, daß sie aus den von ihnen verwalteten Mitteln die Steuern zu entrichten haben (§ 34 Abs. 1 Satz 2 AO).
Zu weiteren Beispielen vgl. Rdnr. 336.

Verletzen diese „steuerlichen Hilfspersonen" ihre Pflichten schuldhaft, so kann gegen sie gegebenenfalls ein Zwangsgeld (§ 328 ff. AO) bzw. ein Verspätungszuschlag (§ 152 AO) festgesetzt werden. Unter den Voraussetzungen des § 69 AO können sie, wenn ihre Pflichtverletzung zu Verkürzungen von Ansprüchen aus dem Steuerschuldverhältnis geführt hat, für die verkürzten Beträge in Haftung genommen werden.

e) Bestellung eines Vertreters von Amts wegen

Unter den in § 81 AO genannten Voraussetzungen kann das FA zur Beschleunigung des Steuerverfahrens einen Vertreter von Amts wegen bestellen.

Beispiele:
1. Der vermögende, aber geisteskranke Landesproduktenhändler Maier ist nicht in der Lage, seine Steuererklärung abzugeben oder dem FA in sonstiger Weise seine Einkünfte darzulegen. – Ist für Maier kein gesetzlicher Vertreter vorhanden, so kann das FA beim Vormundschaftsgericht die Bestellung eines Gebrechlichkeitspflegers beantragen (§ 81 Abs. 1 Nr. 4 AO).
2. René Serre lebt in Genf. Er hat in der Bundesrepublik erhebliches Grundvermögen.

Benennt er innerhalb einer vom Finanzamt gesetzten angemessenen Frist keinen Bevollmächtigten, so kann das Finanzamt beim Vormundschaftsgericht die Bestellung eines Vertreters beantragen (§ 81 Abs. 1 Nr. 3 AO).

2. Auskunftspflicht der Beteiligten und anderer Personen

a) Beteiligte

Beteiligte sind verpflichtet, den Finanzbehörden die erforderlichen Auskünfte zu erteilen. **Dritte Personen** dürfen erst dann um Auskunft angehalten werden, wenn die Sachverhaltsaufklärung durch die Beteiligten nicht zum Ziel führt (§ 93 Abs. 1 AO).

Beispiel:
Der Stpfl. Roth hat einem Geschäftsfreund ein Darlehen gewährt. In seiner Einkommensteuererklärung gibt Roth u. a. Zinsen in Höhe von 400 DM (2 % von 20 000 DM) an. Da das FA die Höhe des Zinssatzes bezweifelt, bittet es

den Geschäftsfreund, ohne Rückfrage beim Steuerpflichtigen, um Auskunft. Dieser teilt dem FA mit, daß er Zinsen in Höhe von 400 DM für ein Darlehen in Höhe von 20 000 DM an Roth gezahlt habe. Eine Fotokopie der Kontoauszüge legt er seinem Schreiben bei. Daraufhin fordert das FA den Geschäftsfreund auf, persönlich zu erscheinen und sein Schreiben mündlich zu bestätigen. Dieser weigert sich.

Das FA kann sich erst dann an einen Dritten um Auskunft wenden, wenn es über den Beteiligten nicht zum Zuge gekommen ist (§ 93 Abs. 1 AO). Die erste Aufforderung an den Geschäftsfreund, Auskunft zu erteilen, war deshalb bereits ein rechtswidriger Verwaltungsakt. Es hätte sich zuerst an Roth wenden müssen.

Der Geschäftsfreund hat dennoch Auskunft gegeben. Er durfte dies schriftlich (§ 93 Abs. 4 Satz 1 AO). Im Rahmen seines pflichtgemäßen Ermessens (§ 5 AO) wäre das FA berechtigt gewesen, den Auskunftspflichtigen zum FA zu bitten (§ 93 Abs. 5 AO). Im vorliegenden Falle war dies ermessensfehlerhaft, da der Geschäftsfreund Auskunft erteilt hatte, seine Angaben auch nachgewiesen hatte und das FA nur noch eine mündliche Bestätigung der schriftlichen Aussage wollte.

Die Finanzbehörde kann einen **Beteiligten** auffordern, die Richtigkeit von behaupteten Tatsachen **an Eides Statt zu versichern** (§ 95 AO).

Bei anderen als den Beteiligten kann das FA das zuständige Finanzgericht, gegebenenfalls auch das zuständige Amtsgericht, um eine **eidliche Vernehmung ersuchen** (§ 94 AO).

Beide Mittel dürfen nur im Rahmen der pflichtgemäßen Ermessensausübung (§ 5 AO) eingesetzt werden, insbesondere nur, wenn andere Wege zur Erforschung des richtigen Sachverhalts versagt haben (§§ 94 Abs. 1 Satz 1, 95 Abs. 1 Satz 2 AO). Bei der von den Finanzämtern entgegenzunehmenden Versicherung an Eides Statt ist besonders zu beachten, daß diese nicht von Personen unter 16 Jahren verlangt werden darf (§ 95 Abs. 1 Satz 3 AO, § 393 ZPO) und daß die Versicherung nicht erzwungen werden kann (§ 95 Abs. 6 AO). Wird diese Versicherung an Eides Statt verweigert, hat das FA seine Schlüsse daraus zu ziehen.

Zu beachten ist, daß andere Personen als die Beteiligten einen **Entschädigungsanspruch** haben (§ 107 AO).

b) Auskunfts- und Vorlageverweigerungsrechte

93 Für die Beteiligten enthält die AO **kein Auskunftsverweigerungsrecht**. Sie können auch die Vorlage von Urkunden usw. nicht verweigern. Für **andere Personen** als die Beteiligten besteht ein **Auskunftsverweigerungsrecht** in folgenden Fällen:

aa) Für Angehörige eines Beteiligten (§ 101 AO)

Wer zu den Angehörigen i. S. dieser Vorschrift zu zählen ist, ergibt sich abschließend aus § 15 AO.

Beispiel:
Der geschäftsunfähige Max Mai wird von seinem Vater gesetzlich vertreten. Da Max erhebliche Einkünfte aus Kapitalvermögen und Grundbesitz bezieht, wird er zur Einkommensteuer veranlagt. Der Vater gibt daher als gesetzlicher Vertreter (§ 34 Abs. 1 AO) für seinen Sohn die Einkommensteuererklärung ab. Das FA hat Zweifel an der Höhe der Einkünfte. Es wendet sich daher an den Vater und, nachdem sich dieser weigert, auch vergeblich an die volljährige Schwester des Max. Die Schwester ist Angehörige des Max (§ 15 Abs. 1 Nr. 4 AO). Sie kann ihre Auskunft verweigern. Über dieses Recht ist sie aktenkundig zu belehren (§ 101 Abs. 1 AO). Ein Verstoß gegen die Belehrungspflicht begründet ein Verwertungsverbot (BStBl II 1991, 204). Der Vater ist zwar Angehöriger (§ 15 Abs. 1 Nr. 3 AO), dennoch ist er nicht berechtigt, die Auskunft zu verweigern. Denn hier muß er als gesetzlicher Vertreter die Aufgaben seines minderjährigen Sohnes wahrnehmen (§ 101 Abs. 1 Satz 1, § 34 Abs. 1 AO). Er ist daher Beteiligter und nicht „andere Person" (§ 93 AO).

bb) Für bestimmte Berufsgruppen (§ 102 AO)

Zum Schutze des Berufsgeheimnisses steht den in § 102 AO genannten Berufsgruppen ein uneingeschränktes Aussageverweigerungsrecht zu. Dieses Recht findet bei Rechtsanwälten, steuerlichen Hilfspersonen, Ärzten usw. seine Grenze, soweit sie von der Verpflichtung zur Verschwiegenheit entbunden wurden (§ 102 Abs. 3 i. V. m. Abs. 1 Nr. 3 AO).

Dieses Auskunftsverweigerungsrecht haben auch die Hilfspersonen der genannten Berufsgruppen (§ 102 Abs. 2 AO).

Beispiel:
Das FA ist der Ansicht, daß der Privatier Huber seine Einkünfte nicht voll der Besteuerung unterworfen hat. Da Huber von der Steuerkanzlei Dr. Mai betreut wird, wendet sich der Sachbearbeiter um Auskunft an den Angestellten der Kanzlei, Roth, mit der Bitte um Auskunft. Dieser verweigert die Auskunft unter Berufung auf § 102 Abs. 2 AO.
Auch für die Angestellten einer Steuerberatungskanzlei besteht ein Auskunftsverweigerungsrecht. Allerdings hat über die Inanspruchnahme dieses Rechtes grundsätzlich nicht der Angestellte zu entscheiden, sondern der Steuerberater Dr. Mai (§ 102 Abs. 2 Satz 2 i. V. m. Abs. 1 Nr. 3b AO).

cc) **Für andere Personen als die Beteiligten, wenn sie sich der Gefahr einer Strafverfolgung usw. aussetzen (§ 103 AO)**

Diese Vorschrift enthält den die gesamte Rechtsordnung durchziehenden Grundsatz, daß sich niemand selbst einer Straftat bzw. einer Ordnungswidrigkeit zu bezichtigen braucht.

3. Buchführungs- und Aufzeichnungspflichten

94 Steuerpflichtige haben unter bestimmten Voraussetzungen Bücher oder Aufzeichnungen zum Zwecke der Besteuerung zu führen (§ 140 ff. AO). Auf den Wortlaut der Vorschriften wird verwiesen.

4. Steuererklärung und Steueranmeldung

a) Bedeutung der Steuererklärung

95 Die Steuererklärung ist eine wichtige Grundlage für die Veranlagung. Sie ist der Ausgangspunkt für die Ermittlung der Besteuerungsgrundlagen bzw. für die Festsetzung der Steuer. Die Steuererklärung ist eine **Wissenserklärung,** also eine Erklärung über Tatsachen, über die der Erklärende ein **Wissen** hat. Darüber hinaus kann die Steuererklärung auch **Willenserklärungen** enthalten, so etwa Anträge oder Ausübung von Wahlmöglichkeiten.

b) Erklärungspflichtige Personen

Die Verpflichtung zur Abgabe einer Steuererklärung kann beruhen
- auf einer gesetzlichen Vorschrift (§ 149 Abs. 1 Satz 1 AO i. V. m. § 19 VStG, § 18 UStG, § 25 Abs. 3 EStG),
- auf einer Aufforderung des Finanzamts (§ 149 Abs. 1 Satz 2 AO).

c) Form und Inhalt der Steuererklärung

96 aa) Die Steuererklärungen sind nach amtlich vorgeschriebenen Vordrucken abzugeben (§ 150 Abs. 1 AO). Die Verwendung privat gedruckter Formulare ist zulässig, wenn sie in der drucktechnischen Ausgestaltung und im Format den amtlichen Vordrucken entsprechen. Auch die Verwendung von Ablichtungen ist zulässig, wenn gewährleistet ist, daß sie wie die amtlichen Originalerklärungsvordrucke automationsgerecht verwendet werden können. Unzulässig ist die Abgabe durch Telefax.

In bestimmten Fällen können Steuererklärungen, auch Selbsterrechnungserklärungen, bei dem zuständigen FA **zur Niederschrift** erklärt werden (§ 151 AO). Dies ist insbesondere der Fall bei geschäftlich unerfahrenen oder der deutschen Sprache nicht mächtigen Steuerpflichtigen, die nicht fähig sind, ihre Steuererklärung selbst schriftlich abzugeben und auch nicht in der Lage sind, die Hilfe eines Steuerberaters usw. in Anspruch zu nehmen.

bb) Die Angaben in der Steuererklärung sind wahrheitsgemäß zu machen. Dies ist in der Steuererklärung ausdrücklich zu versichern (§ 150 Abs. 2 AO). Erkennt ein Stpfl. (§ 33 AO), dessen Gesamtrechtsnachfolger oder eine der in Rdnr. 337 genannten Personen, daß die Erklärung unrichtig war, so ist er verpflichtet, dies der Finanzbehörde anzuzeigen (§ 153 AO).

cc) Den Steuererklärungen sind die Unterlagen beizufügen, die nach den Steuergesetzen vorzulegen sind (§ 150 Abs. 4 AO), z. B. Bilanzen, Gewinn- und Verlustrechnungen, Übersetzungen von Urkunden (§ 87 AO).

dd) Die Steuererklärungen sind, da es sich in der Hauptsache um Wissenserklärungen handelt, grundsätzlich eigenhändig zu unterzeichnen (§ 150 Abs. 3 AO; vgl. aber Rdnr. 89).

Rechtswirksam kann nur ein Geschäftsfähiger unterschreiben, denn eine wirksame Abgabe der Steuererklärung setzt Geschäftsfähigkeit voraus.

d) Frist für die Abgabe

Die AO enthält als allgemeine Fristenregelung, daß Steuerklärungen spätestens 5 Monate nach Ablauf des Kalenderjahres abzugeben sind (§ 149 Abs. 2 AO).

e) Steueranmeldungen

aa) Begriff der Steueranmeldung

Eine Steuererklärung, in der der Stpfl. die Steuer selbst zu berechnen hat, ist eine **Steueranmeldung** (§ 150 Abs. 1 Satz 2 AO). Solche Steueranmeldungen sind z. B. die Umsatzsteuervoranmeldung (§ 18 Abs. 1 UStG), die Umsatzsteuerjahreserklärung (§ 18 Abs. 3 UStG), die Lohnsteueranmeldung (§ 41a Abs. 1 EStG) sowie die Kapitalertragsteueranmeldung (§ 45a EStG).

Nach § 167 Abs. 1 Satz 3 AO steht es einer Steueranmeldung gleich, wenn ein Arbeitgeber nach einer LSt-Außenprüfung (§ 193 Abs. 2 Nr. 1 AO) seine Zahlungsverpflichtung nach § 42d Abs. 4 Nr. 2 EStG anerkennt, sei es als Haftungsschuldner (§ 191 Abs. 1 AO), sei es als Steuerschuldner der pauschalierten LSt (§ 40 Abs. 3 EStG). Eines schriftlichen Haftungsbescheides nach § 191 Abs. 1 Satz 2 AO bedarf es nicht.

bb) Wirkung der Steueranmeldung

Steueranmeldungen sind grundsätzlich Steuerfestsetzungen unter dem Vorbehalt der Nachprüfung (§§ 168, 164 AO).

Beispiele:
1. Ein Kaufmann reicht am 10. 5. seine **Umsatzsteuervoranmeldung** für April ein (§ 18 Abs. 1 UStG). Es ergibt sich eine Zahllast von 25 000 DM. – Mit Eingang beim FA erhält die Steuererklärung (§ 150 Abs. 1 Satz 2 AO) die Wirkung einer Steuerfestsetzung unter dem Vorbehalt der Nachprüfung (§§ 168, 164 AO).
2. Wie Beispiel 1. Die Voranmeldung führt allerdings jetzt zu einer **Steuervergütung** in Höhe von 25 000 DM. – Führt die Steueranmeldung wie hier zu einer Steuervergütung oder zu einer Steuererstattung, so erhält sie die Wirkung einer Steuerfestsetzung unter Vorbehalt erst mit der Zustimmung des FA (§ 168 Satz 2 AO). Bis zu diesem Zeitpunkt ist die Anmeldung als Antrag auf eine Steuerfestsetzung anzusehen (§ 155 Abs. 1 und 3 AO). Die Zustimmung kann formlos erfolgen (§ 168 Satz 3 AO). In der Auszahlung des Betrages liegt die Zustimmung. Sie ist ein Steuerverwaltungsakt (§ 118 AO). – Durch Anordnung der vorgesetzten Dienstbehörde kann bei Steueranmeldungen, die zu einer Steuervergütung oder Steuererstattung führen, die Zustimmung allgemein erteilt werden. In diesem Falle stehen die Anmeldungen bereits mit Eingang beim FA einer Steuerfestsetzung unter dem Vorbehalt der Nachprüfung gleich (§ 168 Satz 1 AO).
3. Wie Beispiel 2. Das FA setzt aber in diesem Fall die Steuervergütung auf 15 000 DM fest. – Bis zur Zustimmung des FA ist die Umsatzsteuervoranmeldung als Antrag auf eine Steuerfestsetzung anzusehen (§ 155 Abs. 1 und 3 AO). Das FA hat im vorliegenden Fall die Umsatzsteuervorauszahlung durch einen Steuerbescheid festgesetzt. Nach § 18 Abs. 1 UStG handelt es sich um einen **Vorauszahlungsbescheid**. Dieser steht unter dem Vorbehalt der Nachprüfung (§ 164 Abs. 1 Satz 2 AO).
4. Ein Unternehmer gibt am 10. 5. die **Lohnsteueranmeldung** für den Lohnsteueranmeldungszeitraum April ab (§ 41a Abs. 1 EStG). Das FA übernimmt die Steueranmeldung unbeanstandet. Nachdem der Unternehmer die angemeldete Lohnsteuer am 20. 5. immer noch nicht bezahlt hat, will das FA vollstrecken. – Die Anmeldung der Lohnsteuer hat die Wirkung einer Steuerfestsetzung unter dem Vorbehalt der Nachprüfung (§§ 167 Satz 1, 168 Satz 1 AO). Eines förmlichen Steuerbescheides sowie eines damit verbundenen Leistungsgebotes (= Zahlungsaufforderung) bedarf es nicht mehr. § 41a Abs. 1 Satz 1 Nr. 2 EStG enthält vielmehr ein gesetzliches Leistungsgebot (die Zahlungsaufforderung ist bereits im Gesetz enthalten). Das FA kann daher mit der Vollstreckung beginnen (§§ 249 Abs. 1, 254 Abs. 1 Satz 4 AO).

cc) Rechtsbehelfe

Gegen Steueranmeldungen ist der **Einspruch** gegeben (§ 348 Abs. 1 Nr. 1 AO). Die Rechtsbehelfsfrist beginnt mit Eingang der Steueranmeldung beim FA, bei zustimmungsbedürftigen Anmeldungen (§ 168 Satz 2 AO) mit Bekanntwerden der Zustimmung (§ 355 Abs. 1 Satz 2 AO). Zögert das FA seine Zustimmung unangemessen lange hinaus, so kommt die Untätigkeitsbeschwerde in Betracht (§ 349 Abs. 2 AO).

III. Befugnisse der Behörden

Die AO gibt den Behörden die Möglichkeit, den Bürger nachhaltig zur Erfüllung seiner Verpflichtungen anzuhalten. So kann das FA bei nicht rechtzeitiger Abgabe von Steuererklärungen einen **Verspätungszuschlag** festsetzen und – wenn die Steuererklärung gar nicht eingeht – eine **Schätzung** durchführen. Darüber hinaus kann die Erfüllung aller Mitwirkungspflichten der Stpfl., aber auch dritter Personen durch **Zwangsmittel** durchgesetzt werden.

1. Verspätungszuschlag

Der Verspätungszuschlag soll den Steuerpflichtigen zu ordnungsgemäßer Erfüllung seiner Steuererklärungspflicht anhalten und dadurch den Gang der Veranlagung sichern.

a) Voraussetzung

Eine Festsetzung kommt unter folgenden Voraussetzungen in Betracht:
aa) Es muß sich um eine **Steuererklärung** (Steueranmeldung) handeln (§ 152 Abs. 1 AO) bzw. um die **Erklärungen zu gesonderten Feststellungen** (§§ 181 Abs. 1, 152 Abs. 4 AO). Bei verspäteter Abgabe anderer Erklärungen, etwa vom FA angeforderten Auskünften (§ 93 AO) und Ergänzungen von bereits abgegebenen Steuererklärungen, kommt ein Verspätungszuschlag nicht in Betracht.
bb) Die Steuererklärung darf nicht innerhalb der gesetzlichen oder vom FA verlängerten Frist (§ 109 AO) abgegeben worden sein. Der verspäteten Abgabe steht die Nichtabgabe gleich (§ 152 Abs. 1 AO).
cc) Die Säumnis muß unentschuldbar sein.

b) Schuldner des Verspätungszuschlages

Die gesetzliche Regelung ist unklar und verwirrend (§ 152 Abs. 1, 3 AO). Nach h. M. ist der Verspätungszuschlag demjenigen gegenüber festzusetzen, der als Handlungsfähiger seiner Steuererklärungspflicht nicht nachgekommen ist (Rdnr. 90).

Im einzelnen gilt folgendes:

aa) Im Falle der Abgabe der Steuererklärung durch den gesetzlichen Vertreter einer natürlichen Person (§§ 79 Abs. 1 Nr. 2, 34 Abs. 1, 152 Abs. 1 Satz 1 AO) ist Schuldner der gesetzliche Vertreter.

bb) Im Falle der Abgabe durch Erfüllungsgehilfen, z. B. Steuerberater, ist Schuldner der Steuerpflichtige.

cc) Hat ein Dritter die Steuer für Rechnung des Steuerschuldners zu entrichten (Steuerentrichtungspflichtiger, § 43 Satz 2 AO; Rdnr. 232), so ist dieser Schuldner.

dd) Bezüglich der Feststellungserklärungen bei Personengesellschaften (Gemeinschaften) ist jeder Beteiligte erklärungspflichtig, dem das Ergebnis der gesonderten Feststellung zuzurechnen ist (§ 181 Abs. 2 Nr. 1 AO). Erklärungspflichtig sind darüber hinaus auch die in § 34 Abs. 1 AO bezeichneten Personen (§ 181 Abs. 2 Nr. 4 AO), also die Geschäftsführer für die Gesellschaft (Gemeinschaft). Dem FA steht ein Auswahlermessen zu, gegen wen es den Verspätungszuschlag festsetzen will. Aus der Formulierung des § 152 Abs. 1 Satz 2 AO, wonach das Verschulden des gesetzlichen Vertreters dem Verschulden der Gesellschaft gleichsteht, schließt die Rechtsprechung, daß es nicht ermessenswidrig ist, wenn der Zuschlag in der Regel gegen die Gesellschaft (Gemeinschaft) festgesetzt wird (AEAO, Tz. 1 zu § 152 AO; BFH in BStBl II 1991, 675).

ee) Auch bei Steuererklärungen bezüglich Betriebsteuern von Kapitalgesellschaften und Personengesellschaften (Gemeinschaften) hat das FA ein Auswahlermessen. Aber auch in diesen Fällen ist im Rahmen des pflichtgemäßen Ermessens (§ 5 AO) der Verspätungszuschlag regelmäßig der Gesellschaft und nur ausnahmsweise dem Geschäftsführer gegenüber festzusetzen. Dies kann in Betracht kommen, wenn die Gesellschaft vermögenslos ist (BStBl II 1991, 384 u. 1992, 3).

ff) Wird bei zusammenveranlagten Ehegatten wegen verspäteter Abgabe der Einkommensteuererklärung ein Verspätungszuschlag festgesetzt, so schulden die Ehegatten den Verspätungszuschlag als Gesamtschuldner (§§ 44, 155 Abs. 3 AO; BStBl II 1987, 590).

Befugnisse der Behörden 99

c) Höhe des Verspätungszuschlages

Der Verspätungszuschlag darf 10 v. H. der festgesetzten Steuer sowie den 100
Betrag von 10 000 DM nicht übersteigen (§ 152 Abs. 2 Satz 1 AO).

Beispiele:

1. Die ESt beträgt 20 000 DM. Darauf wurden 14 000 DM Vorauszahlungen entrichtet. 3 000 DM Lohnsteuer sind anzurechnen. Bemessungsgrundlage für den Verspätungszuschlag ist 20 000 DM.

2. Die USt-Schuld 01 beträgt 20 000 DM. Davon sind 8 000 DM Vorsteuern abzusetzen (§ 16 Abs. 2 UStG). Bemessungsgrundlage für den Verspätungszuschlag ist die USt in Höhe von 20 000 DM (BStBl II 1989, 23 l).

Spätere Berichtigungen bzw. Änderungen der Steuerschuld (§§ 129, 164, 172 ff. AO) haben auf die Höhe des Verspätungszuschlages keinen unmittelbaren Einfluß. Eine Rücknahme bzw. ein Widerruf unter den Voraussetzungen der §§ 130, 131 AO bleibt dagegen dem FA unbenommen (vgl. Rdnr. 102). Handelt es sich um die Festsetzung eines Verspätungszuschlages wegen verspäteter Abgabe von Erklärungen zu gesonderten Feststellungen, so sind im Hinblick auf die Höhe des Verspätungszuschlages die steuerlichen Auswirkungen zu schätzen (§ 152 Abs. 4 AO). Hierfür können die Grundsätze, die die Rechtsprechung zur Bemessung des Streitwertes entwickelt hat, herangezogen werden.

Beispiel:

Die Auer-Boger-OHG hat die Erklärung zur einheitlichen und gesonderten Feststellung des Gewinnes aus Gewerbebetrieb schuldhaft zu spät abgegeben. Der Gewinn wird auf 20 000 DM festgestellt und je zur Hälfte auf Auer und Boger verteilt. Welchen Verspätungszuschlag kann das Finanzamt höchstens festsetzen? Die steuerlichen Auswirkungen sind in Anlehnung an die Rechtsprechung des BFH zur Bemessung des Streitwertes zu schätzen. Danach beträgt die steuerliche Auswirkung bei Feststellungsbescheiden, soweit die Gewinnanteile der Gesellschafter nicht höher sind als 15 000 DM, 25 v. H. des Gewinnes, hier also 5 000 DM. Der Zuschlag darf 10 v. H. des Betrages von 5 000 DM nicht übersteigen.

Bei Gewinnanteilen von mehr als 15 000 DM ist der v. H.-Satz angemessen zu erhöhen. Bei Gewinnanteilen über 1 Million DM beträgt er 50 v. H.

Bei land- und forstwirtschaftlichen Grundstücken sowie Grundvermögen beträgt die steuerliche Auswirkung 60 v. T. des Einheitswertes. Bei Betriebsvermögen beträgt sie 35 v. T. des Einheitswertes.

Beträgt die festzusetzende Steuer 0 DM, so darf ein Verspätungszuschlag nicht festgesetzt werden (BStBl II 1989, 955).

d) Die Festsetzung als Ermessensentscheidung

101 Bei der Festsetzung des Verspätungszuschlages handelt es sich um eine **Ermessensentscheidung** (§ 5 AO). Dabei ist dem FA ein doppeltes Ermessen eingeräumt,

- ob es überhaupt einen Verspätungszuschlag auferlegen soll
- und gegebenenfalls in welcher Höhe.

Diese Ermessensentscheidung kann beeinflußt werden von der Dauer der Fristüberschreitung, von der bisherigen Zuverlässigkeit des Stpfl., von eventuellen Zinsgewinnen oder der Höhe des sich aus der Steuerfestsetzung ergebenden **Zahlungsanspruches** (§ 152 Abs. 2 Satz 2 AO).

Beispiel:
Die USt-Schuld beträgt 20 000 DM. Die abzugsfähigen Vorsteuern 8 000 DM (§ 16 Abs. 2 UStG).

Bei der Bemessung des Verspätungszuschlages ist von einem Zahlungsanspruch in Höhe von 12 000 DM auszugehen (BStBl II, 1989, 231).

Bei einer bis zu 5 Tagen verspäteten Abgabe einer Umsatzsteuervoranmeldung oder Lohnsteueranmeldung ist (außer in Mißbrauchsfällen) von der Festsetzung eines Verspätungszuschlages abzusehen (AEAO, Tz 7 zu § 152).

e) Rücknahme und Widerruf von Verspätungszuschlägen

102 Rechtswidrige Verspätungszuschläge können nach § 130 AO zurückgenommen, rechtmäßige Verspätungszuschläge können unter den Voraussetzungen des § 131 AO widerrufen werden (vgl. Rdnr. 169).

Beispiel:
Das FA hat die Steuer bestandskräftig in Höhe von 10 000 DM festgesetzt und wegen verspäteter Abgabe der Steuererklärung einen Verspätungszuschlag von 300 DM festgesetzt. Im Anschluß an eine Außenprüfung (§ 193 AO) hat das FA die Steuer auf 8 000 DM gemindert (§ 173 Abs. 1 Nr. 2 AO).

Kommt das FA zur Überzeugung, daß nunmehr ein Verspätungszuschlag in Höhe von 200 DM angemessener wäre, so kann es die Festsetzung teilweise zurücknehmen (§ 130 Abs. 1 AO). Die Festsetzung war rechtswidrig, da das FA von einem falschen Sachverhalt ausgegangen war.

Zur Rücknahme eines fehlerhaften Verspätungszuschlages und dessen Ersetzung durch einen verbösernden Verspätungszuschlag vgl. Rdnr. 172.

2. Schätzung von Besteuerungsgrundlagen

a) Zulässigkeit

Ist das FA nicht in der Lage, die **Besteuerungsgrundlagen** zu ermitteln oder zu berechnen, so **hat** es zu schätzen. § 162 AO räumt dem FA nur die Möglichkeit ein, die Grundlagen der Besteuerung zu schätzen, nicht die Steuer selbst.

§ 162 Abs. 2 AO zählt beispielhaft auf, unter welchen Umständen eine Schätzung in Betracht kommt. Folgende Fälle kennt das Gesetz:

- Der Steuerpflichtige ist nicht in der Lage, eine **ausreichende Aufklärung** zu geben.
- Der Steuerpflichtige **verweigert weitere Auskünfte** (§ 93 AO).
- Der Steuerpflichtige **weigert** sich, eine **Versicherung an Eides Statt** abzugeben (§ 95 AO).
- Der Steuerpflichtige kommt bei **Auslandsbeziehungen** seiner **Aufklärungspflicht** nicht nach (§ 90 Abs. 2 AO).
- Steuerrechtlich vorgesehene **Bücher und Aufzeichnungen** des Steuerpflichtigen **fehlen.**
- Buchführung und Aufzeichnungen des Steuerpflichtigen entsprechen nicht den §§ 140 bis 148 AO.
- Erläßt das FA einen Steuerbescheid, bevor ein erforderlicher Grundlagenbescheid bekanntgegeben worden ist (vgl. § 155 Abs. 2 AO), so können die im Grundlagenbescheid festzustellenden Besteuerungsgrundlagen geschätzt werden (§ 162 Abs. 3 AO).

b) Schätzungsmethoden

Die Schätzung soll dem wirklichen Sachverhalt möglichst nahe kommen. Es ist also der Betrag zu schätzen, der der Wahrscheinlichkeit möglichst nahe kommt.

Die Praxis bedient sich dabei vielfach folgender Schätzungsmethoden:

aa) Äußerer Betriebsvergleich

Hier werden die Besteuerungsgrundlagen durch Vergleich mit ähnlichen Betrieben ermittelt. Dies kann geschehen

- **durch Einzelbetriebsvergleich**
  Vergleich mit einem oder einigen gleichartigen Betrieben.
- **durch Richtsatzschätzung**
  Die Besteuerungsgrundlagen werden nach Richtsätzen geschätzt, die durch Vergleich einer Vielzahl ähnlicher Betriebe ermittelt worden sind.

bb) Innerer Betriebsvergleich
Hier werden die Ergebnisse eines bestimmten Wirtschaftsjahres mit den Ergebnissen anderer Wirtschaftsjahre (z. B. der Vorjahre) verglichen.

3. Zwangsmittel

104 Erfüllt ein Steuerpflichtiger oder eine dritte Person zumutbare Mitwirkungspflichten nicht, so kann das FA diese Mitwirkung mit Hilfe von Zwangsmitteln durchsetzen (vgl. Rdnr. 444 ff.).

G. Verwaltungsakte

I. Begriff des Verwaltungsaktes

Wie jede Verwaltungsbehörde wird auch das FA im Bereich der Hoheitsverwaltung im wesentlichen in Form von Verwaltungsakten tätig. 105
Aus § 118 AO ergibt sich der Begriff des Verwaltungsaktes. Nur wenn die in dieser Vorschrift genannten Merkmale gegeben sind, kann von einem Verwaltungsakt gesprochen werden.
Ein Verwaltungsakt ist jede
- hoheitliche Willenskundgebung
- einer Behörde
- zur Regelung eines Einzelfalles
- auf dem Gebiet des öffentlichen Rechtes,
- die auf unmittelbare Rechtswirkung nach außen gerichtet ist.

Beispiele:
1. Verwaltungsakte sind:
Auskunftersuchen, Fristverlängerungen, Androhung und Festsetzung von Zwangsmitteln, Festsetzung von Verspätungszuschlägen und erstmalige Anmahnung von Säumniszuschlägen, Steuerbescheide, Änderungsbescheide, Haftungsbescheide, Steuermeßbescheide, Stundungen, Erlasse, Prüfungsanordnungen, Ablehnung von Akteneinsicht (vgl. AEAO, Tz 4 zu § 91 AO und Anmerkung zu § 364 AO) usw.
2. Keine Verwaltungsakte sind:
a) Innerdienstliche Weisungen, etwa die Weisung einer OFD an ein FA, in einem bestimmten Fall die Anerkennung von Bestattungskosten als außergewöhnliche Belastungen zu versagen. Diese Weisung hat keine unmittelbare Rechtswirkung.
b) Die Bekanntgabe von Lohnsteuerrichtlinien. Diese regeln keinen Einzelfall und haben keine unmittelbare Rechtswirkung.
c) Die Zusage eines Vorstehers einem Steuerpflichtigen gegenüber, in seinem Fall Wiedereinsetzung zu gewähren. Diese Zusage hat keine unmittelbare Rechtswirkung. Eine solche ergibt sich erst aus der Einspruchsentscheidung, die in ihren Gründen die Wiedereinsetzung ausspricht.
d) Gerichtsurteile. Es handelt sich nicht um Maßnahmen einer Verwaltungsbehörde, sondern um Gerichtsentscheidungen.

II. Bestimmtheit und Form von Verwaltungsakten

106 Ein Verwaltungsakt muß inhaltlich bestimmt sein (§ 119 Abs. 1 AO). Hierin kommt ein allgemeiner Grundsatz des Verwaltungsrechtes zum Ausdruck. § 119 AO betrifft nicht die Begründung eines Verwaltungsaktes (vgl. dazu § 121 AO). Mangelnde Bestimmtheit eines Verwaltungsaktes führt grundsätzlich zu dessen Nichtigkeit (§ 125 Abs. 1 AO).

Beispiele:

1. Das FA droht ein Zwangsgeld in „angemessener Höhe" an (§ 332 Abs. 1 AO).

Ein Zwangsgeld in „angemessener Höhe" ist nicht hinreichend bestimmt und die Androhung daher nichtig.

2. Ein FA veranlagt eine BGB-Gesellschaft bestehend aus den Eheleuten Arndt zur USt und richtet diesen Bescheid an den Ehemann.

Das FA hat eine Gesellschaft veranlagt, den Steuerbescheid aber an eine Einzelperson adressiert (vgl. Rdnr. 134). Deshalb ist dieser Bescheid in sich widersprüchlich und mangels Bestimmtheit nichtig (§ 125 Abs. 1 AO).

3. Das FA faßt in einem Haftungsbescheid (§ 69 AO) die USt-Schuld für Mai 04 und einen Verspätungszuschlag in einer Summe zusammen; aus dem Haftungsbescheid ergibt sich nicht, welcher Anteil der Haftungsschuld auf die einzelnen Ansprüche aus den Steuerschuldverhältnis entfällt.

Es handelt sich um zwei Haftungsansprüche, die das FA in einem Sammelhaftungsbescheid zusammenfassen kann (vgl. Rdnr. 354). Allerdings muß das FA im Haftungsbescheid eindeutig erkennen lassen, welche Beträge der Haftungssumme den einzelnen, der Haftung unterliegenden Ansprüchen aus dem Steuerschuldverhältnis zugeordnet sind. Dies ist hier nicht der Fall, so daß der Haftungsbescheid mangels Bestimmtheit nichtig ist (§ 125 Abs. 1 AO).

4. Das FA erläßt einen LSt-Haftungsbescheid (§ 69 AO, bzw. § 42d EStG). Die nicht abgeführte LSt betrifft die Lohnzahlungszeiträume Mai 01 bis Juni 02. Eine Aufgliederung der Haftungsbeträge auf die einzelnen Lohnzahlungszeiträume ist nicht erfolgt. Nach Versäumung der Rechtsbehelfsfrist beantragt der Haftungsschuldner Feststellung der Nichtigkeit des Haftungsbescheides.

Auch hier handelt es sich um einen Sammelhaftungsbescheid. Die bei der Lohnzahlung vom Arbeitgeber einzubehaltende LSt erfolgt im allgemeinen für eine Vielzahl von Einzeltatbeständen bzw. für eine Vielzahl von Steuerschuldnern. In Anbetracht dieser Gesichtspunkte ist der LSt-Anmeldezeitraum nur ein „steuertechnischer Zeitraum". Die Zusammenfassung der LSt-Haftungsbeträge verletzt daher nicht den Bestimmtheitsgrundsatz des § 119 Abs. 1 AO nicht in der Weise, daß der Haftungsbescheid nichtig ist (BStBl II 1988, 480). Der Antrag auf Feststellung der Nichtigkeit (§ 125 Abs. 5 AO) wird keinen Erfolg haben.

Die AO schreibt für Verwaltungsakte grundsätzlich keine Form vor. Formgebunden sind diese nur, wenn das Gesetz dies ausdrücklich anordnet. Dies ist der Fall für Steuerbescheide (§ 157 Abs. 1 AO), für Feststellungsbescheide (§§ 181 Abs. 1, 157 Abs. 1 AO), für Steuermeßbescheide (§§ 184 Abs. 1 Satz 3, 157 Abs. 1 AO), für Zerlegungsbescheide (§ 188 AO), für Haftungsbescheide (§ 191 Abs. 1 Satz 2 AO), für die Androhung von Zwangsmitteln (§ 332 Abs. 1 AO) sowie für Rechtsbehelfsentscheidungen (§ 366 AO).

Ein schriftlich zu erlassender Verwaltungsakt muß die erlassende Behörde erkennen lassen (§ 119 Abs. 3 AO). Ist dies nicht der Fall, so ist der Verwaltungsakt nichtig (§ 125 Abs. 2 Nr. 1 AO).

Darüber hinaus muß jeder Verwaltungsakt die **Namenswiedergabe** oder die **Unterschrift des Behördenleiters** bzw. seines Beauftragten enthalten, wenn er nicht formularmäßig oder mit Hilfe der elektronischen Datenverarbeitung erlassen wird (§ 119 Abs. 3, 4 AO). Fehlt es an diesem Formerfordernis, so kann die Aufhebung eines gebundenen Verwaltungsaktes allein deswegen nicht begehrt werden (§ 127 AO; Rdnr. 390).

Das Rechtsstaatsprinzip (Art. 20 Abs. 3 GG) verlangt schließlich, daß schriftliche Verwaltungsakte grundsätzlich zu begründen sind (§ 121 Abs. 1 AO).

Dies gilt vor allem dann, wenn der Verwaltungsakt in die Rechte des Bürgers eingreift. Er hat in diesen Fällen einen Anspruch darauf, daß er die Gründe hierfür erfährt. Bei Ermessensentscheidungen soll die **Begründung** erkennen lassen, daß die Finanzbehörde von dem ihr eingeräumten Ermessen Gebrauch gemacht hat und welche Gesichtspunkte sie ihrer Entscheidung zugrunde gelegt hat.

Von einer Begründung kann nur in den in § 121 Abs. 2 AO genannten Fällen abgesehen werden.

Aber auch bei nichtförmlichen Verwaltungsakten kann der Steuerpflichtige eine Begründung verlangen, wenn ein berechtigtes Interesse besteht. Fehlt es an einer erforderlichen Begründung, so ist der Verwaltungsakt anfechtbar. Dieser Fehler ist jedoch heilbar (§ 126 Abs. 1 Nr. 2 AO).

III. Nebenbestimmungen des Verwaltungsaktes

Hinsichtlich der Zulässigkeit von Nebenbestimmungen unterscheidet § 120 AO zwischen der gebundenen Verwaltung und der Ermessensverwaltung (vgl. Rdnr. 113).

1. Nebenbestimmungen im Rahmen der gebundenen Verwaltung

Die Zulässigkeit von Nebenbestimmungen im Rahmen der gebundenen Verwaltung ist stark eingeschränkt. Grundsätzlich sind Nebenbestimmungen nur dann zulässig, wenn dies gesetzlich gestattet ist (§ 120 Abs. 1 AO).

Beispiel:
1. Solange der Steuerfall noch nicht abschließend geprüft ist, kann die Steuer unter dem Vorbehalt der Nachprüfung festgesetzt werden (§ 164 Abs. 1 AO).
2. Eine Steuer kann vorläufig festgesetzt werden, soweit die Voraussetzungen für ihre Entstehung noch ungewiß sind (§ 165 Abs. 1 AO).

2. Nebenbestimmungen im Rahmen der Ermessensverwaltung

108 Eine Nebenbestimmung kann in den Vewaltungsakt mit aufgenommen werden, vorausgesetzt, daß sie dem Zweck dieses Verwaltungsaktes nicht zuwiderläuft (§ 120 Abs. 3 AO).

a) Eine Nebenbestimmung kann mit einem Verwaltungsakt erlassen werden (§ 120 Abs. 2 Nr. 1, 2, 3 AO).

109 Hier sind unselbständige Nebenbestimmungen angesprochen, deren Wirksamkeit unmittelbaren Einfluß auf den Beginn, das Ende oder die Dauer des Verwaltungsaktes hat.

aa) Ein Verwaltungsakt kann **befristet** sein (§ 120 Abs. 2 Nr. 1 AO), d. h. die Wirkung beginnt oder endet in einem bestimmten Zeitpunkt.

Beispiel:
Aussetzung der Vollziehung, Stundung, Fristverlängerung bei Steuererklärungen.

bb) Ein Verwaltungsakt kann zusammen mit einer **Bedingung** erlassen werden (§ 120 Abs. 2 Nr. 2 AO), d. h. die Rechtsfolge des Verwaltungsaktes hängt vom Eintritt eines zukünftigen ungewissen Ereignisses ab.

Beispiel:
Raten – Stundung unter der Bedingung, daß alle Raten pünktlich bezahlt werden.

cc) Ein Verwaltungsakt kann zusammen mit einem **Widerrufsvorbehalt** erlassen werden (§ 120 Abs. 2 Nr. 3 AO).

Beispiel:
Stundung unter dem Vorbehalt jederzeitigen Widerrufes.

b) Auflage

Eine Nebenbestimmung kann **mit einem Verwaltungsakt verbunden** werden (§ 120 Abs. 2 Nr. 4, 5 AO). Bei dieser Art von Nebenbestimmungen handelt es sich um Anordnungen, die mit dem Verwaltungsakt verbunden werden und von dem Betroffenen ein betimmtes Tun, Dulden oder Unterlassen fordern. Man bezeichnet diese Nebenbestimmungen als **Auflagen**. Im Unterschied zur Bedingung sind sie kein unselbständiger Teil des Verwaltungsaktes, sondern selbst Verwaltungsakte. Der Bestand des Verwaltungsaktes hängt von der Erfüllung der Auflage nicht ab.

110

Die Auflage kann allerdings von der Finanzbehörde erzwungen werden (§ 328 ff. AO).

Beispiele:
1. Das FA erläßt folgende Stundung: „Die Einkommensteuer wird bis zum 20. 10. – gestundet. **Voraussetzung** dafür ist, daß Sie bis zum 15. 5. – folgende Sicherheitsleistungen erbringen: . . ."
Die Auslegung (§ 131 BGB) des Wortlautes ergibt, daß die Wirksamkeit der Stundung von der Bedingung abhängt, daß bis zum 15. 5. die Sicherheitsleistung erbracht wird. Geschieht dies nicht, so ist die Stundung unwirksam.
2. Das FA erläßt folgende Stundung: „Die Einkommensteuer wird bis zum 20. 10. – gestundet. Sie werden aufgefordert, bis zum 15. 5. – folgende Sicherheitsleistung zu erbringen: . . ."
In diesem Fall ergibt die Auslegung, daß die Stundung und Sicherheitsleistung nicht in der engen Weise verknüpft sind, daß die Stundung nur unter der Bedingung der Sicherheitsleistung wirksam wird. Es handelt sich vielmehr um eine Auflage. Dies bedeutet, daß die Stundung auch wirksam wird, wenn die Auflage nicht erfüllt wird. In diesem Falle kann das FA die Auflage erzwingen (§ 328 ff. AO) oder die Stundung widerrufen (§ 131 Abs. 2 Nr. 2 AO).

IV. Arten von Verwaltungsakten

1. Unterscheidung nach dem Inhalt

111

a) Rechtsgestaltende (konstitutive) Verwaltungsakte
Sie schaffen Recht oder begründen ein Rechtsverhältnis.
Beispiele:
Stundung, Erlaß, Festsetzung von Verspätungszuschlägen, Zwangsgelder, Aussetzung der Vollziehung.

b) Feststellende (deklaratorische) Verwaltungsakte

Sie bestätigen eine bereits bestehende Rechtslage.

Beispiele:
Steuerbescheid, Feststellungsbescheid, Anmahnung von Säumniszuschlägen.

2. Unterscheidung nach der Wirkung für den Betroffenen

a) Begünstigende Verwaltungsakte

Sie begründen oder bestätigen ein Recht (§ 130 Abs. 2 AO).

Beispiele:
Stundung, Erlaß, Gewährung einer Fristverlängerung, Festsetzung einer Erstattung durch einen Steuerbescheid, Anrechnung von Vorauszahlungen bzw. der gezahlten Lohnsteuer auf die ESt-Schuld.

b) Belastende Verwaltungsakte

Sie versagen ein Recht bzw. begründen oder bestätigen einen Rechtsnachteil.

Beispiel:
Androhung und Festsetzung eines Zwangsgeldes, Pfändung, Stundungsablehnung, Festsetzung einer Steuerschuld in einem Steuerbescheid.

Die Unterscheidung zwischen begünstigenden und belastenden Verwaltungsakten ist bedeutsam im Hinblick auf die Rücknahme und den Widerruf (§§ 130, 131 AO).

3. Unterscheidung nach dem Grad der Gebundenheit für die entscheidende Behörde

a) Gebundene Verwaltung

Verwaltungsakte im Rahmen der gebundenen Verwaltung gestatten der Behörde nur den Erlaß einer einzigen Entscheidung.

Beispiel:
Wenn an einkommensteuerpflichtigen Einkünften mehrere beteiligt sind und diese Einkünfte diesen zuzurechnen sind, dann **muß** eine einheitliche und gesonderte Feststellung durchgeführt werden (§ 180 Abs. 1 Nr. 2a AO).

b) Ermessensverwaltung

Bei eindeutig bestimmten Tatbestandsvoraussetzungen ist die Rechtsfolge einer gesetzlichen Vorschrift nur rahmenmäßig bestimmt.

Arten von Verwaltungsakten 109

Wenn ein bestimmter Tatbestand erfüllt ist, kommen für die Verwaltungsbehörde **mehrere Verhaltensweisen** in Betracht.

Beispiel:
Hat jemand seine Einkommensteuererklärung schuldhaft verspätet abgegeben, so kann das FA einen Verspätungszuschlag bis zu 10 v. H. festsetzen (§ 152 AO).

Dem FA ist also ein sogenannter **Ermessensspielraum** eingeräumt, ob und in welcher Höhe es einen solchen Verspätungszuschlag festsetzen will. – Grundsätzlich ist jede vom FA getroffene Entscheidung richtig.

Bei der Ermessensverwaltung unterscheidet man zwischen dem **Entschließungs-** und dem **Auswahlermessen**.

Entschließungsermessen liegt vor, wenn dem FA nach der gesetzlichen Regelung ein Ermessensspielraum eingeräumt ist, ob und gegebenenfalls in welcher Höhe es einen Verwaltungsakt erläßt. Vgl. vorangegangenes Beispiel zu § 152 AO.

Ein Auswahlermessen ist dem FA eingeräumt, wenn es zwar einen Verwaltungsakt zu erlassen hat, aber mehrere mögliche Adressaten vorhanden sind.

Beispiel:
Die Auer-OHG ist vermögenslos. Es bestehen USt-Schulden der OHG.

Das FA hat ein Auswahlermessen, welchen der zwei Gesellschafter Auer oder Huber es durch Haftungsbescheid (§ 128 HGB) in Anspruch nehmen will. Beide haften als Gesamtschuldner (§ 44 AO). Im Rahmen seines Ermessens hat das FA darüber hinaus auch die Möglichkeit, beide Gesellschafter nur mit einem Teilbetrag in Anspruch zu nehmen.

Wenn das FA eine Ermessensentscheidung trifft, so sind die Ermessenserwägungen grundsätzlich in der Entscheidung darzulegen, ansonsten wäre das Finanzgericht nicht in der Lage, im Rahmen von § 102 FGO die Ermessensentscheidung nachzuprüfen. Fehlen diese Darlegungen, so liegt ein Begründungsmangel vor, der spätestens in der Einspruchsentscheidung geheilt werden kann (§§ 121 Abs. 1, 126 Abs. 1 Nr. 2, Abs. 2 AO; BStBl II 1988, 177). In Ausnahmefällen kann allerdings von der Begründungspflicht abgesehen werden.

Beispiele:
1. Nach § 42d EStG kann das FA im Rahmen seines pflichtgemäßen Ermessens in bestimmten Fällen nicht einbehaltene LSt im Haftungsweg gegenüber dem Arbeitgeber und durch Steuernachforderung gegenüber dem Arbeitnehmer geltend machen.

Hat der Arbeitgeber nach Abschluß der LSt-Außenprüfung seine Zahlungsverpflichtung schriftlich anerkannt, so braucht das FA seine Ermessenserwägungen nicht mehr kundzutun (BStBl II 1982, 710).
2. Ein Stpfl. hat einen Erlaß (§ 227 AO) durch falsche Angaben erwirkt. Als das FA feststellt, daß die Angaben objektiv unrichtig sind, nimmt es den Verwaltungsakt „Erlaß" zurück (§ 130 Abs. 2 Nr. 3 AO), ohne Ermessenserwägungen erkennen zu lassen.
Das FA hat rechtsfehlerhaft gehandelt; denn wenn alle tatbestandsmäßigen Voraussetzungen einer Rücknahme gegeben sind, dann kann das FA im Rahmen seines pflichtgemäßen Ermessens ganz oder teilweise zurücknehmen. Es muß Ermessenserwägungen anstellen und diese in der Regel auch für den Adressaten in der Entscheidung kundtun (BStBl II 1984, 321).

§ 5 AO, der einen allgemeinen Rechtsgedanken enthält, setzt dem FA bei der Ausübung seines Ermessens bestimmte Grenzen.

aa) Das FA hat die gesetzlich gezogenen **Grenzen** für die Ausübung des ihm eingeräumten Ermessensspielraumes zu beachten.

Beispiel:
Es kann nicht einen Verspätungszuschlag von 15 v. H. festsetzen.

bb) Es muß sein Ermessen entsprechend dem **Zweck** der Ermächtigung ausüben, d. h. es darf weder irrtümlich noch bewußt sachfremde Motive in seine Ermessensentscheidung einfließen lassen.

Beispiel:
Das FA darf bei der Bemessung des Verspätungszuschlages nicht erschwerend berücksichtigen, daß der Steuerpflichtige in früheren Jahren einmal wegen Steuerhinterziehung verurteilt worden ist.

Wenn bei der Ausübung des Ermessens duch die Finanzbehörde eine **Ermessensüberschreitung** (aa) oder ein **Ermessensfehlgebrauch** (bb) vorliegt, unterliegt der Verwaltungsakt insoweit der Nachprüfung durch die Finanzgerichtsbarkeit (§ 102 FGO).

Durch Verwaltungsvorschriften der vorgesetzten Dienstbehörden kann die Ausübung des Ermessens der untergeordneten Dienstbehörden, etwa der Finanzämter, eingeengt werden. Diese Einschränkung der Ausübung des Ermessens führt zu einer **Selbstbindung der Verwaltung.** Da davon ausgegangen werden kann, daß die nachgeordneten Dienstbehörden die Verwaltungsvorschriften der vorgesetzten Dienstbehörden beachten, liegt in der Abweichung von dieser Verwaltungsvorschrift in einem Einzelfall ein Verstoß gegen den Gleichheitsgrundsatz (Art. 3 GG).

Arten von Verwaltungsakten

4. Unterscheidung nach dem Stadium des Besteuerungsverfahrens

Es ist Aufgabe der Finanzverwaltung, das Steueraufkommen zu sichern. Um diese Aufgabe zu erfüllen, muß die Finanzverwaltung zunächst die steuererheblichen Sachverhalte ermitteln. Diese Tätigkeit, die vor allem die Finanzämter wahrnehmen, bezeichnet man als das **Ermittlungsverfahren**. An das Ermittlungsverfahren schließt sich das **Festsetzungsverfahren** an, das mit der Steuerfestsetzung endet. Das Steueraufkommen ist jedoch erst dann gesichert, wenn die festgesetzten Steuern erhoben worden (Erhebungsverfahren) und notfalls beigetrieben worden sind (Vollstreckungsverfahren).

a) Verwaltungsakte im Ermittlungsverfahren

Das Ermittlungsverfahren wird für die Finanzbehörden dadurch wesentlich erleichtert, daß die Einzelsteuergesetze die Abgabe von Steuererklärungen vorschreiben (vgl. z. B. § 25 Abs. 3 EStG, § 18 UStG, § 19 VStG). Soweit Steuerpflichtige dieser Aufgabe nicht nachkommen oder nur unvollständige Erklärungen abgeben, räumt die AO den Finanzbehörden eine Fülle von Möglichkeiten ein, um den Bürger zur Erfüllung seiner Pflichten anzuhalten.

Beispiele:
1. Das FA fordert einen Steuerpflichtigen auf, Belege über Betriebsausgaben nachzureichen (§ 97 Abs. 1 AO).
2. Das FA ordnet an, daß der Steuerpflichtige persönlich zur Erteilung einer Auskunft beim FA erscheint (§ 93 Abs. 5 AO).
3. Das FA fordert einen anderen als den Steuerpflichtigen auf, Auskünfte zu erteilen (§ 93 Abs. 1 AO).

Die Beteiligten und dritte Personen müssen diesen Aufforderungen Folge leisten.

Kommen die Beteiligten oder dritte Personen den Anordnungen der Finanzbehörden nicht nach, so können die Anordnungen mit Zwangsmitteln durchgesetzt werden (§ 328 ff. AO).

b) Verwaltungsakte im Festsetzungsverfahren

Wenn die Finanzbehörde die für die Höhe der Steuer maßgeblichen Sachverhalte ermittelt hat, wird die Steuer durch Steuerbescheid festgesetzt (§ 155 AO).

c) Verwaltungsakte im Feststellungsverfahren

Die Höhe der Steuer ergibt sich aus der Auswertung aller Besteuerungsgrundlagen. Besteuerungsgrundlagen sind die tatsächlichen und rechtli-

chen Verhältnisse, die für die Steuerpflicht und die Bemessung der Steuer maßgeblich sind (§ 199 Abs. 1 AO).
Diese Besteuerungsgrundlagen sind regelmäßig unselbständiger Teil der Steuerbescheide (§ 157 Abs. 2 AO). In Ausnahmefällen werden sie durch **Feststellungsbescheid** gesondert festgestellt (§ 179 AO) und der Berechnung verschiedener Steuern zugrunde gelegt.

Beispiele:
1. Der **Einheitswert** eines Einfamlienhauses ist Besteuerungsgrundlage für die VSt, die Erbschaftsteuer und die Grundsteuer.
2. Der **Gewinn** eines Gewerbebetriebes ist Besteuerungsgrundlage für die ESt-Bescheide aller Gesellschafter.

d) Verwaltungsakte im Meßbetragsverfahren

aa) Steuermeßbescheide (§ 184 AO)

116 Das Aufkommen der Realsteuern steht den Gemeinden zu (Art. 106 Abs. 6 GG). Realsteuern sind die Grundsteuer und die Gewerbesteuer (§ 3 Abs. 2 AO). Um den Gemeinden Ermittlungsarbeit zu ersparen, teilen die Finanzämter den Gemeinden die für die Festsetzung der Gewerbesteuer und der Grundsteuer erforderlichen Besteuerungsgrundlagen – zusammengefaßt in dem **Steuermeßbetrag** – durch **Steuermeßbescheid** mit (§ 184 Abs. 1, 3 AO).
Steuermeßbescheide sind selbständig anfechtbar (§ 348 Abs. 1 Nr. 2 AO).

bb) Zerlegungs- und Zuteilungsbescheide (§ 185 ff. AO)

Die Grundsteuer steht anteilig mehreren Gemeinden zu, wenn ein Grundstück auf dem Gebiet verschiedener Gemeinden liegt. Das gleiche gilt für die Gewerbesteuer, wenn ein Gewerbe in verschiedenen Gemeinden ausgeübt wird. Hier wird der Anteil der beteiligten Gemeinden im **Zerlegungsverfahren** ermittelt und durch **Zerlegungsbescheid** festgesetzt (§ 188 AO).
Besteht Streit darüber, welcher von mehreren Gemeinden der Steuermeßbetrag zusteht, so entscheidet das FA durch Zuteilungsbescheid (§ 190 AO). Gegen Zerlegungs- und Zuteilungsbescheide ist der Einspruch gegeben (§ 348 Abs. 1 Nr. 2 AO).

e) Verwaltungsakte im Erhebungsverfahren

117 Nach Erlaß der Steuerbescheide sind die festgesetzten Steuern zu erheben (Erhebungsverfahren). Hier erläßt das FA beispielsweise folgende Ver-

waltungsakte: Stundungen (§ 222 AO), Erlasse (§ 227 AO), Zinsbescheide (§ 239 AO), Abrechnungsbescheide (§ 218 Abs. 2 AO), Anmahnungen von Säumniszuschlägen (§ 240 AO).

f) Verwaltungsakte im Vollstreckungsverfahren
Soweit ein Beteiligter den Pflichten, die sich aus den Steuergesetzen ergeben, nicht freiwillig nachkommt, kann er von den Finanzbehörden im Rahmen des **Vollstreckungsverfahrens** dazu gezwungen werden. So kann ein Beteiligter, der Anordnungen des FA (vgl. Rdnr. 114) nicht Folge leistet, durch Zwangsmittel (§ 328 ff. AO) angehalten werden. Gegen einen Steuerpflichtigen, der seine Steuerschulden nicht pünktlich entrichtet, können Vollstreckungsmaßnahmen ergriffen werden, wie etwa Sachpfändungen (§§ 281 Abs. 1, 286 AO), Forderungspfändungen (§§ 281 Abs. 1, 309 AO), Zwangsversteigerungen von Grundstücken (§ 322 AO i. V. m. § 864 ff. ZPO).

V. Steuerbescheide

1. Begriff

Unter **Steuerbescheiden** versteht man Verwaltungsakte, durch die von einer Finanzbehörde ein bestimmter Betrag als Steuer von einem Steuerpflichtigen angefordert wird, ein Steuerpflichtiger ganz oder teilweise von einer Steuer freigestellt wird oder ein Antrag auf Steuerfestsetzung abgelehnt wird (§ 155 Abs. 1 AO). Steuerbescheide sind demnach auch **Vorauszahlungsbescheide**, Aufforderungen des FA, durch die erstmalig bestimmte Beträge als **Steuervorauszahlungen** angefordert werden. Vorauszahlungsbescheide stehen immer unter dem Vorbehalt der Nachprüfung (§ 164 Abs. 1 Satz 2 AO).

118

Wird ein Steuerpflichtiger nach abschließender Ermittlung des steuererheblichen Sachverhaltes von der Steuer durch einen Steuerbescheid ganz oder teilweise freigestellt, so spricht man von einem **Freistellungsbescheid**. Der Freistellungsbescheid ist die Voraussetzung für die nachfolgende Steuererstattung.

Beispiele:
1. Das FA entscheidet durch Freistellungsbescheid, daß ein Sportverein als gemeinnützig von der Körperschaftsteuer befreit ist (§ 5 Abs. 1 Nr. 9 KStG, §§ 52, 59 AO). Hier handelt es sich um eine volle Freistellung von der Körperschaftsteuer. Bereits bezahlte Steuern sind zu erstatten.

2. Das FA erläßt auf Antrag eines Arbeitnehemrs einen ESt-Erstattungsbescheid (§ 46 Abs. 2 Nr. 8 EStG). Hier wird der Arbeitnehmer teilweise von der Lohnsteuer freigestellt. Die überzahlte Lohnsteuer ist zu erstatten.

Keine Freistellungsbescheide sind die **NV-Mitteilungen**, in denen dem Steuerpflichtigen lediglich mitgeteilt wird, daß eine Veranlagung nicht in Betracht kommt, weil etwa die Einkünfte des Steuerpflichtigen nur solche aus nichtselbständiger Arbeit sind (§ 19 EStG) und die Veranlagungsgrenzen des § 46 EStG nicht erreicht werden. Lehnt das FA in diesen Fällen einen Antrag des Steuerpflichtigen auf Veranlagung ab, so ist dieser ablehnende Verwaltungsakt ein Steuerbescheid (§ 155 Abs. 1 Satz 2 AO; BStBl II 1989, 920).

NV-Bescheinigungen nach § 36b Abs. 2 EStG und § 44a Abs. 2 EStG sind ebenfalls keine Steuerbescheide, sondern sonstige Steuerverwaltungsakte (BStBl. II 1992, 322).

Schulden mehrere Personen gesamtschuldnerisch eine Leistung (§ 44 AO), so können gegen sie zusammengefaßte Steuerbescheide ergehen (§ 155 Abs. 3 AO). Dies gilt z. B. für Ehegatten, die Zusammenveranlagung (§ 26b EStG) beantragt haben.

Steuerbescheide sind die **nach § 122 Abs. 1 AO bekanntgegebenen Verwaltungsakte** (§ 155 Abs. 1 Satz 2 AO). Dies ergibt sich auch aus § 124 Abs. 1 Satz 2 AO, wonach der Steuerbescheid mit dem Inhalt wirksam wird, mit dem er bekanntgegeben worden ist (vgl. Rdnr. 129).

2. Form der Steuerbescheide

119 Im allgemeinen sind Steuerbescheide schriftlich zu erteilen (§ 157 Abs. 1 Satz 1 AO). Solche Steuerbescheide müssen den Steuerschuldner, die Steuerart und den Steuerbetrag enthalten (§ 157 Abs. 1 Satz 2 AO). Es gelten selbstverständlich auch die Vorschriften über die Bestimmtheit, Form und Begründung von Verwaltungsakten (§§ 119, 121 AO). Schließlich sind schriftliche Steuerbescheide mit einer Rechtsbehelfsbelehrung zu versehen (§ 157 Abs. 1 Satz 3 AO). Fehlt diese Belehrung, so hat dies auf die Wirksamkeit des Steuerverwaltungsaktes keinen Einfluß, allerdings wird der Beginn des Laufes der Rechtsbehelfsfrist (§ 356 AO) hinausgeschoben. Wegen des Steuergeheimnisses (§ 30 AO) sind förmliche Steuerbescheide in verschlossenen Umschlägen zu versenden. Die hier genannten Vorschriften gelten auch für Feststellungsbescheide (§ 181 Abs. 1 Satz 1 AO) sowie für Steuermeßbescheide (§ 184 Abs. 1 Satz 2 AO).

Sie gelten allerdings nicht für **Steueranmeldungen** (§ 150 Abs. 1 Satz 2 AO; vgl. hierzu Rdnr. 97). Weicht das FA nicht von der Steueranmeldung ab, dann wirkt die Anmeldung als Steuerbescheid (§ 167 Satz 1 AO). In der Entgegennahme der Steueranmeldung durch die Finanzbehörde liegt die Steuerfestsetzung (§ 168 Satz 1 AO).

VI. Feststellungsbescheide

Bisweilen ist eine Besteuerungsgrundlage für mehrere Steuerbescheide maßgeblich. So ist z. B. der Wert eines Einfamilienhauses Besteuerungsgrundlage für die VSt, Erbschaftsteuer und GrundSt. Um Arbeit zu sparen und abweichende Feststellungen bei verschiedenen Besteuerungsverfahren zu vermeiden, werden hier die Besteuerungsgrundlagen durch selbständig anfechtbare **Feststellungsbescheide** in einem besonderen Verfahren festgestellt. Man spricht deshalb von einer **gesonderten** Feststellung (§ 179 Abs. 1 AO).   120

Richtet sich der Feststellungsbescheid gegen **mehrere** Personen, so wird die gesonderte Feststellung ihnen gegenüber einheitlich vorgenommen (§ 179 Abs. 2 AO). Solche Bescheide nennen wir **einheitliche** und gesonderte Feststellungen.

1. Feststellung von Einkünften

a) Einheitliche und gesonderte Feststellung von Einkünften (§ 180 Abs. 1 Nr. 2a AO)

Bei Beteiligung mehrerer Personen an steuerpflichtigen Einkünften   121

- aus Land- und Forstwirtschaft,
- aus Gewerbebetrieb,
- aus selbständiger Arbeit,
- aus Vermietung und Verpachtung,
- aus Kapitalvermögen oder
- an sonstigen Einkünften

werden die Einkünfte gesondert und **einheitlich** festgestellt (§§ 180 Abs. 1 Nr. 2a, 179 Abs. 2 Satz 2 AO).

Beispiele:
1. Eine Erbengemeinschaft hat Einkünfte aus einem Bankguthaben und Wertpapieren. – Die Einkünfte aus Kapitalvermögen sind durch Feststellungsbescheid einheitlich und gesondert festzustellen (§§ 180 Abs. 1 Nr. 2a, 179 Abs. 2 Satz 2 AO).

2. Gesellschafter einer OHG sind Huber, Müller und Mai. Mai hat seinen beiden Söhnen an seinem Anteil atypische Unterbeteiligungen eingeräumt. – Die Einkünfte aus Gewerbebetrieb der OHG sind einheitlich und gesondert festzustellen (§§ 180 Abs. 1 Nr. 2a, 179 Abs. 2 Satz 2 AO). Darüber hinaus ist in einem besonderen Gewinnfeststellungsverfahren zu entscheiden, wie hoch die Anteile der Unterbeteiligten sind. (§§ 180 Abs. 1 Nr. 2a, 179 Abs. 2 Satz 2, 3 AO; BStBl II 1979, 515 und 1989, 343). Bei Einverständnis aller Beteiligten – der Gesellschafter der OHG und der Unterbeteiligten – kann die Unterbeteiligung im Rahmen des Gewinnfeststellungsverfahrens für die OHG berücksichtigt werden.

3. Kaufmann K erbt von seinem Vater das Haus, in dem dieser bis zu seinem Tode eine Apotheke betrieben hatte. K schließt mit Apotheker A Verträge, wonach er die Apotheke an A vermietet, sich an der Apotheke mit einer Vermögenseinlage beteiligt und als freier Mitarbeiter die Apotheke kaufmännisch betreut; der nach Abzug von Tätigkeitsvergütungen für A und K verbleibende Gewinn bzw. ein Verlust ist hälftig zu teilen. Im Falle einer Auseinandersetzung soll K an den stillen Reserven der bilanzierten Wirtschaftsgüter beteiligt sein. – Die Einkünfte aus Gewerbebetrieb sind einheitlich und gesondert festzustellen (§§ 179 Abs. 2, 180 Abs. 1 Nr. 2a AO). Denn K ist atypischer stiller Gesellschafter und damit als Mitunternehmer (§ 15 Abs. 1 Nr. 2 EStG) an der Apotheke beteiligt, weil er bei Gesamtwürdigung der Verträge Unternehmerinitiative entfalten kann und Unternehmerrisiko trägt (BStBl II 1986, 311).

4. Mutter und Tochter erhielten als Vermächtnis ein Wohnrecht zugewandt, das sie gegen Zahlung einer Abstandssumme von insgesamt 600 DM monatlich nicht ausübten. Das für die Tochter zuständige Finanzamt unterwarf deren Einnahmen von 3 600 DM als Einkünfte aus Vermietung und Verpachtung bzw. sonstige Einkünfte der ESt; die Tochter vertrat die Ansicht, die Zuwendungen seien nicht einkommensteuerpflichtig. – Auch hier ist zunächst eine gesonderte und einheitliche Feststellung durchzuführen. Denn § 180 Abs. 1 Nr. 2a AO bezieht sich auf alle einkommensteuerpflichtigen Einkünfte i. S. des § 2 Abs. 3 Nr. 1–7 EStG. Eine Feststellung ist auch dann erforderlich, wenn zweifelhaft ist, ob überhaupt einkommensteuerpflichtige Einkünfte vorliegen (BStBl II 1986, 239).

Ferner können insbesondere einkommensteuerpflichtige Einkünfte ganz oder teilweise nach der zu § 180 Abs. 2 AO ergangenen Verordnung (BStBl I 1987, 2) gesondert und einheitlich festgestellt werden. Hierdurch soll eine einheitliche Rechtsanwendung bei gleichen Sachverhalten, z. B. bei Bauherren- oder Erwerbermodellen, erreicht werden.

Eine einheitliche und gesonderte Feststellung i. S. von § 180 Abs. 1 Nr. 2a AO kann bei Fällen von geringer Bedeutung unterbleiben (§ 180 Abs. 3 Nr. 2 AO), z. B. bei zusammen zu veranlagenden Ehegatten, die Einkünfte aus gemeinschaftlichen Wertpapierdepots oder aus gemeinschaftlichem Eigentum an Häusern beziehen. Voraussetzung ist, daß die Ein-

Feststellungsbescheide 117

künfte leicht zu ermitteln und nach einem einfachen Schlüssel auf die Beteiligten zu verteilen sind, ferner, daß die Ehegatten nicht inzwischen getrennt leben und daß das Verwaltungsfinanzamt (vgl. Rdnr. 50) identisch ist mit dem Wohnsitzfinanzamt der Ehegatten.

Beispiel:
Die in Gütergemeinschaft lebenden Ehegatten Bauer werden zusammen veranlagt. Sie bewirtschaften ihre 60 ha große Land- und Forstwirtschaft (Wirtschaftswert 160 000 DM). Der Verpflichtung, Bücher zu führen (§ 141 Abs. 1 Nr. 3 AO), kommen sie trotz einer Aufforderung des Finanzamtes (§ 141 Abs. 2 AO) nicht nach.
Die Einkünfte aus Land- und Forstwirtschaft sind durch Schätzung zu ermitteln (§ 162 AO). Es liegen überschaubare Verhältnisse vor. Die Ermittlung der Einkünfte hinsichtlich Höhe und Zurechnung auf die Ehegatten ist einfach und die Gefahr widersprüchlicher Entscheidungen ausgeschlossen. Es handelt sich daher um einen Fall von geringer Bedeutung (§ 180 Abs. 3 Nr. 2 AO), so daß die Einkünfte als unselbständige Besteuerungsgrundlagen im Rahmen der Veranlagung der ESt ermittelt werden (§ 157 Abs. 2 AO; BStBl II 1985, 576).

Ist zweifelhaft, ob es sich um einen Fall von geringer Bedeutung handelt, kann das nach § 18 Abs. 1 Nr. 4 AO zuständige Finanzamt feststellen, daß keine gesonderte Feststellung durchzuführen ist (§ 180 Abs. 3 Satz 2 AO). Dieser **negative** Feststellungsbescheid ist mit dem Einspruch anfechtbar (§§ 348 Abs. 1 Nr. 1, 180 Abs. 3 Satz 3 AO).

b) Gesonderte Feststellung von Einkünften (§ 180 Abs. 1 Nr. 2b AO)

Durch **Gewinnfeststellungsbescheid** nach § 180 Abs. 1 Nr. 2b AO werden die **Einkünfte** aus

122

- Land- und Forstwirtschaft,
- Gewerbebetrieb oder
- einer freiberuflichen Tätigkeit

gesondert festgestellt, wenn nach den Verhältnissen zum Schluß des Gewinnermittlungszeitraumes das für die Feststellung zuständige FA (§ 18 Nr. 1–3 AO) nicht auch für die Steuern von Einkommen (§ 19 AO) zuständig ist.

Beispiel:
Ein im Finanzamtsbezirk Starnberg wohnender Architekt hat sein Büro in München. Da Büro und Wohnsitz in verschiedenen Gemeinden und verschiedenen Finanzamtsbezirken liegen, ist für die Einkünfte aus freiberuflicher Tätigkeit eine gesonderte Feststellung zu treffen (§ 180 Abs. 1 Nr. 2b AO).

2. Feststellung von Werten

a) Feststellung von Einheitswerten (§ 180 Abs. 1 Nr. 1 AO)

123 Durch **Einheitswertbescheid** nach § 180 Abs. 1 Nr. 1 AO i. V. m. § 19 Abs. 1 BewG werden gesondert festgestellt:

die **Einheitswerte** für die **wirtschaftlichen Einheiten:**
- Betriebe der Land- und Forstwirtschaft,
- gewerbliche Betriebe,
- dem freien Beruf dienende Vermögen (vgl. § 96 BewG),
- Grundstücke (einschl. Wohnungseigentum – § 93 Abs. 1 BewG),

die **Einheitswerte** für die **wirtschaftlichen Untereinheiten:**
- Betriebsgrundstücke.

Beispiele:
1. Einer Erbengemeinschaft, die aus drei Erben besteht, gehört ein Mietwohngrundstück. – Der Einheitswert für das Mietwohngrundstück ist durch Einheitswertbescheid einheitlich und gesondert festzustellen (§§ 180 Abs. 1 Nr. 1, 179 Abs. 2 Satz 2 AO i. V. m. § 19 Abs. 1 Nr. 1 BewG).
2. Ein Röntgenfacharzt hat eine mit medizinischen Geräten ausgestattete Praxis. – Der Einheitswert für das dem freien Beruf dienende Vermögen ist durch Einheitswertbescheid gesondert festzustellen (§ 180 Abs. 1 Nr. 1 AO i. V. m. §§ 19 Abs. 1 Nr. 2, 96 BewG).
3. Eine Kommanditgesellschaft ist Eigentümern eines Grundstücks. – Der Einheitswert für das Betriebsgrundstück (§ 99 BewG) ist durch Einheitswertbescheid gesondert festzustellen (§ 180 Abs. 1 Nr. 1 AO i. V. m. § 19 Abs. 1 Nr. 1 BewG). Der Einheitswert für das Betriebsgrundstück ist Besteuerungsgrundlage für den Einheitswert des Betriebsvermögens. – Der Einheitswert für das Betriebsvermögen ist einheitlich und gesondert festzustellen (§§ 180 Abs. 1 Nr. 1, 179 Abs. 2 Satz 2 AO i. V. m. § 19 Abs. 1 Nr. 2 BewG).

b) Feststellung von anderen Werten.

124 Wenn vermögensteuerpflichtige Wirtschaftsgüter, Schulden und sonstige Abzüge **mehreren Personen** zuzurechnen sind, die nicht zusammenveranlagt werden (vgl. § 14 VStG), so sind **einheitlich** und gesondert festzustellen (§§ 180 Abs. 1 Nr. 3, 179 Abs. 2 Satz 2 AO):
- der Wert von vermögensteuerpflichtigen Wirtschaftsgütern (§§ 114–117 BewG) und
- der Wert von Schulden und sonstigen Abzügen (§ 118 BewG).

Feststellungsbescheide

Beispiele:
1. Zwei Kunstliebhaber sind Eigentümer einer wertvollen Gemäldesammlung. – Der Wert der Gemäldesammlung ist einheitlich und gesondert festzustellen (§§ 180 Abs. 1 Nr. 3, 179 Abs. 2 Satz 2 AO i. V. m. § 110 Abs. 1 Nr. 12 BewG).
2. Ein Wohnhaus besteht aus 10 Eigentumswohnungen. Die Wohnungseigentümer haben Rücklagen für einen Reparaturfonds in erheblicher Höhe gebildet.
3. Ein Wohnhaus besteht aus 10 Eigentumswohnungen. Rücklagen für einen Reparaturfonds wurden nicht gebildet. Für eine umfangreiche Dachreparatur steht eine größere Handwerkerrechnung offen.

Jede Eigentumswohnung bildet für sich als wirtschaftliche Einheit des Grundvermögens ein Grundstück im Sinne des Bewertungsgesetzes (§§ 68 Abs. 1 Nr. 3, 93 Abs. 1, 70 Abs. 1 BewG). Für jede Eigentumswohnung ist somit der Einheitswert festzustellen (§ 180 Abs. 1 Nr. 1 AO i. V. m. § 19 Abs. 1 Nr. 1 BewG). – Die Rücklagen für den Reparaturfonds in Beispiel 2 sowie die Verbindlichkeit in Beispiel 3 betreffen die Gemeinschaft der Wohnungseigentümer. Der Wert dieser Rücklagen und der Verbindlichkeit sind daher jeweils in einem einheitlichen und gesonderten Feststellungsbescheid zu ermitteln (§§ 180 Abs. 1 Nr. 3, 179 Abs. 2 Satz 2 AO i. V. m. §§ 114 Abs. 1, 110 Abs. 1 Nr. 1, 118 Abs. 1 Nr. 1 BewG).

Ferner wird der gemeine Wert von Anteilen an einer AG, GmbH oder einer anderen Kapitalgesellschaft gesondert festgestellt.

Beispiel:
Alle Aktien der „Wolf AG" befinden sich im Familienbesitz und werden an der Börse nicht gehandelt. – Weil kein Börsenkurs existiert (§ 11 Abs. 1 BewG), muß der Wert der Anteile nach § 11 Abs. 2, § 113a BewG i. V. m. der Anteilsbewertungsverordnung festgestellt werden.

3. Feststellung sonstiger Besteuerungsgrundlagen

Weitere Fälle von gesonderten Feststellungen sind die Eintragung des Familienstandes, der Steuerklasse und der Zahl der Kinderfreibeträge (§ 39 Abs. 3b Satz 4 EStG) sowie die Eintragung eines Freibetrages (§ 39a Abs. 4 EStG) **auf der Lohnsteuerkarte.** Diese Eintragungen sind durch Einspruch selbständig anfechtbar (§§ 348 Abs. 1 Nr. 2, 179 Abs. 1 AO).
Darüber hinaus sind aufgrund von Verweisungen in den Einzelsteuergesetzen weitere Besteuerungsgrundlagen gesondert festzustellen (vgl. Ziff. 3 der Übersicht).
Ferner können Besteuerungsgrundlagen – auch für die Umsatzsteuer – zur Sicherstellung einer gleichmäßigen Rechtsanwendung bei komplexen Sachverhalten ganz oder teilweise gesondert festgestellt werden (Verord-

nung über die gesonderte Feststellung von Besteuerungsgrundlagen nach § 180 Abs. 2 der AO).

Beispiel:
Mehrere Stpfl errichten Eigentumswohnungen im Rahmen eines Bauherrenmodells. Sie schließen mit einem Baubetreuer gleichartige Verträge. – Die sofort abziehbaren Werbungskosten bzw. die Vorkosten (§ 10e Abs. 6 EStG) und die Bemessungsgrundlage für die AfA bzw. den Abzugsbetrag (§ 10e Abs. 1 EStG) können für die Bauherren gesondert festgestellt werden (§ 1 Abs. 1 Nr. 2 der Verordnung zu § 180 Abs. 2 AO).

126

Feststellungsgegenstände (Übersicht)

1. Feststellung von Einkünften

a) **Einheitliche** und gesonderte Feststellungen:
- Alle Einkünfte, an denen **mehrere beteiligt** sind
(§ 180 Abs. 1 Nr. 2a AO)

b) Gesonderte Feststellungen für die Einkünfte aus
- Land- und Forstwirtschaft,
- Gewerbebetrieb und
- freiberuflicher Tätigkeit,

wenn für die Feststellung ein **anderes Finanzamt zuständig** ist als für die Einkommensteuer (§ 180 Abs. 1 Nr. 2b AO)

2. Feststellung von Werten

a) **Einheitswerte** für
- Gewerbliche Betriebe,
- Betriebe der Freiberufler (§ 96 BewG),
- Landwirtschaftliche Betriebe,
- Grundstücke (auch Betriebsgrundstücke)
(§ 180 Abs. 1 Nr. 1 AO i. V. m. § 19 Abs. 1 BewG) und

b) **Werte** für
- Wirtschaftsgüter,
- Schulden und
- Anteile an Kapitalgesellschaften (§ 113a BewG),

die **mehreren** Personen zuzurechnen sind (§ 180 Abs. 1 Nr. 3 AO).

Feststellungsbescheide 121

3. Feststellung sonstiger Besteuerungsgrundlagen
a) Der „verbleibende Verlustabzug" (§ 10d Abs. 3 EStG);
b) der Abzugsbetrag bei steuerbegünstigtem Wohneigentum, sofern mehrere selbst nutzende Personen Miteigentümer sind (§§ 10e Abs. 7, 10f Abs. 4 Satz 3 EStG);
c) der „verrechenbare Verlust" (§ 15a Abs. 4 EStG);
d) die Eintragung des Familienstandes usw. auf der Lohnsteuerkarte (§ 39 Abs. 3b Satz 4 EStG);
e) die Eintragung eines Freibetrages auf der Lohnsteuerkarte (§ 39a Abs. 4 EStG);
f) das verwendbare Eigenkapital (§ 47 Abs. 1 KStG);
g) der vortragsfähige Gewerbeverlust (§ 10a Satz 3 GewStG).

4. Inhalt von Feststellungsbescheiden

Aus Feststellungsbescheiden müssen sich alle für die Steuerfestsetzung erforderlichen Angaben ergeben. 127

a) Feststellungsbescheide über Einkünfte

Feststellungsbescheide über Einkünfte müssen auch alle mit diesen in Zusammenhang stehenden Besteuerungsgrundlagen enthalten (§ 180 Abs. 1 Nr. 2a AO), also: Einkunftsart, Höhe der Einkünfte und – soweit mehrere Personen an den Einkünften beteiligt sind – die Höhe der Anteile der einzelnen Beteiligten sowie andere für die Steuerfestsetzung bedeutsame Angaben.

Beispiel:
Eine OHG veräußerte im Veranlagungszeitraum einen Teilbetrieb. – Der Feststellungsbescheid muß Einkunftsart, Höhe der Einkünfte und die Verteilung der Einkünfte auf die Beteiligten enthalten. Darüber hinaus muß er Auskunft geben über die Höhe und Verteilung des steuerbegünstigten Veräußerungsgewinns, etwaige Sonderbetriebseinnahmen und -ausgaben und die Verteilung der von der OHG geleisteten Spenden.

b) Einheitswertbescheide

Einheitswertbescheide müssen enthalten: die Art der wirtschaftlichen Einheit, Zurechnung, Wert und – bei mehreren Beteiligten – die Höhe ihrer Anteile (§ 19 Abs. 3 BewG). Art, Zurechnung und Wert sind selbständige Feststellungen, die gesondert angefochten werden können (BStBl II 1983, 88 und 1987, 292).

Beispiel:
Eine KG betreibt auf eigenem Grundstück eine Fleischwarenfabrik. – Aus dem Einheitswertbescheid für das Betriebsgrundstück muß sich neben der Höhe des Einheitswerts ergeben, daß es sich um ein Geschäftsgrundstück handelt, das als wirtschaftliche Untereinheit zum Betriebsvermögen der KG gehört.

c) Ergänzungsbescheide (§ 179 Abs. 3 AO)

128 Soweit in einem Feststellungsbescheid eine notwendige Feststellung unterblieben ist, hat das FA diese in einem **Ergänzungsbescheid** nachzuholen. Es ist allerdings nicht zulässig, fehlerhafte Feststellungen in einem Ergänzungsbescheid zu korrigieren. Gegen Ergänzungsbescheide ist der Einspruch gegeben (§ 348 Abs. 1 Nr. 2 AO).

d) Richtigstellung bei Rechtsnachfolge (§ 182 Abs. 3 AO)

Ist die Bezeichnung eines Beteiligten in einem einheitlichen Feststellungsbescheid wegen Rechtsnachfolge unrichtig, so kann die falsche Bezeichnung richtiggestellt werden (§ 182 Abs. 3 AO; BStBl II 1994, 5), auch dann, wenn die Rechtsnachfolge bereits vor Bekanntgabe des Bescheides eingetreten war (BStBl II 1992, 865).

5. Bindungswirkung der Feststellungsbescheide

Das Feststellungsverfahren dient dazu, eine einheitliche Sachbehandlung in verschiedenen Folgebescheiden sicherzustellen. Daher kommt den Feststellungsbescheiden Bindungswirkung für alle Folgebescheide zu (§ 182 Abs. 1 AO).

Beispiel:
Drei Geschwister haben ein Haus geerbt. Die Einkünfte aus Vermietung und Verpachtung werden gesondert und einheitlich auf 3 000 DM festgestellt und mit je 1 000 DM den Erben zugerechnet. Einer der Erben beantragt bei der Veranlagung zur Einkommensteuer, bei ihm im Rahmen der Verwaltung des Objektes angefallene Sonderwerbungskosten, z. B. Fahrtkosten, Porti, Telefongebühren, zu berücksichtigen.
Die Wohnsitzfinanzämter der Erben sind an die festgestellte Höhe der Einkünfte gebunden (§ 182 Abs. 1 AO). Die Sonderwerbungskosten können nur – im Rechtsbehelfs- oder Korrekturverfahren – durch Änderung des Feststellungsbescheides berücksichtigt werden.

Den Folgebescheiden kann der Inhalt von Feststellungsbescheiden auch schon vor deren Unanfechtbarkeit zugrunde gelegt werden (§ 182 Abs. 1 AO).

Ein Steuerbescheid kann auch schon erteilt werden, wenn der Grundlagenbescheid noch nicht erlassen wurde (§ 155 Abs. 2 AO). Die festzustellenden Besteuerungsgrundlagen sind dann zu schätzen (§ 162 Abs. 3 AO).

VII. Bekanntgabe von Steuerverwaltungsakten

1. Grundsätze der Bekanntgabe

a) Allgemeines

Nach § 122 Abs. 1 Satz 1 AO ist der Steuerverwaltungsakt demjenigen bekanntzugeben, für den er bestimmt ist oder der von ihm betroffen wird. Mit abschließender Zeichnung durch den zuständigen Amtsträger der Finanzbehörde findet die verwaltungsinterne Beschlußfassung ihr Ende. Zu diesem Zeitpunkt ist der Verwaltungsakt zwar entstanden, aber als behördeninterner Akt ohne Wirkung. Dies bedeutet auch, daß er jederzeit korrigiert werden kann.

Im Anschluß an diese Willensbildung erfolgt als Willensäußerung die Bekanntgabe. Erst mit Bekanntgabe entfaltet der Steuerverwaltungsakt seine Wirkung. Er wird dabei mit dem Inhalt wirksam, mit dem er bekanntgegeben worden ist (§§ 124 Abs. 1 Satz 2, 155 Abs. 1 Satz 2 AO; sog. **Erklärungstheorie**). Unterscheidet sich daher der Regelungsinhalt der in den Akten abgehefteten Verfügung von dem des bekanntgegebenen Verwaltungsaktes, so gilt die dem Stpfl. bekanntgegebene Regelung.

Beispiel:
Das FA verfügt in den Akten einen nach § 165 AO vorläufigen Steuerbescheid. Der dem Steuerpflichtigen bekanntgegebene Bescheid ist versehentlich ohne diese Nebenbestimmung ergangen.
Der Steuerbescheid kann nicht nach § 165 AO geändert werden (§ 124 Abs. 1 Satz 2 AO). – Das FA kann gegebenenfalls eine Berichtigung nach § 129 AO herbeiführen (BFH/NV 1990, 205).

Nach § 118 AO stellt jeder Verwaltungsakt eine Willenskundgebung dar (vgl. Rdnr. 105). Daraus folgt, daß auch unter der Zugrundelegung der Erklärungstheorie ein Verwaltungsakt nur wirksam wird, wenn er **mit Willen** der Behörde bekanntgegeben wird (BStBl II 1989, 344). Diesen Willen kann nur ein zeichnungsberechtigter Amtsträger verwirklichen. Darunter fallen etwa der Sachbearbeiter, der Sachgebietsleiter, der Vorsteher (BStBl II 1986, 832). Unterzeichnet ein innerhalb bestimmter

Grenzen zur abschließenden Zeichnung befugter Amtsträger unter Überschreitung seines Zeichnungsrechtes einen Verwaltungsakt, so führt dieser Mangel nicht zur Nichtigkeit, soweit der Amtsträger überhaupt zur Zeichnung derartiger Verwaltungsakte befugt war.

Mit einer umfassenden Verwaltungsanordnung hat der Bundesminister der Finanzen die Auffassung der Finanzverwaltung in Bund und Ländern zu der unübersichtlichen Rechtslage im Bereich der Bekanntgabe von Steuerverwaltungsakten dargelegt (vgl. BMF v. 8. 4. 1991 in BStBl. I 1991, 398, zuletzt geändert in BStBl. I 1992, 711).

b) Zeitpunkt der Bekanntgabe

130 Bekanntgegeben ist der Steuerverwaltungsakt, wenn er derart in den Machtbereich des Empfängers gelangt ist, daß dieser in der Lage ist, von dem Steuerverwaltungsakt Kenntnis zu nehmen. Es kommt nicht darauf an, ob der Empfänger tatsächlich Kenntnis nimmt.

Beispiele:
1. Eine Prüfungsanordnung (§ 196 AO) wird dem Einzelkaufmann Arl von dem Postzustellungsbeamten in den Hausbriefkasten geworfen. Während Arls Abwesenheit nimmt dessen Sohn den Brief aus dem Briefkasten und verlegt ihn.
2. Ein Grunderwerbsteuerbescheid an die Ehefrau wird in den gemeinschaftlichen Briefkasten der Eheleute geworfen. Der Ehemann entnimmt dem Briefkasten den an seine Frau gerichteten Steuerbescheid und steckt ihn versehentlich in seine Akten.

Sowohl der Steuerbescheid als auch die Prüfungsanordnung sind den Betroffenen zugegangen, da sie so in deren Machtbereich gelangt sind, daß nach den Gepflogenheiten des Verkehrs erwartet werden konnte, daß die Adressaten von den Verwaltungsakten Kenntnis nehmen würden.

c) Arten der Bekanntgabe

aa) Mündliche Bekanntgabe

131 Ein Steuerverwaltungsakt kann, soweit gesetzlich nichts anderes bestimmt ist, wie etwa bei Steuerbescheiden (§ 155 Abs. 1 AO), mündlich bekanntgegeben werden. Dies trifft beispielsweise auf die Fristverlängerung zu.

bb) Öffentliche Bekanntgabe

Wenn dies durch Rechtsvorschrift zugelassen ist, kann ein Steuerverwaltungsakt öffentlich bekanntgegeben werden (§ 122 Abs. 3, 4 AO). Diese Möglichkeit der Bekanntgabe hat geringe praktische Bedeutung.

cc) Bekanntgabe eines schriftlichen Steuerverwaltungsaktes

Ein schriftlicher Bescheid kann durch Aushändigung des Schriftstückes bekanntgegeben werden. Wegen des Nachweises über den Beginn der Rechtsbehelfsfrist (§ 355 AO) ist es zweckmäßig, in diesen Fällen eine Empfangsbestätigung zu verlangen.

Die häufigste Form der Bekanntgabe eines schriftlichen Steuerverwaltungsaktes ist in der Praxis die Übermittlung durch die Post (§ 122 Abs. 2 Nr. 1 AO). In diesen Fällen ist bei der Übermittlung im Geltungsbereich der AO der vorgesehene 3-Tages-Zeitraum zu beachten. Der Bescheid gilt am dritten Tage nach Aufgabe zur Post als bekanntgegeben.

Beispiel:
Ein Einkommensteuerbescheid wird am 3. 5. zur Post gegeben. Die Rechtsbehelfsfrist beginnt mit Ablauf des 6. 5. zu laufen (§§ 122 Abs. 2 Nr. 1, 355 AO). Dies gilt auch dann, wenn der 6. 5. ein Samstag, Sonntag oder Feiertag ist. Bei diesem 3-Tages-Zeitraum findet § 108 AO keine Anwendung. Die Rechtsbehelfsfrist beginnt im übrigen auch dann am 6. 5. zu laufen, wenn der Steuerbescheid bereits am 4. 5. zugegangen ist.

Bei der Übermittlung eines Verwaltungsaktes an einen Beteiligten außerhalb des Geltungsbereiches des Gesetzes verlängert sich der Zeitraum auf einen Monat (§ 122 Abs. 2 Nr. 2 AO).

Behauptet der Adressat des Verwaltungsaktes, er habe diesen erst später oder gar nicht erhalten, so muß nach dem Wortlaut des § 122 Abs. 1 AO das FA den Zugang bzw. den Zeitpunkt des Zuganges beweisen. Dem Adressaten ist es in der Regel nicht möglich, den verspäteten Zugang oder Nichtzugang des Steuerverwaltungsaktes nachzuweisen.

Aus dem Verhalten des Empfängers nach Versendung des Verwaltungsaktes und dem Nachweis von dessen Absendung durch das FA kann dann im Einzelfall im Wege der freien Beweiswürdigung – entgegen der Behauptung des Betroffenen – von einem Zugang ausgegangen werden (BStBl II 1989, 534; 1990, 108). In der Regel wird jedoch ein solcher Nachweis nicht gelingen, so daß das FA den Verwaltungsakt noch einmal bekanntgeben muß.

Ausnahmsweise kann nach dem Gesetz auch einmal die **Zustellung** eines schriftlichen Steuerverwaltungsaktes vorgesehen sein. Dies gilt insbesondere für die Bekanntgabe von Pfändungsverfügungen (§ 309 Abs. 2 Satz 1 AO), Arrestanordnungen (§ 324 Abs. 2 Satz 1 AO) und Bußgeldern (§ 412 Abs. 1 AO). In diesen Fällen richtet sich die Zustellung nach dem Verwaltungszustellungsgesetz (§ 122 Abs. 5 AO). Die Zustellung kann demnach erfolgen durch die Post mit Zustellungsurkunde (§ 3 VwZG), mittels eingeschriebenen Briefes (§ 4 VwZG) oder durch die Behörde gegen Empfangsbekenntnis (§ 5 VwZG). Auf die Heilung von Zustellungsmängeln findet § 9 VwZG, auf die Zustellung an Bevollmächtigte § 8 VwZG Anwendung. Ordnet die Finanzbehörde von sich aus die **Zustellung** eines Steuerbescheides an, etwa zu Beweissicherungszwecken, so finden selbstverständlich auch in diesem Falle die Vorschriften des Verwaltungszustellungsgesetzes Anwendung (§ 122 Abs. 5 AO).

Beispiele:

1. Das FA will dem Stpfl. gemäß § 3 VwZG einen Steuerbescheid zustellen. Es versieht die Zustellungsurkunde sowie den Briefumschlag nur mit der Steuernummer.

Die Zustellung ist fehlerhaft. Die Steuernummer auf Briefumschlag und Zustellungsurkunde identifiziert nicht eindeutig den Inhalt der Sendung. Die nach § 3 Abs. 1 VwZG erforderliche Geschäftsnummer soll aber einen ganz bestimmten Inhalt des Briefes gewährleisten und darf daher nur für eine bestimmte Sendung verwendet werden. Die Steuernummer identifiziert dagegen nur einen bestimmten Stpfl. (BStBl II 1978, 467).

Allerdings ist dieser Zustellungsmangel nach § 9 Abs. 1 VwZG geheilt, wenn der richtige Empfänger tatsächlich diesen Bescheid erhält. § 9 Abs. 2 VwZG greift nicht ein, da die Zustellung eines Steuerbescheides keine Klagefrist im Sinne dieser Vorschrift beginnen läßt. Die Frist für die Erhebung der Sprungklage (vgl. §§ 45, 47 Abs. 1 FGO) ist wegen des Ausnahmecharakters dieses Rechtsbehelfes keine Frist im Sinne des § 9 Abs. 2 VwZG (BStBl II 1977, 247).

2. Die OFD will dem Rechtsbehelfsführer eine Beschwerdeentscheidung zustellen (§ 366 AO, § 3 VwZG). Es versieht die Zustellungsurkunde sowie den Briefumschlag mit der Rechtsbehelfslistennummer.

Durch diese Nummer als Geschäftsnummer wird der Inhalt der Sendung eindeutig identifiziert. Die Zustellung ist ordnungsgemäß (§ 3 Abs. 1 VwZG).

Hätte allerdings das FA den gleichen Fehler wie im Beispielsfall 1 begangen, so wäre die Zustellung ebenfalls fehlerhaft. Dieser Mangel könnte aber nicht geheilt werden, da diese Zustellung die Frist für die Anfechtungsklage in Lauf setzt (vgl. § 9 Abs. 2 VwZG, §§ 40 Abs. 1, 47 Abs. 1 FGO).

Ist zwar erwiesen, daß der richtige Empfänger den Verwaltungsakt erhalten hat, bestehen aber Unklarheiten über den Zeitpunkt des Zuganges, so beginnt die Rechtsbehelfsfrist nicht zu laufen.

Beispiel:

Das FA stellt eine Einspruchsentscheidung gemäß § 366, 122 Abs. 5 AO, § 3 Abs. 1 und 3 VwZG, sowie §§ 180 bis 196 und 195 Abs. 2 ZPO zu. Auf der Postzustellungsurkunde ist als Zustellungsdatum der 7. 1. 02 beurkundet. Der

Postbedienstete vermerkt versehentlich auf der Sendung als Tag der Zustellung den 7. 1. 01. Am 9. 2. 02 erhebt der Kläger Anfechtungsklage (§ 40 Abs. 1 FGO).
Die Einspruchsentscheidung wurde am 7. 1. 02 gemäß § 3 Abs. 2 VwZG wirksam zugestellt. Aus §§ 195 Abs. 2 Satz 2, 212 Abs. 1 ZPO folgt nach herrschender Meinung, daß die Zustellungsurkunde zwar nicht übergeben, das Zustellungsdatum aber auf der Sendung vermerkt werden muß (BStBl II 1977, 275). Gegen dieses zwingende Formerfordernis ist verstoßen worden. Eine Heilung nach § 9 VwZG kommt nicht in Betracht, da mit der Zustellung der Einspruchsentscheidung eine Klagefrist zu laufen beginnt (§ 9 Abs. 2 VwZG). Im vorliegenden Fall ist daher die Klage rechtzeitig erhoben worden (BFH II 1987, 223).

d) Folgen der Bekanntgabe

Solange der Steuerverwaltungsakt nicht bekanntgegeben worden ist, bleibt er ohne Wirkung. Mit Bekanntgabe entsteht für das FA die sog. **Bindungswirkung.** Diese bedeutet, daß der bekanntgegebene Verwaltungsakt so lange wirksam bleibt, als er nicht in einem Rechtsbehelfsverfahren oder aufgrund einer Korrekturvorschrift aufgehoben oder geändert worden ist (§ 124 Abs. 2 AO).

Mit der Bekanntgabe des Steuerverwaltungsaktes beginnt schließlich die Rechtsbehelfsfrist zu laufen (§ 355 AO).

e) Bekanntgabe durch Adressierung und Übermittlung an den richtigen Empfänger

Die wirksame Bekanntgabe von Steuerverwaltungsakten setzt zweierlei voraus:

- Die genaue **Bezeichnung des Adressaten** im Verwaltungsakt selbst (§ 119 Abs. 1 AO), die im folgenden (Rdnr. 134 ff.) als **Adressierung** bezeichnet wird.

- Die **richtige Bezeichnung des Empfängers** (§ 122 Abs. 1 Satz 1 AO), die im folgenden (Rdnr. 140 ff.) als **Übermittlung** an den richtigen Empfänger bezeichnet wird.

Hierbei handelt es sich um die **Kuvertierung**, mit der das Anschriftenfeld des Steuerverwaltungsaktes zu versehen ist.

2. Adressierung von Steuerverwaltungsakten

Steuerverwaltungsakte sind hoheitliche Regelungen von Einzelfällen, die sich an eine einzelne Person oder an mehrere bestimmte Personen richten

(§ 122 Abs. 1 AO). Daraus folgt, daß der Steuerverwaltungsakt, insbesondere ein Steuerbescheid, die Person oder die Personen genau bezeichnen muß, an die er sich richtet.

a) Deckungsgleichheit von Betroffenen und Adressaten

Die veranlagte Person und die Adressierung müssen übereinstimmen. Ist dies nicht der Fall, so liegt ein **Mangel** im Bescheid vor. Der Steuerbescheid ist in diesem Fall in sich widersprüchlich und verstößt in schwerwiegendem Maße gegen § 119 Abs. 1 AO. Er ist damit nichtig. Dasselbe gilt, wenn ein Steuerschuldner so ungenau bezeichnet wird, daß Verwechslungen möglich sind.

Beispiele:

1. Das FA richtet einen Umsatzsteuerbescheid an einen Unternehmer. Stellt sich heraus, daß es sich nicht um einen Einzelunternehmer, sondern um eine Gesellschaft des bürgerlichen Rechtes handelt, so decken sich veranlagte Person und Adressierung nicht. Der Umsatzsteuerbescheid ist nichtig.

2. Born ist zum 31. 2. 01 aus der zweigliedrigen Born-Mair-OHG ausgeschieden. Mair übernimmt das Geschäft ohne Liquidation und führt es als Einzelunternehmer fort. Das FA adressiert einen Gewerbesteuermeßbescheid im Jahre 02 an die Born-Mair-OHG.

Durch die Anwachsung (Rdnr. 236) ist vom Tag der Übernahme des Handelsgeschäftes durch Mair an die Vollbeendigung der OHG eingetreten. Mair ist Gesamtrechtsnachfolger der Gesellschaft. Der an die OHG adressierte Bescheid ist nichtig.

3. Das FA veranlagt einen Arzt zur Einkommensteuer. Es adressiert den Bescheid nur an dessen Steuerberater. Veranlagte Person und Adressierung decken sich nicht. Der Einkommensteuerbescheid ist nichtig.

Allzu formalistisch wäre es, wenn man verlangen würde, daß sich der Adressat des Steuerbescheides allein aus dem Anschriftenfeld eines Steuerbescheides ergeben müsse. Dies wäre bei Gesellschaften des bürgerlichen Rechtes bzw. Gemeinschaften mit vielen Gesellschaftern (Gemeinschaftern) gar nicht durchführbar. Es genügt daher, wenn sich der Adressat insgesamt mit Sicherheit aus dem gesamten Inhalt des Bescheides entnehmen läßt.

Beispiele:

Ein Arbeitnehmer (A), der durch einen Verein für Lohnsteuerhilfe vertreten wird, stellt Antrag auf ESt-Veranlagung (§ 46 Abs. 2 Nr. 8 EStG). Das FA adressiert den Steuerbescheid an den Verein. In die Erläuterungsspalte fügt es den Vermerk ein: „Dieser Bescheid ergeht an Sie als Vertreter des A...". Zwar hat das FA im Anschriftenfeld des Bescheides nur den bevollmächtigten Verein angesprochen, aus der Erläuterungsspalte ergibt sich jedoch zweifelsfrei der Name des Adressaten.

2. Das FA hat einen Gewinnfeststellungsbescheid an eine OHG gerichtet. In Wirklichkeit handelt es sich um eine KG. – Sind in dem Gewinnfeststellungsbescheid alle Gesellschafter dadurch eindeutig als Adressaten (und insbesondere als Feststellungsbeteiligte) bezeichnet, daß sie in dem für die Verteilung des Gewinnes vorgesehenen Teil einzeln als Gesellschafter aufgeführt sind, so hat die falsche Bezeichnung keine rechtlichen Folgen.

3. Die Gesellschaft des bürgerlichen Rechtes bestand aus den Gesellschaftern A, B und C. Zu Unrecht war das FA der Meinung, C sei nur Arbeitnehmer der Gesellschaft. Es erließ daher einen Feststellungsbescheid, in dem es den Gewinn auf A und B verteilte.

Der Bescheid ist nicht mangels falscher Adressierung nichtig. Das FA hat rechtswidrig eine zweigliedrige Gesellschaft angenommen und den Bescheid an die Gesellschafter adressiert.

b) Adressierung an Minderjährige

Bei Geschäftsunfähigen (§ 104 BGB) bzw. beschränkt Geschäftsfähigen (§ 106 BGB) ist Adressat der Betroffene zusammen mit dem gesetzlichen Vertreter. Sind mehrere gesetzliche Vertreter vorhanden, so sind sie zusammen Adressaten des Bescheides. Das Vertretungsverhältnis für den Geschäftsunfähigen oder beschränkt Geschäftsfähigen ist anzugeben (Eltern § 1629 BGB, Vormund § 1793 BGB).

Beispiel:
Der minderjährige Kurt Mai wird von seinen Eltern Hans und Maria Mai vertreten. – Richtet das FA versehentlich den Bescheid allein an Hans und Maria Mai, also ohne Angabe des Vertretungsverhältnisses, so decken sich Veranlagung und Anschrift nicht. Wegen eines Mangels im Bescheid ist dieser nichtig.

Ermächtigt der gesetzliche Vertreter mit vormundschaftsgerichtlicher Genehmigung (§ 1822 Nr. 3 BGB) den Minderjährigen zum **selbständigen Betrieb eines Erwerbsgeschäftes,** so sind Steuerbescheide, die ausschließlich den Geschäftsbetrieb betreffen, nur an den Minderjährigen zu adressieren (§ 112 BGB). Dies gilt beispielsweise für Umsatzsteuerbescheide, Gewerbesteuer(meß)bescheide, Kraftfahrzeugsteuerbescheide, wenn das Kraftfahrzeug zum Betriebsvermögen gehört, Einkommensteuerbescheide, wenn der Minderjährige der Einkommensteuer unterliegende Einkünfte nur aus dem genehmigten Erwerbsgeschäft bezieht (Str.).

Ermächtigt der gesetzliche Vertreter den Minderjährigen, ein **Arbeitsverhältnis** einzugehen (§ 113 BGB), so ist der Steuerbescheid (§ 46 Abs. 2 Nr. 8 EStG) an den Minderjährigen zu richten, wenn dieser nur Einkünfte aus nichtselbständiger Arbeit hat.

Bei einer Vermögensteuerzusammenveranlagung der Eltern mit ihren minderjährigen Kindern (§ 14 Abs. 1 Nr. 2 VStG, § 155 Abs. 3 AO) kann nach BMF v. 8. 4. 1991, a. a. O., darauf verzichtet werden, die Kinder unter 18 Jahren im Vermögensteuerbescheid als Steuerschuldner zu benennen. Im Bescheid ist allerdings darauf hinzuweisen, daß der Bescheid an die Eltern und die am Stichtag mit ihnen in Haushaltsgemeinschaft lebenden minderjährigen Kinder gerichtet ist. Eine Vollstreckung in das eigene Vermögen eines solchen Kindes ist allerdings nur möglich, wenn dieses namentlich im Steuerbescheid benannt worden ist.

Findet auf Antrag eine Zusammenveranlagung mit Kindern über 18 Jahre statt (§ 14 Abs. 2 VStG), so **sind** sie in dem Bescheid zu benennen.

c) Adressierung an Personengesellschaften und Gemeinschaften

136 Hier ist zu unterscheiden zwischen

- **Betriebsteuerbescheiden** und
- **Feststellungsbescheiden.**

aa) Steuerbescheide

Gesellschaften des bürgerlichen Rechts und Gemeinschaften sind nicht rechts- und geschäftsfähig (Rdnr. 347). Sie besitzen auch keine rechtsverbindliche Bezeichnung, unter der sie im Geschäftsleben auftreten können. Sie können daher rechtlich nur umfaßt werden, in dem man die Namen aller Gesellschafter (Gemeinschafter) aneinanderreiht und den Zusatz „Gesellschaft des bürgerlichen Rechtes" anfügt. Treten diese Rechtsgebilde allerdings unter einem geschäftsüblichen Namen auf, so kann an diesen adressiert werden (BStBl II 1987, 325).

Beispiele:
1. Die Eheleute Mia und Karl Moser haben gemeinsam ein Milchgeschäft eröffnet. Das FA benennt als Adressaten des Gewerbesteuermeßbescheides: „Karl Moser, GbR".
Da die Eheleute unter keinem geschäftsüblichen Namen auftreten, können Betriebssteuerbescheide nur dadurch richtig an die Gesellschaft des bürgerlichen Rechts adressiert werden, indem die Namen der Ehegatten aneinandergereiht werden. Der Steuerbescheid ist daher unwirksam.

2. Ein Speditionsgeschäft tritt im Geschäftsleben unter der Firma, Hans Kirn Erben GbR, Postfach 2350, 80539 München, auf.
Richtet das FA einen Umsatzsteuerbescheid an diese Firma, so ist der Bescheid ordnungsgemäß adressiert, auch wenn nicht alle Gesellschafter der GbR benannt sind.

Die handelsrechtlichen Personengesellschaften (OHG, KG) können unter ihrer Firma im Rechtsleben auftreten, auch wenn sie nach bürgerlichem Recht nicht rechts- bzw. geschäftsfähig sind (§ 124 Abs. 1 HGB für die OHG; §§ 161 Abs. 2, 124 Abs. 1 HGB für die KG).

Beispiel:
Das FA will einen Kraftfahrzeugsteuerbescheid für einen Betriebs-Pkw an eine Kommanditgesellschaft adressieren.
Es genügt, wenn das FA den Bescheid an die Kommanditgesellschaft richtet, denn diese kann unter ihrer Firma im Rechtsleben auftreten (§§ 124 Abs. 1, 161 Abs. 2 Satz 1 HGB).

Die hier dargestellten Grundsätze gelten in gleicher Weise auch für Gesellschaften und Gemeinschaften in Liquidation (Rdnr. 142).

bb) Einheitliche und gesonderte Feststellungen

Diese Steuerverwaltungsakte betreffen nicht die Gesellschaften bzw. Gemeinschaften, sondern die Feststellungsbeteiligten (vgl. §§ 122 Abs. 1, 179 Abs. 2, 182 Abs. 1 AO). Deshalb sind diese Bescheide an die Feststellungsbeteiligten zu adressieren. Dies gilt auch dann, wenn sich die Gesellschaft in Liquidation befindet oder zwischenzeitlich vollbeendet ist.

Beispiel:
Karl ist aus der zweigliedrigen Roth-KG zum 31. 12. 03 ausgeschieden. Roth führt das Geschäft als Einzelunternehmer ohne Liquidation fort. Das FA will im Jahre 04 gegenüber der „Gesellschaft" einen Umsatzsteuer- und einen Gewinnfeststellungsbescheid für das Jahr 03 erlassen.
Das FA hat den Umsatzsteuerbescheid an Roth zu adressieren, der durch Anwachsung Gesamtrechtsnachfolger der vollbeendeten KG geworden ist (vgl. Beispiel 2 zu Rdnr. 134 und Rdnr. 236; vgl. auch BStBl II 1981, 293).
Den Gewinnfeststellungsbescheid muß das FA weiterhin an die Feststellungsbeteiligten des Jahres 03 richten, also an Roth und Karl (§§ 122 Abs. 1, 179 Abs. 2 AO).

Nach BFH (BFH/NV 1987, 770) sind Feststellungsbescheide auch an die Gesellschaft zu adressieren, soweit diese noch nicht vollbeendet ist.

§ 182 Abs. 3 AO stellt klar, daß eine einheitliche und gesonderte Feststellung nach § 180 Abs. 1 Nr. 2a bzw. § 180 Abs. 2 AO nicht unwirksam ist, wenn vor oder nach der Bekanntgabe des Bescheides Feststellungsbeteiligte durch Einzel- oder Gesamtrechtsnachfolge ausgeschieden sind und die Betroffenen dadurch nicht alle korrekt bezeichnet wurden (BStBl II 1992, 865).

Beispiel:
Das FA erläßt einen Feststellungsbescheid betreffend eine Publikums-KG mit 80 Kommanditisten. Nach der Bekanntgabe stellt sich heraus, daß 5 Feststellungsbeteiligte zum Zeitpunkt der Bekanntgabe des Bescheides ihre Kommanditanteile bereits weiterveräußert hatten.
Die 5 Beteiligten sind falsch bezeichnet. Dennoch ist der Feststellungsbescheid nicht unwirksam. Das FA kann diesen Fehler durch einen besonderen Bescheid berichtigen, der an die Betroffenen (Rechtsvorgänger und Rechtsnachfolger) zu adressieren ist.
Entgegen dem Wortlaut ist § 182 Abs. 3 AO nicht auf die gesonderten Feststellungen nach § 180 Abs. 1 Nr. 2b AO anwendbar (BStBl II 1994, 5).

d) Adressierung an juristische Personen

137 Juristische Personen des privaten wie des öffentlichen Rechtes sind natürlichen Personen gleichgestellt. Sie sind daher rechtsfähig und durch ihre Organe bzw. gesetzlichen Vertreter auch geschäftsfähig.

Für die Adressierung von Steuerbescheiden genügt es, wenn im Anschriftenfeld der Name genannt ist, unter dem die juristische Person im Rechtsleben auftritt.

Befindet sich die juristische Person in Liquidation, so ist der Steuerbescheid an die juristische Person, zu Händen des Liquidators, als gesetzlichem Vertreter zu richten.

e) Adressierung an Ehegatten

138 Sind zur Entrichtung einer Steuer Familienangehörige als Gesamtschuldner verpflichtet (z. B. § 26b EStG und § 14 VStG), so kann die Veranlagung durch einen zusammengefaßten Steuerbescheid erfolgen (§§ 155 Abs. 3, 44 Abs. 1 AO). Ein solcher Bescheid enthält zwei inhaltlich selbständige Verwaltungsakte, die – nur äußerlich zusammengefaßt – ein verfahrensrechtlich unterschiedliches Schicksal haben können (BStBl II 1986, 545). Ein ESt- oder VSt-Bescheid an zusammenveranlagte Ehegatten wird daher in der Regel an beide Ehegatten adressiert, um beiden gegenüber wirksam zu werden. Adressierung an nur einen Ehegatten führt zur Wirksamkeit des Bescheides nur diesem gegenüber.

Werden Ehegatten getrennt veranlagt (§ 26a EStG) oder wählen sie die besondere Veranlagung für den Veranlagungszeitraum der Eheschließung (§ 26c EStG), so ist an jeden Ehegatten nur der ihn betreffende Bescheid zu richten.

Beispiel:
Die zusammenzuveranlagenden Ehegatten, Paul und Ida Thorn, besitzen ein ihnen gemeinsam gehörendes Mietwohngrundstück. Ende 03 haben sie gemeinsam ein unbebautes Grundstück erworben. Das FA will an die Eheleute in 04 den Einkommensteuerbescheid, den Grunderwerbsteuerbescheid und den Einheitswertbescheid für das Mietwohngrundstück adressieren.
Der zusammengefaßte Einkommensteuerbescheid (§ 155 Abs. 3 AO) ist zu richten an „Frau Ida und Herrn Paul Thorn.
Hinsichtlich der Grunderwerbsteuer sind die Ehegatten nicht Gesamtschuldner, so daß ein zusammengefaßter Bescheid nicht in Betracht kommt. Es sind vielmehr zwei gesonderte Grunderwerbsteuerbescheide mit dem jeweils auf die Ehegatten entfallenden Steuerbetrag zu erlassen. Jeder Bescheid ist an den von ihm betroffenen Ehegatten zu richten.
Der Einheitswertbescheid ist an die Feststellungsbeteiligten zu adressieren (vgl. Rdnr. 136).

f) Adressierung an Gesamtrechtsnachfolger

In den Fällen der Gesamtrechtsnachfolge (Rdnr. 236) geht die Steuerschuld des Rechtsvorgängers auf den Rechtsnachfolger über (§ 45 Abs. 1 AO). Steuerbescheide sind an den Gesamtrechtsnachfolger zu richten, wobei auf die Rechtsnachfolge hinzuweisen ist.

Beispiel:
Am 1. 8. 02 ist Franz Huber gestorben. Alleinerbe ist Hans Huber.
Der ESt-Bescheid für 02 ist zu adressieren an Hans Huber als Gesamtrechtsnachfolger des verstorbenen Franz Huber.
Hat das FA nur an den Verstorbenen adressiert, aber den Bescheid dem Erben zugesandt, so ist der Bescheid nichtig (BStBl II 1993, 174).

Bei zusammenveranlagten Ehegatten ist nach dem Tode eines Ehegatten der überlebende einerseits Steuerschuldner, andererseits gleichzeitig Gesamtrechtsnachfolger des verstorbenen Ehegatten.

Beispiel:
Im Jahre 02 ist der Ehegatte Karl West gestorben. An seine Ehefrau Inge soll der ESt-Bescheid für 01 gerichtet werden. Die Ehegatten sind zusammenveranlagt worden.
Der ESt-Bescheid ist zu adressieren an Frau Inge West. In der Erläuterungsspalte ist auf die Gesamtrechtsnachfolge hinzuweisen.

Sind mehrere Gesamtrechtsnachfolger vorhanden, so steht es dem FA frei, an welche von ihnen es sich wenden will (§ 44 AO). Es kann an die Gesamtrechtsnachfolger Einzelbescheide oder einen zusammengefaßten Steuerbescheid erlassen (§ 155 Abs. 1 und 3 AO). Nimmt das FA durch Einzelsteuerbescheide mehrere Rechtsnachfolger in Anspruch, so ist es für die Wirksamkeit der Steuerbescheide nicht erforderlich, daß in den einzelnen Ausfertigungen darauf hingewiesen wird, wer noch als Gesamtschuldner in Anspruch genommen worden ist (BStBl II 1984, 784).

Eine Vollstreckung ist nur denjenigen Gesamtrechtsnachfolgern gegenüber möglich, die einen Steuerbescheid erhalten haben.

3. Übermittlung an den richtigen Empfänger

140 Ein Steuerverwaltungsakt ist an den zu adressieren, den er betrifft. Damit ist jedoch noch nichts darüber ausgesagt, an wen der Steuerverwaltungsakt zu übermitteln ist. Es kommt häufig vor, daß ein Steuerverwaltungsakt einem anderen als dem Adressaten bekanntzugeben ist, etwa weil ein rechtsgeschäftliches oder gesetzliches Vertretungsverhältnis besteht (§ 122 Abs. 1 AO). Versendet das FA in solchen Fällen einen Steuerverwaltungsakt mit einem **Fensterbrief**umschlag, so hat es den Steuerverwaltungsakt mit einer Anschrift zu versehen, die den Anforderungen an die Adressierung ebenso gerecht wird wie der Anforderung, den richtigen Empfänger zu bezeichnen. Versendet das FA einen Steuerbescheid in einem **gewöhnlichen** Briefumschlag, so müssen sich Adressat und Empfänger aus dem Steuerbescheid selbst ergeben.

a) Übermittlung an Geschäftsunfähige und beschränkt Geschäftsfähige

141 Beschränkt Geschäftsfähige und Geschäftsunfähige sind nicht handlungsfähig (§ 79 AO). Steuerbescheide müssen daher deren gesetzlichen Vertretern bekanntgegeben werden.

Beispiel:
Ein Minderjähriger wird von seinen Eltern vertreten. Während Adressaten des Einkommensteuerbescheides neben dem Minderjährigen beide Eltern als gesetzliche Vertreter sind (vgl. Rdnr. 135), genügt es, wenn der Steuerbescheid an einen Elternteil übermittelt wird. Es handelt sich hier um einen allgemeinen Rechtsgrundsatz, der in vielen Rechtsvorschriften seinen Niederschlag gefunden hat (z. B. § 171 Abs. 3 ZPO, § 7 Abs. 3 VwZG für Zustellungen; vgl. BStBl II 1976, 762).

b) Übermittlung an Personengesellschaften und Gemeinschaften

aa) Steuerbescheide

Personengesellschaften bzw. Gemeinschaften können Steuerschuldner sein, obwohl ihnen nach bürgerlichem Recht die Rechtsfähigkeit fehlt. Dies gilt insbesondere für die Umsatzsteuer (§ 2 UStG), die Gewerbesteuer einschließlich der Festsetzung des Meßbetrages und der Zerlegung (§ 5 GewStG), die Kraftfahrzeugsteuer, wenn das Fahrzeug für die Gesellschaft zum Verkehr zugelassen ist (§ 7 KraftStG), und die Grunderwerbsteuer, soweit Gesamthandseigentum der Personengesellschaft oder Gemeinschaft besteht (BStBl II 1987, 325).

142

Will das FA einer Personengesellschaft oder Gemeinschaft einen Steuerbescheid bekanntgeben, so kann es sich an jeden halten, der privatrechtlich zur Vertretung der Gesellschaft befugt ist. Dies ist vorbehaltlich vertraglicher Abweichungen

- bei der OHG jeder Gesellschafter (§ 125 HGB) und
- bei der KG jeder Komplementär (§ 170 HGB).

Beispiele:
Ein Umsatzsteuerbescheid für die A-B-C-OHG kann entweder an A oder an B oder an C übermittelt werden.
Bei der GdbR ist an den vertraglich bestellten Vertreter zu übermitteln. Fehlt eine Vertretungsregelung, kann das FA den Verwaltungsakt im Rahmen seines pflichtgemäßen Ermessens einem Gesellschafter übermitteln (§§ 122 Abs. 1 Satz 2, 34 Abs. 2 und § 5 AO). Dasselbe gilt für Hauseigentümer- und Erbengemeinschaften.

Die oben genannten Grundsätze gelten auch für Gesellschaften, die sich in Liquidation befinden; denn eine Gesellschaft ist erst dann vollbeendet, wenn alle gemeinsamen Rechtsbeziehungen beseitigt sind (BStBl II 1988, 316). Die Übermittlung erfolgt in diesen Fällen an den Liquidator (§ 149 ff. HGB).

bb) Einheitliche Feststellungsbescheide

Zur Erleichterung des Bekanntgabeverfahrens sollen die Feststellungsbeteiligten nach § 183 Abs. 1 Satz 1 AO einen **gemeinsamen Empfangsbevollmächtigten** bestellen. In diesem Fall ist es ausreichend, den Bescheid diesem Empfangsbevollmächtigten zu übermitteln.
Besteht eine **gesellschaftliche Vertretung**, so gilt der Vertreter als „Empfangsbevollmächtigter", ohne daß es einer besonderen Bestellung bedarf (§ 183 Abs. 1 Satz 2 AO).

143

Beispiele:
1. Bei einer KG ist einer von mehreren Komplementären vertretungsbefugt. Eine Empfangsvollmacht ist nicht erteilt. Das FA will den Gesellschaftern einen Gewinnfeststellungsbescheid bekanntgeben.
   Der Feststellungsbescheid kann dem vertretungsberechtigten Komplementär übermittelt werden (§ 183 Abs. 1 Satz 2 AO).
2. Eine OHG befindet sich in Liquidation. Abwickler ist der Gesellschafter Adam. Das FA will einen Einheitswertbescheid für das Betriebsgrundstück, das der OHG gehört, bekanntgeben.
   Der Bescheid ist dem Liquidator Adam zu übermitteln (§ 149 ff. HGB, § 183 Abs. 1 Satz 2 AO).

Ist weder ein Empfangsbevollmächtigter noch ein gesetzlicher Vertreter vorhanden, so hat das FA darauf hinzuwirken, daß ein Empfangsbevollmächtigter benannt wird (§ 183 Abs. 1 Satz 3 und 4 AO).

144 Wird von der Gesellschaft (Gemeinschaft) ein **Empfangsbevollmächtigter** nicht benannt, so kann das FA im Rahmen der Ausübung seines pflichtgemäßen Ermessens (§ 5 AO) die Feststellungsbescheide einem Gesellschafter (Gemeinschafter) **mit Wirkung für alle** bekanntgeben.

In allen Fällen ist in dem Bescheid auf diese Wirkung hinzuweisen (§ 183 Abs. 1 Satz 5 AO; BStBl II 1983, 23). Fehlt der Hinweis, so entfaltet der Bescheid nur Wirkung gegenüber demjenigen Gesellschafter, dem er bekanntgegeben worden ist.

145 Diese Regelung stellt einen Widerspruch zu dem Grundsatz des § 122 Abs. 1 AO dar, wonach ein Verwaltungsakt nur dann wirksam wird, wenn er dem Betroffenen bekanntgegeben wird. Sie dient der Verwaltungsvereinfachung und findet nur so lange Anwendung, als der Steuerpflichtige in seinen Rechten nicht unzumutbar eingeschränkt wird. Eine Bekanntgabe nach § 183 AO kommt daher insbesondere in folgenden Fällen **nicht in Betracht:**

- für den Gesellschafter (Gemeinschafter), der im Zeitpunkt der Bekanntgabe bereits ausgeschieden ist, wenn dem FA dies bekannt ist (§ 183 Abs. 2 Satz 1 AO). Dasselbe gilt, wenn bei einer Handelsgesellschaft das Ausscheiden dem FA zwar nicht bekannt, im Handelsregister aber eingetragen ist (§ 15 HGB). Hier ist auch dem ausgeschiedenen Gesellschafter der Feststellungsbescheid bekanntzugeben;
- wenn die Gesellschaft (Gemeinschaft) im Zeitpunkt der Bekanntgabe nicht mehr besteht oder sich im Konkurs befindet (§ 183 Abs. 2 Satz 1 AO).

Hier ist der Feststellungsbescheid allen Gesellschaftern (Gemeinschaftern) bekanntzugeben. Eine Bekanntgabe an den Konkursverwalter ist grundsätzlich nicht erforderlich.

Beispiel:
Über das Vermögen einer OHG ist ein Konkursverfahren eröffnet worden. Das FA will den Gewinnfeststellungsbescheid und den Einheitswertbescheid für das Betriebsvermögen bekanntgeben.

Der Gewinnfeststellungsbescheid ist allen Gesellschaftern der OHG bekanntzugeben (§ 122 Abs. 1 AO). Die Regelung des § 183 AO findet keine Anwendung. Einer Bekanntgabe an den Konkursverwalter bedarf es nicht, da dieser die Gesellschafter nicht vertritt. Der Einheitswertbescheid für das Betriebsvermögen ist ebenfalls allen Gesellschaftern bekanntzugeben (§ 122 Abs. 1 AO). Darüber hinaus muß er auch dem Konkursverwalter bekanntgegeben werden, da der Einheitswert des Betriebsvermögens Besteuerungsgrundlage für die Gewerbesteuer (§ 12 Abs. 1 GewStG) und die OHG als solche Steuerschuldnerin ist (§ 5 GewStG).

- Wenn zwischen den Gesellschaftern (Gemeinschaftern) erkennbar ernstliche Meinungsverschiedenheiten bestehen (§ 183 Abs. 2 Satz 1 AO).

  Auch in diesen Fällen ist der Feststellungsbescheid allen Gesellschaftern (Gemeinschaftern) bekanntzugeben.

- Wenn die Bekanntgabe eines Feststellungsbescheides an einen Erben erforderlich wird, der nicht in die Gesellschafterstellung seines Rechtsvorgängers eintritt (BStBl II 1973, 746).

- Wenn das Vorliegen einer Gesellschaft (Gemeinschaft) unklar ist.

  Hier ist der Feststellungsbescheid allen Gesellschaftern (Gemeinschaftern) bekanntzugeben.

- Wenn durch einen Feststellungsbescheid das Bestehen oder Nichtbestehen einer Gesellschaft (Gemeinschaft) erstmalig mit steuerlicher Wirkung festgestellt wird.

  Hier ist ebenfalls die Bekanntgabe an alle Gesellschafter (Gemeinschafter) erforderlich.

Ist in diesen Fällen Einzelbekanntgabe erforderlich, weil z. B. dem FA bekannt ist, daß die Gesellschaft (Gemeinschaft) nicht mehr besteht, so braucht den Beteiligten nicht mehr der vollständige Inhalt des Feststellungsbescheides bekanntgegeben zu werden. Es genügt, wenn jedem Beteiligten der Gegenstand der Feststellung, die alle Beteiligten betreffenden Besteuerungsgrundlagen, der jeweilige Anteil, die Zahl der Beteiligten und die die Beteiligten persönlich betreffenden Besteuerungsgrundlagen (z. B. Sonderbetriebseinnahmen) bekanntgegeben werden.

Eine vereinfachte Bekanntgabe kann in den Fällen des § 183 Abs. 2 Satz 1 AO auch dann in Betracht kommen, wenn die Feststellungsbeteiligten einen gemeinsamen Empfangsbevollmächtigten (§ 183 Abs. 1 Satz 1 AO) bestellt haben.

Beispiel:
Gemeinsamer Empfangsbevollmächtigter der im Jahre 04 aufgelösten Arl KG war Arl (§ 183 Abs. 1 Satz 1 AO). Die Auflösung der KG wurde ordnungsgemäß ins Handelsregister eingetragen. Das FA will im Jahr 06 den Gewinnfeststellungsbescheid 04 bekanntgeben.

Solange Arl oder ein anderer Beteiligter beim FA nicht widersprochen hat, kann dieses den Bescheid mit Wirkung für und gegen alle an Arl übermitteln (vgl. §§ 183 Abs. 3 und 80 Abs. 1 AO). Widerspricht ein Beteiligter diesem Verfahren, so erfolgt ihm gegenüber Einzelbekanntgabe. Für die Bekanntgabe an die übrigen verbleibt es bei § 183 Abs. 3 AO.

Schließlich trifft § 183 Abs. 4 AO eine Vereinfachungsregel für die Bekanntgabe von Einheitswertbescheiden an Ehegatten, Ehegatten mit Kindern sowie Alleinstehenden mit Kindern. Hier gelten die Regelungen über zusammengefaßte Bescheide entsprechend (vgl. dazu Rdnr. 148).

c) Übermittlung an juristische Personen

146 Steuerbescheide sind an die juristische Person zu übermitteln. Es ist nicht notwendig, den gesetzlichen Vertreter zu benennen.

d) Übermittlung, wenn Bevollmächtigte vorhanden sind

147 Häufig werden Steuerpflichtige von Bevollmächtigten vertreten. In diesen Fällen hat das FA im Rahmen der pflichtgemäßen Ausübung seines Ermessens (§ 5 AO) zu prüfen, ob der Steuerbescheid an den Steuerpflichtigen oder an den Bevollmächtigten übermittelt werden soll (§§ 122 Abs. 1 Satz 3, 80 AO). Der Auftrag an einen Bevollmächtigten zur Aufstellung und Einreichung von Steuererklärungen schließt in der Regel seine Bestellung als Empfangsbevollmächtigter nicht ein (BStBl II 1981, 3).

Beispiele:
1. Ein Steuerberater legt die schriftliche Empfangsvollmacht seines Mandanten vor.
2. Ein Steuerpflichtiger bittet den Sachbearbeiter, den Einkommensteuerbescheid seinem Rechtsanwalt bekanntzugeben.

In beiden Fällen wird das FA im Rahmen seiner Ermessensausübung an den Bevollmächtigten übermitteln. – Bei förmlichen Zustellungen **muß** sich das FA an den Bevollmächtigten wenden, wenn schriftliche Zustellungsvollmacht vorliegt (§ 8 Abs. 1 VwZG; BStBl II 1988, 242).
Eine Vollmacht bleibt so lange wirksam, bis dem FA ein Widerruf zugeht (§ 80 Abs. 1 Satz 4 AO).

e) Übermittlung an Ehegatten

aa) Bei der Zusammenveranlagung (§ 26b EStG, § 14 VStG) kann im allgemeinen davon ausgegangen werden, daß sich die Ehegatten zur Entgegennahme des Steuerbescheides gegenseitig bevollmächtigt haben, wenn sie eine gemeinsam unterschriebene Steuererklärung abgaben (§ 80 AO). In diesem Falle genügt es, wenn der Steuerbescheid nur einem Ehegatten bekanntgegeben wird.

148

bb) Eine gegenseitige Bevollmächtigung kann nicht unterstellt werden, wenn

- ein Ehegatte der oben genannten Art der Bekanntgabe widersprochen hat,
- die Steuererklärung nicht von beiden Ehegatten unterschrieben worden ist,
- die Ehegatten inzwischen getrennt leben,
- die Ehegatten keine Steuererklärung abgegeben haben und die Besteuerungsgrundlagen geschätzt wurden (§ 162 AO).

In diesen Fällen kann das FA jedem Ehegatten eine Ausfertigung des Steuerbescheides mit seiner persönlichen Anschrift übermitteln. Es kann aber auch den Bescheid an einen Ehegatten mit Wirkung für beide bekanntgeben (§ 155 Abs. 5 AO), wenn

- die Ehegatten eine gemeinsame Familienanschrift haben,
- kein entgegenstehender Antrag der Ehegatten vorliegt und
- dem FA keine ernsthaften Meinungsverschiedenheiten zwischen den Ehegatten bekannt sind.

cc) Ausnahmsweise kann bei Ehegatten § 155 Abs. 4 AO Anwendung finden, wenn eine Vollmacht nicht vorliegt und auch die Voraussetzungen des § 155 Abs. 5 AO nicht gegeben sind.

Beispiel:
Ehegatten werden zusammenveranlagt. Die Ehefrau befindet sich für längere Zeit in einer Klinik.

Auch ohne Vollmacht kann der Bescheid an den Ehemann bekanntgegeben werden, falls die Frau damit einverstanden ist.

dd) Diese Grundsätze gelten allerdings nicht bei der Übermittlung von Feststellungsbescheiden i. Sinne von §§ 180, 179 Abs. 2 Satz 2 AO an Ehegatten. Hier ist nach § 183 AO zu verfahren (vgl. Rdnr. 143 ff.). Bei getrennter Veranlagung bzw. der besonderen Veranlagung nach § 26c EStG ist jedem Ehegatten ein Steuerbescheid mit seiner persönlichen Anschrift zu übermitteln.

f) Übermittlung in Fällen der Gesamtrechtsnachfolge

149 Sind mehrere Gesamtrechtsnachfolger vorhanden, so kann das FA einen zusammengefaßten Bescheid erlassen (§ 155 Abs. 3 AO; Rdnr. 139). Will es mehrere Erben in Anspruch nehmen, so hat es diesen jeweils einen Bescheid bekanntzugeben. Eine Bekanntgabe an einen Erben mit Wirkung gegen alle ist nicht möglich.

g) Folgen einer fehlerhaften Übermittlung

150 Mängel in der Adressierung führen häufig zur Nichtigkeit des Bescheides (vgl. Rdnr. 134).

Beispiel:
Ein Geschäftsunfähiger wird zur Einkommensteuer veranlagt. Das FA adressiert den Einkommensteuerbescheid versehentlich nur an den Vormund des Geschäftsunfähigen. Veranlagte Personen und Adressierung decken sich nicht. Der Bescheid ist nichtig.

Fehler in der Übermittlung führen lediglich dazu, daß der Steuerbescheid noch nicht bekanntgegeben und daher noch nicht wirksam ist.

Beispiele:
1. Eine Gesellschaft des bürgerlichen Rechtes besteht aus 3 Gesellschaftern. Als Empfangsbevollmächtigter wurde der Gesellschafter Alt benannt (§ 183 Abs. 1 AO). Das FA übermittelt den Gewinnfeststellungsbescheid versehentlich an den Gesellschafter Bertl. Dieser übergibt zwei Wochen später den Bescheid an den Alt.

– Der Gewinnfeststellungsbescheid wird erst in dem Zeitpunkt wirksam, in dem er dem Alt tatsächlich bekanntgeworden ist.

2. Spatz hat seinem FA eine Bekanntgabevollmacht vorgelegt, gemäß der seine Steuerbescheide dem Steuerberater Fink übermittelt werden sollen. Dennoch gibt das FA den ESt-Bescheid 01 am 12. 3. 02 mit einfachem Brief dem Spatz bekannt. Dieser übergibt den Bescheid am 20. 3. 02 seinem Berater.

Es liegt ein Bekanntgabefehler vor, der jedoch nicht zur Nichtigkeit führt. In entsprechender Anwendung des Rechtsgedankens des § 9 Abs. 1 VwZG ist der Fehler geheilt, wenn der richtige Empfänger, hier Fink, den Bescheid tatsächlich erhält. Die Rechtsbehelfsfrist beginnt daher mit Ablauf des 20. 3. 02 zu laufen (BStBl II 1989, 346).

3. Das FA versendet am 15. 1. den USt-Bescheid an den Unternehmer Karl mit der Anschrift: Stefan Karl, Tulpenstr. 2, 97084 Würzburg. In Wirklichkeit wohnt Karl in Würzburg in der Rosenstraße 12. Der Postbote wirft den Brief des FA am 16. 1. in den Briefkasten des Hauses Tulpenstr. 2. Der Eigentümer händigt den Brief am 20. 1. dem Karl aus.

Auch hier handelt es sich um einen Fehler in der Bekanntgabe. Dieser wird in analoger Anwendung von § 9 Abs. 1 VwZG mit der Übergabe des Briefes an Karl, also am 20. 1., geheilt (BFH/NV 1990, 2).

4. Die Gesellschafter einer OHG, Müll, Mai und Hub, haben beschlossen, die Gesellschaft aufzulösen. Der Beschluß wurde in das Handelsregister (§ 15 HGB) eingetragen. Kurz nach Eintragung dieses Beschlusses erläßt das FA einen Gewinnfeststellungsbescheid für ein Kalenderjahr, in dem die OHG noch bestanden hat. Es adressiert und versendet den Bescheid in einem Fensterbriefumschlag an die OHG zu Händen des ehemaligen empfangsbevollmächtigten Müll.

Die Adressierung des Bescheides ist nicht fehlerhaft. Inhalt des Bescheides und Anschrift decken sich. Das FA hat im Anschriftenfeld des Bescheides OHG genannt, die im Jahre der Veranlagung bereits aufgelöst war. Aus dem Feststellungsbescheid nämlich aus der Aufteilung des Gewinnes, ergibt sich zweifelsfrei, daß der Bescheid an alle drei ehemaligen Gesellschafter gerichtet ist. – Der Auflösungsbeschluß der Gesellschafter war vor Erlaß des Feststellungsbescheides in das Handelsregister eingetragen worden. Das FA muß diese Eintragung als bekannt gegen sich gelten lassen (§ 15 HGB). Es hätte den Bescheid an alle ehemaligen Gesellschafter übermitteln müssen. Dies hat es nicht getan. Der Bescheid ist daher nur dem Müll gegenüber bekanntgegeben. Gibt Müll den anderen Gesellschaftern Kenntnis von dem Bescheid, so wird der Bescheid diesen Gesellschaftern gegenüber wirksam, sobald sie tatsächlich von dem Bescheid Kenntnis erlangen. Für sie beginnt die Rechtsbehelfsfrist auch erst zu diesem Zeitpunkt.

Liegt ein Mangel in der Übermittlung eines Verwaltungsaktes vor, so wird dieser durch eine fehlerfreie Bekanntgabe der Einspruchsentscheidung geheilt (BStBl. II 1992, 585).

H. Fehlerhafte Verwaltungsakte

Ein Steuerverwaltungsakt kann mit einem Fehler behaftet sein. Das ist der Fall, wenn der Verwaltungsakt
- gegen eine Rechtsvorschrift verstößt,
- keine Rechtsgrundlage hat,
- von einem falschen Sachverhalt ausgeht oder
- Ermessensfehler enthält.

Ein fehlerhafter Verwaltungsakt kann je nach der Schwere des Fehlers nichtig oder anfechtbar sein.

I. Nichtige Verwaltungsakte

1. Evidenztheorie

151 Entsprechend der im Verwaltungsrecht vorherrschenden Evidenztheorie ist ein Steuerverwaltungsakt nichtig, wenn er an einem **besonders schwerwiegenden Fehler** leidet und dieser Fehler bei verständiger Würdigung aller in Betracht kommenden Umstände **offenkundig** ist (§ 125 Abs. 1 AO). Der Verwaltungsakt muß in besonders krasser Weise dergestalt gegen geltendes Recht verstoßen, daß jedermann den Fehler bereits bei oberflächlicher Unterrichtung über die Sach- und Rechtslage erkennen kann.

Beispiele:

1. Das FA droht telefonisch die Festsetzung eines Zwangsgeldes an. – Diese telefonische Androhung eines Zwangsgeldes steht im Widerspruch zu der zwingenden Formvorschrift des § 332 Abs. 1 Satz 1 AO. Sie ist daher unwirksam, wenn nicht ausnahmsweise die Voraussetzungen des § 332 Abs. 1 Satz 2 AO gegeben sind.

2. Die Gemeinde erläßt einen Einkommensteuerbescheid. Die Gemeinde hat gegen zwingende Vorschriften über die sachliche Zuständigkeit verstoßen (§ 16 AO i. V. m. § 17 FVG). Sie war absolut unzuständig, einen derartigen Steuerverwaltungsakt zu erlassen. Der Einkommensteuerbescheid ist daher nichtig.

3. Das FA adressiert einen Steuerbescheid an einen Minderjährigen, ohne dessen gesetzlichen Vertreter zu nennen. – Es ist rechtlich unmöglich, an einen beschränkt Geschäftsfähigen einen Verwaltungsakt zu adressieren, da diesem die Handlungsfähigkeit fehlt (§ 79 Abs. 1 Nr. 2 AO). Der Steuerbescheid ist daher nichtig.

4. Das Finanzamt adressiert einen Steuerbescheid an einen Verstorbenen z. Hd. des Bevollmächtigten. – Der Bescheid ist nichtig. Zwar gilt die Vollmacht über den Tod des Vollmachtgebers hinaus (§ 80 Abs. 2 AO). Die Steuerschuld ist jedoch mit dem Tod des Schuldners auf die Erben übergegangen (§ 45 Abs. 1 AO). Diese müssen im Steuerbescheid genannt werden (§ 157 Abs. 1 Satz 2; BStBl II 93, 174).

Stets nichtig ist ein Verwaltungsakt, der einen der in § 125 Abs. 2 AO angeführten Mängel aufweist.

2. Folgen der Nichtigkeit

Ein nichtiger Verwaltungsakt ist unwirksam (§ 124 Abs. 3 AO). Er entfaltet keinerlei Rechtswirkung. Die Finanzbehörde kann die Nichtigkeit jederzeit von Amts wegen feststellen (§ 125 Abs. 5 AO).

Da der nichtige Verwaltungsakt von einer Verwaltungsbehörde im Rahmen ihrer hoheitlichen Tätigkeit erlassen worden ist, entfaltet er den Rechtsschein der Ordnungsmäßigkeit. Um diesen Rechtsschein zu beseitigen, räumt das Gesetz dem Betroffenen drei Möglichkeiten ein:

a) Er kann beantragen, daß die Finanzbehörde die Nichtigkeit des Verwaltungsaktes ausdrücklich feststellt, wenn er ein berechtigtes Interesse daran hat (§ 125 Abs. 5 AO).

b) Er kann unmittelbar Klage auf Feststellung der Nichtigkeit erheben (§ 41 Abs. 1 FGO).

c) Nach der Rechtsprechung kann er auch Einspruch (§ 348 AO) bzw. Beschwerde (§ 349 AO) mit dem Ziele der Anfechtungsklage (§§ 40 Abs. 1, 44 Abs. 1 FGO) einlegen.

3. Teilnichtigkeit (§ 125 Abs. 4 AO)

Ist ein Steuerverwaltungsakt zum Teil nichtig, so erstreckt sich die Nichtigkeit im Zweifel auf den gesamten Verwaltungsakt. Nur ausnahmsweise wird der von der Nichtigkeit nicht erfaßte Teil wirksam sein, nämlich wenn ihn das FA auch ohne den nichtigen Teil erlassen hätte.

II. Fehlerhafte Verwaltungsakte

1. Fehlerquellen

154 Die Fehlerhaftigkeit eines Verwaltungsaktes kann sich ergeben aus der Verletzung von Verfahrens- und Formvorschriften (= formelles Recht) oder aus der falschen Anwendung von Vorschriften des materiellen Rechtes.

Beispiele:
1. Das FA erläßt einen vorläufigen Umsatzsteuerbescheid, obwohl die Voraussetzungen des § 165 Abs. 1 AO nicht vorliegen. – Es liegt eine Verletzung formellen Rechtes vor.
2. Das FA wendet bei bestimmten Umsätzen den falschen Steuersatz an. – Es liegt eine Verletzung materiellen Rechtes vor.

Beide Bescheide sind wirksam, solange sie nicht im Rechtsbehelfsverfahren oder aufgrund einer Änderungsvorschrift korrigiert werden.

2. Heilung bestimmter Form- und Verfahrensfehler

155 Bestimmte in § 126 Abs. 1 AO genannte Form- und Verfahrensfehler können nach Bekanntgabe des Verwaltungsaktes geheilt werden, wenn die Fehler beseitigt werden.

Beispiele:
1. Das FA gewährt einem Steuerpflichtigen ohne Antrag einen Ausbildungsfreibetrag nach § 33a Abs. 2 EStG. – Durch Nachholung des erforderlichen Antrags wird der Fehler geheilt (§ 126 Abs. 1 Nr. 1 AO).
2. Das FA erläßt einen nach § 129 AO berichtigten Vermögensteuerbescheid, obwohl es die Änderung auf § 173 Abs. 1 Nr. 1 AO hätte stützen müssen. – Durch nachträgliche Mitteilung der richtigen Änderungsvorschrift wird der Fehler geheilt (§§ 121 Abs. 1, 126 Abs. 1 Nr. 2 AO).
3. Das FA erläßt einen Steuerbescheid, wobei es ohne Anhörung von der Erklärung des Steuerpflichtigen zu dessen Ungunsten abweicht. – Das FA hat den Anspruch des Steuerpflichtigen auf rechtliches Gehör verletzt (§ 91 Abs. 1 AO). Durch die Nachholung des rechtlichen Gehöres im Einspruchsverfahren wird dieser Fehler geheilt (§ 126 Abs. 1 Nr. 3 AO).
4. Das FA erläßt gem. §§ 69, 34 Abs. 1 AO einen Haftungsbescheid gegen einen Steuerberater, ohne § 191 Abs. 2 AO zu beachten.

Das FA hat einen Verfahrensfehler begangen, der im Einspruchsverfahren geheilt werden kann (§ 126 Abs. 1 Nr. 5 AO).

Die Heilung dieser Verfahrens- und Formfehler kann nur bis zum Abschluß des Einspruchs- bzw. Beschwerdeverfahrens erfolgen (§ 126 Abs. 2 AO).

Fehlerhafte Verwaltungsakte 145

3. Wiedereinsetzung bei Verfahrensfehlern

Das Fehlen der erforderlichen Begründung bzw. der erforderlichen Anhö- 156
rung eines Beteiligten stellt, wenn es für die Versäumung einer Rechtsbehelfsfrist **ursächlich** war, einen Wiedereinsetzungsgrund dar (§ 126 Abs. 3 AO).

Beispiel:
Das FA ist bei Erlaß eines Steuerbescheides von der Steuererklärung zuungunsten des Steuerpflichtigen abgewichen, ohne auf die Abweichung hinzuweisen. Nach Eintritt der Bestandskraft bemerkt der Steuerpflichtige die Abweichung.

Das FA hat gegen den Grundsatz des rechtlichen Gehörs (§ 91 Abs. 1 AO) verstoßen. Der Steuerpflichtige kann innerhalb eines Monats, nachdem er die Abweichung bemerkt hat, Wiedereinsetzung in den vorherigen Stand begehren (§§ 110 Abs. 1, Abs. 2 Satz 1 i. V. m. 126 Abs. 3 AO) und Einspruch (§ 348 Abs. 1 Nr. 1 AO) einlegen.

Hat das FA auf die Abweichung hingewiesen, so liegt zwar ebenfalls ein Verstoß gegen § 91 Abs. 1 AO vor, da rechtliches Gehör vor Erlaß des Bescheides zu gewähren war. Dieser Verstoß war jedoch nicht ursächlich für die Säumnis (BStBl II 1985, 601).

4. Folgen von Verfahrens- und Formfehlern

Ausnahmsweise kann der Steuerpflichtige bei Verletzung von Verfahrens- 157
und Formfehlern weder im Korrektur- noch im Rechtsbehelfsverfahren die Aufhebung eines fehlerhaften Verwaltungsaktes verlangen, wenn anschließend ein Verwaltungsakt gleichen Inhalts erlassen werden müßte (§ 127 AO). Dies wird in der Regel bei gebundenen Verwaltungsakten der Fall sein, insbesondere wenn diese unter Verstoß der in § 125 Abs. 3 AO genannten Vorschriften zustande gekommen sind.

Beispiel:
Eine Wohnungsbauprämie wurde durch einen nach § 82 Abs. 1 Nr. 2 AO ausgeschlossenen Amtsträger in richtiger Höhe gewährt.

Eine Aufhebung des Prämienbescheides kommt nicht in Betracht, da ein nicht ausgeschlossener Amtsträger eine Prämie in gleicher Höhe festsetzen müßte.

Nach dem Zweck des § 127 AO wird auch bei Ermessensentscheidungen eine Korrektur ausgeschlossen sein, wenn der Verfahrens- oder Formmangel in keiner Weise die Entscheidung des FA beeinflußt haben kann (BStBl II 1986, 169).

5. Umdeutung eines fehlerhaften Verwaltungsaktes

158 Unter den sehr einschränkenden Voraussetzungen des § 128 AO kann ein fehlerhafter Verwaltungsakt in einen anderen Verwaltungsakt umgedeutet werden. Diese Vorschrift wird nur geringe praktische Bedeutung erlangen. Denkbar wäre die Umdeutung einer Stundung in eine Aussetzung der Vollziehung.

III. Systematik der Fehlerbeseitigung

159 Ist die Fehlerhaftigkeit des Verwaltungsaktes festgestellt, so gibt es neben den oben dargelegten allgemeinen Grundsätzen die Korrekturvorschriften sowie das Rechtsbehelfsverfahren als Möglichkeiten der Fehlerbeseitigung.

Es empfiehlt sich eine Prüfung in folgender Reihenfolge:

1. Nichtigkeit (§ 125 AO);
2. Heilung von Verfahrens- und Formfehlern (§§ 126, 127 AO);
3. Umdeutung (§ 128 AO);
4. Berichtigung wegen offenbarer Unrichtigkeiten (§ 129 AO);
5. Rücknahme und Widerruf (§§ 130, 131 AO) bei Nichtsteuerbescheiden und Aufhebung sowie Änderung (§§ 164, 165, 172 bis 177 AO) von Steuerbescheiden;
6. Rechtsbehelfsverfahren (§ 347 ff. AO).

I. Korrektur von Steuerverwaltungsakten

I. Bindungswirkung

Durch ordnungsgemäße Bekanntgabe wird der Verwaltungsakt wirksam. Vom Zeitpunkt der Bekanntgabe an ist die Finanzbehörde an den Inhalt des Verwaltungsaktes gebunden. Man spricht daher auch von der **Bindungswirkung**. Diese Bindungswirkung bleibt bestehen, solange und soweit nicht eine Korrekturvorschrift die Richtigstellung gestattet (§ 124 Abs. 2 AO) oder der Steuerpflichtige durch einen Rechtsbehelf die Überprüfung des Verwaltungsaktes einleitet (§§ 367, 368 AO).

160

II. Systematische Übersicht

1. Korrekturvorschrift für alle Verwaltungsakte

Nach § 129 AO können offenbare Unrichtigkeiten in allen Verwaltungsakten berichtigt werden.

161

2. Korrekturvorschriften für andere Verwaltungsakte als Steuerbescheide

Für Verwaltungsakte, die nicht Steuerbescheide sind, gelten §§ 130 und 131 AO. Sind derartige Verwaltungsakte rechtswidrig, können sie nach § 130 AO zurückgenommen, sind sie rechtmäßig, können sie nach § 131 AO widerrufen werden. Beide Vorschriften unterscheiden zwischen begünstigenden (vgl. Rdnr. 112) und belastenden Verwaltungsakten. Eine Sonderregelung gilt für die Rücknahme und den Widerruf von verbindlichen Zusagen (§ 207 AO) und die Änderung von Aufteilungsbescheiden (§ 280 AO).

3. Korrekturvorschriften für Steuerbescheide und ihnen gleichgestellte Bescheide

Die Änderungsvorschriften in den §§ 164, 165, 172–177 AO gelten nur für Steuerbescheide und solche Bescheide, die ihnen durch eine gesetzliche Vorschrift gleichgestellt sind.

Aus § 172 Abs. 1 Nr. 2d AO ergibt sich, daß offenbare Unrichtigkeiten in Steuerbescheiden nach § 129 AO berichtigt werden können, jedoch Rücknahme (§ 130 AO) sowie Widerruf (§ 131 AO) ausgeschlossen sind.

Schematische Übersicht über die Korrekturvorschriften
1. Alle Verwaltungsakte: § 129 Offenbare Unrichtigkeiten („**Berichtigung**")
2. Nichtsteuerbescheide: § 130 rechtswidrig
   („**Rücknahme**")
   belastend § 130 Abs. 1
   begünstigend § 130 Abs. 2
   § 131 rechtmäßig
   („**Widerruf**") belastend § 131 Abs. 1
   begünstigend § 131 Abs. 2
3. Steuerbescheide „**Aufhebung oder Änderung**"
   § 164 von Bescheiden „unter Vorbehalt"
   § 165 von „vorläufigen Bescheiden"
   § 172 „mit Zustimmung" des Steuerpflichtigen und andere Fälle
   § 173 „wegen neuer Tatsachen"
   § 174 bei „widerstreitenden Steuerfestsetzungen"
   § 175 Abs. 1 Nr. 1 nach „Änderung eines Grundlagenbescheides"
   Nr. 2 nach „rückwirkenden Ereignissen"
   § 177 begrenzte „Mitberichtigung" von Rechtsfehlern

III. Berichtigung offenbarer Unrichtigkeiten

Offenbare Unrichtigkeiten können bei allen Verwaltungsakten jederzeit berichtigt werden. Dies ergibt sich für Nichtsteuerbescheide aus § 129 AO unmittelbar, für Steuerbescheide und ihnen gleichgestellte Bescheide (vgl. Rdnr. 176) aus § 172 Abs. 1 Nr. 2d i. V. m. § 129 AO.

Grundsätzlich ist die erlassende Behörde an bekanntgegebene Verwaltungsakte gebunden (vgl. § 124 Abs. 1 AO). Die Beteiligten sollen auf den Bestand des wirksam gewordenen Regelungsinhaltes vertrauen können. Soweit die Beteiligten aber erkennen können, daß der Verwaltungsakt unrichtig ist, ist ein Vertrauensschutz nicht gerechtfertigt.

Berichtigung offenbarer Unrichtigkeiten 149

1. Begriff der offenbaren Unrichtigkeit

Offenbare Unrichtigkeiten sind Versehen, bei denen ein Rechtsfehler ausgeschlossen ist, wie etwa **Rechen- und Schreibfehler,** Fehler beim Ablesen der Steuertabelle, Vergreifen in der Tabelle, Übersehen einer Zeile im Eingabebogen. 164

> **Beispiel:**
> Ein Ehepaar war bis zum Jahre 01 immer zusammen veranlagt worden. Im Jahre 02 starb die Ehefrau. Im Jahre 04 war bei der Veranlagung des Witwers die Grundtabelle herangezogen worden, im Jahre 05 die Splittingtabelle.
>
> Bei der Veranlagung von verwitweten Personen kann nicht allgemein ausgeschlossen werden, daß die Anwendung der falschen Tabelle auf einem Rechtsfehler beruht. Da aber im obigen Fall für 04 bereits die Grundtabelle herangezogen worden war, liegt es **im konkreten Fall** außerhalb jeder Wahrscheinlichkeit, daß der Fehler auf falsche Rechtsanwendung zurückzuführen ist. Der Steuerbescheid kann berichtigt werden.

Die Unrichtigkeit muß offenbar sein, sie muß allerdings nicht aus dem Verwaltungsakt selbst erkennbar sein; es reicht aus, wenn sie aus den Akten hervorgeht, jedoch nicht erst nach komplizierten Erforschungen.

2. „Bei Erlaß des Verwaltungsaktes"

Durch diese Formulierung will der Gesetzgeber zweierlei hervorheben: Die offenbare Unrichtigkeit **muß der Finanzbehörde** unterlaufen sein, und zwar in dem Zeitraum zwischen Willensbildung und Bekanntgabe. 165

a) Eine Berichtigung nach § 129 AO scheidet immer dann aus, wenn sich in die Unterlagen des Steuerpflichtigen Fehler eingeschlichen haben. Denn soweit der Steuerpflichtige versehentlich Fehlbuchungen vornimmt oder Rechenfehler macht, geschehen diese nicht beim Erlaß des Bescheides. Allerdings kann insoweit eine neue Tatsache i. S. des § 173 Abs. 1 AO vorliegen.

Ist für die Finanzbehörde jedoch eine offenbare Unrichtigkeit des Steuerpflichtigen in der Steuererklärung, in der Steueranmeldung oder aus sonstigen vorliegenden Unterlagen ersichtlich und entdeckt die Finanzbehörde diesen Fehler nicht, so wird der Fehler zur offenbaren Unrichtigkeit der Finanzbehörde bei Erlaß des Steuerbescheides.

> **Beispiel:**
> In einer Einkommensteuererklärung setzt der Steuerpflichtige die Abschreibung für Abnutzung nach § 7 Abs. 5 EStG mit 5% aus 240 000 DM = 14 000 DM an. Das FA überprüft die Angaben in der Erklärung nicht mit der

erforderlichen Sorgfalt und übernimmt den Rechenfehler. – Hier können nach Aufdeckung des Fehlers die Einkünfte aus Vermietung und Verpachtung nach § 129 AO um 2 000 DM erhöht werden. Auch dem FA unterlief bei Erlaß eine offenbare Unrichtigkeit.

b) Die offenbare Unrichtigkeit kann dem FA bei der Bearbeitung der Steuererklärung und deren Anlagen, beim Ausfüllen des Eingabebogens, bei Eingabe der Werte in die Datenerfassungsanlage und der Verarbeitung sowie beim Ausdrucken der Bescheide unterlaufen.

Beispiel:
Das FA hat durch Eintragung einer entsprechenden Schlüsselzahl auf dem Eingabebogen verfügt, daß ein Steuerbescheid unter dem Vorbehalt der Nachprüfung (§ 164 AO) ergehen soll. Der Steuerbescheid wird jedoch ohne die Nebenbestimmung bekanntgegeben.
Der Steuerbescheid wird als endgültiger wirksam (§ 124 Abs. 1 Satz 2 AO).
Die bei Erlaß unterlaufene offenbare Unrichtigkeit kann jedoch berichtigt werden (§ 129 AO; BFH/NV 1990, 205).

3. Verfahren

166 a) Die Berichtigung kann von Amts wegen oder auf Antrag des Steuerpflichtigen vorgenommen werden. Einen Rechtsanspruch auf Durchführung der Berichtigung hat der Steuerpflichtige nur bei berechtigtem Interesse. Ein berechtigtes Interesse ist immer zu bejahen, wenn das Unterlassen der Berichtigung für den Steuerpflichtigen irgendwelche Nachteile mit sich bringt.

b) Damit das FA kleine Korrekturen, z. B. Namensänderung, Adressenänderung, auf dem Steuerbescheid selbst vornehmen kann, ist die Finanzbehörde berechtigt, die Vorlage des zu berichtigenden Schriftstückes zu verlangen (§ 129 Satz 3 AO).

167 c) § 129 gestattet der Finanzbehörde nur die Berichtigung der offenbaren Unrichtigkeit. Es handelt sich daher um eine Punktberichtigung; Rechtsfehler sind nach § 177 AO mit zu berichtigen (AEAO, Tz 1 zu § 177; vgl. aber BStBl II 1989, 531).

4. Zeitliche Grenze für die Berichtigung

168 Nach § 129 können offenbare Unrichtigkeiten „jederzeit" berichtigt werden. Steuerbescheide können jedoch grundsätzlich nur bis zum Ablauf der Festsetzungsfrist berichtigt werden (§ 169 Abs. 1 Satz 2 AO).

Berichtigungen nach § 129 AO sind jedoch ausnahmsweise immer bis zum Ablauf eines Jahres nach Bekanntgabe des „offenbar unrichtigen" Bescheides zulässig (§ 171 Abs. 2 AO).

Rücknahme und Widerruf von „Nicht-Steuerbescheiden" 151

Beispiel:
Der Einkommensteuerbescheid für das Jahr 01 wird am 15. 12. 02 bekanntgegeben. Am 10. 6. 06 erfolgt nach einer Außenprüfung eine Änderung dieses Bescheides nach § 173 Abs. 1 Nr. 1 AO. Hierbei unterläuft dem FA eine offenbare Unrichtigkeit, die im Januar 07 aufgedeckt wird.
Die vierjährige Festsetzungsfrist für die Einkommensteuer 01 beginnt mit Ablauf 02, endet mit Ablauf des Jahres 06 (§§ 169 Abs. 2 Nr. 2, 170 Abs. 2 Nr. 1 AO). Dennoch kann die offenbare Unrichtigkeit bis zum 10. 6. 07 berichtigt werden (§ 171 Abs. 2 AO).

IV. Rücknahme und Widerruf von „Nicht-Steuerbescheiden"

1. „Nicht-Steuerbescheide"

Außer Steuerbescheiden erläßt das FA eine Fülle von verschiedenartigen Verwaltungsakten, die im folgenden Nichtsteuerbescheide genannt werden, z. B. 169

- **im Ermittlungsverfahren:**
  Aufforderung zur Vorlage bestimmter Belege (§ 97 Abs. 1 AO)
  Vorladung eines Dritten zur Auskunftserteilung (§ 93 Abs. 1 AO)
  Befreiung von der Buchführungspflicht (§ 148 AO)
  Festsetzung von Verspätungszuschlägen (§ 152 Abs. 1 AO)
  Genehmigung der Besteuerung nach vereinnahmten Entgelten (§ 20 Abs. 1 UStG)
  NV-Bescheinigungen (§ 36b Abs. 2 u. § 44a Abs. 2 EStG)
- **im Erhebungsverfahren:**
  Anmahnung von Säumniszuschlägen (§ 240 AO)
  Gewährung oder Ablehnung einer Stundung (§ 222 AO)
  Gewährung oder Ablehnung eines Erlasses (§ 227 AO)
  Abrechnungsbescheid gemäß § 218 Abs. 2 AO
- **im Vollstreckungsverfahren:**
  Androhung sowie Festsetzung von Zwangsgeld (§ 328 ff. AO)
  Pfändung eines Farbfernsehgerätes (§§ 281, 286 Abs. 2 AO)
- **im Rechtsbehelfsverfahren:**
  Hinzuziehung zum Verfahren (§ 360 AO)
  Aussetzung der Vollziehung (§ 361 AO)

Diese Verwaltungsakte können zurückgenommen werden, wenn sie fehlerhaft sind bzw. widerrufen werden, wenn sie fehlerfrei sind.

2. Regelungsbereich von Rücknahme und Widerruf

Rücknahme und Widerruf kommen nur in Betracht, wenn ein Verwaltungsakt korrigiert werden soll, also ein konkreter Sachverhalt, der in einem Verwaltungsakt seinen Niederschlag gefunden hat, eine neue Regelung erfahren soll. Daher bedarf es einer Korrektur nach §§ 130, 131 AO nicht, wenn über einen neuen Sachverhalt zu entscheiden ist.

Beispiel:
Eine Prüfungsanordnung (§ 196 AO) für eine Außenprüfung umfaßt den Prüfungszeitraum 05 bis 07. Die Prüfung soll später auf das Jahr 04 ausgedehnt werden.

In diesem Fall wird nicht die ursprüngliche Prüfungsanordnung korrigiert, sondern es erfolgt eine neue Regelung für das Jahr 04.

3. Rücknahme rechtswidriger Verwaltungsakte (§ 130 AO)

170 Ein Verwaltungsakt ist rechtswidrig, wenn er verfahrensrechtlich nicht ordnungsgemäß zustande gekommen ist oder dem materiellen Recht widerspricht. Gegen das materielle Recht verstößt ein Verwaltungsakt auch dann, wenn das FA beim Erlaß des Verwaltungsaktes von einem anderen Sachverhalt ausgegangen ist. Rechtswidrigkeit liegt auch vor, wenn das FA eine Ermessensentscheidung unter Verstoß gegen § 5 AO gefällt hat (vgl. Rdnr. 113).

Beispiele:
1. Ein Steuerpflichtiger täuscht bei einem Stundungsantrag das FA arglistig über seine Vermögenslage. Die Stundung wird gewährt. – Das FA geht von einem falschen Sachverhalt aus. Die Stundung ist rechtswidrig.
2. Eine Steuererklärung geht verspätet beim FA ein. Die Steuer wird auf 5 000 DM und der Verspätungszuschlag (§ 152 AO) auf 400 DM festgesetzt. Später wird die Steuer gemäß § 129 AO auf 3 000 DM berichtigt. Das Finanzamt ist bei der Bemessung des Verspätungszuschlags ursprünglich von einer falschen Steuerhöhe ausgegangen. Die Festsetzung des Verspätungszuschlages ist deshalb rechtswidrig.

a) Rücknahme belastender Verwaltungsakte

171 Begünstigende (rechtswidrige) Verwaltungsakte dürfen nur unter den besonderen Voraussetzungen des § 130 Abs. 2 AO zurückgenommen werden. Daraus ergibt sich, daß die uneingeschränkte Rücknahme (§ 130 Abs. 1 AO) nur für belastende Verwaltungsakte gilt.

Rücknahme und Widerruf von „Nicht-Steuerbescheiden"

Beispiele:
1. Die Einkommensteuer für ein bestimmtes Jahr wird auf 400 000 DM festgesetzt; ferner wird ein Verspätungszuschlag (§ 152 AO) von 12 000 DM angefordert. Wegen Überschreitung der gesetzlichen Grenzen des Ermessens (§ 152 Abs. 2 Satz 1 AO) ist die Festsetzung des Verspätungszuschlages rechtswidrig. – Das FA muß deshalb die Festsetzung des Verspätungszuschlages, jedenfalls teilweise, zurücknehmen und einen Verspätungsszuschlag unter 10 000 DM anfordern. – Wenn sich herausstellt, daß die Versäumung der Abgabefrist entschuldbar war, so ist die Anforderung des Verspätungszuschlages ganz zurückzunehmen (§ 152 Abs. 1 Satz 2 AO).
2. Das FA fordert einen Gewerbetreibenden auf, ab 1. 1. des Folgejahres Bücher zu führen (§ 141 Abs. 1 Nr. 4, Abs. 2 AO). Der Steuerpflichtige weist nach, daß sein Gewinn in den vorangegangenen Wirtschaftsjahren 36 000 DM nicht überschritten hat. Er richtet eine Buchführung nicht ein. – Das FA kann im März seine Anordnung mit rückwirkender Kraft zum 1. 1. zurücknehmen.

b) Rücknahme begünstigender Verwaltungsakte

Der begünstigende Verwaltungsakt verschafft dem Steuerpflichtigen eine Rechtsposition, die grundsätzlich schutzwürdig ist. Nur ausnahmsweise, wenn die Voraussetzungen des § 130 Abs. 2 Nr. 1–4 AO vorliegen, kann sich der Steuerpflichtige auf den Grundsatz des Vertrauensschutzes nicht berufen. Ferner ist die Rücknahme auch dann möglich, wenn eine der Voraussetzungen des § 131 Abs. 2 AO vorliegt. Wenn nämlich der Widerruf eines rechtmäßigen Verwaltungsaktes zulässig ist, so muß erst recht – z. B. bei einem Widerrufsvorbehalt (§ 131 Abs. 2 Nr. 2 AO) – die Rücknahme möglich sein (BStBl II 1983, 187). Allerdings kommt eine Rücknahme, die sich auf die Tatbestandsvoraussetzungen des § 131 Abs. 2 AO stützt, nur mit Wirkung für die Zukunft in Betracht.

Darüber hinaus kann nach allgemeinen Rechtsgrundsätzen ein begünstigender Verwaltungsakt zurückgenommen werden, wenn der Steuerpflichtige seine Zustimmung erteilt.

In all diesen Fällen kann ein rechtswidriger begünstigender Verwaltungsakt

- ganz oder teilweise,
- mit Wirkung für die Zukunft oder Vergangenheit

zurückgenommen werden.

Beispiel:
1. Das FA hat USt in Höhe von 500 000 DM erlassen. Hierdurch hat es seine Befugnisse nach § 227 Abs. 2 AO überschritten; die oberste Landesbehörde wäre zuständig gewesen (vgl. BStBl I 1982, 688 Tz II). – Der rechtswidrige

Erlaß kann mit Wirkung für die Vergangenheit zurückgenommen werden (§ 130 Abs. 1, Abs. 2 Nr. 1 AO – zur sachlichen Unzuständigkeit vgl. Rdnr. 47 ff.).

2. Ein Stpfl. erwirkt eine Stundung (§ 222 AO) durch Bestechung. – Die Stundung kann zurückgenommen werden (§ 130 Abs. 1, Abs. 2 Nr. 2 AO).

3. Auf Antrag eines Stpfl. wird die Versteigerung einer gepfändeten Filmkamera kurzfristig ausgesetzt (§ 297 AO). Der Stpfl. hatte seinen Antrag auf eine Kreditzusage seitens seiner Bank gestützt. Dem Stpfl. wird die Aussetzung mitgeteilt. Kurz darauf erfährt das FA durch einen Anruf, daß die Bank dem Stpfl. den erhofften Kredit zur Begleichung der Steuerschulden nicht gewähren wird. – Das FA kann die Aussetzung der Verwertung zurücknehmen (§ 130 Abs. 1, Abs. 2 Nr. 3 AO).

4. Das FA gestattet einem Unternehmer auf Antrag, seine Umsätze nach vereinnahmten Entgelten zu versteuern (§ 20 Abs. 1 Nr. 1 UStG). Kurz darauf werden im Rahmen einer Außenprüfung (§§ 193 ff. AO) nicht verbuchte Einnahmen festgestellt, wegen deren der Gesamtumsatz im vorangegangenen Kalenderjahr 250 000 DM überstiegen hat. – Das FA kann die Genehmigung zurücknehmen (§ 130 Abs. 1, Abs. 2 Nr. 4 AO).

In den Fällen des § 130 Abs. 2 Nr. 2 und 3 AO muß sich der Begünstigte falsche Angaben seines Vertreters oder Erfüllungsgehilfen zurechnen lassen.

c) Ersetzung des zurückgenommenen Verwaltungsaktes

172 § 130 AO regelt nur, unter welchen Voraussetzungen ein rechtswidriger Verwaltungsakt zurückgenommen werden kann. Offen bleibt die Frage, ob die Finanzbehörde statt des zurückgenommenen Verwaltungsaktes einen den Steuerpflichtigen stärker belastenden oder weniger begünstigenden Verwaltungsakt erlassen darf. Aus dem in § 130 AO verankerten Gedanken des Vertrauensschutzes ist zu folgern, daß dies nur möglich ist, wenn der Steuerpflichtige nicht mit dem Bestand des rechtswidrigen Verwaltungsaktes rechnen durfte. Eine Schlechterstellung des Steuerpflichtigen wird daher nur in Betracht kommen, wenn eine der Voraussetzungen des § 130 Abs. 2 AO vorliegt.

Beispiele:

1. Das FA hat einen Verspätungszuschlag in Höhe von 80 DM festgesetzt. Bei der Bemessung der Höhe hatte das FA zugunsten des Stpfl. dessen Angaben berücksichtigt, er sei im Krankenhaus gelegen und habe daher vergessen, seine Steuererklärung rechtzeitig abzugeben. Später erfährt das FA, daß der Stpfl. tatsächlich niemals krank war und will nun den Verspätungszuschlag auf 200 DM festsetzen.

Das FA kann den Verspätungszuschlag durch eine verbösernde Festsetzung in Höhe von 200 DM ersetzen, da der ursprünglich zu niedrige Verspätungszuschlag aufgrund einer Täuschung durch den Stpfl. zustandegekommen ist. Der Stpfl. verdient in diesem Falle keinen Vertrauensschutz. In Anwendung des Rechtsgedankens, der in § 130 Abs. 2 AO seinen Niederschlag gefunden hat, muß das FA die Möglichkeit haben, die Folgen aus dem treuwidrigen Verhalten des Stpfl. zu ziehen.

2. Das FA hat auf Antrag eine Stundung ausgesprochen (§ 222 AO) und aufgrund der nach den Angaben des Stpfl. schlechten Vermögenslage von der Anordnung einer Sicherheitsleistung abgesehen. Später stellt sich heraus, daß die Angaben des Stpfl. unvollständig waren.

Das FA kann in Anwendung von § 130 Abs. 2 Nr. 3 AO die Stundung durch Anordnung einer Sicherheitsleistung ergänzen.

Nimmt in Fällen dieser Art das FA einen belastenden Verwaltungsakt in einer Weise zurück, daß der Steuerpflichtige davon ausgehen konnte, das FA werde von einer erneuten Festsetzung absehen, so erläßt das FA damit einen begünstigenden Steuerverwaltungsakt, der nur unter den Voraussetzungen des § 130 Abs. 2 AO oder des § 131 Abs. 2 AO korrigierbar ist (BStBl II 1985, 562).

4. Widerruf rechtmäßiger Verwaltungsakte (§ 131 AO)

Hat eine Finanzbehörde einen rechtmäßigen Verwaltungsakt erlassen, so ist sie an diesen stärker gebunden als an einen rechtswidrigen Verwaltungsakt. Daher ist ein Widerruf nur mit Wirkung für die Zukunft möglich. Er kann auch nach Unanfechtbarkeit der Verwaltungsakte ausgesprochen werden.

Beispiel:
Ein Stpfl. hat die USt mehrfach verspätet entrichtet. Nach vorheriger Ankündigung hat das FA mit Wirkung ab Mai die Fälligkeit auf den 5. jeden Monats vorverlegt (vgl. § 18 Abs. 1 UStG, § 221 AO). Nachdem der Stpfl. mehrfach die USt pünktlich gezahlt hat, widerruft das FA im Oktober die Anordnung der Vorverlegung mit Wirkung ab 1. 11. Das FA hätte den Widerruf auch mit Wirkung ab 1. 1. des Folgejahres aussprechen können (§ 131 Abs. 3 AO).

a) Widerruf belastender Verwaltungsakte (§ 131 Abs. 1 AO)

Ein Widerruf kommt bei belastenden Verwaltungsakten nur in Betracht, wenn es sich um Ermessensentscheidungen handelt und der Widerruf nicht ausnahmsweise gesetzlich ausgeschlossen ist (vgl. z. B. § 280 AO). Begrifflich kann sich der Widerruf belastender Verwaltungsakte nur zugunsten des Steuerpflichtigen auswirken.

Beispiel:

Das FA hat nach ordnungsgemäßer Anordnung zur Erzwingung der Abgabe einer Steuererklärung ein Zwangsgeld von 50 DM festgesetzt (§ 328 ff. AO). kommt das FA später zu der Überzeugung, ein Zwangsgeld von 70 DM wäre zweckmäßiger gewesen, so fehlt es an einer gesetzlichen Ermächtigung zur Korrektur. – Kommt das FA später zu der Überzeugung, ein Zwangsgeld von 30 DM wäre zweckmäßiger gewesen, so ist ein teilweiser Widerruf der Zwangsgeldfestsetzung nach § 131 Abs. 1 AO möglich.

b) Widerruf begünstigender Verwaltungsakte (§ 131 Abs. 2 AO)

174 Einen besonderen Schutz genießt die Rechtsposition, die der Steuerpflichtige durch einen rechtmäßigen begünstigenden Verwaltungsakt erlangt hat. Sie kann nur in den in § 130 Abs. 2 AO abschließend aufgezählten Ausnahmefällen oder bei Zustimmung des Betroffenen ganz oder teilweise mit Wirkung für die Zukunft widerrufen werden.

Beispiele:

1. Das FA hat einem Stpfl. Buchführungserleichterungen gewährt und eine Stundung unter Widerrufsvorbehalt ausgesprochen.
Obwohl beide Verwaltungsakte rechtmäßig waren, kann das FA die Anordnung der Buchführungserleichterung nach §§ 131 Abs. 2 Nr. 1, 148 Satz 3 AO, die Stundung nach §§ 131 Abs. 2 Nr. 1, 120 Abs. 2 Nr. 3 AO widerrufen.

2. Das FA setzt nach Einlegung eines Einspruches mit Wirkung ab 1. 6. die Vollziehung eines Steuerbescheides mit der Auflage aus, daß bis 1. 6. eine Sicherheitsleistung erbracht wird (§§ 361, 120 Abs. 2 Nr. 4, 241 ff. AO).
Wird die Sicherheitsleistung nicht fristgerecht erbracht, so kann das FA die Aussetzung der Vollziehung gemäß § 131 Abs. 2 Nr. 2 AO widerrufen.

3. Das FA stundet eine Einkommensteuerabschlußzahlung für 6 Monate (§ 222 AO). Kurz darauf macht der Stpfl. eine größere Erbschaft.
Das FA kann Dauerverwaltungsakte gemäß § 131 Abs. 2 Nr. 3 AO widerrufen. Infolgedessen kann die Stundung mit Wirkung für die Zukunft widerrufen werden. Denn die Finanzbehörde hätte die Stundung nicht ausgesprochen, wenn der Erbfall vorher eingetreten wäre. Die Aufrechterhaltung der Stundung würde der Steuergerechtigkeit und damit öffentlichem Interesse widersprechen (§ 131 Abs. 2 Nr. 3 AO).

4. Das FA hat einem verarmten Stpfl. eine Einkommensteuerschuld erlassen (§ 227 AO). Wenige Monate später macht der Stpfl. eine große Erbschaft.
Durch den Erlaß ist die Steuer erloschen (§ 47 AO). Der Erlaß ist kein Dauerverwaltungsakt. Daher kann er nicht nach § 131 Abs. 2 Nr. 3 AO widerrufen werden. – Der Widerruf des Erlasses hätte sonst steuerbegründende Wirkung, was gegen den Grundsatz der Tatbestandsmäßigkeit der Besteuerung (§§ 3 Abs. 1, 85 AO) verstoßen würde.

5. Rücknahme und Widerruf als Ermessensentscheidungen

Wenn alle tatbestandsmäßigen Voraussetzungen für eine Rücknahme oder einen Widerruf vorliegen, hat das FA im Rahmen seines pflichtgemäßen Ermessens (§ 5 AO) zu prüfen, ob die Korrektur zweckmäßig ist. Es handelt sich um Fälle des Entschließungsermessens (Rdnr. 113).

175

Beispiel:
Theo erhält einen Haftungsbescheid, der sich auf § 75 AO stützt. Er bemerkt sofort, daß die Haftungsschuld rechtsfehlerhaft zu hoch festgesetzt ist. Aus Nachlässigkeit versäumt er, rechtzeitig Einspruch (§ 348 Abs. 1 Nr. 4 AO) einzulegen. Nach Bestandskraft beantragt er Teilrücknahme des Haftungsbescheides nach § 130 Abs. 1 AO.

Das FA handelt nicht ermessensfehlerhaft (§ 5 AO), wenn es die Teilrücknahme ablehnt. Der Haftungsschuldner wäre in der Lage gewesen, die Gründe für die Korrektur des Haftungsbescheides im Rechtsbehelfsverfahren (§ 367 Abs. 2 AO) vorzubringen. Etwas anderes könnte dann gelten, wenn ausnahmsweise von Theo die Einlegung des Rechtsbehelfes unter Berücksichtigung aller Umstände billigerweise nicht erwartet werden konnte (BStBl II 1991, 552).

Eine Rücknahme bzw. ein Widerruf eines Verwaltungsaktes wird in Betracht kommen, wenn

- sich die dem Verwaltungsakt zugrundeliegende Sach- oder Rechtslage nachträglich zugunsten des Betroffenen geändert hat,
- neue Beweismittel vorliegen, die eine dem Betroffenen günstigere Entscheidung herbeigeführt haben würden,
- Wiederaufnahmegründe entsprechend § 580 ZPO gegeben sind.

6. Zeitliche Begrenzung und Zuständigkeit

a) Zeitliche Begrenzung

Um den Steuerpflichtigen nicht ungebührlich lange im Ungewissen zu lassen, setzt § 130 Abs. 3 bzw. § 131 Abs. 2 Satz 2 AO für die Ausübung der Rücknahme bzw. des Widerrufs eine Frist von einem Jahr. Bei Versäumung dieser Frist kann Wiedereinsetzung nicht gewährt werden.

Beispiel:
Hat das FA einem Unternehmer die Besteuerung nach vereinnahmten Entgelten gestattet (§ 20 Abs. 1 Nr. 1 UStG) und wird im Rahmen einer Außenprüfung ein zu hoher Gesamtumsatz für das Vorjahr festgestellt, so kann das FA die Genehmigung nur innerhalb eines Jahres nach Abschluß der Außenprüfung zurücknehmen (§ 130 Abs. 3 AO).

b) Zuständigkeit

Rücknahme bzw. Widerruf erfolgen durch die örtlich zuständige Finanzbehörde (§§ 130 Abs. 4, 131 Abs. 4 i. V. m. 16 ff. AO).

V. Aufhebung und Änderung von Steuerbescheiden

1. Steuerbescheide

176 Für Steuerbescheide (vgl. Rdnr. 118 ff.) gelten die §§ 164, 165, 172–177 AO als besondere Änderungsvorschriften.

Steuerbescheide sind auch:
- Freistellungsbescheide (§ 155 Abs. 1 Satz 3 AO),
- Verwaltungsakte, mit denen ein Antrag auf Erteilung eines Steuerbescheides abgelehnt wird (§ 155 Abs. 1 Satz 3 AO),
- Steueranmeldungen (§ 168 AO),
  z. B.: Lohnsteueranmeldung (§ 41a Abs. 1 Nr. 1 EStG),
  Kapitalertragsteueranmeldung (§ 45a Abs. 1 EStG),
  Umsatzsteuer-Voranmeldung (§ 18 Abs. 1 Satz 1 UStG),
  Umsatzsteuer-Jahreserklärung (§ 18 Abs. 3 UStG).
- Den Steuerbescheiden werden gleichgestellt:
  Steuervergütungsbescheide (§ 155 Abs. 6 AO),
  Feststellungsbescheide (§ 181 Abs. 1 AO),
  Steuermeßbescheide (§ 184 Abs. 1 Satz 3 AO),
  Zerlegungs- und Zuteilungsbescheide (§§ 185, 190 AO),
  Zinsbescheide (§ 239 Abs. 1 Satz 1 AO).
- Ferner können Einspruchsentscheidungen geändert oder aufgehoben werden, sofern über einen Steuerbescheid oder einen gleichgestellten Bescheid entschieden wurde (§ 172 Abs. 1 Satz 2 AO).

2. System der Aufhebung und Änderung von Steuerbescheiden (§ 172 AO)

177 Steuerbescheide können „nur" aufgehoben oder geändert werden (vgl. § 172 Abs. 1 AO), wenn dies eine Bestimmung in der AO bzw. in einem Einzelsteuergesetz ausdrücklich zuläßt.

a) Steuerbescheide unter Vorbehalt der Nachprüfung und vorläufige Steuerbescheide können jederzeit ohne besondere Voraussetzungen aufgehoben oder geändert werden (§§ 164 Abs. 2 Satz 1, 165 Abs. 2 Satz 1 AO).

Aufhebung und Änderung von Steuerbescheiden

b) Steuerbescheide ohne eine derartige Nebenbestimmung können unter den Voraussetzungen des § 172 Abs. 1 Nr. 2a–c AO aufgehoben oder geändert werden.

c) Daneben eröffnet § 172 Abs. 1 Nr. 2d AO die Möglichkeit der Aufhebung oder Änderung, soweit dies andere Vorschriften in der AO (z. B. §§ 129, 173–175, 189 AO) oder in Einzelsteuergesetzen (z. B. §§ 10d, 39 Abs. 3a EStG; §§ 22–24 BewG; §§ 16–18 VStG; § 35b GewStG) zulassen.

3. Aufhebung und Änderung von Steuerbescheiden „unter Vorbehalt der Nachprüfung" (§ 164 AO)

a) Allgemeines

Steuerbescheide und ihnen gleichgestellte Bescheide können unter Vorbehalt der Nachprüfung ergehen. Solche Bescheide erwachsen in **formeller Bestandskraft**, wenn sie nicht innerhalb der Rechtsbehelfsfrist angegriffen werden. Ein späterer Einspruch ist unzulässig. Aus der formellen Bestandskraft erwächst die **materielle Bestandskraft**. Sie bedeutet, daß der Regelungsinhalt des Verwaltungsaktes zwischen den Beteiligten verbindlich wird. Steht der Bescheid allerdings unter Vorbehalt der Nachprüfung, so tritt trotz formeller Bestandskraft die materielle Bestandskraft nicht ein (vgl. § 164 Abs. 2 Satz 2 AO). Vorauszahlungsbescheide (§ 164 Abs. 1 Satz 2 AO), Steueranmeldungen (§ 168 Satz 1 AO) und die Eintragung des Familienstandes, der Steuerklasse und der Kinderzahl (§ 39 Abs. 3b EStG) sowie des Freibetrages (§ 39a Abs. 4 Satz 1 EStG) auf der Lohnsteuerkarte stehen stets unter dem Vorbehalt der Nachprüfung, ohne daß dies im Vorauszahlungsbescheid oder in der Steueranmeldung zum Ausdruck kommen muß (§§ 164 Abs. 1 Satz 2, 168 Satz 1 AO). Nach Aufhebung des Vorbehaltes finden die Änderungsvorschriften für Steuerbescheide Anwendung.

b) Wirkung des Vorbehalts der Nachprüfung

Der Steuerbescheid kann jederzeit aufgehoben oder geändert werden (§ 164 Abs. 2 Satz 1 AO). Der Änderungsbescheid wird, solange der Steuerfall nicht abschließend geprüft ist, wieder unter Vorbehalt der Nachprüfung stehen.

Der Steuerpflichtige kann durch einen Einspruch oder durch einen Antrag – auch nach Ablauf der Rechtsbehelfsfrist – die Aufhebung des Vorbehalts der Nachprüfung begehren. In diesen Fällen hat das FA innerhalb angemessener Frist zu entscheiden (§ 164 Abs. 2 AO).

Beispiel:
Die Einkommensteuerfestsetzung für 01 wurde unter Vorbehalt der Nachprüfung im Jahre 02 bekanntgegeben. Im November 06 beantragt der Stpfl. eine Änderung der Steuerfestsetzung, sowie die Aufhebung des Vorbehaltes (§ 164 Abs. 2 Satz 2 AO).
Die Festsetzungsfrist beginnt mit Ablauf des Jahres 02 zu laufen (§ 170 Abs. 2 Nr. 1 AO). Sie dauert 4 Jahre (§ 169 Abs. 2 AO). Sie würde also Ende 06 ablaufen, aber sie endet nicht, bevor über den Antrag unanfechtbar entschieden worden ist (§ 171 Abs. 3 Satz 1 AO).

c) Dauer des Vorbehalts der Nachprüfung

179 aa) Das FA kann den Vorbehalt der Nachprüfung von Amts wegen oder auf Antrag jederzeit aufheben. Nach einer Außenprüfung ist der Vorbehalt aufzuheben (§ 164 Abs. 3 AO). Die Aufhebung erfolgt durch einen Aufhebungsbescheid, der einem Steuerbescheid gleichsteht. Dies bedeutet, daß der Aufhebungsbescheid einspruchsfähig ist (§ 348 Abs. 1 Nr. 1 AO), und daß in diesem Falle auch ein Antrag auf Aussetzung der Vollziehung gestellt werden kann (BStBl II 1983, 622). Der Aufhebungsbescheid kann vorläufig ergehen (§ 165 AO). Ist dies nicht der Fall, dann kann das FA nur noch nach § 172 ff. AO ändern.

bb) Der Vorbehalt der Nachprüfung entfällt mit Ablauf der Festsetzungsfrist von 4 Jahren (§ 164 Abs. 4 AO), ohne daß eine Nachprüfung oder Mitteilung an den Steuerpflichtigen notwendig ist.

Beispiele:
1. Das FA hat die Einkommensteuer 01 im Jahre 02 unter dem Vorbehalt der Nachprüfung festgesetzt. Gleichzeitig wurden die Einkünfte aus Kapitalvermögen für vorläufig erklärt (§ 165 Abs. 1, 3 AO).
Nach Ablauf der Festsetzungsfrist (31. 12. 06; vgl. vorhergehendes Beispiel) kann eine Änderung nach § 164 Abs. 2 AO nicht mehr erfolgen (§ 164 Abs. 4 Satz 1 AO). – Eine Änderung der Einkünfte aus Kapitalvermögen kann aber auf § 165 Abs. 2 Satz 2 AO gestützt werden, da insoweit die Festsetzungsfrist wegen der Ablaufhemmung nach § 171 Abs. 8 AO noch nicht abgelaufen ist.
2. Das FA hat die Einkommensteuer 01 im Jahre 02 unter dem Vorbehalt der Nachprüfung auf 50 000 DM festgesetzt. Im Jahre 08 werden Steuerhinterziehungen in Höhe von 20 000 DM aufgedeckt.
Mit Ablauf der vierjährigen Festsetzungsfrist (vgl. §§ 170 Abs. 2 Nr. 1, 169 Abs. 2 Nr. 2, 164 Abs. 4 Satz 2 AO) ist der Vorbehalt der Nachprüfung entfallen, so daß eine Änderung des Einkommensteuerbescheides 01 nicht mehr auf § 164 Abs. 2 Satz 1 AO gestützt werden kann. Dennoch kann die hinterzogene Einkommensteuer 01 gemäß § 173 Abs. 1 Nr. 1 AO nachgefordert wer-

den, da die Festsetzungsfrist von zehn Jahren für die hinterzogenen Beträge noch nicht abgelaufen ist (§§ 164 Abs. 4 Satz 2, 169 Abs. 1 Satz 1, Abs. 2 Satz 2 AO).

4. Aufhebung und Änderung von vorläufigen Steuerbescheiden (§ 165 AO)

a) Allgemeines

Steuerbescheide und ihnen gleichgestellte Bescheide können vorläufig ergehen, wenn eine Ungewißheit tatsächlicher Art über ein Besteuerungsmerkmal besteht.

180

Beispiel:
Es besteht Streit unter den Erben, wer Eigentümer eines Mietwohngrundstückes geworden ist; es bestehen Zweifel über den Wert einer Briefmarkensammlung im Rahmen der Vermögensteuer-Veranlagung.

Es muß sich um eine auf Tatsachen beruhende Ungewißheit handeln, die sich durch zumutbare Ermittlungshandlungen nicht beseitigen läßt. Das Ende der Ungewißheit muß absehbar sein. Zweifel an der steuerlichen Rechtslage erlauben keine vorläufige Veranlagung.

Beispiele:
1. Weil Buchführungsunterlagen nicht vorhanden sind, können Umsatz und Gewinn eines Stpfl. nicht ermittelt werden. – Hier kann das FA durch Ermittlungsmaßnahmen die Ungewißheit nicht beseitigen. Die Ungewißheit ist nicht nur vorübergehend. Daher darf nicht vorläufig veranlagt werden; das FA hat zu schätzen (§ 162 AO).
2. Das FA ist sich nicht schlüssig, ob es bestimmte Umsätze dem vollen oder dem ermäßigten Steuersatz unterwerfen soll. Es will eine Entscheidung des BFH in einem ähnlich gelagerten Fall abwarten. – Hier zweifelt das FA an der steuerrechtlichen Rechtslage. Das FA hat sich zu entscheiden und eine endgültige Veranlagung durchzuführen.
3. Das FA hat in Beispiel 2 die Umsätze dem ermäßigten Steuersatz unterworfen und den Bescheid zu Unrecht nach § 165 Abs. 1 Satz 1 AO vorläufig erlassen. Später entscheidet der BFH, daß die Umsätze tatsächlich dem vollen Steuersatz unterliegen.
Das FA darf den Umsatzsteuerbescheid nicht nach § 165 Abs. 2 Satz 2 AO korrigieren, da nicht eine Ungewißheit i. S. von § 165 Abs. 1 Satz 1 AO weggefallen ist, sondern ein Rechtsirrtum des FA geklärt wurde (BStBl II 1985, 648).
4. Korger hat in 01 einen Betrieb eröffnet und in den Jahren 01 bis 04 Verluste erklärt. Das FA hat die Einkünfte aus Gewerbebetrieb vorläufig festgesetzt mit der Begründung, es bestehe noch keine Klarheit über Korgers Gewinnerzielungsabsicht (§ 15 Abs. 2 EStG).

Hier liegt zwar ebenfalls eine Unsicherheit in der rechtlichen Beurteilung vor. Diese ist jedoch eine Folge der tatsächlichen Ungewißheit, die darin liegt, daß die Absicht Korgers, einen Totalgewinn zu erzielen, nur in einem längeren Zeitraum beurteilt werden kann (BStBl II 1990, 278).

Auch wenn es sich nicht um Ungewißheiten im tatsächlichen Bereich handelt, können in folgenden Fällen Steuerbescheide vorläufig ergehen (§ 165 Abs. 1 Satz 2 AO):

- Es ist ungewiß, ob und wann Verträge mit anderen Staaten über die Besteuerung (§ 2 AO), die sich zugunsten des Stpfl. auswirken, für die Steuerfestsetzung wirksam werden.
- Das BVerfG hat die Unvereinbarkeit eines Steuergesetzes mit dem GG festgestellt und den Gesetzgeber zu einer Neuregelung verpflichtet.
- Vor dem EuGH, dem BVerfG oder einem obersten Bundesgericht (z. B. BFH; vgl. Art. 95 Abs. 1 GG) ist die Vereinbarkeit eines Steuergesetzes mit höherrangigem Recht Gegenstand eines (Muster)Verfahrens.

Bei Verfahren vor den Finanzgerichten unter dem Rang des BFH kommt somit die Nebenbestimmung einer Vorläufigkeit nicht in Betracht.

Erweist sich die vorläufige Steuerfestsetzung im Endergebnis als zutreffend, kann das FA auf eine Endgültigerklärung verzichten. In diesem Falle entfällt die Vorläufigkeit mit Ablauf der Festsetzungsfrist.

Diese Regelung gilt allerdings dann nicht, wenn der Stpfl. eine förmliche Endgültigkeitserklärung beantragt, oder der Bescheid aus anderen Gründen zu korrigieren ist (§ 126 Abs. 2 Satz 3 AO).

Siehe dazu Rdnr. 309.

Die Vorläufigkeit ist auf die Besteuerungsgrundlage zu beschränken, die ungewiß ist. Umfang und Grund der Vorläufigkeit müssen sich eindeutig aus dem Bescheid ergeben.

Beispiele:

1. Zwischen einem Darlehensgeber und einem Darlehensnehmer ist strittig, ob ein an den Darlehensgeber gezahlter Betrag eine Rückzahlungsrate oder Zinsen waren. Das FA hat daraufhin die Einkommensteuerveranlagung des Darlehensgebers unter Hinweis auf den Rechtsstreit bezüglich der Einkünfte aus Kapitalvermögen vorläufig durchgeführt.
Das Amtsgericht entscheidet, daß es sich um eine Zinszahlung handelt. Bevor das FA der Entscheidung des Amtsgerichtes Rechnung trägt, macht der Dar-

Aufhebung und Änderung von Steuerbescheiden 163

lehensgeber Werbungskosten hinsichtlich dieses Darlehens geltend. – Das FA hat unter Berücksichtigung der Werbungskosten die Einkünfte aus Kapitalvermögen erneut zu ermitteln und die Einkommensteuer endgültig festzusetzen.

2. Zwei Brüder streiten darüber, zu welchen Bruchteilen sie den Nachlaß ihres Vaters geerbt haben. Zu dem Nachlaß gehört u. a. ein Mietwohngrundstück. Das FA wird beiden im Rahmen des Feststellungsbescheides (§ 180 Abs. 1 Nr. 2a AO) einen Teil der Einkünfte aus Vermietung und Verpachtung zurechnen. Auf dem Feststellungsbescheid ist der Vermerk anzubringen: „Die Zurechnung erfolgt wegen des Erbstreites vorläufig nach § 165 AO.

Soweit das FA den Grund der Vorläufigkeit nicht angibt, liegt ein heilbarer Begründungsmangel vor (§§ 121 Abs. 1, 126 Abs. 1 Nr. 2 AO). Soweit der Umfang der Vorläufigkeit im Bescheid nicht mit hinreichender Bestimmtheit erläutert wird, ist die Nebenbestimmung nichtig. Dies gilt allerdings nicht, wenn der Umfang durch Auslegung ermittelt werden kann (BStBl II 1993, 338). Liegt überhaupt keine Erläuterung zum Umfang vor, so ist der Steuerbescheid in vollem Umfang vorläufig (BStBl II 1986, 38 und 241).

b) Wirkung der Vorläufigkeit

Soweit die Vorläufigkeit reicht, erwächst der Bescheid in formeller, aber nicht in materieller Bestandskraft (Rdnr. 178).

Die vorläufig festgesetzten Besteuerungsgrundlagen können jederzeit aufgehoben oder geändert werden (§ 165 Abs. 2 Satz 1 AO). 181

Beispiel:
Im obigen Beispiel hat das Nachlaßgericht die Erbquoten mit $^1/_3$ zu $^2/_3$ festgestellt. Ein Bruder erhebt Klage. – Das FA kann diese Aufteilung im Feststellungsbescheid übernehmen und an der Vorläufigkeit bis zur Beseitigung der Ungewißheit festhalten.

Der Steuerpflichtige kann durch Einspruch gegen den vorläufigen Bescheid einen endgültigen Bescheid begehren. Nach Ablauf der Rechtsbehelfsfrist kann der Steuerpflichtige nicht mehr geltend machen, daß der Steuerbescheid zu Unrecht teilweise vorläufig ergangen sei.

Die allgemeinen Änderungsvorschriften für Steuerbescheide (§ 172 ff. AO) finden Anwendung, soweit Besteuerungsgrundlagen nicht für vorläufig erklärt wurden und für vorläufige Besteuerungsgrundlagen, die für endgültig erklärt wurden.

c) Dauer der Vorläufigkeit

182 aa) Nach Beseitigung der Ungewißheit hat das FA auf Antrag oder von Amts wegen die vorläufigen Besteuerungsgrundlagen zu ändern oder für endgültig zu erklären (§ 165 Abs. 2 Satz 2 AO).
Gegen den Änderungsbescheid sowie gegen die Endgültigkeits-Erklärung kann sich der Steuerpflichtige mit dem Einspruch wenden.

bb) Nach Ablauf der Festsetzungsfrist kann eine Änderung des vorläufigen Bescheides nicht mehr erfolgen (§ 169 ff., hier insbesondere § 171 Abs. 8 AO).

Beispiel:
Der teilweise vorläufige Umsatzsteuerbescheid 01 wird 02 erlassen. Ende Mai 07 entfällt die Ungewißheit. Am 1. 4. 08 beantragt der Stpfl. die entsprechende Änderung des Umsatzsteuerbescheides 01.
Die Festsetzungsverjährung beginnt mit Ablauf des Jahres 02 (§ 170 Abs. 2 Nr. 1 AO). Sie dauert 4 Jahre (§ 169 Abs. 2 Nr. 2 AO), kann aber wegen der Ablaufhemmung in § 171 Abs. 8 AO nicht vor Ablauf des 1. 4. 09 enden. Da der Stpfl. vor Ablauf der Festsetzungsfrist einen Änderungsantrag gestellt hat, endet die Festsetzungsfrist nicht, bevor über den Antrag unanfechtbar entschieden ist (§ 171 Abs. 3 AO).

d) Aussetzung der Steuerfestsetzung

Bei vorübergehender Ungewißheit kann das FA auch anstelle eines vorläufigen Steuerbescheides die Steuerfestsetzung mit oder ohne Sicherheitsleistung aussetzen (§ 165 Abs. 1 Satz 4 AO). Bei Wegfall der Ungewißheit ist die Steuerfestsetzung nachzuholen (§ 165 Abs. 2 Satz 2 AO).

5. Aufhebung und Änderung von Steuerbescheiden bei Zustimmung (§ 172 Abs. 1 Nr. 2a AO)

a) Zustimmung oder Antrag

183 Bescheide, soweit sie nicht Zölle oder Verbrauchsteuern betreffen, können mit Zustimmung oder auf Antrag des Steuerpflichtigen aufgehoben oder geändert werden.

Zustimmung kann auch nach der Änderung erklärt werden. Jeder Antrag des Steuerpflichtigen auf Änderung, z. B. im Rahmen eines Einspruches, beinhaltet eine Zustimmung. Kann der Änderungsbescheid gegenüber mehreren Beteiligten nur einheitlich ergehen (§ 179 Abs. 2 Satz 2 AO), so bedarf es für die Aufhebung oder Änderung der Zustimmung bzw. des Antrages aller Beteiligten.

Aufhebung und Änderung von Steuerbescheiden

Beispiele:
1. Die Einkünfte aus Vermietung und Verpachtung einer Hausgemeinschaft werden auf 60 000 DM festgestellt. Eine Änderung bedarf der Zustimmung aller Gemeinschafter. – Hat die Hausgemeinschaft einen Vermögensverwalter mit der Wahrnehmung ihrer steuerlichen Interessen beauftragt (§ 34 Abs. 3 AO), so genügt dessen Zustimmung.
2. Der Wert des Betriebsvermögens einer KG beträgt gemäß Einheitswertbescheid 100 000 DM. Eine Aufhebung oder Änderung dieses Bescheides bedarf der Zustimmung eines zur Geschäftsführung und Vertretung der KG befugten Gesellschafters (§§ 161 Abs. 2, 114 ff., 164, 125 ff., 170 HGB).

b) Änderung „der Sache nach"

Dem Antrag des Steuerpflichtigen wird der Sache nach entsprochen, wenn der Steuerpflichtige durch die Änderung das erhält, was er begehrt. Es muß dem materiell-rechtlichen Begehren des Steuerpflichtigen entsprochen werden, auf die Begründung seitens des FA kommt es nicht an.

184

Beispiele:
1. Ein Stpfl. beantragt nachträglich den Abzug von Zinsen als Sonderausgaben. Das FA ändert den Einkommensteuerbescheid, wobei die Zinsen als Betriebsausgaben berücksichtigt werden, da das Darlehen betrieblich veranlaßt war.
Das FA hat dem Antrag der Sache nach entsprochen.
2. Der Einheitswert für ein Betriebsgrundstück wird auf 1 Mio. DM festgestellt. Auf dem Grundstück stehen 25 Gebäude. Der Stpfl. legt in seinem Antrag auf Änderung dar, daß 20 Gebäude fehlerhaft bewertet wurden. Das FA trägt durch Teiländerung dem Begehren bezüglich 15 Gebäuden Rechnung. Durch diesen Änderungsbescheid ist dem Antrag des Stpfl. nicht der Sache nach entsprochen.

c) Verfahren

aa) „Schlichte Änderung" oder Einspruch

Wendet sich der Stpfl. innerhalb der Rechtsbehelfsfrist schriftlich gegen einen Steuerbescheid, so ist zuerst zu prüfen, ob es sich um einen Antrag auf „schlichte Änderung" nach § 172 Abs. 1 Nr. 2a AO handelt oder um einen Einspruch. Dies ist bedeutsam, weil die schlichte Änderung nur zu einer Punktberichtigung, der Einspruch dagegen zur Gesamtaufrollung des Falles führt (§ 367 Abs. 2 AO). Unklarheiten sind gegebenenfalls durch Rücksprache mit dem Stpfl. zu klären.

185

bb) Schlichte Änderung außerhalb des Rechtsbehelfsverfahrens

Eine schlichte Änderung zugunsten des Stpfl. kommt nur in Betracht, falls dieser vor Ablauf der Rechtsbehelfsfrist zugestimmt oder den Antrag

186

gestellt hat. Bei Versäumung der Frist kann in analoger Anwendung von § 110 AO Wiedereinsetzung gewährt werden. Wird der Antrag nach Ablauf der Rechtsbehelfsfrist gestellt, so ist eine Änderung nur noch zuungunsten des Stpfl. möglich. Zu beachten ist, daß § 172 Abs. 1 Nr. 2a AO nur punktuelle Änderungen vorsieht. Ein rechtzeitig gestellter Antrag kann daher später näher begründet oder ergänzt werden, gegebenenfalls kann die Begründung für die Änderung auch ausgetauscht werden. Eine Wiederaufrollung sieht diese Vorschrift allerdings nicht vor, so daß nach Ablauf der Frist zusätzliche Anträge nicht mehr berücksichtigt werden (AEAO, Tz 2 zu § 172).

Beispiel:
Ein Stpfl. erhielt am 10. 1. den ESt-Bescheid für 02 vom 7. 1. Am 20. 1. rügt sein Steuerberater telefonisch, daß Betriebsausgaben mit einer steuerlichen Auswirkung von 1 000 DM nicht anerkannt wurden. Am 20. 2. teilt das FA dem Steuerberater mit, daß die Betriebsausgaben zu Recht nicht anerkannt wurden. Der Steuerberater bittet daraufhin um die Anerkennung von Sonderausgaben mit einer steuerlichen Auswirkung von 2 000 DM, die sein Mandant bisher grob fahrlässig nicht geltend gemacht habe.

Der Antrag auf Beseitigung des Rechtsfehlers wurde gemäß § 172 Abs. 1 Nr. 2a AO innerhalb der Rechtsbehelfsfrist gestellt. Nachdem ein Rechtsfehler nicht vorlag, konnte der Grund für die Änderung ausgetauscht werden, da die Besteuerungsgrundlagen nicht in Bestandskraft erwachsen (§ 157 Abs. 2 AO). Dies war auch noch nach Ablauf der Rechtsbehelfsfrist (am 10. 2.) möglich. Allerdings können die Sonderausgaben nur in Höhe einer steuerlichen Auswirkung von 1 000 DM berücksichtigt werden; denn nach Ablauf der Rechtsbehelfsfrist kann ein Antrag auf schlichte Änderung nicht durch neue Anträge erweitert werden. Anträge nach § 172 Abs. 1 Nr. 2a AO führen eben nicht zu einer Wiederaufrollung.

Bei der Überlegung, ob der Stpfl. einen Antrag auf schlichte Änderung stellen oder einen Rechtsbehelf einlegen soll, ist zu bedenken, daß ein Antrag nach § 172 Abs. 1 Nr. 2a AO zu verfahrensrechtlichen Nachteilen führen kann. So kann bei einem Antrag auf schlichte Änderung keine Aussetzung der Vollziehung gewährt werden (§ 361 Abs. 2 AO). Der Stpfl. verliert auch die Möglichkeit, einen Einspruch einzulegen.

Beispiel:
Ferstl hat am 10. 1. 03 einen ESt-Bescheid erhalten. Am 20. 1. 03 beantragt er gemäß § 172 Abs. 1 Nr. 2a AO die Anerkennung von Betriebsausgaben, die das FA rechtsirrtümlich nicht berücksichtigt hat. Am 15. 2. 03 lehnt das FA seinen Antrag ab. Ferstl will nun auch noch Werbungskosten geltend machen, die er bisher grob fahrlässig nicht erklärt hatte.

Aufhebung und Änderung von Steuerbescheiden

Der ESt-Bescheid vom 10. 1. 03 ist inzwischen bestandskräftig. Ein Einspruch ist insoweit nicht mehr möglich. Nach h. M. wäre ein Einspruch gegen die Ablehnung der Korrektur nur noch mit der Begründung möglich, das FA habe den Antrag auf Abzug der Betriebsausgaben zu Unrecht abgelehnt.

Der Stpfl. kann nach Bekanntgabe der Einspruchsentscheidung durch einen entsprechenden Antrag innerhalb der Rechtsbehelfsfrist eine schlichte Änderung der Einspruchsentscheidung erreichen (§ 172 Abs. 1 Satz 2 AO).

cc) Änderungsbescheid im Einspruchsverfahren

Eine Änderung von Steuerbescheiden nach § 172 Abs. 1 Nr. 2a AO ist auch nach Einlegung eines Einspruches noch möglich (§ 132 AO). Der Einspruch enthält regelmäßig den erforderlichen Antrag des Steuerpflichtigen. Wenn das FA im Einspruchsverfahren dem Antrag des Steuerpflichtigen durch Änderungsbescheid ganz oder teilweise abhilft, erübrigt sich insoweit eine förmliche Einspruchsentscheidung (§ 367 Abs. 2 Satz 3 AO). Ein derartiger Änderungsbescheid wird auch **Abhilfe-** bzw. **Teilabhilfebescheid** genannt.

Eine Änderung durch Abhilfe im Klage- oder Revisionsverfahren erfolgt, wenn das Finanzamt dem Klage- oder Revisionsantrag der Sache nach stattgibt.

6. Aufhebung und Änderung von Steuerbescheiden einer sachlich unzuständigen Behörde (§ 172 Abs. 1 Nr. 2b AO)

Da Steuerbescheide von einer sachlich unzuständigen Stelle grundsätzlich nichtig sind (vgl. Rdnr. 48 ff.), hat diese Vorschrift wohl keine praktische Bedeutung.

7. Aufhebung und Änderung von Steuerbescheiden, die durch unlautere Mittel erwirkt worden sind (§ 172 Abs. 1 Nr. 2c AO).

Hat der Steuerpflichtige eine fehlerhafte Steuerfestsetzung vorsätzlich durch unlautere Mittel erwirkt, so kann er nicht damit rechnen, daß das FA an diesen Steuerbescheid gebunden ist.

Beispiele:
1. Ein Stpfl. droht dem Sachbearbeiter mit „Enthüllungen aus dessen Privatleben", wenn er bisher nicht erfaßte Einnahmen der Besteuerung unterwirft. Daraufhin erläßt der Sachbearbeiter einen Steuerbescheid, ohne diese Einnahmen zu berücksichtigen. – Der Steuerbescheid kann nach § 172 Abs. 1 Nr. 2c AO geändert werden.

2. Inge wird von Steuerinspektor Selzer bestandskräftig zur ESt 03 veranlagt (§ 46 Abs. 2 Nr. 8 EStG). Die Erstattung der Steuer erfolgt auf ein Konto Inges. Später stellt sich heraus, daß Selzer die Steuererklärung zugunsten Inges manipuliert hat. Daraufhin ändert das FA Inges Bescheid nach § 172 Abs. 1 Nr. 2c AO und fordert die zu Unrecht gewährte Erstattung zurück (§ 37 Abs. 2 AO).

Die Korrektur durch das FA ist rechtmäßig. Der Erstattungsbescheid war durch „unlautere Mittel" erwirkt. Aus dem Wortlaut der Vorschrift folgt, daß es genügt, wenn irgendeine Person die Manipulation herbeigeführt hat. Inge ist auch dann nicht in ihrem Vertrauen geschützt, wenn sie mit Selzers Manipulation nichts zu tun hatte (BStBl II 1993, 13).

8. Aufhebung oder Änderung wegen neuer Tatsachen oder Beweismittel (§ 173 AO)

a) Voraussetzungen

189 Steuerbescheide und ihnen gleichgestellte Bescheide können, soweit sie nicht unter dem Vorbehalt der Nachprüfung (§ 164 AO) oder als vorläufige Steuerbescheide (§ 165 AO) ergangen sind, unter folgenden Voraussetzungen aufgehoben oder geändert werden:

aa) Es müssen einem zuständigen Amtsträger **Tatsachen** oder **Beweismittel** bekannt werden, die zu einer höheren (§ 173 Abs. 1 Nr. 1 AO) oder niedrigeren Veranlagung (§ 173 Abs. 1 Nr. 2 AO) führen. Unter Tatsache versteht man alles, was Bestandteil eines steuerlich erheblichen Lebenssachverhaltes ist, also Einfluß auf die Höhe der Steuer bzw. auf eine Besteuerungsgrundlage hat, z. B. Familienstand, Höhe der Umsätze, der Vorsteuern, der Betriebsausgaben, der Schulden usw. Die Beweismittel sind in § 92 AO aufgeführt.

Beispiel:
Bertl wurde zur Einkommensteuer veranlagt. Nach Bestandskraft des Bescheides beantragt er die Anerkennung von Aufwendungen für eine Zahnprothese als außergewöhnliche Belastung (§ 33 Abs. 1 EStG).
Außergewöhnliche Belastungen sind antragsgebunden. Der Antrag ist vom Willen des Stpfl. abhängig und damit als solcher keine objektiv neue Tatsache i. S. von § 173 AO. Das Vorliegen von Aufwendungen für die Prothese ist allerdings für das Finanzamt eine neue Tatsache, die unter den Voraussetzungen des § 173 Abs. 1 Nr. 2 AO (Rdnr. 192) zu einer Berücksichtigung führen kann.
Ebensowenig handelt es sich um neue Tatsachen, wenn der Stpfl. nachträglich seine im Rahmen des § 82b EStDV getroffene Wahl zur Verteilung größeren Erhaltungsaufwandes nachträglich ändern will, oder wenn er nachträglich den Förderbetrag nach § 10e Abs. 1 und 2 EStG in andere Veranlagungszeiträume verlagern will (vgl. § 10e Abs. 3 EStG).

Aufhebung und Änderung von Steuerbescheiden 169

bb) Die Tatsachen oder Beweismittel müssen einem zuständigen Amtsträger nachträglich bekannt werden. **Zuständige Amtsträger** sind der Amtsprüfer, der Sachgebietsleiter und der Vorsteher, nicht aber der Außenprüfer und der Fahndungsbeamte (BStBl II 1988, 804). Nachträglich erfährt das FA von einer Tatsache oder einem Beweismittel, wenn es einem zuständigen Amtsträger nach abschließender Zeichnung des Bescheides bekannt wird. Bescheid in diesem Sinne ist bei Steuerberechnungen mit Hilfe der elektronischen Datenverarbeitung der Eingabebogen, ansonsten der Berechnungsbogen. 190

Beispiel:
Der Sachbearbeiter zeichnete den Eingabewertbogen des Rahn für die ESt-Veranlagung 01 am 11. 4. 02 ab. Nach Fertigung des Bescheides durch die Datenverarbeitungsstelle ging der Bescheid 01 am 15. 5. 02 zur Post, ohne daß ihn der Sachbearbeiter noch einmal überprüft hatte. Bereits am 25. 4. 02 hatte Rahn zu seiner ESt-Erklärung 01 Einnahmen aus Kapitalvermögen nacherklärt. Der Sachbearbeiter fertigte daher am 3. 5. 02 einen neuen Eingabewertbogen. Der Änderungsbescheid ging am 6. 6. 02 zur Post. Rahn wendet sich gegen diesen Bescheid mit der Begründung, das FA hätte eine Änderung nach § 173 Abs. 1 Nr. 1 AO nicht durchführen dürfen, da die Einnahmen inzwischen keine neuen Tatsachen mehr gewesen seien.

Die nacherklärten Kapitalerträge sind für das FA neue Tatsachen, da sie mit dem zuständigen Amtsträger nach abschließender Zeichnung des Eingabewertbogens am 11. 4. 02 bekanntgeworden sind. Damit waren die Voraussetzungen für die Korrektur gegeben, denn die Willensbildung des FA war zu diesem Zeitpunkt abgeschlossen (BStBl II 1989, 259, 263).

Auch Änderungsbescheide können nach § 173 AO korrigiert werden. Das FA darf grundsätzlich in diesen Fällen neue Tatsachen nur berücksichtigen, wenn sie nach abschließender Zeichnung des entsprechenden Eingabewertbogens bekanntgeworden sind. Eine Ausnahme gilt nur, wenn das FA die Änderung des ursprünglichen Bescheides auf § 175 Abs. 1 Nr. 1 AO gestützt hat (BStBl II 1989, 438).

Beispiel:
Das FA hatte im März einen ESt-Bescheid erlassen. Im Mai erhielt es eine Kontrollmitteilung, die neue Tatsachen zuungunsten enthielt. Als das FA im Juni einen Feststellungsbescheid erhielt, änderte es den ESt-Bescheid nach § 175 Abs. 1 Nr. 1 AO, ohne die neuen Tatsachen aus der Kontrollmitteilung zu verwerten.

Das FA kann auch nach Erlaß des Änderungsbescheides in einem weiteren Änderungsbescheid gemäß § 173 Abs. 1 Nr. 1 AO die Folgen aus der Kontrollmitteilung ziehen.

Als dem FA bekannt gilt, was im normalen Geschäftsgang in die Akten gelangt. Auf die Kenntnisnahme des zuständigen Amtsträgers kommt es nicht an.

Beispiel:
Während des Urlaubs eines Amtsprüfers geht beim FA eine Kontrollmitteilung (vgl. § 194 Abs. 3 AO) ein, die ordnungsgemäß in die Einkommensteuerakte eingeheftet wird. Die Veranlagung erfolgt ohne Berücksichtigung der Kontrollmitteilung. – Eine Änderung nach § 173 AO kann nicht erfolgen, da die in den Akten abgeheftete Kontrollmitteilung als bekannt gilt. Gegebenenfalls kommt wegen des Übersehens der Kontrollmitteilung eine Berichtigung nach § 129 AO in Betracht Voraussetzung ist allerdings, daß ein Rechtsirrtum ausscheidet (BStBl II 1986, 541).

Als bekannt gilt jedoch nicht alles, was in Akten des zuständigen FA gelangt ist. Es kommt darauf an, daß die Tatsache bzw. das Beweismittel in die Unterlagen des Amtsträgers gelangt sind, der die Veranlagung durchführt.

Beispiel:
Beweismittel, die sich aus den Bewertungsakten ergeben, muß das FA im Rahmen der Einkommensteuerveranlagung nicht als bekannt gegen sich gelten lassen. – Tatsachen, die sich aus den Körperschaftsteuerakten ergeben, gelten für die Umsatzsteuer als bekannt.

Wenn eine Änderung nach § 173 AO nicht möglich ist, weil der zuständige Amtsträger die Tatsache gekannt hat, ist zu prüfen, ob der Fehler nach § 177 AO mit berichtigt werden kann.

b) Änderung zuungunsten des Steuerpflichtigen (§ 173 Abs. 1 Nr. 1 AO)

191 Steuerbescheide sind von Amts wegen zu Lasten des Steuerpflichtigen zu ändern, soweit die neuen Tatsachen oder Beweismittel reichen.

Beispiel:
Nach Unanfechtbarkeit eines Einkommensteuerbescheides erfährt das FA durch eine Kontrollmitteilung (§ 194 Abs. 3 AO) von bisher nicht berücksichtigten Einkünften aus Kapitalvermögen. Im Rahmen der Änderungsveranlagung stellt das FA fest, daß zu Unrecht Sonderausgaben anerkannt wurden. – Es ist nur eine Änderung hinsichtlich der Einkünfte aus Kapitalvermögen durchzuführen.

c) Änderung zugunsten des Steuerpflichtigen (§ 173 Abs. 1 Nr. 2 AO)

192 Steuerbescheide sind von Amts wegen zugunsten des Steuerpflichtigen zu ändern, wenn

Aufhebung und Änderung von Steuerbescheiden

- diesen am Bekanntwerden neuer Tatsachen kein grobes Verschulden trifft oder
- ein Zusammenhang mit einer Änderung zu seinem Nachteil besteht.

Grob fahrlässig handelt der Steuerpflichtige, wenn er bei Erstellung der Erklärung die erforderliche Sorgfalt in grobem Maße außer acht gelassen hat (vgl. § 276 BGB).

So liegt grob schuldhaftes Verhalten regelmäßig vor, wenn der Steuerpflichtige eine im Steuererklärungsformular ausdrücklich gestellte Frage nicht beantwortet hat (BStBl II 1992, 65).

Beispiel:
Marx stellt Antrag auf Veranlagung zur ESt nach § 46 Abs. 2 Nr. 8 EStG. Nach Bestandskraft des Bescheides beantragt Marx einen Ausbildungsfreibetrag für seine auswärtig untergebrachte 17jährige Tochter (§ 33a Abs. 2 EStG). In seiner Steuererklärung hatte er zur auswärtigen Unterbringung seiner Tochter keinerlei Angaben gemacht.

Da Marx eine im Erklärungsformular gestellte Frage nicht beantwortet hat, kann er eine Korrektur seines bestandskräftigen Bescheides nach § 173 Abs. 1 Nr. 2 AO wegen groben Verschuldens nicht mehr erreichen.

Grobes Verschulden ist des weiteren anzunehmen, wenn es der Steuerpflichtige grundlos unterlassen hat, dem FA steuermindernde Tatsachen bis zur Bekanntgabe der Einspruchsentscheidung zur Kenntnis zu bringen (BStBl II 1991, 496). Entschuldbarer Rechtsirrtum wird im allgemeinen dagegen kein grobes Verschulden begründen.

Grobes Verschulden seines gesetzlichen Vertreters oder Erfüllungsgehilfen muß sich der Stpfl. zurechnen lassen (BStBl II 1983, 324 und II 1984, 2).

Ändert das FA nach § 173 Abs. 1 Nr. 1 AO einen Steuerbescheid zu Lasten eines Steuerpflichtigen, so ist es mit dem Grundsatz von Treu und Glauben unvereinbar, wenn das FA nicht auch die mit der Steuererhöhung im Zusammenhang stehenden steuermindernden Tatsachen berücksichtigt. Hier ist ein etwaiges Verschulden bezüglich des nachträglichen Vorbringens unbeachtlich (§ 173 Abs. 1 Nr. 2 Satz 2 AO).

Beispiele:
1. Ein Arbeitnehmer hat auch Einkünfte aus selbständiger Tätigkeit, die er in seiner Steuererklärung verschweigt. Nach Unanfechtbarkeit des Einkommensteuerbescheides erfährt das FA durch eine Kontrollmitteilung (vgl. § 194 Abs. 3 AO) von den Einkünften aus selbständiger Arbeit. Bei seiner Anhörung (§ 91 Abs. 1 AO) bittet der Stpfl., auch die zur Erzielung notwendigen Betriebsausgaben zu berücksichtigen.

Die Betriebsausgaben stehen in unmittelbarem Zusammenhang mit den Einkünften aus selbständiger Tätigkeit. Sie sind auch dann zu berücksichtigen, wenn sie der Stpfl. in seiner Erklärung vorsätzlich verschwiegen hat. Die Betriebsausgaben sind selbst dann voll zu berücksichtigen, wenn sie höher sind als die Einkünfte aus selbständiger Tätigkeit und sich statt der vom FA beabsichtigten Steuererhöhung (§ 173 Abs. 1 Nr. 1 AO) eine Steuerminderung ergibt (BStBl II 1984, 4).

2. Ein Arzt ermittelt seinen Gewinn nach § 4 Abs. 3 EStG. Dabei errechnet er seinen Gewinn unter Berücksichtigung aller bei ihm im Kalenderjahr eingegangenen Rechnungen, obwohl einige Rechnungen erst im folgenden Kalenderjahr beglichen wurden (vgl. § 11 EStG). Im Rahmen einer Außenprüfung (§ 193 ff. AO) wird dieser Fehler aufgedeckt.

Für das erste Kalenderjahr ist wegen neuer Tatsachen eine Änderung nach § 173 Abs. 1 Nr. 1 AO durchzuführen. – Für das Folgejahr ergeben sich höhere Betriebsausgaben. Es handelt sich um neue Tatsachen zugunsten des Stpfl., die in mittelbarem Zusammenhang mit den steuererhöhenden Tatsachen für das Vorjahr stehen. Die Einkommensteuer ist nach § 173 Abs. 1 Nr. 2 AO herabzusetzen, selbst wenn der Arzt, um Steuern zu sparen, die Betriebsausgaben in beiden Jahren vorsätzlich falsch erklärt hat.

Zu beachten ist allerdings, daß neue Tatsachen zugunsten i. S. von § 173 Abs. 1 Nr. 2 AO, die mit neuen Tatsachen zuungunsten i. S. von § 173 Abs. 1 Nr. 1 AO in Zusammenhang stehen, nur so lange ohne Verschuldensprüfung zu einer Korrektur führen, solange die neuen Tatsachen zuungunsten noch nicht in einem bestandskräftigen Änderungsbescheid ihren Niederschlag gefunden haben (BStBl II 1984, 48).

194 § 173 AO ist keine Vorschrift, die der Beseitigung von Rechtsfehlern dienen soll. Deshalb werden neue Tatsachen zugunsten eines Stpfl. in einer Änderungsveranlagung nur berücksichtigt, wenn diese zum Zeitpunkt der Erstveranlagung nach der damaligen rechtlichen Beurteilung durch die Finanzverwaltung ebenfalls anerkannt worden wären (BStBl II 1988, 180 und 715).

Beispiel:

Der BFH ändert seine Rechtsprechung, wonach bestimmte Aufwendungen von Stpfl. bei der ESt-Veranlagung nicht als Werbungskosten zum Abzug zugelassen wurden. Der Stpfl. Karl hatte Werbungskosten dieser Art bisher immer erklärt. Das FA hatte aber den Abzug nicht zugelassen. Der Stpfl. Ludwig hatte in Kenntnis der Rechtsprechung des BFH diese Aufwendungen erst gar nicht erklärt. Karl und Ludwig wollen nunmehr unter Berufung auf die geänderte Rechtsprechung eine Korrektur ihrer bestandskräftigen ESt-Bescheide. Die Änderung der Rechtsprechung des BFH ist keine neue Tatsache (vgl. Rdnr. 189).

Die Aufwendungen, die Karl jeweils in seinen Erklärungen angegeben hatte, sind für das FA nicht neu. Bei den bisher nicht erklärten Aufwendungen des Ludwig handelt es sich für das FA um neue Tatsachen; dennoch kommt eine Änderung nach § 173 Abs. 1 Nr. 2 AO nicht in Betracht, da das FA im Zweifel bei der ursprünglichen Veranlagung der Rechtsprechung des BFH gefolgt wäre und die Aufwendungen des Ludwig nicht zum Abzug zugelassen hätte.

Scheitert eine Korrektur neuer Tatsachen am groben Verschulden, so kann eine Mitsaldierung dieses materiell-rechtlichen Fehlers nach § 177 Abs. 2 und 3 AO in Betracht kommen (Rdnr. 215).

d) Erhöhte Bindungswirkung nach einer Außenprüfung (§ 173 Abs. 2 AO)

Nach Durchführung einer Außenprüfung darf das FA nicht nochmals den Steuerbescheid wegen neuer Tatsachen oder Beweismittel ändern (§ 173 Abs. 2 AO). Nachdem das FA Gelegenheit hatte, den Steuerfall umfassend zu prüfen, soll der Steuerpflichtige darauf vertrauen können, daß sich nun das FA durch die Steuerfestsetzung in erhöhtem Maße gebunden hat. Dieser Grundsatz kann dann nicht gelten, wenn eine Steuerhinterziehung (§ 370 AO) oder leichtfertige Steuerverkürzung (§ 378 AO) vorliegt.

Beispiel:

Ein Stpfl. hat die Anschaffungskosten in Höhe von 2 000 DM für ein Wirtschaftsgut, das mehrere Jahre genutzt wird, sofort als Betriebsausgaben abgesetzt. Der Stpfl. wurde entsprechend seiner Erklärung zur Einkommensteuer veranlagt. Im Rahmen der Außenprüfung wurde die ordnungsgemäße Abschreibung der Wirtschaftsgüter nicht untersucht. Nach Unanfechtbarkeit aufgrund der Außenprüfung ergangenen Änderungsbescheide (§ 173 Abs. 1 Nr. 1 AO) entdeckt das FA den Fehler.

Wegen erhöhter Bindungswirkung aufgrund der Außenprüfung kann eine Änderung nicht mehr erfolgen. Dies würde selbst dann gelten, wenn die Außenprüfung nicht zur Änderung der Veranlagung geführt hätte (§ 173 Abs. 2 i. V. m. § 202 Abs. 1 Satz 3 AO).

Die Änderungssperre in § 173 Abs. 2 AO verhindert auch, daß nach einer Außenprüfung wegen neuer Tatsachen die Steuer niedriger (§ 173 Abs. 1 Nr. 2 AO) festgesetzt werden kann (BStBl II 1987, 410).

9. Änderung wegen widerstreitender Steuerfestsetzungen (§ 174 AO)

196 Es sind Fälle denkbar, bei denen derselbe steuererhebliche Sachverhalt mehrmals besteuert wird oder überhaupt keine steuerlichen Folgen auslöst. In beiden Fällen liegen widerstreitende Steuerfestsetzungen nach § 174 AO vor.

a) Widerstreitende Steuerfestsetzungen zuungunsten eines oder mehrerer Steuerpflichtiger (§ 174 Abs. 1 AO)

Folgende Möglichkeiten widerstreitender Steuerfestsetzungen sind denkbar:

197 **aa) Heranziehung desselben Sachverhaltes bei mehreren Steuerarten**

Beispiel:
Ein Unternehmer übereignet ein Grundstück, auf dem eine Lagerhalle vorübergehend aufgestellt ist.

Das FA unterwirft diesen Vorgang bezüglich der Lagerhalle sowohl der Umsatzsteuer als auch versehentlich der Grunderwerbsteuer. Da die Lagerhalle nicht fest mit dem Grund und Boden verbunden ist, unterliegt ihre Übereignung nicht der Grunderwerbsteuer (vgl. § 2 Abs. 1 GrEStG i. V. m. § 95 BGB).

198 **bb) Heranziehung desselben Sachverhaltes in mehreren Veranlagungszeiträumen**

Beispiel:
Ein Notar hat im Jahre 01 ein Darlehen gewährt. Er erhält am 15. 1. 02 die Zinsen für 01. Er gibt diese Zinsen in seiner Steuererklärung für 01 nicht an. Das FA legt diese Zinsen, nachdem es durch eine Kontrollmitteilung von ihnen erfahren hat, seiner Veranlagung 01 zugrunde. Für 02 erklärt der Notar die Zinseinkünfte. Das FA unterwirft sie abermals der Einkommensteuer, und zwar durch Bescheid vom 10. 10. 07.

199 **cc) Heranziehung desselben Sachverhaltes durch mehrere Finanzämter**

Beispiel:
Ein Handelsvertreter ist von Erlangen nach Fürth umgezogen. Er erhält für das Jahr 01 sowohl von dem FA Fürth als auch von dem nicht mehr zuständigen FA Erlangen einen Einkommensteuerbescheid.

200 **dd) Heranziehung desselben Sachverhaltes bei mehreren Steuerpflichtigen**

Beispiel:
Ein Spediteur erwirbt einen Lkw unter Eigentumsvorbehalt (§ 455 BGB). Der Lkw wird sowohl beim Einheitswert des Betriebsvermögens für den Spediteur

als auch zu Unrecht (§ 39 Abs. 2 Nr. 1 AO) beim Einheitswert des Betriebsvermögens für den Verkäufer erfaßt und damit zweimal der Vermögensteuer unterworfen.

In diesen Beispielen hat das FA auf Antrag des Steuerpflichtigen den fehlerhaften Steuerbescheid aufzuheben oder zu ändern. Gegebenenfalls hat das FA im Rahmen seiner Fürsorgepflicht einen Antrag auf Änderung anzuregen (vgl. § 89 AO).

Änderungen im Rahmen des § 174 Abs. 1 AO wirken sich immer zugunsten des Steuerpflichtigen aus, so daß durch Bindungswirkung und Bestandskraft geschützte Interessen des Steuerpflichtigen nicht berührt werden.

§ 174 Abs. 1 Sätze 2 und 3 AO enthalten besondere Fälle der Ablaufhemmung: 201

Beispiele:
1. Im Fall bb endet die Festsetzungsfrist für den Einkommensteueranspruch 01 mit Ablauf des Jahres 06 (§§ 170 Abs. 2 Nr. 1, 169 Abs. 2 Nr. 2 AO). Ein Antrag auf Änderung des Einkommensteuerbescheides 01 kann noch bis zum 10. 11. 08 gestellt werden, da der letzte der betroffenen Bescheide erst am 10. 11. 07 unanfechtbar wurde (§ 174 Abs. 1 Satz 2 AO). Die Festsetzungsfrist läuft nicht ab, bevor nicht über diesen Antrag unanfechtbar entschieden ist (§ 171 Abs. 3 AO).
2. Aufgrund der ESt-Erklärung für 01 des Zorn wurde in 02 eine Einnahme in Höhe von 20 000 DM berücksichtigt. Im Rahmen einer Außenprüfung ordnet der Prüfer diese Einnahme richtigerweise dem Jahre 02 zu. Der geänderte Steuerbescheid für 02 wird Zorn im Juni 07 bekanntgegeben. Zorn beantragt im Mai 08 die Änderung des ESt-Bescheides 01.

Obwohl die Festsetzungsfrist für die ESt 01 bereits Ende 06 abgelaufen war (§§ 170 Abs. 2 Nr. 1, 169 Abs. 2 Nr. 2 AO), hat das FA die Änderung nach § 174 Abs. 1 AO durchzuführen. Denn der Antrag wurde vor Ablauf eines Jahres nach Unanfechtbarkeit des ESt-Bescheides 02 gestellt (§ 174 Abs. 1 Satz 3 AO).

b) Widerstreitende Steuerfestsetzungen zugunsten eines oder mehrerer Steuerpflichtiger (§ 174 Abs. 2 AO)

Während § 174 Abs. 1 AO die mehrfache Berücksichtigung eines steuererhöhenden Sachverhaltes regelt, setzt § 174 Abs. 2 AO die mehrfache Berücksichtigung eines steuermindernden Sachverhaltes voraus, z. B. die mehrfache Berücksichtigung derselben Betriebs- oder Sonderausgaben. In diesen Fällen ist der fehlerhafte Bescheid zu ändern, soweit das Verhalten des Steuerpflichtigen für die fehlerhafte Berücksichtigung des 202

Sachverhaltes ursächlich war (§ 174 Abs. 2 Satz 2 AO). Aufgrund der Mitwirkung des Steuerpflichtigen erscheint es gerechtfertigt, daß das FA nicht an den fehlerhaften Steuerbescheid gebunden ist.

Hat sich ein steuermindernder Sachverhalt mehrfach ausgewirkt, so können für die Änderung des fehlerhaften Steuerbescheides neben § 174 AO andere Korrekturvorschriften in Betracht kommen. So ist es insbesondere denkbar, daß der Stpfl. eine Vergünstigung durch unlautere Mittel herbeigeführt hat (§ 172 Abs. 1 Nr. 2c AO) oder dem FA **nachträglich** bekannt wird, daß dem Stpfl. eine ihm gewährte Vergünstigung nicht zustand (§ 173 Abs. 1 Nr. 1 AO). In diesen Fällen der Konkurrenz von Korrekturvorschriften empfiehlt es sich, die Änderung auf die Vorschrift zu stützen, die leichter anwendbar ist. Allerdings kann der komplizierten Regelung des § 174 AO wegen der in den einzelnen Absätzen vorgesehenen besonderen **Ablaufhemmung** eigenständige Bedeutung zukommen.

Beispiele:

1. Ehegatten leben getrennt, der Ehemann in Bonn, die Ehefrau in Koblenz. Für seine Lebensversicherung hat der Ehemann aus seinem Vermögen Beiträge geleistet. Die Quittungen, die auf seinen Namen ausgestellt sind, befinden sich im Besitz der Ehefrau. Beide geben diese Beiträge als Sonderausgaben in ihren Einkommensteuererklärungen an. Die Ehefrau fügt ihrer Erklärung die Quittungen bei, weil sie der Ansicht ist, sie sei zur Geltendmachung dieser Sonderausgaben berechtigt. Beide Ehegatten werden entsprechend ihrer Erklärung veranlagt. Die mehrfache Berücksichtigung der Sonderausgaben wird aufgedeckt.

Die Ehefrau hat offensichtlich gutgläubig gehandelt, eine Änderung nach § 172 Abs. 1 Nr. 2c AO kommt deshalb nicht in Betracht. Da das FA aus den vorgelegten Quittungen ersehen konnte, daß der Ehemann die Aufwendungen getragen hat, liegt eine neue Tatsache i. S. von § 173 Abs. 1 Nr. 1 AO nicht vor. Die Sonderausgaben wurden bei der Ehefrau aufgrund ihrer Steuererklärung berücksichtigt. Ihr Steuerbescheid ist nach § 174 Abs. 2 AO zu ändern.

Durch die Abgabe der auf ihren Mann ausgestellten Quittungen hat die Ehefrau die doppelte Anerkennung der Sonderausgaben mit verursacht. Sie kann sich daher auf den Ermittlungsfehler des FA nicht berufen (BStBl II 1984, 510). Hat allerdings der Stpfl. den Sachverhalt richtig und vollständig dargestellt und kommt es zur doppelten Berücksichtigung steuermindernder Besteuerungsgrundlagen durch eine falsche Rechtsanwendung des FA, so findet § 174 Abs. 2 AO aus Gründen des Vertrauensschutzes keine Anwendung (BStBl II 1981, 388).

2. Im vorliegenden Fall erfolgte die doppelte Berücksichtigung der Sonderausgaben im Rahmen der Einkommensteuerveranlagungen für das Jahr 01. Der Ehefrau wurde der Bescheid im November 02, dem Ehemann wurde sein

Bescheid am 10. Februar 07 bekanntgegeben. Bei einer Außenprüfung im Jahre 07 wurde der Fehler aufgedeckt. Obwohl für den Einkommensteueranspruch 01 gegenüber der Ehefrau die Festsetzungsverjährung mit Ablauf des Jahres 06 eingetreten war (§§ 170 Abs. 2 Nr. 1, 169 Abs. 2 Nr. 2 AO), kann das FA den fehlerhaften Bescheid noch bis zum Ablauf des 10. 3. 08 ändern (§ 174 Abs. 2 i. V. m. Abs. 1 Satz 2 AO).

c) Nachholung, Aufhebung und Änderung von Steuerbescheiden (§ 174 Abs. 3 AO)

Während § 174 Abs. 1 und 2 AO die Fälle der mehrfachen Berücksichtigung eines Sachverhalts regeln, geht Abs. 3 davon aus, daß ein **dem Finanzamt** bekannter steuererheblicher Sachverhalt in keinem Steuerbescheid berücksichtigt wird. Das FA hat z. B. den steuererheblichen Sachverhalt bewußt nicht verwertet, weil es annahm, daß dieser Sachverhalt in einem anderen Steuerbescheid desselben Steuerpflichtigen oder eines Dritten berücksichtigt würde. Denkbar ist auch der Fall, daß das FA den Sachverhalt irrigerweise dem anderen Steuerbescheid zugrunde gelegt hat, später aber durch eine Änderung dieses Bescheides den Fehler beseitigt. § 174 Abs. 3 AO gestattet eine Änderung nur, wenn diese Annahme für den Adressaten des fehlerhaften Steuerbescheides erkennbar war. Die Änderung kann sich zugunsten des Steuerpflichtigen auswirken, z. B. bei nachträglicher Berücksichtigung von Werbungskosten, oder zuungunsten, z. B. bei der nachträglichen Berücksichtigung von Betriebseinnahmen.

Beispiel:
Das FA veranlagt einen Privatier zur Vermögensteuer. In dem Vermögensteuerbescheid weist es darauf hin, daß es entgegen der Steuererklärung eine wertvolle Briefmarkensammlung ihm nicht zugerechnet habe, sondern bei der Vermögensteuerfestsetzung seines Sohnes berücksichtigen werde. Die Sammlung wird der Vermögensteuerveranlagung des Sohnes nicht zugrunde gelegt, weil sich herausstellt, daß der Privatier Eigentümer der Sammlung ist.
Die Vermögensteuer des Vaters **kann** erhöht werden (§ 174 Abs. 3 AO). Wegen der Erläuterung in dem ursprünglichen Vermögensteuerbescheid kommt die Steuererhöhung nicht überraschend. Die Durchbrechung der Bindungswirkung ist daher gerechtfertigt.

Die Erkennbarkeit muß sich allerdings nicht aus einer besonderen Mitteilung des Finanzamtes oder einer Erläuterung im Steuerbescheid ergeben; sie kann auch aus dem Sachverhaltsablauf gegeben sein (BStBl II 1985, 283).

d) Nachholung, Aufhebung und Änderung von Steuerbescheiden nach § 174 Abs. 4 AO

204 § 174 Abs. 4 AO unterscheidet sich von Abs. 3 dadurch, daß der Fehler für den ursprünglich begünstigten Steuerpflichtigen nicht erkennbar war. Im übrigen setzt Abs. 4 immer voraus, daß ein Sachverhalt durch eine fehlerhafte Steuerfestsetzung zunächst berücksichtigt, der Fehler aber später beseitigt wurde. Auch in diesen Fällen kann das FA die steuerlichen Folgerungen ziehen.

Die Absätze 3 und 4 können kumulativ zur Anwendung kommen.

Der Fehler kann im Einspruchsverfahren oder auf Antrag (vgl. hierzu §§ 88, 89 AO) beseitigt worden sein. Die Fehlerbeseitigung auf Antrag setzt das Eingreifen einer Änderungsvorschrift, z. B. § 173 Abs. 1 Nr. 2 AO, voraus.

Beispiel:

Ein Stpfl. hat im Januar 02 auf das Jahr 01 entfallende Zinsen erhalten. Davon erfährt das FA durch eine Kontrollmitteilung. Der Stpfl. erklärt diese Einkünfte weder in der kurz darauf eingehenden Einkommensteuererklärung 01 noch in der für 02. Das FA veranlagt diese Einkünfte fehlerhafterweise im Rahmen der Steuerfestsetzung 02. Auf Einspruch gegen den Einkommensteuerbescheid 02 beseitigt das FA den fehlerhaften Ansatz der Zinsen durch „Abhilfebescheid" (§§ 367 Abs. 2 Satz 3, 172 Abs. 1 Nr. 2a AO).

Da die Zinseinkünfte dem FA bei der Veranlagung 01 wegen der Kontrollmitteilung bekannt waren, liegt eine neue Tatsache i. S. von § 173 Abs. 1 Nr. 1 AO nicht vor.

Für den Stpfl. war die fehlerhafte Behandlung der Zinsen bei der Veranlagung 01 nicht erkennbar, eine Änderung nach § 174 Abs. 3 AO scheidet somit aus.

Da die Einkommensteuer 02 zugunsten des Stpfl. geändert wurde, kann das FA gemäß § 174 Abs. 4 AO den Einkommensteuerbescheid 01 zuungunsten des Stpfl. ändern.

Die nachträgliche Änderung des Steuerbescheides 01 zu Lasten des Stpfl. erscheint gerechtfertigt, da ihm die Zinsen nachträglich zugeflossen sind und er sich billigerweise nur gegen den Zeitpunkt der Erfassung wenden kann.

Auch wenn die Änderung des Einkommensteuerbescheides 02 erst nach Ablauf der Festsetzungsfrist für die Einkommensteuer 01 erfolgt, können die richtigen steuerlichen Folgerungen innerhalb eines Jahres gezogen werden (§ 174 Abs. 4 Satz 3 AO).

Wenn bei Erlaß des Einkommensteuerbescheides 02 die Festsetzungsfrist für die Einkommensteuer 01 bereits abgelaufen war, kann die Änderung nach § 174 Abs. 4 AO noch innerhalb eines Jahres erfolgen, wenn die Nichtberücksichtigung der Zinsen im Rahmen der Veranlagung 01 für den Stpfl. erkennbar war (§ 174 Abs. 4 Satz 4 AO).

Aufhebung und Änderung von Steuerbescheiden

Eine Ergänzung bringt § 174 Abs. 5 AO für die Fälle, in denen die nachträglichen steuerlichen Folgen der Änderung einen Dritten treffen. Hier muß dem Dritten eine Gelegenheit zur Äußerung eingeräumt werden. Dies geschieht, wenn der Fehler auf Antrag durch Änderungsbescheid beseitigt wird, **durch Beteiligung** des Dritten als **Antragsgegner** im Änderungsverfahren (§§ 78 Nr. 1, 91 AO). Wird der Fehler im Rechtsbehelfsverfahren beseitigt, so erfolgt die Beteiligung **durch** notwendige **Hinzuziehung** (§ 360 AO) bzw. durch Beiladung (§ 60 FGO). 205

Ein Dritter ist allerdings am Verfahren von § 174 Abs. 5 AO nicht beteiligt, wenn er zwar hinzugezogen worden ist, das Verfahren aber durch einen ohne seine Zustimmung ergangenen Abhilfebescheid (§ 172 Abs. 1 Nr. 2a AO) endet (BStBl II 1991, 605).

Beispiele:

1. Eine OHG hat an einen Bauunternehmer Maschinen unter Eigentumsvorbehalt veräußert. Die Maschinen wurden fehlerhafterweise vom FA im Einheitswert des Betriebsvermögens der OHG angesetzt. Hiergegen wendet sich die OHG durch einen Einspruch. Sie trägt vor, die Maschinen seien dem Bauunternehmer zuzurechnen. Obwohl das FA von dieser Veräußerung unter Eigentumsvorbehalt Kenntnis hatte, wurden die Maschinen dem Einheitswert des Betriebsvermögens für den Bauunternehmer nicht zugerechnet. Das FA hat unter Hinzuziehung des Bauunternehmers dem Einspruch abgeholfen. Eine neue Tatsache liegt nicht vor. § 173 Abs. 1 Nr. 1 AO entfällt. Das FA kann nach § 174 Abs. 4 und 5 AO die steuerlichen Folgerungen ziehen und die Maschinen dem Einheitswert des Betriebsvermögens des Bauunternehmers zurechnen.

2. War im vorangehenden Beispiel dem den Bauunternehmer veranlagenden Amtsträger die Übereignung unter Eigentumsvorbehalt nicht bekannt, so wäre eine Änderung des Einheitswertes des Betriebsvermögens des Bauunternehmers **auch** nach § 173 Abs. 1 Nr. 1 AO möglich. Sind § 173 Abs. 1 Nr. 1 AO und § 174 Abs. 4 AO nebeneinander anwendbar, so ist zu beachten, daß eine Änderung nach § 173 Abs. 1 Nr. 1 AO nur innerhalb der Festsetzungsfrist (§ 169 ff. AO) erfolgen kann, während für die Korrektur nach § 174 Abs. 4 AO die Festsetzungsfrist durch die **besondere Ablaufhemmung** des § 174 Abs. 4 Satz 3 AO verlängert wird.

In Ausnahmefällen kann hier die nachträgliche Änderung zu Lasten eines Dritten unbillig sein. Hier wird das FA im Rahmen der pflichtgemäßen Ermessensausübung (§ 5 AO) gegebenenfalls von einer Änderung absehen.

10. Änderung von Folgebescheiden (§ 175 Abs. 1 Nr. 1 AO)

a) Grundlagenbescheide und Folgebescheide

206 Bisweilen bauen Steuerbescheide (**Folgebescheide**) auf den Inhalt untergeordneter Bescheide (**Grundlagenbescheide**) auf.

Beispiele:

Grundlagenbescheide	Folgebescheide
(§ 171 Abs. 10 AO)	(§ 182 Abs. 1 AO)
Gewinnfeststellungsbescheid	→ Einkommensteuerbescheid
(§ 180 Abs. 1 Nr. 2 AO)	
Einheitswertbescheid	→ Vermögensteuerbescheid
(§ 180 Abs. 1 Nr. 1 AO)	
Wertfeststellungsbescheid	→ Vermögensteuerbescheid
(§ 180 Abs. 1 Nr. 3 AO)	
Gewerbesteuermeßbescheid	→ Gewerbesteuerbescheid
(§ 184 AO)	
Grundsteuermeßbescheid	→ Grundsteuerbescheid
(§ 184 AO)	

Manchmal ist der Folgebescheid seinerseits zugleich Grundlagenbescheid für einen weiteren Folgebescheid.

Beispiele:

1. Der Einheitswert für ein Betriebsgrundstück (§ 180 Abs. 1 Nr. 1 AO i. V. m. § 19 Abs. 1 BewG) ist Grundlagenbescheid für den Einheitswert des Betriebsvermögens (§ 180 Abs. 1 Nr. 1 AO i. V. m. 19 Abs. 1 BewG). Dieser ist wiederum Grundlagenbescheid für den Vermögensteuerbescheid.
2. Der Realsteuermeßbescheid (§ 184 AO) ist Grundlagenbescheid für den Zerlegungsbescheid (§ 188 Abs. 1 AO). Dieser ist wiederum Grundlagenbescheid für den Realsteuerbescheid (§§ 155 Abs. 1, 3 Abs. 2 AO).

In allen diesen Fällen ist der Inhalt des Grundlagenbescheides für den Folgebescheid bindend (§ 182 Abs. 1 AO).

b) Folgeänderungen

207 Da Grundlagenbescheide für Folgebescheide bindend sind, muß jeder Änderung eines Grundlagenbescheides durch eine entsprechende Änderung des Folgebescheides Rechnung getragen werden (§ 175 Abs. 1 Nr. 1 AO). Eine Änderung des Grundlagenbescheides kann sich im Rechtsbehelfsverfahren, aufgrund einer Änderungsvorschrift oder Fortschreibung ergeben.

Aufhebung und Änderung von Steuerbescheiden

Beispiele:
1. Nach Erlaß eines Einheitswertbescheides ergeht ein Vermögensteuerbescheid. Der Einheitswertbescheid wird wegen einer offenbaren Unrichtigkeit (§ 129 AO) berichtigt.
Der Vermögensteuerbescheid ist nun nach § 175 Abs. 1 Nr. 1 AO zu ändern, selbst wenn er bereits unanfechtbar war.
2. Ehegatten wohnen in Bonn. Sie erwerben Anfang 01 ein Mietwohngrundstück in Köln. In Unkenntnis dieses Erwerbes erläßt das FA Bonn den Einkommensteuerbescheid 01. Kurz darauf geht beim FA Bonn die Mitteilung über die einheitliche und gesonderte Feststellung der Einkünfte aus Vermietung und Verpachtung (§§ 179 Abs. 2 Satz 2, 180 Abs. 1 Nr. 2a AO) ein.
Das FA Bonn hat in dem nach § 175 Abs. 1 Nr. 1 AO zu ändernden Einkommensteuerbescheid die Einkünfte aus Vermietung und Verpachtung zu berücksichtigen.

§ 175 Abs. 1 Nr. 1 AO ist anzuwenden, wenn ein Grundlagenbescheid ergangen ist, aber dem FA des Folgebescheides nicht bekannt wurde; ebenfalls dann, wenn die Mitteilung über die Änderung eines Grundlagenbescheides erst nach Zeichnung des Eingabebogens durch den zuständigen Amtsträger, aber vor Bekanntgabe des Steuerbescheides beim FA des Folgebescheides eingeht (BStBl II 1982, 99); schließlich auch dann, wenn der Grundlagenbescheid bereits bei Erlaß eines früheren Steuerbescheides durch das FA des Folgebescheides hätte berücksichtigt werden können (BStBl II 1984, 86). Hat das FA des Folgebescheides den Grundlagenbescheid übersehen, so kommt als Korrektur ebenfalls § 175 Abs. 1 Nr. 1 AO zur Anwendung (BStBl II 1992, 52).

Selbst wenn die Festsetzungsfrist (§ 169 ff. AO) für den Folgebescheid bereits abgelaufen ist, kann eine Änderung des Folgebescheides innerhalb eines Jahres nach Bekanntgabe des geänderten Grundlagenbescheides vorgenommen werden (§ 171 Abs. 10 AO).

11. Änderung nach Eintritt eines Ereignisses mit Wirkung für die Vergangenheit (§ 175 Abs. 1 Nr. 2 AO)

a) Allgemeines

Während die bisher behandelten Änderungsvorschriften es ermöglichen, einen bei Erlaß fehlerhaften Steuerbescheid richtigzustellen, setzt § 175 Abs. 1 Nr. 2 AO voraus, daß zunächst ein fehlerfreier Bescheid zustande kam. Erst durch ein später eintretendes Ereignis, das steuerliche Wirkung für die Vergangenheit hat, wird der ursprünglich fehlerfreie Steuerbescheid änderungsbedürftig.

Während beispielsweise die Änderungsbefugnis nach § 173 Abs. 1 AO an die Veranlagung eines unvollständigen und daher falschen Sachverhaltes anknüpft, setzt § 175 Abs. 1 Nr. 2 AO voraus, daß nach Ermittlung des gesamten steuererheblichen Sachverhaltes **die richtige Steuer** festgesetzt wurde. Diese Änderungsvorschriften schließen sich daher gegenseitig aus (BStBl II 1988, 863).

§ 175 Abs. 1 Nr. 2 AO trägt dem Umstand Rechnung, daß der Gesetzgeber zwar einen Lebenssachverhalt nicht mit Wirkung für die Vergangenheit ändern kann, daß er aber festlegen kann, daß die außersteuerliche Rechtsfolge eines Lebensvorganges entweder gar nicht oder früher oder später als tatsächlich eingetreten ist.

Beispiele:
1. Das eheliche Zusammenleben kann der Gesetzgeber nicht ungeschehen machen. Die Ehe kann dennoch mit Wirkung für die Vergangenheit (ex tunc) für nichtig erklärt werden (§ 23 EheG).
2. Der Erbschaftsbesitz eines durch Testament eingesetzten Erben kann nicht ungeschehen gemacht werden. Dennoch kann das Testament mit Wirkung für die Vergangenheit angefochten werden (§§ 2078, 142 BGB).

b) Anwendungsbereich

aa) Änderung nach Eintritt einer auflösenden Bedingung

209 Wurde eine Steuerfestsetzung unter einer auflösenden Bedingung (vgl. § 158 Abs. 2 BGB) vorgenommen, so ist der Steuerbescheid nach § 175 Abs. 1 Nr. 2 AO zu ändern, wenn die Bedingung eintritt.

Beispiel:
Bei der Einkommensteuerveranlagung wurden Spenden gemäß § 10b EStG berücksichtigt. Die Spende war vom Stpfl. unter der auflösenden Bedingung gewährt worden, daß sie einem bestimmten Projekt zugeführt wird. Da sich das Projekt nicht durchführen ließ, wurde die Spende an den Stpfl. zurückgezahlt.

Das Projekt stellte sich als undurchführbar heraus. Damit war die auflösende Bedingung eingetreten. Der Einkommensteuerbescheid ist deshalb insoweit zu ändern (§ 175 Abs. 1 Nr. 2 AO).

Zuweilen werden unter Vertragspartnern **Steuerklauseln** vereinbart. Ein Rechtsgeschäft soll nur unter der Voraussetzung gelten, daß es vom FA steuerlich in einer bestimmten Weise behandelt wird. Weicht das FA von der vorgesehenen steuerlichen Behandlung ab und entfällt damit das Rechtsgeschäft, so kann das FA dem Wortlaut des § 175 Abs. 1 Nr. 2 AO nach bisher durchgeführten Steuerfestsetzungen aufheben oder ändern. Die Vertragsparteien können sich auf Steuerklauseln nur berufen, wenn diese dem FA so bald wie möglich vollständig offenbart werden (BStBl. II 1993, 296).

bb) Änderung bei nichtigen, unwirksamen oder anfechtbaren Rechtsgeschäften

Ein Rechtsgeschäft kann nach bürgerlichem Recht ausnahmsweise nichtig oder anfechtbar sein. Dennoch werden die steuerlichen Folgen aus dem Rechtsgeschäft gezogen, solange die Parteien an dem wirtschaftlichen Ergebnis des Rechtsgeschäftes festhalten (§ 41 Abs. 1 AO). Es handelt sich um eine Auswirkung der wirtschaftlichen Betrachtungsweise (vgl. Rdnr. 22 ff.). 210

Beispiel:
Ein Rechtsgeschäft ist in folgenden Fällen **nichtig:** bei Verstoß gegen Formvorschriften (§ 125 i. V. m. §§ 313 Satz 1, 518 Abs. 1 Satz 1, 2247 Abs. 1 BGB, 17 EheG); bei mangelnder Geschäftsfähigkeit (§ 104 ff. BGB);
Ein Rechtsgeschäft ist in folgenden Fällen **unwirksam:** bei Vertragsschluß durch einen Vertreter ohne Vertretungsmacht (§ 177 Abs. 1 BGB); bei Verfügungen eines Nichtberechtigten (§ 185 Abs. 1 BGB);
Ein Rechtsgeschäft ist in folgenden Fällen anfechtbar: bei einem Irrtum im Rahmen der Abgabe einer Willenserklärung (§§ 119, 2078 BGB); bei arglistiger Täuschung oder Drohung (§§ 123, 2078 BGB).

Bisweilen greift eine Vertragspartei einen derartigen schwerwiegenden Mangel auf und macht die Nichtigkeit bzw. Unwirksamkeit geltend oder ficht das Rechtsgeschäft an. Beseitigen die Vertragspartner daraufhin das wirtschaftliche Ergebnis des Rechtsgeschäftes, so hat das FA auch die steuerlichen Folgen rückgängig zu machen (§ 175 Abs. 1 Nr. 2 AO). 211

Beispiele:
1. Wird eine Ehe für nichtig erklärt (§ 17 EheG), so sind die „Ehegatten" für die Jahre, in denen sie zusammen veranlagt wurden, nun einzeln zu veranlagen (§ 175 Abs. 1 Nr. 2 AO).
2. Wird ein Testament durch Anfechtung nichtig (§§ 2078, 142 BGB), so ist der gegen den vermeintlichen Erben ergangene Erbschaftsteuerbescheid aufzuheben (§ 175 Abs. 1 Nr. 2 AO).
3. Ein Handlungsbevollmächtigter (§ 54 HGB) veräußert ein Betriebsgrundstück. Macht der Inhaber des Handelsgeschäftes geltend, daß der Handlungsbevollmächtigte ohne Vertretungsvollmacht tätig wurde (§ 177 Abs. 1 BGB, § 54 Abs. 2 HGB), so ist der bereits ergangene Grunderwerbsteuerbescheid aufzuheben (§ 175 Abs. 1 Nr. 2 AO).

212 Die laufend veranlagten Steuern knüpfen im allgemeinen nicht an einzelne Rechtsgeschäfte an, sondern an andere Merkmale, wie Gewinn, vereinbarte Entgelte, Vermögen usw. Die später geltend gemachte Nichtigkeit oder Unwirksamkeit eines einzelnen Rechtsgeschäftes führt daher nicht zur Änderung zurückliegender Veranlagungen.

Beispiel:
Ein Händler veräußert 01 an einen Minderjährigen ein Moped. Der Verkauf wirkte sich 01 gewinnerhöhend aus. – Anfang 02 verweigert der gesetzliche Vertreter endgültig die Genehmigung des Kaufes (§ 108 Abs. 1 BGB). Die Leistungen werden zurückgewährt.
Die Rückzahlung des Kaufpreises im Jahre 02 kann den Gewinn 01 nicht mehr beeinflussen. Sie wirkt sich 02 gewinnmindernd aus. – Ebenso ergibt sich aus § 17 Abs. 1 UStG, daß sich die Rückgängigmachung des Kaufvertrages umsatzsteuerlich nur 02 auswirkt.

cc) Änderung bei nachträglichem Wegfall eines Besteuerungsmerkmals

213 Weiterhin ist Ereignis i. S. des § 175 Abs. 1 Nr. 2 AO jeder nachträglich eingetretene tatsächliche oder rechtliche Umstand, der nach dem Gesetz den Steueranspruch dem Grunde oder der Höhe nach beeinflußt.

Beispiele:
1. Arndt hat sein Unternehmen im Jahre 01 im ganzen an Unger verkauft. Veräußerungspreis: 500 000 DM. Der Veräußerungsgewinn wurde im Jahre 02 der ESt-Veranlagung 01 des Arndt zugrunde gelegt (§ 16 EStG). Der ESt-Bescheid ist endgültig und bestandskräftig. Aufgrund einer Klage wegen Minderung des Kaufpreises (§§ 462, 472 BGB) setzte das Zivilgericht im Jahre 06 durch rechtskräftiges Urteil den Kaufpreis auf 450 000 DM herab.
Das Urteil hat zu einer rückwirkenden Herabsetzung des Kaufpreises geführt. Damit hat sich ein Besteuerungsmerkmal mit Rückwirkung geändert. Die ESt 01 ist gemäß § 175 Abs. 1 Nr. 2 AO zu ändern. Dasselbe würde gelten, wenn der Kaufpreis im Jahre 06 durch einen gerichtlichen oder außergerichtlichen Vergleich herabgesetzt worden wäre (BStBl II 1989, 41).
Nach BFH (BStBl II 1993, 897) liegt ein rückwirkendes Ereignis auch dann vor, wenn später der vereinbarte Kaufpreis ganz oder teilweise uneinbringlich wird. Im Gegensatz zum Beispielsfall ist anders als bei einer Minderung des Kaufpreises in den Fällen der Uneinbringlichkeit die Ursache für die Änderung des Veräußerungspreises im Veräußerungszeitpunkt noch nicht gelegt, sondern erst später eingetreten.
2. Der Einheitswert für einen gewerblichen Betrieb wird bei der Hauptveranlagung zum 1. 1. 01 auf 400 000 DM festgestellt (§ 180 Abs. 1 Nr. 1 AO, §§ 19 Abs. 1 Nr. 2, 95 BewG). Zum 1. 1. 02 erfolgt eine Wertfortschreibung auf 700 000 DM (§ 22 Abs. 1 Nr. 2 BewG). Anläßlich einer Außenprüfung wird festgestellt, daß der richtige Einheitswert zum 1. 1. 01 650 000 DM betragen hat. Zum 1. 1. 02 bleibt es bei dem Einheitswert von 700 000 DM.

Der Einheitswert des gewerblichen Betriebes zum 1. 1. 01 ist nach § 173 Abs. 1 Nr. 1 AO zu ändern. – Durch die Änderung der Hauptveranlagung zum 1. 1. 01 ist der für die Wertfortschreibung erforderliche Mindestwertzuwachs (vgl. § 22 Abs. 1 Nr. 2 BewG) nicht mehr erreicht. Wegen dieses Ereignisses mit steuerlicher Wirkung für die Vergangenheit ist der Fortschreibungsbescheid zum 1. 1. 02 nach § 175 Abs. 1 Nr. 2 AO aufzuheben.

3. Ein bilanzierender Unternehmer hat die Anschaffungskosten von 2 000 DM für eine Maschine mit einer betriebsgewöhnlichen Nutzungsdauer von 5 Jahren im Jahr der Anschaffung 01 voll abgeschrieben. Eine 05 durchgeführte Außenprüfung hat diesen Verstoß gegen § 6 Abs. 2 EStG aufgedeckt. Der Einkommensteuerbescheid 01 ist gemäß § 173 Abs. 1 Nr. 1 AO zu ändern, wobei der Gewinn aus Gewerbebetrieb um 1 600 DM zu erhöhen ist. – Die Einkommensteuerbescheide der Folgejahre sind, soweit die Veranlagungen bereits durchgeführt sind, nach § 175 Abs. 1 Nr. 2 AO zu ändern, wobei sich der Gewinn aus Gewerbebetrieb jeweils um 400 DM mindert. Wegen der Änderung der Schlußbilanz für das Jahr 01 hat sich als Folge des Bilanzenzusammenhanges auch die Anfangsbilanz für 02 geändert. Hiermit ist ein Ereignis, nämlich der Wegfall der bisher maßgeblichen Anfangsbilanz, mit steuerlicher Wirkung (§§ 4 Abs. 1 Satz 1, 5 Abs. 1 EStG) für die Vergangenheit eingetreten.

4. Eine Reederei hat ein neues Handelsschiff erworben und im Jahr der Anschaffung und den 4 folgenden Wirtschaftsjahren neben den Abschreibungen nach § 7 Abs. 1 EStG die Sonderabschreibungen nach § 82f Abs. 1 EStDV geltend gemacht. Im 5. Jahr nach der Anschaffung wird das Schiff veräußert. Die Inspruchnahme der Sonderabschreibungen ist nur zulässig, wenn das Schiff 8 Jahre nach der Anschaffung in dem Betrieb verbleibt (§ 82f Abs. 3 EStDV). Ist dies nicht der Fall, so bestimmt § 175 Abs. 2 AO, daß die Steuervergünstigung rückwirkend entfällt. Dies bedeutet, daß die einheitlichen und gesonderten Feststellungen des Jahres der Anschaffung und der folgenden 4 Jahre nach § 175 Abs. 1 Nr. 2 AO zu korrigieren sind. Die Änderung der ESt-Bescheide der einzelnen Mitglieder der Reederei erfolgt gemäß § 175 Abs. 1 Nr. 1 AO.

Ein weiterer Anwendungsfall für § 175 Abs. 1 Nr. 2 AO ergibt sich aus Abschnitt 174 Abs. 4 EStR.

c) Frist für die Änderung

§ 175 Abs. 1 Satz 2 AO begründet einen abweichenden Beginn der Festsetzungsfrist (§ 170 AO) bzw. Feststellungsfrist (§§ 181 Abs. 1 Satz 1, 170 AO). So beginnt die Festsetzungsfrist mit Ablauf des Jahres, in dem die auflösende Bedingung eingetreten ist oder in dem die Rechtsfolgen eines nichtigen, unwirksamen oder angefochtenen Rechtsgeschäftes rückgängig gemacht wurden.

Im oben dargestellten Beispiel 1 beginnt die Festsetzungsfrist für die Änderung des Einkommensteuerbescheides 01 mit Ablauf des Kalenderjahres 06.

Im Beispiel 2 beginnt die Feststellungsfrist für die Aufhebung des Wertfortschreibungsbescheides zum 1. 1. 01 mit Ablauf des Jahres, in dem der geänderte Hauptfeststellungsbescheid zum 1. 1. 00 bekanntgegeben worden ist.

12. Änderung von Steuerbescheiden zur Umsetzung von Verständigungsvereinbarungen

Nach § 175a AO können Schiedssprüche, die im Zusammenhang mit Doppelbesteuerungsabkommen ergehen (vgl. z. B. Art. 25 Abs. 2 des OECD-Musterabkommens), oder Verständigungsvereinbarungen aufgrund zwischenstaatlicher Übereinkommen durch Änderung, Erlaß oder Aufhebung von Steuerbescheiden berücksichtigt werden, auch wenn diese bereits bestandskräftig sind. Die Festsetzungsfrist endet insoweit nicht vor Ablauf eines Jahres nach dem Wirksamwerden des Schiedsspruches oder einer Verständigungsvereinbarung.

Die Einleitung solcher Schiedssprüche oder Verständigungsvereinbarungen setzt im allgemeinen die Bestandskraft des Steuerbescheides voraus. Ist ein Rechtsbehelfsverfahren anhängig, das sich auf einen anderen Sachverhalt als die zwischenstaatliche Einkünfteabgrenzung bezieht, kann bezüglich der Besteuerungsgrundlagen, auf die sich das zwischenstaatliche Schlichtungsverfahren erstreckt, ein Teilverzicht (§ 354 Abs. 1a AO) oder eine Teilrücknahme (§ 362 Abs. 1a AO) ausgesprochen werden. Damit wird die Einleitung des Schlichtungs- oder Verständigungsverfahrens beschleunigt.

13. Mitberichtigung von materiellen Fehlern im Rahmen der Änderung von Steuerbescheiden (§ 177 AO)

a) Vorbemerkung

Soweit das FA einen Steuerbescheid nach § 129 AO berichtigt oder nach §§ 172–175 AO ändert, wird es in der Regel die gesamte Veranlagung überprüfen. Dabei kann es auf Fehler stoßen, die bei der Veranlagung unterlaufen sind. Die o. g. Änderungsvorschriften lassen eine Korrektur anderer Fehler nicht zu. § 177 AO räumt dem FA zur Beseitigung von **materiellen Fehlern** das Recht und die Pflicht der **Mitberichtigung durch Saldierung** ein.

b) Begriff des materiellen Fehlers (§ 177 Abs. 3 AO)

Materielle Fehler sind alle Fehler einschließlich offenbarer Unrichtigkeiten, die zur Festsetzung einer unrichtigen Steuer führen (§ 177 Abs. 3 AO) und für die es keine eigenständige Korrekturvorschrift gibt. Materiell fehlerhaft ist also ein Bescheid nicht nur dann, wenn er Rechtsfehler enthält, sondern z. B. auch, wenn das FA bei der Steuerfestsetzung von einem falschen Sachverhalt ausgegangen ist (vgl. Rn. 170; BStBl II 1987, 297).

Beispiel:
Die ESt 04 für Renn wurde auf 10 000 DM festgesetzt. Nach Unanfechtbarkeit beantragt er die Berücksichtigung von Werbungskosten (Steuerminderung: 2 000 DM). Das FA lehnt die Änderung des Steuerbescheides nach § 173 Abs. 1 Nr. 2 AO ab, weil Renn die Werbungskosten grob schuldhaft verspätet vorgebracht hat. Kurz darauf geht beim FA eine Gewinnmitteilung ein (Steuerliche Auswirkung: 5 000 DM). Wegen der Gewinnmitteilung ist der Steuerbescheid nach § 175 Abs. 1 Nr. 1 AO zu ändern. Gleichzeitig ist der materielle Fehler – unrichtiger Ansatz der Werbungskosten – mitzuberichtigen (§§ 177 Abs. 1 und 3 AO). Die ESt 01 ist auf 13 000 DM zu korrigieren.

Die Möglichkeit der Mitberichtigung von materiellen Fehlern im Rahmen Korrektur einer offenbaren Unrichtigkeit (§ 129 AO) ist wegen des Wortlautes von § 177 Abs. 1 und 2 AO („Aufhebung oder Änderung") umstritten. Sinn und Zweck von § 177 AO rechtfertigen eine analoge Anwendung bei Berichtigungen (vgl. AEAO, Tz 1 zu § 177 AO).

Davon zu unterscheiden ist die Frage, ob offenbare Unrichtigkeiten materielle Fehler sind, obwohl sie für sich allein nach § 129 AO berichtigt werden können. Der Wortlaut von § 177 Abs. 3 AO bestimmt, daß offenbare Unrichtigkeiten als materielle Fehler mitzuberichtigen sind. Dies gewinnt nur Bedeutung, wenn eine Berichtigung nach § 129 AO wegen Ablauf der Festsetzungsfrist nicht mehr zulässig ist (vgl. § 169 Abs. 1 AO).

Beispiel:
Die ESt 01 für Storm wurde im Jahre 02 auf 13 000 DM festgesetzt. Storm ist an einer KG beteiligt, die die Feststellungserklärung für 01 im Jahre 03 einreichte. Im Jahre 07 korrigiert das Betriebsfinanzamt den Feststellungsbescheid 01, wobei sich der Gewinnanteil von Storm um 10 000 DM (steuerliche Auswirkung: 3 000 DM) erhöht. Storm entdeckt in seinem ESt-Bescheid 01 aus dem Jahre 02 einen Übertragungsfehler, der sich in Höhe von 500 DM zu seinen Ungunsten ausgewirkt hat.
Der Feststellungsbescheid 01 konnte bis zum Ablauf des Jahres 07 geändert werden (§§ 181 Abs. 1 Satz 1, 170 Abs. 2 Nr. 1 und 169 Abs. 2 Nr. 2 AO). Die Festsetzungsfrist für die ESt 01 endete mit Ablauf des Jahres 06 (§§ 170 Abs. 2

Nr. 1, 169 Abs. 2 Nr. 2 AO). Die Ablaufhemmung nach § 171 Abs. 10 AO ermöglicht eine Änderung des ESt 01 nach § 175 Abs. 1 Nr. 1 AO nur, soweit der Feststellungsbescheid 01 für Storm Bindungswirkung entfaltet (vgl. § 182 Abs. 1 AO). Da offenbare Unrichtigkeiten materielle Fehler sind und Mitberichtigungen auch nach Ablauf der Festsetzungsfrist zulässig sind (BStBl II 1992, 504), ist die ESt 01 nach §§ 175 Abs. 1 Nr. 1, 177 Abs. 1 AO auf 12 500 DM zu korrigieren.

c) Anwendungsbereich

aa) Mitberichtigungen im Rahmen von Änderungen zu Lasten des Steuerpflichtigen (§ 177 Abs. 1 AO)

217 Werden im Zusammenhang mit einer Änderung oder Berichtigung zu Lasten des Steuerpflichtigen materielle Fehler mitberichtigt, so darf weder die zuletzt festgesetzte Steuer unterschritten (Mitberichtigungsuntergrenze) noch die sich bei isolierter Anwendung der Korrekturvorschrift ergebende Steuer überschritten werden (Mitberichtigungsobergrenze). Dies ergibt sich aus dem Wortlaut von § 177 Abs. 1 AO („soweit die Änderung reicht").

Beispiele:

		DM
1. Festgesetzte Steuer		10 000
Auswirkung einer Änderung nach § 173 Abs. 1 Nr. 1 AO		+ 1 000
steuererhöhende materielle Fehler	+ 500 DM	
steuermindernde materielle Fehler	./. 200 DM	+ 300
Die Steuer ist gemäß § 173 Abs. 1 Nr. 1 AO festzusetzen auf		11 000.

Die Änderung nach § 173 Abs. 1 Nr. 1 AO führt zu einer Steuer von 11 000 DM, die die obere Grenze bildet.

2. Festgesetzte Steuer:		10 000
Auswirkung einer Änderung nach § 173 Abs. 1 Nr. 1 AO		+ 1 000
steuermindernde materielle Fehler:		./. 1 500
Nach §§ 173 Abs. 1 Nr. 1, 177 Abs. 1 AO verbleibt es bei einer Steuer von:		10 000

Die Änderung nach § 173 Abs. 1 Nr. 1 AO würde zu einer Steuer von 11 000 DM führen. Bei Anwendung des § 177 Abs. 1 AO darf die ursprüngliche Steuer von 10 000 DM nicht unterschritten werden.

bb) Mitberichtigungen im Rahmen von Änderungen zugunsten des Steuerpflichtigen (§ 177 Abs. 2 AO)

218 Werden im Zusammenhang mit einer Änderung zugunsten des Steuerpflichtigen materielle Fehler mitberichtigt, so darf weder die zuletzt festgesetzte Steuer überschritten noch die sich aus der Anwendung der Änderungsvorschrift ergebende Steuer unterschritten werden.

Aufhebung und Änderung von Steuerbescheiden 189

Beispiele: DM
1. Festgesetzte Steuer: 20 000
Auswirkung einer Änderung nach § 175 Abs. 1 Nr. 1 AO: ./. 2 000
steuererhöhende materielle Fehler: + 600 DM
steuermindernde materielle Fehler: ./. 400 DM + 200
Die Steuer ist nach §§ 175 Abs. 1 Nr. 1, 177 Abs. 2 AO
festzusetzen auf: 18 200
2. Festgesetzte Steuer: 20 000
Auswirkung einer Berichtigung nach § 129 AO: ./. 4 000
steuermindernde materielle Fehler: ./. 1 000
Die Steuer ist nach § 129 AO 16 000
festzusetzen auf:
Die Steuer aufgrund der Berichtigung nach § 129 AO darf nicht unterschritten werden.

cc) Mitberichtigungen bei gleichzeitigen Änderungen zu Lasten und zugunsten des Steuerpflichtigen (§ 177 Abs. 1, 2 AO)

Kann ein Steuerbescheid sowohl zu Lasten als auch zugunsten des Steuerpflichtigen geändert werden, so dürfen die sich aus der Anwendung der Änderungsvorschriften ergebenden Grenzen nicht über- bzw. unterschritten werden (BStBl II 1994, 77). 219

Beispiele: DM
1. Festgesetzte Steuer 30 000
Auswirkung einer Änderung nach § 175 Abs. 1 Nr. 1 AO: + 5 000
Auswirkung einer Änderung nach § 175 Abs. 1 Nr. 2 AO: ./. 3 000
steuererhöhende materielle Fehler: + 1 000
Die Steuer ist nach §§ 175 Abs. 1 Nr. 1 u. 2, 177 AO festzusetzen 33 000
auf:
Der Betrag von 35 000 DM darf hier nicht überschritten und der Betrag von 27 000 DM nicht unterschritten werden.

2. Festgesetzte Steuer: 30 000
Auswirkung einer Änderung nach § 173 Abs. 1 Nr. 1 AO: + 1 000
Auswirkung einer Änderung nach § 173 Abs. 1 Nr. 2 AO: ./. 500
steuererhöhende materielle Fehler: + 800 DM
steuermindernde materielle Fehler: ./. 100 DM + 700
Die Steuer ist nach §§ 173 Abs. 1 Nr. 1 u. Nr. 2,
177 Abs. 2 AO festzusetzen auf: 31 000
Eine Mitberichtigung gemäß § 177 AO ist nur in dem Bereich von 29 500 DM und 31 000 DM möglich.

d) Verhältnis zu §§ 164 und 165 AO (§ 177 Abs. 4 AO)

Eine Mitberichtigung erübrigt sich bei Veranlagungen unter Vorbehalt der Nachprüfung (§ 164 AO), da der Vorbehalt ohnehin eine Richtigstellung von Fehlern aller Art ermöglicht (§ 177 Abs. 4 AO). Ebenso erübrigt sich die Mitberichtigung von materiellen Fehlern bei Besteuerungsgrundlagen, auf die sich die Vorläufigkeit nach § 165 AO erstreckt (§ 177 Abs. 4 AO).

Aufhebung und Änderung von Steuerbescheiden 191

Schaubild
zur Mit-Berichtigung von materiellen Fehlern

220

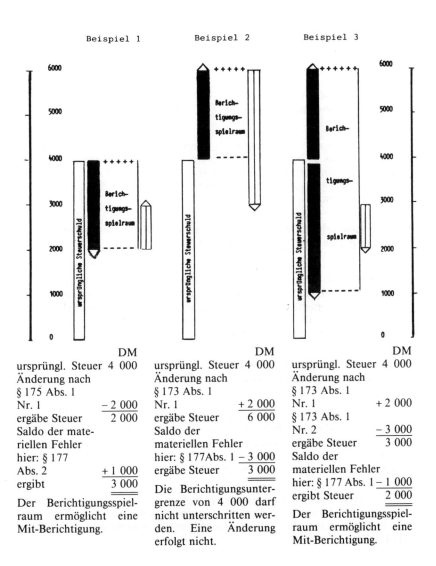

Beispiel 1

	DM
ursprüngl. Steuer	4 000
Änderung nach § 175 Abs. 1 Nr. 1	– 2 000
ergäbe Steuer	2 000
Saldo der materiellen Fehler hier: § 177 Abs. 2	+ 1 000
ergibt	3 000

Der Berichtigungsspielraum ermöglicht eine Mit-Berichtigung.

Beispiel 2

	DM
ursprüngl. Steuer	4 000
Änderung nach § 173 Abs. 1 Nr. 1	+ 2 000
ergäbe Steuer	6 000
Saldo der materiellen Fehler hier: § 177 Abs. 1	– 3 000
ergäbe Steuer	3 000

Die Berichtigungsuntergrenze von 4 000 darf nicht unterschritten werden. Eine Änderung erfolgt nicht.

Beispiel 3

	DM
ursprüngl. Steuer	4 000
Änderung nach § 173 Abs. 1 Nr. 1	+ 2 000
§ 173 Abs. 1 Nr. 2	– 3 000
ergäbe Steuer	3 000
Saldo der materiellen Fehler hier: § 177 Abs. 1	– 1 000
ergibt Steuer	2 000

Der Berichtigungsspielraum ermöglicht eine Mit-Berichtigung.

14. Vertrauensschutz bei der Änderung von Steuerbescheiden (§ 176 AO)

221 Der Steuerpflichtige hat einen Anspruch darauf, daß bei Änderungen sowie bei Mitberichtigungen von Rechtsfehlern (§§ 177 i. V. mit 172–175 AO) der **ihm günstige Rechtszustand** zugrunde gelegt wird, der zum Zeitpunkt der Erstveranlagung galt (§§ 176, 177 Abs. 3 AO). Dies ist eine Auswirkung des Grundsatzes des Vertrauensschutzes. Folgende Fälle sind zu unterscheiden:

a) Vertrauensschutz bei Nichtigkeitsfeststellung eines Gesetzes durch das Bundesverfassungsgericht (§ 177 Abs. 1 Nr. 1 AO)

Beispiel:
Ein Stpfl. wird unter Vorbehalt der Nachprüfung (§ 164 AO) veranlagt. Kurz darauf stellt das BVerfG die Nichtigkeit einer Freibetragsregelung fest, die sich bei der Veranlagung zugunsten des Stpfl. ausgewirkt hat. Wird nun die Veranlagung nach § 164 Abs. 2 Satz 1 AO geändert, so ist dem Stpfl. der Freibetrag zu belassen.

222 b) Vertrauensschutz bei Nichtanwendung einer Rechtsnorm durch ein Bundesgericht (§ 176 Abs. 1 Nr. 2 AO)

Beispiel:
Ein Stpfl. wird vorläufig veranlagt (§ 165 AO). Einige Zeit später ergeht ein Urteil des BFH, daß eine gesetzlich festgelegte Steuerermäßigung für bestimmte Sachverhalte nicht mehr zu gewähren ist. Wird anschließend die Steuerfestsetzung für endgültig erklärt (§ 165 Abs. 2 Satz 1 AO), so ist dem Stpfl. die Steuervergünstigung zu belassen.

223 c) Vertrauensschutz bei Änderung der Rechtsprechung eines Bundesgerichtes (§ 176 Abs. 1 Nr. 3 Satz 2 AO)

Beispiele:
1. Ein Stpfl. wird zur Umsatzsteuer veranlagt, wobei das FA im Einklang mit der Rechtsprechung des BFH bestimmte Umsätze für steuerfrei ansieht. Nach Aufgabe dieser Rechtsprechung ändert das FA den Umsatzsteuerbescheid wegen neuer Tatsachen nach § 173 Abs. 1 Nr. 2 AO. Es ist dem FA untersagt, dabei die geänderte Rechtsprechung nach § 177 Abs. 2 AO zu berücksichtigen (§ 176 Abs. 1 Nr. 3 AO).

2. Diesen Vertrauensschutz genießt der Stpfl. auch dann, wenn seine Steuererklärung die besagten Umsätze als steuerfrei enthält, das FA die Erklärung nicht überprüft hat, aber im Falle einer Überprüfung nicht beanstandet hätte (§ 176 Abs. 1 Satz 2 AO).

3. Der Vertrauensschutz wäre dem Stpfl. jedoch nicht zuzubilligen, wenn das FA etwa auf Anweisung einer vorgesetzten Dienstbehörde, die bisherige Rechtsprechung des BFH nicht anwandte und bei Überprüfung der Steuererklärung die steuerfreien Umsätze als steuerpflichtige behandelt hätte.

4. Ein Stpfl. wird zur Umsatzsteuer veranlagt. Hierbei hält das FA im Einklang mit der Rechtsprechung des BFH bestimmte Umsätze für steuerpflichtig. Nach Aufgabe dieser Rechtsprechung ändert das FA den Steuerbescheid wegen neuer Tatsachen nach § 173 Abs. 1 Nr. 1 AO. Das FA kann die Änderung der Rechtsprechung zugunsten des Steuerpflichtigen im Rahmen der Mitberichtigung nach § 177 AO berücksichtigen.

d) Vertrauensschutz bei Nichtanwendung rechtswidriger Verwaltungsvorschriften durch ein Bundesgericht (§ 176 Abs. 2 AO) 224

Beispiel:
Ein Stpfl. wird zur Einkommensteuer veranlagt. Im Einklang mit den EStR läßt das FA den Abzug bestimmter Betriebsausgaben zu. Kurz darauf wendet der BFH diesen Abschnitt der EStR erstmals nicht mehr an, weil er mit dem geltenden Recht nicht in Einklang steht. Etwas später ändert das FA den Einkommensteuerbescheid nach § 175 Abs. 1 Nr. 1 AO zugunsten des Stpfl. Hier findet § 177 AO keine Anwendung. Das FA muß wegen des Vertrauensschutzes die Betriebsausgaben weiterhin ansetzen.

VI. Rücknahme, Widerruf und Änderung im Rechtsbehelfsverfahren (§ 132 AO)

Auch wenn der Steuerpflichtige gegen einen Steuerverwaltungsakt Einspruch oder Beschwerde eingelegt hat, kann das FA weiterhin den Verwaltungsakt aufgrund einer „Änderungsvorschrift" richtigstellen. 225

Entgegen dem zu engen Wortlaut kann auch eine offenbare Unrichtigkeit (§ 129 AO) während des Rechtsbehelfsverfahrens berichtigt werden.

Ebenso können Änderungen während des Verfahrens vor dem Finanzgericht und vor dem BFH durchgeführt werden.

Beispiel:
Ein Stpfl. wurde zur Einkommensteuer veranlagt. Gegen den Steuerbescheid erhebt er Einspruch und macht weitere Werbungskosten geltend. Bevor das FA über den Einspruch entschieden hat, geht ein Gewinnfeststellungsbescheid ein, aufgrund dessen sich die Einkommensteuer erheblich erhöht.
Das FA hat zwei Möglichkeiten:
1. Es kann den Einkommensteuerbescheid gemäß §§ 175 Abs. 1, 132 AO ändern. Der geänderte Einkommensteuerbescheid ist nun Gegenstand des Einspruchsverfahrens (§ 365 Abs. 3 AO).

2. Das FA kann sofort die Einspruchsentscheidung erlassen. Dabei hat es den Einkommensteuerbescheid in vollem Umfang zu überprüfen (§ 367 Abs. 2 Satz 1 AO). Es wird sowohl den Feststellungsbescheid als auch die Werbungskosten berücksichtigen. Es kann dabei zu einer Erhöhung der Einkommensteuer kommen (§ 367 Abs. 2 Satz 2 AO).

K. Steuerschuldverhältnis

I. Begriff

Unter Steuerschuldverhältnis versteht man die Rechtsbeziehungen zwischen dem Steuergläubiger und dem Steuerschuldner, die der Verwirklichung von Steueransprüchen (§ 3 Abs. 1 AO) und Ansprüchen auf steuerliche Nebenleistungen (§ 3 Abs. 3 AO) dienen. Ähnlich wie das Schuldrecht des Bürgerlichen Gesetzbuches die Rechte und Pflichten des Schuldners und des Gläubigers darlegt, so enthalten die Vorschriften über das Steuerschuldverhältnis die Rechtsbeziehungen zwischen dem Staat und dem Bürger. Hierbei ist der Staat – vertreten durch die Finanzbehörden (§ 2 FVG) – in der Regel der Steuergläubiger und nur ausnahmsweise – bei Steuervergütungs- oder Steuererstattungsansprüchen – der Steuerschuldner.

226

sie sind mat.-Recht

Im Gegensatz zum bürgerlich-rechtlichen Schuldverhältnis ist das Steuerschuldverhältnis jedoch öffentlich-rechtlicher Natur. Der Bürger ist nicht gleichberechtigter Vertragspartner, er ist den gesetzlichen Vorschriften unterworfen.

II. Der Anspruch aus dem Steuerschuldverhältnis

„Anspruch aus dem Steuerschuldverhältnis" ist der Oberbegriff für die verschiedenartigen sich aus dem Steuerrecht ergebenden Geldleistungsansprüche. Der Begriff wird in verschiedenen Vorschriften der AO verwandt. In § 37 AO werden die einzelnen **Geldleistungsansprüche** aufgezählt:

227

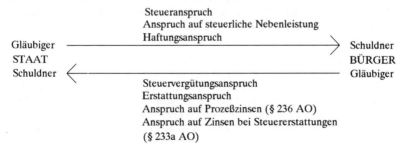

Steueranspruch ist der Anspruch des Staates – genauer gesagt eines öffentlich-rechtlichen Gemeinwesens – auf eine Geldleistung i. S. d. § 3 Abs. 1 AO.

Unter dem Begriff **Anspruch auf eine steuerliche Nebenleistung** sind folgende in § 3 Abs. 3 AO abschließend aufgezählten Geldleistungen zusammengefaßt:
- Verspätungszuschläge (§ 152 AO),
- Zinsen (§§ 233 bis 237 AO),
- Säumniszuschläge (§ 240 AO),
- Zwangsgelder (§ 32 AO) und
- Kosten (§ 178 AO), insbesondere Vollstreckungskosten (§§ 337 bis 345 AO).

228 Unter **Haftungsanspruch** versteht man einen gegen eine andere Person als den Steuerschuldner gerichteten Zahlungsanspruch. Dieser kann eine Steuer sowie eine steuerliche Nebenleistung zum Inhalt haben.

229 Als **Steuervergütungsansprüche** bezeichnet man Ansprüche des Bürgers gegen den Staat bei Erfüllung eines in den Steuergesetzen umschriebenen Tatbestandes, z. B. auf Wohnungsbau**prämie** (§ 8 Abs. 1 WoPG), Investitions- (§ 7 Abs. 1 InvZulG) oder Arbeitnehmerspar**zulage** (§ 14 Abs. 2 5. VermBG) oder auf Auszahlung der von einem anderen entrichteten Steuer.

Beispiel:
Eine Aktiengesellschaft entrichtet Körperschaftsteuer. An die Aktionäre werden Dividenden ausgeschüttet. Ein unbeschränkt steuerpflichtiger Aktionär wird nicht zur Einkommensteuer veranlagt. Der Aktionär hat einen „Vergütungsanspruch" in Höhe der anrechenbaren Körperschaftsteuer (§ 36b EStG).

230 Zu einem **Erstattungsanspruch** des Stpfl. kommt es, wenn eine Geldleistung ohne rechtlichen Grund gezahlt wurde oder der rechtliche Grund später weggefallen ist oder in den von den Einzelsteuergesetzen umschriebenen Sonderfällen.

Beispiele:
1. Ein Arzt hat laut Bescheid vierteljährlich Einkommensteuer-Vorauszahlungen in Höhe von 10 000 DM zu entrichten (vgl. § 37 Abs. 1 Satz 1 EStG), die aufgrund eines Dauerauftrages regelmäßig an das FA überwiesen werden. Ende August 02 erhält er den Einkommensteuerbescheid 01, in dem die Vorauszahlungen ab 10. 9. 02 auf 8 000 DM herabgesetzt werden. Dennoch werden den Anfang September 02 10 000 DM „ESt-VZ III 02" an die Finanzkasse überwiesen.

Der Anspruch aus dem Steuerschuldverhältnis 197

Der Arzt hat 2 000 DM ohne rechtlichen Grund an das FA gezahlt und daher in dieser Höhe einen Erstattungsanspruch nach § 37 Abs. 2 Satz 1 AO.

2. Aufgrund des Mitte Oktober 02 wirksam gewordenen Einkommensteuerbescheides 01 hat ein Handwerker 15 000 DM Einkommensteuer gezahlt. Im Jahre 03 wurden im Rahmen einer Außenprüfung nachträglich Tatsachen festgestellt, aufgrund derer die Einkommensteuer 01 gemäß § 173 Abs. 1 Nr. 2 AO auf 14 000 DM herabgesetzt wird.

Der rechtliche Grund für die Zahlung von 1 000 DM Einkommensteuer 01 ist mit Ergehen des Änderungsbescheides weggefallen (§ 37 Abs. 2 Satz 2 AO). Es besteht ein Erstattungsanspruch von 1 000 DM.

3. Ein Arbeiter hat 01 Lohnsteuer in Höhe von 3 000 DM entrichtet. – Die Veranlagung auf Antrag (§ 46 Abs. 2 Nr. 8 EStG) ergibt, daß 600 DM zu viel Lohnsteuer einbehalten wurden.

Hier hat das FA die zu viel gezahlte Lohnsteuer von 600 DM zu „erstatten".

4. Ein Student erwirbt ein Auto für eine Studienreise und zahlt für ein Jahr 240 DM Kraftfahrzeugsteuer. Nach acht Monaten veräußert er den Wagen wieder.

Nach § 12 Abs. 2 Nr. 3 KraftStG i. V. m. § 14 KraftStDV hat der Student einen Anspruch auf Erstattung der Steuer für vier Monate.

Diese Beispiele verdeutlichen, daß Rechtsgrund i. S. d. § 37 Abs. 2 AO jeder – materiell-rechtlich auch noch so fehlerhafte – Bescheid ist. Begleicht der Steuerschuldner einen vom FA festgesetzten Anspruch aus dem Steuerschuldverhältnis, so kommt es nur zu einem Erstattungsanspruch, wenn der Bescheid aufgehoben oder korrigiert wird. Eine Zahlung ohne Rechtsgrund liegt nicht etwa schon dann vor, wenn der Steuerschuldner entdeckt, daß die Steuer oder die steuerliche Nebenleistung zu hoch festgesetzt wurde.

Auch der **Staat** macht bisweilen **Erstattungsansprüche** gegenüber dem Bürger geltend, so wenn ohne Rechtsgrund geleistete Vergütungen zurückgefordert werden.

Beispiel:

Auf Antrag wurde für einen ledigen Arbeitnehmer mit einem zu versteuernden Einkommen von 26 000 DM vom Finanzamt die Wohnungsbauprämie von (10 % von 800 DM =) 80 DM an das Institut, welchem die prämienbegünstigten Leistungen zuflossen, ausgezahlt (§§ 3, 4, 5 Abs. 1 WoPG). Später stellt sich heraus, daß das zu versteuernde Einkommen wegen nicht erklärter Zinseinkünfte 27 000 DM überstieg.

Die Prämiengewährung ist aufzuheben; die zu Unrecht gewährte Prämie ist an das Finanzamt zu erstatten (§ 4 Abs. 4 Satz 2 WoPG).

Ferner kommt es zu einem Anspruch des Staates auf Rückerstattung, wenn an einen unbeteiligten Dritten durch eine fehlgeleitete Überweisung – also ohne Rechtsgrund – eine Auszahlung erfolgt (BStBl II 1986, 704).

Beispiel:
Nach Durchführung der Veranlagung erfolgt die Erstattung auf ein falsches Konto. – Mit Gutschrift der fehlgeleiteten Zahlung hat der Staat einen Anspruch auf Rückerstattung gemäß § 37 Abs. 2 AO im Rahmen eines auf Beseitigung der unrechtmäßigen Zahlung gerichteten Steuerschuldverhältnisses.

III. Schuldner und Gläubiger

1. Begriff des Steuerschuldners

231 Steuerschuldner ist, wer verpflichtet ist, die Steuer für sich selbst zu entrichten, oder für wessen Rechnung ein anderer Beteiligter die Steuer zu entrichten hat. Wer verpflichtet ist, eine bestimmte Steuer zu entrichten, bestimmt das entsprechende Einzelsteuergesetz (vgl. § 43 AO).

Beispiele:
Steuerschuldner der Lohnsteuer ist der Arbeitnehmer (§ 38 Abs. 2 Satz 1 EStG).
Steuerschuldner der Umsatzsteuer ist der Unternehmer (§ 13 Abs. 2 UStG).
Steuerschuldner der Gewerbesteuer ist der Unternehmer (§ 5 Abs. 1 GewStG).

In vielen Einzelsteuergesetzen kommt jedoch nicht so klar zum Ausdruck, wer Steuerschuldner ist. Hier ist Steuerschuldner, wem das Gesetz die Verwirklichung der tatbestandlichen Voraussetzungen für die Entstehung der Steuerschuld zurechnet.

Beispiele:
Schuldner der Einkommensteuer ist die natürliche Person, die im Veranlagungszeitraum ein Einkommen im Sinne des EStG erzielt hat. – Schuldner der Vermögensteuer ist, wem zu Beginn des Kalenderjahres steuerpflichtiges Vermögen im Sinne des VStG zuzurechnen ist.

232 Aus § 43 Satz 2 AO ist ersichtlich, daß der Steuerschuldner nicht stets selbst verpflichtet ist, die Steuer an das FA abzuführen. So ergibt sich aus §§ 38 Abs. 3, 41a Abs. 1 Nr. 2 EStG, daß der Arbeitgeber die Lohnsteuer für Rechnung des Arbeitnehmers einzubehalten und an das FA abzuführen hat. Man nennt hier den Arbeitgeber auch den **„Steuerentrichtungspflichtigen"**.

2. Abgrenzung zum Begriff des Steuerpflichtigen (Steuerschuldverhältnis)

Der Begriff des Steuerpflichtigen ist viel umfassender als der des Steuerschuldners. Steuerpflichtiger ist, wer ihm durch die Steuergesetze auferlegten Verpflichtungen zu erfüllen hat (§ 33 Abs. 1 AO). Das sind nicht nur die Personen, die eine Steuer schulden, zu entrichten haben oder für eine Steuer haften, sondern Steuerpflichtiger ist jeder, dem beispielsweise Erklärungspflichten (§ 149 AO) oder Aufzeichnungspflichten (§§ 141 bis 144 AO) auferlegt sind.

Beispiel:
Eine Witwe wohnt in ihrem Einfamilienhaus, das sie teilweise vermietet hat. Sie lebt von den Mieteinnahmen und von Kapitalerträgen.
Die Witwe ist Steuerpflichtige, da sie eine Einkommensteuererklärung abzugeben hat (vgl. § 56 EStDV). Steuerschuldnerin ist sie hingegen nur, wenn es tatsächlich zu einer Steuerfestsetzung kommt.

Einschränkend führt § 33 Abs. 2 AO aus, daß nicht schon derjenige Steuerpflichtiger ist, der als „andere Person" in einer fremden Steuersache vom FA um Hilfe angegangen wird, beispielsweise Auskunft erteilen (§ 93 AO), Urkunden vorlegen (§ 97 AO) oder als Sachverständiger ein Gutachten erstatten soll (§ 96 Abs. 3 AO).

Hier sind allerdings einige wichtige Ausnahmen anzuführen. Gesetzliche Vertreter (§ 34 Abs. 1 AO), Mitglieder und Gesellschafter nichtrechtsfähiger Personenvereinigungen (§ 34 Abs. 2 AO), Vermögensverwalter (§ 34 Abs. 3 AO) und Verfügungsberechtigte i. S. d. § 35 AO werden zwar in einer fremden Steuersache tätig, doch aufgrund der genannten Vorschriften sind diese Personen in dem jeweils angegebenen Bereich „wie in eigener Sache" tätig und daher Steuerpflichtige.

Beispiel:
Mit Eröffnung des Konkursverfahrens übernimmt der Konkursverwalter die Verwaltung des Vermögens des Gemeinschuldners (§ 6 KO). Er hat gemäß § 34 Abs. 3 i. V. m. Abs. 1 AO die steuerlichen Pflichten des Gemeinschuldners zu erfüllen.
Der Konkursverwalter ist Steuerpflichtiger, soweit er für den Gemeinschuldner tätig wird, denn ihm werden durch § 34 AO Verpflichtungen auferlegt.

3. Steuerrechtsfähigkeit

Wie der Begriff „Steuerschuldner" an den bürgerlich-rechtlichen Begriff „Schuldner" anknüpft, so ist die Steuerrechtsfähigkeit eine besondere

Form der Rechtsfähigkeit. Steuerrechtsfähig ist, wer Träger steuerrechtlicher Rechte und Pflichten sein kann, also wer Steuerpflichtiger sein kann. Steuerrechtsfähig sind alle rechtsfähigen Gebilde:

a) Natürliche Personen
b) Juristische Personen
- des privaten Rechts:
  z. B.: rechtsfähige Vereine, Aktiengesellschaften, Gesellschaften mit beschränkter Haftung, Genossenschaften, rechtsfähige Stiftungen (§ 80 BGB);
- des öffentlichen Rechts:
  z. B.: die Gebietskörperschaften (Bund, Länder, Gemeinden); sonstige Körperschaften; Anstalten des öffentlichen Rechts; Stiftungen des öffentlichen Rechts.

c) Darüber hinaus legen die Steuergesetze aber auch nicht rechtsfähigen Gebilden Verpflichtungen auf (vgl. §§ 1, 3 KStG, § 2 UStG, § 2 GewStG). Diese Gebilde sind daher steuerrechtsfähig:
z. B.: Offene Handelsgesellschaft; Kommanditgesellschaft; Gesellschaft des bürgerlichen Rechts; nichtrechtsfähige Vereine; gewerbliche Betriebe von juristischen Personen d. ö. R.

4. Gesamtschuldner

235 Der Gesetzgeber hat sich bemüht, die Steuergesetze nach Möglichkeit so zu gestalten, daß alle Steueransprüche auch eingezogen werden können. Um das weitgehend sicherzustellen, hat er bisweilen bestimmt, daß mehrere Personen als Gesamtschuldner nebeneinander dieselbe Leistung aus dem Steuerschuldverhältnis zu entrichten haben. Nach § 44 Abs. 1 AO sind drei Grundfälle der Gesamtschuldnerschaft denkbar.

- Ein Gesetz bestimmt, daß mehrere Personen dieselbe Steuer schulden.
- Personen werden zu einer Steuer zusammenveranlagt.
- Neben dem Steuerschuldner ist auch ein Haftungsschuldner zur Leistung derselben Steuerschuld verpflichtet.

Gegen Gesamtschuldner können **„zusammengefaßte Steuerbescheide"** ergehen (vgl. § 155 Abs. 3 AO).

Beispiele:
1. Schuldner der Grunderwerbsteuer sind der Veräußerer und der Erwerber des Grundstücks als Gesamtschuldner (§ 13 GrEStG).

2. Werden Ehegatten zusammen zur Einkommensteuer (§ 26b EStG) oder Vermögensteuer (§ 14 VStG) veranlagt, so ist jeder Ehegatte Gesamtschuldner der festgesetzten Steuer.

3. Ohne Wissen des Unternehmers hat ein Prokurist mit Hilfe des Bilanzbuchhalters in den Jahren 01 bis 03 die an das FA abzuführenden Umsatzsteuerbeträge erheblich verkürzt, was im Jahre 05 bei einer Außenprüfung entdeckt wird. – Der Unternehmer ist Schuldner der hinterzogenen Umsatzsteuer. Der Prokurist und der Buchhalter haften gemäß §§ 71 i. V. m. 370 AO für die hinterzogenen Steuern. Der Unternehmer, der Prokurist und der Buchhalter sind Gesamtschuldner.

In all diesen Fällen kann das FA von jedem Gesamtschuldner die gesamte Steuer fordern (§ 44 Abs. 1 Satz 2 AO), soweit sie nicht durch Zahlung oder Aufrechnung erloschen ist (§ 44 Abs. 2 Satz 1 u. 2 AO). Soweit die Steuer hingegen **einem** Gesamtschuldner erlassen wurde oder gegenüber einem Gesamtschuldner verjährt ist, kann sie dennoch grundsätzlich gegenüber anderen Gesamtschuldnern geltend gemacht werden. Einschränkungen ergeben sich jedoch für die Geltendmachung der Haftungsschuld aus §§ 219 und 191 Abs. 5 AO.

Soweit Steuerpflichtige zusammen veranlagt werden, können auf Antrag die rückständigen Steuerschulden durch „**Aufteilungsbescheid**" auf die einzelnen Gesamtschuldner aufgeteilt werden (§§ 44 Abs. 2 Satz 4 i. V. m. 268–280 AO).

5. Gesamtrechtsnachfolge

a) Begriff der Gesamtrechtsnachfolge

Durch Gesamtrechtsnachfolge geht das Vermögen als Ganzes durch einheitlichen Rechtsakt vom Rechtsvorgänger auf den Rechtsnachfolger über. Der Gesamtrechtsnachfolger tritt also in die gesamte Rechtsstellung des Rechtsvorgängers ein. Zu einer Gesamtrechtsnachfolge kommt es nur, wenn ein Gesetz dies ausdrücklich vorsieht.

Beispiele:
Erbfolge (§ 1922 BGB) und Nacherbfolge (§ 2139 BGB); Begründung des ehelichen Güterstandes der Gütergemeinschaft (§ 1416 Abs. 2 BGB); Verschmelzung oder Umwandlung von Gesellschaften (§ 339 ff. AktG); Übernahme des Vermögens einer Personengesellschaft durch den letzten Gesellschafter bei Fortführung des Unternehmens ohne Liquidation („Anwachsung" – vgl. § 738 BGB, § 142 HGB).

Im Gegensatz dazu spricht man von Einzelrechtsnachfolge, wenn nur ein Gegenstand – beispielsweise ein Auto – übereignet wird.

b) Wirkung der Gesamtrechtsnachfolge

Bei Gesamtrechtsnachfolge gehen alle Ansprüche aus dem Steuerschuldverhältnis auf den Rechtsnachfolger über (§ 45 Abs. 1 Satz 1 AO). Darüber hinaus tritt der Rechtsvorgänger in die gesamte abgabenrechtliche Rechtsstellung seines Vorgängers ein, d. h. er übernimmt alle Ansprüche in der Verfahrenslage, in der sie sich zum Zeitpunkt des Übergangs befinden, z. B. eine Stundung, eine Einspruchsfrist und auch die Verjährungsfrist laufen ununterbrochen weiter. Das zeigen etwa §§ 166 bzw. 182 Abs. 2 AO, wonach der Rechtsnachfolger eine unanfechtbare Steuerfestsetzung bzw. einen unanfechtbaren Einheitswertbescheid gegen sich gelten lassen muß.

Ausnahmsweise erlöschen jedoch gegen einen Steuerpflichtigen festgesetzte Zwangsgelder mit dessen Tod (§ 45 Abs. 1 Satz 2 AO).

Erben haben die Möglichkeit, ihre Pflicht, für die Schulden des Erblassers einstehen zu müssen, nach Maßgabe der Vorschriften des bürgerlichen Rechtes zu beschränken, d. h. sie können in der Regel erreichen, daß sie nur das Nachlaßvermögen zur Begleichung der auf sie übergegangenen Steuerschulden einsetzen müssen (§ 45 Abs. 2 Satz 1 AO). Haftet der Erbe jedoch – unabhängig von der Gesamtrechtsnachfolge nach einer steuerrechtlichen Vorschrift – etwa als Hinterzieher (§ 71 AO) oder Vertreter (§ 69 AO) –, so kann er sich nicht gegenüber dem FA auf eine bürgerlich-rechtliche Haftungsbeschränkung berufen (§ 45 Abs. 2 Satz 2 AO).

6. Gläubiger bei Erstattungen und Vergütungen

237 **Steuervergütungsgläubiger** ist, wem ein Anspruch auf eine Steuervergütung zusteht. Die Prämien-, Zulagen- und Einzelsteuergesetze bestimmen, wer einen solchen Anspruch gegenüber den Finanzbehörden geltend machen kann.

Steuererstattungsgläubiger ist derjenige, auf dessen Rechnung die Zahlung bewirkt worden ist (§ 37 Abs. 2 AO).

> **Beispiel:**
> Eine OHG überweist für einen Gesellschafter die Einkommensteuer-Abschlußzahlung. Nach einer Herabsetzung kann nur der Gesellschafter und nicht die Gesellschaft Erstattung verlangen.
> Entscheidend ist, wessen Steuerschuld nach dem für das FA erkennbaren Willen des Zahlenden getilgt werden sollte (BStBl II 1990, 41).

Entstehung der Ansprüche aus dem Steuerschuldverhältnis

IV. Entstehung der Ansprüche aus dem Steuerschuldverhältnis

1. Grundsatz

Nach § 38 AO entstehen Ansprüche aus dem Steuerschuldverhältnis, sobald der Tatbestand verwirklicht ist, an den das Gesetz die Leistungspflicht knüpft. Dies ergibt sich einerseits aus dem Begriff der Steuer (§ 3 Abs. 1 AO) und ist andererseits eine Folge des Grundsatzes der **Tatbestandsmäßigkeit der Besteuerung** (vgl. Rdnr. 4). Die Ansprüche entstehen also grundsätzlich kraft Gesetzes. Es kommt nicht darauf an, daß der Steuerschuldner weiß, daß sein Verhalten steuerliche Folgen auslöst. Ebenso ist es unerheblich, ob der entstandene Anspruch von einer Finanzbehörde festgesetzt wird.

238

Beispiel:
1. Landwirt L schenkt seinem Bruder eine Wiese als Baugrund. Er ist der festen Überzeugung, daß nur Grunderwerbsteuer anfällt, die der Erwerber auf Grund des Kaufvertrages übernommen hat. Der Sachverhalt erfüllt aber auch den Tatbestand der §§ 4 Abs. 1, 6 Abs. 1 Nr. 4 EStG. Durch die Entnahme der Wiese werden Einkünfte erzielt.
2. Ein arbeitsloser Fliesenlegergeselle übernimmt zunächst gelegentlich und dann immer häufiger kleine Aufträge, ohne daß das FA hiervon erfährt. – Obwohl er keine Steuerbescheide erhält, werden durch diesen Sachverhalt Tatbestände verwirklicht, an die das UStG, das GewStG und EStG Zahlungspflichten knüpfen. Die Steuern sind entstanden, auch wenn sie vom FA nicht festgesetzt werden.

2. Bedeutung der Entstehung

Vom Zeitpunkt der Entstehung an steht die Höhe des Anspruchs grundsätzlich unabänderlich fest. Von jetzt an ist die Festsetzung durch Verwaltungsakt möglich. Daneben kommt dem Entstehungszeitpunkt von Ansprüchen aus dem Steuerschuldverhältnis in einigen Vorschriften der AO, bisweilen aber auch in den Einzelsteuergesetzen, Bedeutung zu:

239

a) Aufrechnung

So ist Voraussetzung für die Aufrechnung (§ 226 AO), daß die Schuld des Aufrechnenden erfüllbar, d. h. entstanden ist (vgl. Rdnr. 280).

b) Abtretung, Pfändung

Die Abtretung von Erstattungs- und Vergütungsansprüchen kann erst nach ihrer Entstehung wirksam erfolgen (§ 46 Abs. 2 AO). Eine Pfändung solcher Ansprüche ist erst nach Entstehung zulässig (§ 46 Abs. 6 AO).

c) Beginn der Festsetzungsverjährungsfrist

Die Frist für die Festsetzungsverjährung beginnt mit Ablauf des Jahres, in dem die Steuer entstanden ist (§ 170 Abs. 1 AO).

d) Umfang der Haftung des Betriebsübernehmers

Der Betriebsübernehmer haftet nur für solche Steuerschulden, die seit dem Beginn des letzten vor der Übereignung liegenden Kalenderjahres entstanden sind (§ 75 AO).

e) Konkurs

Konkursforderungen sind nur die Steuerschulden, die vor Konkurseröffnung entstanden sind. Nur insoweit wird der Steuergläubiger in Höhe der Konkursquote anteilig befriedigt. Entstehen hingegen Steuern nach Konkurseröffnung – beispielsweise Umsatzsteuer bei der Veräußerung von Gegenständen aus der Konkursmasse –, so sind diese Steuern als Masseschulden in voller Höhe vom Konkursverwalter an das Finanzamt abzuführen.

f) Gewinnermittlung

Bei der Gewinnermittlung nach § 4 Abs. 1 oder § 5 EStG sind entstandene Steuerschulden als Schuldposten und entstandene Vergütungs- oder Erstattungsansprüche als Aktivposten zu berücksichtigen.

3. Zeitpunkt der Entstehung

Der genaue Zeitpunkt der Entstehung von Ansprüchen aus dem Steuerschuldverhältnis ergibt sich aus den einzelnen Steuergesetzen.

a) Entstehungszeitpunkt für die wichtigsten Steuern

Die **Einkommensteuer** entsteht grundsätzlich mit Ablauf des Kalenderjahres (§ 36 Abs. 1 EStG). Die vierteljährlich zu entrichtenden Vorauszahlungen entstehen jedoch schon **mit Beginn** des jeweiligen Kalendervierteljahres (§ 37 Abs. 1 Satz 2 EStG).

Beispiel:
Lt. Bescheid vom August 01 hat Architekt A für 02 vierteljährliche Vorauszahlungen von 5 000 DM zu entrichten. Die im April 03 durch den Steuerberater ermittelte Einkommensteuerschuld 02 beträgt 30 000 DM.

Entstehung der Ansprüche aus dem Steuerschuldverhältnis

Die Einkommensteuer 02 entstand in Höhe von jeweils 5 000 DM mit Beginn des Januar 02, des April 02, des Juli 02 und des Oktober 02 sowie in Höhe von 10 000 DM mit Ablauf des Dezember 02.

Die **Lohnsteuer** entsteht mit Zufluß des Arbeitslohnes an den Arbeitnehmer (§ 38 Abs. 2 Satz 2 EStG), also mit Auszahlung oder Gutschrift auf dem Konto.

Die **Umsatzsteuer** entsteht mit Ablauf des Voranmeldungszeitraumes (§ 13 UStG).

Die **Vermögensteuer** entsteht mit Beginn des Kalenderjahres, für das die Steuer festzusetzen ist (§ 5 Abs. 2 VStG).

b) Entstehungszeitpunkt für steuerliche Nebenleistungen

Der Entstehungszeitpunkt für die einzelnen steuerlichen Nebenleistungen ist im Gesetz nicht ausdrücklich geregelt. Daher gilt der Grundsatz des § 38 AO, soweit die Nebenleistungen kraft Gesetzes entstehen, also durch gebundene Verwaltungsakte (vgl. Rdnr. 113) festgesetzt oder ausgesprochen werden (vgl. § 218 Abs. 1 AO). Danach sind **Säumniszuschläge** entstanden, wenn Steuern nicht bis zum Ablauf des Fälligkeitstages entrichtet wurden (§ 240 AO; AEAO, Tz 5 zu § 240). **Stundungszinsen** (§ 234 AO) sind entstanden, wenn die Stundung gewährt, d. h. vom FA ausgesprochen wurde. **Vollstreckungskosten** (§ 337 ff. AO) entstehen mit Durchführung der einzelnen Vollstreckungsmaßnahmen, die Pfändungsgebühr (§ 339 AO) beispielsweise ist mit Abschluß der Pfändung einer Sache entstanden.

Verspätungszuschläge (§ 152 AO) und Zwangsgelder (§ 328 AO) hingegen fallen nicht kraft Gesetzes an. Die Festsetzung dieser Nebenleistungen steht – wenn ein bestimmter Tatbestand verwirklicht ist – im Ermessen der Behörde. Denn bei verspäteter Abgabe einer Steuererklärung „**kann**" ein Verspätungszuschlag festgesetzt und bei Nichterfüllung einer abgabenrechtlichen Verpflichtung „**kann**" ein Zwangsgeld – nach Androhung (§ 332 AO) – festgesetzt werden. Daher entstehen Verspätungszuschläge und Zwangsgelder erst mit Bekanntgabe der Festsetzung (vgl. AEAO Tz 3 zu § 152).

c) Entstehungszeitpunkt für Haftungsansprüche

Auch für die Haftungsschuld gilt der Grundsatz des § 38 AO. Die Haftungsschuld entsteht somit, sobald der Tatbestand verwirklicht ist, an den das Gesetz die Haftungsfolge knüpft (vgl. § 191 Abs. 3 Satz 3 AO).

Der Haftungsanspruch entsteht also unabhängig davon, ob das Finanzamt von der Möglichkeit (vgl. § 191 Abs. 1 AO „kann") der Inanspruchnahme des Haftenden durch Haftungsbescheid Gebrauch macht.

Beispiel:
Baumann tritt mit Wirkung vom 1. 7. 01 als Gesellschafter in die Fertigbau OHG.
Durch den Eintritt in die Gesellschaft ist der Tatbestand erfüllt, an den § 191 Abs. 1 i. V. m. § 4 AO, §§ 128, 130 HGB die Haftung für Schulden der Fertigbau OHG knüpft. Die Haftungsschuld entsteht am 1. 7. 01.

d) Entstehungszeitpunkt für Vergütungsansprüche

243 Prämien und Zulagen werden regelmäßig gewährt, wenn während eines bestimmten Zeitraumes – meist eines Kalenderjahres – ein gesetzlicher Tatbestand erfüllt wurde. Entstehungszeitpunkt ist daher der Ablauf dieses Zeitraumes. Es ist für den Entstehungszeitpunkt ohne Bedeutung, ob der erforderliche Antrag gestellt und die Vergütung tatsächlich festgesetzt wird.

So entsteht der Anspruch auf die Wohnungsbauprämie mit Ablauf des Kalenderjahres, für das die Prämie gewährt wird (vgl. § 3 Abs. 1 Satz 1 WoPG). Der Anspruch auf Investitionszulage entsteht mit Ablauf des Wirtschaftsjahres (vgl. § 6 Abs. 1 InvZulG).

Der Anspruch auf Vergütung der anrechenbaren Körperschaftsteuer entsteht im Zeitpunkt des Zufließens der Dividenden (§ 38 AO, § 36b EStG).

e) Entstehungszeitpunkt für Erstattungsansprüche

244 Nach § 38 AO entstehen Erstattungsansprüche (vgl. § 37 Abs. 2 AO) zu dem Zeitpunkt, in dem alle tatbestandsmäßigen Voraussetzungen für die Erstattung vorliegen.

So entsteht der Erstattungsanspruch in den Fällen, in denen der Erstattungsgläubiger versehentlich eine zu hohe Zahlung geleistet hat oder ein Betrag an einen unbeteiligten Dritten überwiesen wurde, mit Zugang der zu hohen bzw. fehlgeleiteten Zahlung (BStBl II 1986, 704).

Beispiel:
Haftungsschuldner H überweist aufgrund eines Haftungsbescheides Umsatzsteuer in Höhe von 4 000 DM, ohne zu wissen, daß diese Schuld zwischenzeitlich vom Steuerschuldner beglichen wurde.
Der Erstattungsanspruch des H in Höhe von 4 000 DM entsteht mit Gutschrift des von ihm überwiesenen Betrages auf dem Konto des FA.

Hat ein Steuerpflichtiger zu hohe Vorauszahlungen geleistet oder wurden von einem Arbeitnehmer zu hohe Lohnsteuerbeträge einbehalten, so entsteht der Erstattungsanspruch mit Ablauf des Veranlagungszeitraumes (BStBl II 1990, 523). Denn der Erstattungsanspruch entsteht kraft Gesetzes mit Vollendung des Besteuerungszeitraumes, soweit die Summe der auf die ESt anzurechnenden Beträge (§ 36 Abs. 2 EStG) die materiell geschuldete Steuer übersteigt (§ 38 AO; § 36 Abs. 1, Abs. 4 Satz 2 EStG).

Beispiel:
Ein Architekt hat aufgrund eines Vorauszahlungsbescheides für das Jahr 01 ESt-Vorauszahlungen von insgesamt 60 000 DM geleistet. Es ist jedoch nur ein Einkommensteueranspruch 01 in Höhe von 55 000 DM entstanden.
Der Erstattungsanspruch in Höhe von 5 000 DM entsteht mit Ablauf des Veranlagungszeitraumes 01.

Wenn aufgrund einer fehlerhaften Steuerfestsetzung eine zu hohe Abschlußzahlung entrichtet wurde, entsteht der Erstattungsanspruch mit Zahlung des zu hoch festgesetzten Betrages.

V. Fälligkeit von Ansprüchen aus dem Steuerschuldverhältnis

1. Begriff und Voraussetzungen der Fälligkeit

a) Begriff der Fälligkeit

Vom Zeitpunkt der Entstehung eines Anspruches aus dem Steuerschuldverhältnis ist der Zeitpunkt der Fälligkeit zu unterscheiden. **Fällig** ist ein Anspruch, wenn der Gläubiger berechtigt ist, die Geldleistung zu fordern. Das setzt voraus, daß

- der Anspruch entstanden ist und
- sich aus dem Gesetz oder dem festsetzenden Verwaltungsakt der Zeitpunkt der Fälligkeit ergibt (vgl. § 220 AO)

b) Festsetzung als Voraussetzung der Fälligkeit (§ 218 Abs. 1 AO)

Die Festsetzung kann erfolgen durch

- Steuerbescheide – auch Vorauszahlungsbescheide oder Steueranmeldungen (§ 168 AO) –,
- Haftungsbescheide,

- Verwaltungsakte über steuerliche Nebenleistungen
- sowie Vergütungsbescheide.

Ausnahmsweise kann sich die Fälligkeit auch aus einem Rückforderungs- oder einem Abrechnungsbescheid (§ 218 Abs. 2 AO; vgl. Rdnr. 248) ergeben.

Beispiel:
Nach der Scheidung von Ehegatten, die zusammen veranlagt wurden, überwies das Finanzamt den Einkommensteuer-Erstattungsbetrag versehentlich auf ein Konto des nicht erstattungsberechtigten Ehegatten. Das Finanzamt wurde von seiner Leistungspflicht gegenüber dem erstattungsberechtigten Ehegatten nicht frei (BStBl II 1991, 442). Der ohne Rechtsgrund erstattete Betrag kann von dem nicht erstattungsberechtigten Ehegatten durch Rückforderungsbescheid (§ 37 Abs. 2 AO) oder durch Abrechnungsbescheid angefordert werden (BStBl II 1992, 713).

Säumniszuschläge (§ 240 AO) müssen nicht durch förmlichen Verwaltungsakt festgesetzt werden (§ 218 Abs. 1 Satz 1 2. Halbsatz). Ihre Höhe wird dem Steuerpflichtigen meist mit der Anmahnung von Steuerrückständen bekanntgegeben. Säumniszuschläge können ohne Leistungsgebot zusammen mit der Steuer beigetrieben werden (§ 254 Abs. 2 AO).

c) Anrechnung – Abrechnung – Erstattung

Der Steuerfestsetzung schließt sich die Anrechnung – auch Anrechnungsverfügung oder Abrechnung genannt – an. Die Anrechnung, ein eigener Verwaltungsakt, der zum Steuererhebungsverfahren gehört, ergeht aus Zweckmäßigkeitsgründen zusammen mit dem Steuerbescheid. Aus der Anrechnung soll der Stpfl. nachvollziehbar erkennen können, welche Beträge auf die festgesetzte Steuer angerechnet werden. Aus der Anrechnung ergibt sich, ob der Stpfl. eine Abschlußzahlung leisten muß oder eine Erstattung ausgezahlt wird.

Beispiele:
1. Die Einkommensteuer wird auf 100 000 DM festgesetzt. Der Stpfl. hat Vorauszahlungen (§ 37 EStG) in Höhe von 60 000 DM entrichtet, Kapitalertragsteuer (§ 43 ff. EStG) wurde in Höhe von 5 000 DM einbehalten und Körperschaftsteuer ist in Höhe von 25 000 DM anzurechnen.
Geleistete Vorauszahlungen, durch Steuerabzug erhobene Einkommensteuer und die anrechenbare Körperschaftsteuer sind auf die festgesetzte Einkommensteuer anzurechnen (§ 36 Abs. 2 EStG). Als Abschlußzahlung (vgl. § 36 Abs. 4 EStG) sind 10 000 DM zu entrichten.
2. Die Einkommensteuer eines zu veranlagenden Arbeitnehmers wird auf 12 000 DM festgesetzt. Für den gleichen Veranlagungszeitraum wurde von dem Arbeitnehmer Lohnsteuer in Höhe von 14 000 DM einbehalten.

Fälligkeit von Ansprüchen aus dem Steuerschuldverhältnis

Durch Anrechnung wird auf die festgesetzte Einkommensteuer die Lohnsteuer von 14 000 DM angerechnet, wodurch sich ein Erstattungsbetrag von 2 000 DM ergibt (§ 36 Abs. 2 Nr. 2 EStG).
3. Durch Änderungsbescheid nach § 173 Abs. 1 Nr. 2 AO wird eine Steuer um 5 000 DM herabgesetzt.
Aus der Anrechnung ergibt sich, daß der Betrag von 5 000 DM zu erstatten ist.

Wendet sich der Stpfl gegen die Anrechnung, so muß das Finanzamt durch Abrechnungsbescheid (§ 218 Abs. 2 AO) entscheiden. Ein Rechtsbehelf gegen die Anrechnung ist also nicht gegeben. Im vorrangigen Abrechnungsverfahren nach § 218 AO besteht keine Bindung an die Anrechnung. Daher erübrigt sich stets eine Rücknahme (§ 130 AO) der Anrechnung (BStBl II 1993, 837 und 1994, 147).

Beispiele:

1. Vermögensteuer wurde in Höhe von 10 000 DM festgesetzt. Statt der geleisteten Vorauszahlungen (§ 21 VStG) von 12 000 DM wurden versehentlich 21 000 DM angerechnet. Der Irrtum wurde 3 Jahre später bemerkt.

Das FA kann den versehentlich (ohne Rechtsgrund) erstatteten Betrag von 9 000 DM durch Abrechnungsbescheid vom Stpfl. anfordern (BStBl II 1992, 714).

2. Das FA setzte (§ 18 Abs. 4 Satz 2 UStG) die USt für das Jahr 01 auf 50 000 DM fest. Die Abrechnung führte zu einer Erstattung von 7 000 DM. Aufgrund eines Rechtsfehlers bei Umbuchungs- und Erstattungsvorgängen war – wie sich später herausstellte – ein um 4 000 DM zu hoher Betrag auf die festgesetzte Umsatzsteuer angerechnet worden.

Da das FA bei Erlaß des Abrechnungsbescheides nicht an die Anrechnung gebunden ist, kann es grundsätzlich auch hier den Betrag von 4 000 DM durch Abrechnungsbescheid zurückfordern. Die fehlerhafte Abrechnung hat für den Stpfl. jedoch einen rechtlich erheblichen, schutzwürdigen Vorteil begründet. § 130 Abs. 2 AO ist daher entsprechend anzuwenden. Der Abrechnungsbescheid wird nur ergehen können, wenn dem Stpfl. die Fehlerhaftigkeit der ursprünglichen Abrechnung weder bekannt noch infolge grober Fahrlässigkeit nicht bekannt war (vgl. § 130 Abs. 2 Nr. 4 AO; BStBl II 1987, 409).

d) Leistungsgebot (§ 254 Abs. 1 AO)

Durch die Anrechnung wird der vom Stpfl. noch zu entrichtende Betrag ermittelt. Der Anrechnung folgt – meist mit dem Steuerbescheid verbunden – das Leistungsgebot (§ 254 Abs. 1 Satz 1 AO). Es enthält die Aufforderung, den geschuldeten Betrag innerhalb einer bestimmten Frist zu zahlen. Erst nach Ergehen des Leistungsgebotes kann der Anspruch **„verwirklicht"**, d. h. durchgesetzt werden.

Auch das Leistungsgebot ist ein selbständiger Verwaltungsakt (BStBl 1983, 622), der nach §§ 129–131 AO korrigiert und mit der Beschwerde (§ 349 AO) angegriffen werden kann.

Ein **Haftungsbescheid** (Rdnr. 353 ff.) darf nur mit Zahlungsaufforderung und Fälligkeitstag (Leistungsgebot) versehen werden, wenn **eine** der besonderen Voraussetzungen des § 219 AO vorliegt:

- Haftung für Steuerhinterziehung oder Steuerhehlerei (§ 71 i. V. m. § 370 bzw. § 374 AO),
- Haftung für Steuerabzugsbeträge z. B. nach § 42d Abs. 1 EStG,
- erfolglose Vollstreckung in das bewegliche Vermögen des Steuerschuldners oder
- Aussichtslosigkeit der Vollstreckung beim Steuerschuldner.

e) Abrechnungsbescheid (§ 218 Abs. 2 AO)

248 Besteht Streit darüber, in welcher Höhe ein festgesetzter Anspruch aus dem Steuerschuldverhältnis bereits erloschen ist, so hat das FA hierüber durch Verwaltungsakt – genannt **Abrechnungsbescheid** – zu entscheiden (§§ 218 Abs. 2, 348 Abs. 1 Nr. 9 AO).

Beispiel:
Das FA setzt die Umsatzsteuer entsprechend der Jahreserklärung auf 120 000 DM fest und fordert vom Stpfl. einen nicht durch Vorauszahlungen gedeckten Betrag von 5 000 DM an. Der Stpfl. ist der Ansicht, dieser Betrag sei aufgrund einer Aufrechnung erloschen.

Das FA hat in einem besonderen Verwaltungsakt im einzelnen darzulegen, in welcher Höhe USt-Vorauszahlungen eingingen und warum der Teilbetrag von 5 000 DM nicht durch Aufrechnung erloschen ist.

Der Abrechnungsbescheid ist Voraussetzung für die auf Steuererstattung gerichtete Leistungsklage, sofern sich aus der Abrechnung nicht die vom Stpfl. begehrte Erstattung ergibt (BStBl II 1986, 702).

2. Bedeutung der Fälligkeit

249 Vom Fälligkeitstag an ist der Schuldner zur Entrichtung der Geldleistung verpflichtet. Die Fälligkeit ist Voraussetzung für die Einleitung von Vollstreckungsmaßnahmen (§ 254 Abs. 1 Satz 1 AO). Darüber hinaus kommt der Fälligkeit in der AO und anderen Gesetzen erhebliche Bedeutung zu:

a) Säumniszuschläge

Wird eine Steuer nicht spätestens am Fälligkeitstag entrichtet, so fallen Säumniszuschläge an (§ 240 AO).

Fälligkeit von Ansprüchen aus dem Steuerschuldverhältnis 211

b) Zahlungsverjährung
Mit Ablauf des Kalenderjahres, in dem der Anspruch aus dem Steuerschuldverhältnis erstmals fällig geworden ist, beginnt die Frist für die Zahlungsverjährung zu laufen (§ 229 AO).

c) Aufrechnung
Eine Aufrechnung ist erst möglich, wenn die Forderung des Aufrechnenden fällig ist (§ 226 Abs. 1 AO i. V. m. § 387 BGB).

d) Konkurs
Im Konkursverfahren sind die Steueransprüche bevorrechtigt, die im letzten Jahr vor Eröffnung des Konkursverfahrens fällig geworden sind (§ 61 Nr. 2 KO).

3. Der Zeitpunkt der Fälligkeit

Der Zeitpunkt der Fälligkeit eines Anspruches aus dem Steuerschuldverhältnis kann sich ergeben 250

- unmittelbar aus einem Einzelsteuergesetz (§ 220 Abs. 1 AO),
- aus dem Entstehungszeitpunkt (§ 220 Abs. 2 Satz 1 AO),
- aus dem mit einer erforderlichen Festsetzung verbundenen oder ihr folgenden Leistungsgebot (§ 220 Abs. 2 Satz 1 AO) oder
- aus dem Zeitpunkt der Bekanntgabe des Verwaltungsaktes (§ 220 Abs. 2 Satz 2 AO).

a) Fälligkeit von Vorauszahlungen und einbehaltener Lohnsteuer

Unmittelbar aus dem Einzelsteuergesetz ergibt sich die Fälligkeit der abzuführenden Lohnsteuer (§ 41a Abs. 1 Nr. 2 EStG) und der Umsatzsteuervorauszahlungen (§ 18 Abs. 1 Satz 5 UStG) jeweils zum 10. Tag nach Ablauf des Vor- bzw. Anmeldungszeitraums. Allerdings ist zu beachten, daß bei verspäteter Abgabe von Anmeldungen Fälligkeit erst mit deren Eingang beim Finanzamt eintreten kann. Erst dann liegt nämlich die als Grundlage für die Verwirklichung eines Anspruches aus dem Steuerschuldverhältnis erforderliche Festsetzung vor (§§ 218 Abs. 1, 167 AO). 251

Beispiele:
1. Ein Arbeitgeber reicht die Lohnsteueranmeldung für Mai am 2. 6. beim Finanzamt ein. – Der angemeldete Betrag ist am 10. 6. fällig (§ 41a Abs. 1 Nr. 2 EStG).

2. Eine Umsatzsteuervoranmeldung für Mai geht am 25. 6. beim FA ein. – Die angemeldete Umsatzsteuervorauszahlung ist am 25. 6. fällig.

Entsprechendes gilt für Einkommensteuervorauszahlungen, die nach § 37 Abs. 1 Satz 1 EStG am 10. Tag des letzten Monats eines jeden Kalendervierteljahres fällig werden und für Vermögensteuerteil- bzw. -vorauszahlungen, für die die Fälligkeit auf den 10. Tag des zweiten Monats eines jeden Kalendervierteljahres gelegt ist (§§ 20, 21 VStG). Hier müssen also Voraus- bzw. Teilzahlungsbescheide bekanntgegeben worden sein.

b) Fälligkeit von Abschlußzahlungen

252 Abschlußzahlungen und Steuernachforderungen werden aufgrund der Regelungen in den Einzelsteuergesetzen einen Monat nach Bekanntgabe des entsprechenden Steuerbescheides fällig (vgl. z. B. § 36 Abs. 4 Satz 1 EStG; § 18 Abs. 4 Satz 1 u. 2 UStG; §§ 22, 23 VStG), soweit im Leistungsgebot nicht ausdrücklich ein späterer Fälligkeitszeitpunkt festgelegt wird.

c) Fälligkeit von steuerlichen Nebenleistungen

253 Der Fälligkeitszeitpunkt für steuerliche Nebenleistungen (§ 3 Abs. 3 AO) ergibt sich grundsätzlich aus dem festsetzenden Verwaltungsakt bzw. dem in Zusammenhang damit ergehenden Leistungsgebot (§ 220 Abs. 2 Satz 1 AO).

Eine Ausnahme gilt jedoch für Säumniszuschläge, die mit Entstehung (vgl. Rdnr. 241) fällig werden (§ 220 Abs. 2 Satz 1 AO). Denn eine Festsetzung ist nicht erforderlich (§§ 220 Abs. 2 Satz 1, 218 Abs. 1 Satz 1 AO).

d) Fälligkeit von Vergütungsansprüchen

254 Vergütungen werden mit Bekanntgabe des Vergütungsbescheides z. B. des Prämien- oder Zulagenbescheides fällig, soweit durch Gesetz nicht ausdrücklich eine Auszahlungsfrist bestimmt wird (vgl. z. B. § 7 Abs. 2 InvZulG).

e) Fälligkeit von Erstattungsansprüchen

255 • Wurde eine Geldleistung ohne Rechtsgrund entrichtet, so ist der Erstattungsanspruch mit seiner Entstehung fällig. Denn eine Festsetzung ist nicht erforderlich (§§ 220 Abs. 2, 218 Abs. 1 Satz 1 AO, BStBl II 1986, 704).

• Ergibt sich ein Erstattungsanspruch aus der Abrechnung eines Steuerbescheides (vgl. Rdnr. 230, 244), so wird der Erstattungsanspruch mit Bekanntgabe des Bescheides fällig, aus dem sich der Wegfall des Rechtsgrundes ergibt.

Beispiele:
1. Mit Bekanntgabe des Einkommensteuerbescheides ist ein sich ergebender Erstattungsbetrag fällig (§ 36 Abs. 4 Satz 2 EStG).
2. Mit Bekanntgabe eines Änderungsbescheides ist der sich ergebende Erstattungsbetrag fällig.

4. Säumniszuschläge
a) Voraussetzungen und Höhe

Wird eine Steuer oder eine vom Stpfl. zurückzuzahlende Steuervergütung nicht bis zum Ablauf des Fälligkeitstages entrichtet, so ist für jeden angefangenen Monat der Säumnis ein Zuschlag von eins vom Hundert des rückständigen Betrages zu entrichten. Der rückständige Betrag ist auf volle Hundert DM nach unten abzurunden (§ 240 Abs. 1 Satz 1 u. 2 AO).

Beispiele:
1. Die ESt-Vorauszahlung II in Höhe von 750 DM ist am 10. 6. (Freitag) fällig (§ 37 Abs. 1 EStG). Sie wird erst am 11. 8. (Donnerstag) entrichtet (§ 224 Abs. 2 AO).
Es sind Säumniszuschläge für zwei volle Monate (11. 6.– 10. 8.) und einen angefangenen Monat (11. 8.) für den auf 700 DM abgerundeten Betrag zu entrichten. Der Zuschlag beträgt also insgesamt 21 DM.
2. Wegen prämienschädlicher Verwendung des Bausparguthabens hat das FA Wohnungsbauprämien in Höhe von 1 090 DM zurückgefordert (§ 5 Abs. 2 WoPG). Der Betrag war laut Rückforderungsbescheid spätestens am 1. Mai (Montag) an die Finanzkasse zu entrichten, geht aber erst am 4. 9. (Montag) beim Finanzamt ein.
Es sind Säumniszuschläge in Höhe von 4 % aus 1 000 DM = 40 DM zu entrichten: Der 1. Mai ist gesetzlicher Feiertag. Daher wird die zurückgeforderte Steuervergütung erst am 2. Mai fällig (§ 108 Abs. 1 AO i. V. m. § 193 BGB). Das Ende der **letzten** vollen Monatsfrist fällt auf den 2. 9., einen Samstag. Daher endet diese Frist erst mit Ablauf des 4. 9., einem Montag (§ 108 Abs. 3 AO). – Hingegen ist hier unbeachtlich, daß der 3. Juli ein Sonntag war; denn die Vergütung wurde nicht am 4. 7. zurückgezahlt.

Bei verspäteter Zahlung von steuerlichen Nebenleistungen (§ 3 Abs. 3 AO) werden Säumniszuschläge nicht erhoben (§ 240 Abs. 2 AO).

Verwirkte Säumniszuschläge sind auch dann zu entrichten, wenn die Steuerschuld aufgehoben, geändert oder berichtigt wird (§ 240 Abs. 1 Satz 4 AO).

Beispiel:

Das FA legt den Fälligkeitstermin für eine Einkommensteuer-Abschlußzahlung in Höhe von 3 000 DM auf den 20. 9. Am 5. 11. geht dem Stpfl. ein geänderter Steuerbescheid zu, durch den Steuer und Abschlußzahlung um 1 000 DM herabgesetzt werden. Am 15. Dezember werden 2 000 DM entrichtet.

Es sind Säumniszuschläge in Höhe von 80 DM verwirkt, nämlich 2 % aus 3 000 DM (21. 9.–20. 11.) und 1 % aus 2 000 DM (21. 11.– 15. 12.).

Wird hingegen nicht die Steuerfestsetzung korrigiert, sondern verändert sich der rückständige Betrag infolge einer nachträglichen Anrechnung, so ist der Betrag des verwirkten Säumniszuschlages richtigzustellen (BStBl II 1992, 956).

Beispiel:

Die am 20. 4. fällige Einkommensteuer-Abschlußzahlung (§ 36 Abs. 4 EStG) in Höhe von 10 000 DM wurde am 30. 10. einschließlich der Säumniszuschläge von 600 DM per Scheck beglichen. Im November weist der Stpfl. nach, daß eine nachträglich festgesetzte (§ 37 Abs. 3 Satz 4 EStG) und von ihm im Januar geleistete Vorauszahlung in Höhe von 5 000 DM im Rahmen der Anrechnung (§ 36 Abs. 2 Nr. 1 EStG) nicht berücksichtigt wurde.

Die verwirkten Säumniszuschläge mindern sich auf (6 % von 5 000 DM =) 300 DM.

b) Schonfrist

257   Wird die Überweisung eines Steuerbetrages oder einer zurückzuzahlenden Steuervergütung spätestens am fünften auf den Fälligkeitstermin folgenden Tag einem Konto des FA gutgeschrieben, so wird der an sich verwirkte Säumniszuschlag nicht erhoben (§ 240 Abs. 3 Satz 1 AO). Diese 5-Tagesfrist wird **Schonfrist** genannt. Wird die Schuld hingegen durch Übergabe oder Übersendung von Bargeld oder eines Schecks beglichen, wird der Säumniszuschlag auch bei einer Säumnis von nur einem Tag erhoben (§ 240 Abs. 3 Satz 2 AO).

Beispiel:

1. Die KSt-Vorauszahlung I in Höhe von 50 000 DM ist am 10. 3. (Freitag) fällig (§ 49 Abs. 1 KStG, § 37 Abs. 1 EStG). Der Betrag geht am 13. 3. (Montag) mittels Scheck beim FA ein. – Es ist ein Säumniszuschag von (1 % von 50 000 DM =) 500 DM zu erheben (§ 240 Abs. 1 Satz 1, Abs. 3; § 224 Abs. 2 Nr. 1 AO).

2. Wird die Vorauszahlung überwiesen und dem FA am 13. 3. gutgeschrieben, wird ein Säumniszuschlag nicht erhoben (§ 240 Abs. 3 Satz 1 AO).

3. Sollte die Überweisung jedoch dem FA erst am 11. 4. gutgeschrieben werden, sind Säumniszuschläge in Höhe von (2 % von 50 000 DM =) 1 000 DM zu entrichten. Denn die Schonfrist hat nur Bedeutung, wenn die Gutschrift **tatsächlich** innerhalb der Schonfrist erfolgt.

Fallen der gesetzliche oder behördlich angeordnete Fälligkeitstag **und** der letzte Tag der Schonfrist auf einen Samstag, Sonntag oder einen gesetzlichen Feiertag, so kann die Schonfrist unter Umständen erst 9 oder mehr Tage nach dem gesetzlichen oder behördlichen Fälligkeitstermin enden:

Beispiel:
Die KSt-Vorauszahlung II in Höhe von 50 000 DM wird am 10. 6. (Samstag) fällig. Die Überweisung geht am 19. 6. beim FA ein.
Säumniszuschläge werden nicht erhoben. Wegen § 108 Abs. 1 AO, § 193 BGB ist tatsächlicher Fälligkeitstermin der 12. 6. (Montag). Die Schonfrist läuft bis 17. 6. (Samstag), endet also wegen § 108 Abs. 3 AO erst am 19. 6. (Montag).

c) Besonderheiten bei Steueranmeldungen

Bei Steueranmeldungen, etwa den USt-Voranmeldungen und den Lohnsteueranmeldungen, hat der Steuerpflichtige die Höhe der an das FA abzuführenden Steuer selbst zu errechnen (§ 150 Abs. 1 Satz 2 AO i. V. m. § 18 Abs. 1 UStG bzw. § 41a Abs. 1 EStG) und spätestens am gesetzlichen Fälligkeitstermin an das FA abzuführen. Kommt der Steuerpflichtige seiner Verpflichtung nicht nach, so kann das FA im Wege der Schätzung (§ 162 AO) die abzuführende Steuer festsetzen.

Trotz gesetzlicher Fälligkeit tritt bei verspäteter oder unterbliebener Erklärungsabgabe hier gemäß § 240 Abs. 1 Satz 3 AO Säumnis niemals ein, bevor nicht die Anmeldung beim FA eingegangen oder der in der Festsetzung enthaltene Zahlungstermin abgelaufen ist.

Beispiele:
1. Die Lohnsteueranmeldung für Januar geht erst am 15. 2. (Mittwoch) beim FA ein, die Überweisung am 20. 2. (Montag).
Fälligkeit trat erst am 15. 2. ein. Säumniszuschläge werden nicht erhoben, da die Gutschrift innerhalb der Schonfrist erfolgt.

2. Wegen Nichtabgabe einer Voranmeldung für den Monat Mai setzt das FA eine USt-Vorauszahlung in Höhe von 5 000 DM fest und bestimmt als Fälligkeitstag den 20. 7. (Donnerstag). Der Betrag geht am 27. 7. beim FA ein.
Fälligkeit trat am 20. 7. ein. Innerhalb der Schonfrist wurde nicht gezahlt. Daher sind für einen angefangenen Monat der Säumnis 50 DM Säumniszuschläge zu entrichten.

259 Unabhängig davon kann in beiden Beispielen wegen verspäteter bzw. Nichtabgabe der Erklärungen ein **Verspätungszuschlag** festgesetzt werden (§ 152 AO). Die Festsetzung eines Verspätungszuschlages soll jedoch unterbleiben, wenn Anmeldung und Zahlung innerhalb der dem gesetzlichen Fälligkeitstermin folgenden Schonfrist beim Finanzamt eingehen.

Beispiel:
Die USt-Voranmeldung für November **und** ein entsprechender Scheck gehen am 18. 12. (Montag) beim FA ein.
Säumniszuschläge sind nicht zu entrichten. – An die Stelle des gesetzlichen Fälligkeitstages trat hier als tatsächlicher Fälligkeitstag der 11. 12. (Montag). Die Schonfrist endete am 18. 12. (Montag). – Es erscheint hier sachgerecht, den Stpfl. nicht nur von Säumniszuschlägen, sondern auch von Verspätungszuschlägen freizustellen.

Stellt der Steuerpflichtige nach Abgabe einer Steueranmeldung fest, daß er einen zu geringen Betrag errechnet und abgeführt hat, so hat er durch Nachmeldung eine Richtigstellung vorzunehmen (§ 153 AO). Der aufgrund der geänderten Anmeldung (§§ 168, 164 Abs. 2 Satz 1 AO) nachzuentrichtende Steuerbetrag ist mit Eingang der Nachmeldung beim Finanzamt fällig.

Beispiel:
Ein Arbeitgeber hat am 10. 4. die Lohnsteuer für den Monat März angemeldet und abgeführt. Am 25. 7. geht eine um 2 500 DM höhere Lohnsteueranmeldung für März beim FA ein. Der Betrag wird am 30. 7. einem Konto des FA gutgeschrieben.
Fälligkeitstag für den nachgemeldeten Betrag war der 25. 7. Die Gutschrift erfolgte innerhalb der Schonfrist. Ein Säumniszuschlag wird daher nicht erhoben. – Ein Verspätungszuschlag kann nicht festgesetzt werden, da der Arbeitgeber im April seiner Erklärungspflicht nachgekommen war.

d) Verfahren

260 Säumniszuschläge fallen kraft Gesetzes an. Sie werden meist im Rahmen der Anmahnung von Rückständen oder durch Zusendung eines Konto-Auszuges mit Zahlungsaufforderung angefordert. Einer besonderen Festsetzung bedarf es nicht (§ 218 Abs. 1 Satz 1 2. Halbsatz AO).

Für die Erhebung von Säumniszuschlägen ist es unerheblich, ob den Steuerpflichtigen an der Versäumung des Zahlungstermines ein Verschulden trifft (BStBl II 1986, 122). Allerdings kann in derartigen Fällen ein Erlaß (§ 227 AO) des Säumniszuschlages gerechtfertigt sein (Rdn. 290; vgl. AEAO, Tz 5 zu § 240).

Rechenfehler bei der Ermittlung von Säumniszuschlägen werden nach § 129 AO berichtigt. Besteht im übrigen Streit über die Höhe der Säumniszuschläge, so ist durch Abrechnungsbescheid zu entscheiden (§§ 218 Abs. 2, 348 Abs. 1 Nr. 9 AO). Hierdurch erübrigt sich ein Rücknahme- oder Beschwerdeverfahren (vgl. Rdnr. 248).

VI. Verschiebung der Fälligkeit

1. Verschiebung der Fälligkeit durch Stundung (§ 222 AO)

Ein Hinausschieben der Fälligkeit durch Stundung kommt nur in Betracht, wenn

- die Einziehung bei Fälligkeit für den Schuldner eine erhebliche Härte bedeuten würde **und**
- der Anspruch durch die Stundung nicht gefährdet erscheint (§ 222 Satz 1 AO).

Ferner soll eine Stundung

- nur auf Antrag **und**
- gegen Sicherheitsleistungen gewährt werden (§ 222 Satz 2 AO).

a) Voraussetzungen

Eine **erhebliche Härte** liegt vor, wenn es dem Steuerpflichtigen aufgrund seiner wirtschaftlichen Gesamtlage zeitweilig nicht möglich ist, den fälligen Steuerbetrag zu begleichen. Es muß sich dabei um ernsthafte Zahlungsschwierigkeiten handeln. Der Steuerpflichtige darf nicht mehr über eigene Mittel verfügen und muß sich vergeblich nachdrücklich um einen Bankkredit bemüht haben. Ursache für die Schwierigkeiten können **sachliche** und **persönliche** Gründe sein:

Beispiele:
1. Ein Stpfl. erwartet die Auszahlung einer größeren Vergütung, etwa einer Investitionszulage, oder die Erstattung einer anderen Steuer. Hier könnte aus **sachlichen** Gründen eine Stundung ausgesprochen werden. Das erscheint auch möglich, wenn aufgrund einer Außenprüfung überraschend hohe Steuernachforderungen unerwartet schnell auf den Stpfl. zukommen.
2. Auch die besonderen **persönlichen** Verhältnisse des Stpfl. können eine Stundung rechtfertigen, so etwa eine längere Krankheit, nicht vorhersehbare konjunktur- oder saisonbedingte Schwierigkeiten, schließlich auch für die Betriebserhaltung unbedingt notwendige Investitionen.

Wegen **Gefährdung des Anspruchs** verbietet sich eine Stundung bei wirtschaftlich schwachen Schuldnern, wenn mit einer Besserung der Zahlungsfähigkeit nicht mehr gerechnet werden kann. In einem derartigen Fall kann allenfalls gegen ausreichende **Sicherheitsleistung** (§ 241 ff. AO) gestundet werden. Ansonsten wird von der Finanzverwaltung auf die Sicherheitsleistung bei kurzfristigen Stundungen oder kleinen Beträgen verzichtet.

Grundsätzlich können alle Ansprüche aus dem Steuerschuldverhältnis gestundet werden. Ausnahmsweise ist jedoch eine Stundung gegenüber dem Steuerschuldner nicht zulässig, wenn ein Dritter die Steuer für Rechnung des Steuerschuldners einzubehalten und abzuführen hat (§ 222 Satz 3 AO).

Beispiel:
Ein Arbeitnehmer befindet sich vorübergehend in ernsten Zahlungsschwierigkeiten und beantragt Stundung der Lohnsteuer.
Der Arbeitnehmer ist Schuldner der Lohnsteuer (§ 38 Abs. 2 EStG). Zur Einbehaltung und Abführung der Lohnsteuer ist der Arbeitgeber verpflichtet (§§ 38 Abs. 3, 41a Abs. 1 EStG). Eine Stundung kann nicht erfolgen.

Ferner ist die Stundung von durch Haftungsbescheid vom Arbeitgeber nachgeforderten Lohnsteuerbeträgen (§ 42d Abs. 1 EStG) ausgeschlossen, soweit er die Lohnsteuer einbehalten hat (§ 222 Satz 4 AO).

b) Verfahren

262 Die Stundung wird durch begünstigenden **Ermessensverwaltungsakt** ausgesprochen. Sie wird fast immer mit Nebenbestimmungen erlassen (§ 120 Abs. 2 AO), insbesondere mit:

- einer Befristung für den Gesamtbetrag bzw. die einzelnen Raten;
- einem Widerrufsvorbehalt für den Fall, daß sich die Vermögenslage des Schuldners unerwartet bessert;
- einer auflösenden Bedingung für den Fall, daß der Schuldner mit einer Rate in Verzug gerät („Verfallklausel");
- einer aufschiebenden Bedingung, daß vor der Wirksamkeit ein bestimmter Teilbetrag zu zahlen oder eine Sicherheitsleistung zu erbringen ist.

Die Stundung wird vom FA ausgesprochen. Soll ein hoher Betrag über einen langen Zeitraum gestundet werden, so ist aufgrund von Verwaltungsanweisungen die Mitwirkung der Oberfinanzdirektion oder der obersten Finanzbehörde erforderlich (BStBl I 1994, 93 u. 94).

Verschiebung der Fälligkeit

c) Wirkung der Stundung

Durch die Stundung wird die Fälligkeit hinausgeschoben, so daß während des Zeitraumes der Stundung

- Vollstreckungsmaßnahmen unzulässig sind (§ 254 Abs. 1 Satz 1 AO)
- und Säumniszuschläge (§ 240 AO) nicht anfallen.

Allerdings sind Stundungszinsen zu erheben (§ 234 AO; vgl. Rdnr. 268). Ferner bewirkt die Stundung eine Unterbrechung der Zahlungsverjährung (§ 231 AO, vgl. Rdnr. 325 ff.).

263

2. Verschiebung der Fälligkeit durch Aussetzung der Vollziehung (§ 361 AO)

Zu einer Verschiebung der Fälligkeit kommt es ferner, wenn im Rahmen des **Rechtsbehelfsverfahrens** die Vollziehung eines angegriffenen Bescheides ganz oder teilweise ausgesetzt wird (vgl. Rdnr. 405).

264

Für den Zeitraum der Aussetzung der Vollziehung sind wegen des ausgesetzten Betrages

- Vollstreckungsmaßnahmen unzulässig (§ 251 Abs. 1 AO) und
- Säumniszuschläge (§ 240 AO) fallen nicht an.

Jedoch werden für den Fall des Unterliegens des Steuerpflichtigen Aussetzungszinsen erhoben (§ 237 AO, vgl. Rdnr. 270). Auch die Aussetzung der Vollziehung bewirkt eine Unterbrechung der Zahlungsverjährung (§ 231 AO).

3. Vollstreckungsaufschub (§ 258 AO)

Im Gegensatz zur Stundung und zur Aussetzung der Vollziehung ist für Maßnahmen der Beschränkung der Vollstreckung immer Voraussetzung,

265

- daß fällige Geldleistungen nicht erbracht wurden und
- Vollstreckungsmaßnahmen eingeleitet worden sind.

Hier ist nun denkbar, daß einzelne eingeleitete oder durchgeführte Vollstreckungsmaßnahmen augenblicklich unbillig sind. Das kann sich insbesondere aus den momentanen besonderen Verhältnissen des Vollstreckungsschuldners ergeben, z. B. Gefährdung von Gesundheit oder Leben des Vollstreckungsschuldners oder seiner Angehörigen oder die Gefahr der Vernichtung der wirtschaftlichen Existenz.

Zuständig für Maßnahmen nach § 258 AO ist die Vollstreckungsbehörde, die

- auf Antrag oder von Amts wegen
- behördenintern oder durch Mitteilung an den Steuerpflichtigen
- einzelne Maßnahmen oder die gesamte Zwangsvollstreckung einstellen kann.

Auch wenn die Vollstreckungsstelle

- die Zwangsvollstreckung insgesamt befristet einstellt
- und dies dem Steuerpflichtigen mitteilt,

kommt dem Vollstreckungsaufschub keine fälligkeitsverschiebende Wirkung zu. Für die Zeit des Aufschubs fallen also Säumniszuschläge an. Eine Unterbrechung der Zahlungsverjährung tritt auch hier ein (§ 231 AO).

VII. Zinsen

266 Eine Verzinsung findet nur in den gesetzlich vorgesehenen Fällen statt (§ 233 AO). Die AO kennt:

- Zinsen bei Steuernachforderungen und Steuererstattungen,
- Stundungszinsen,
- Hinterziehungszinsen,
- Aussetzungszinsen im Rechtsbehelfsverfahren und
- Prozeßzinsen auf Erstattungsbeträge.

Für denselben Zeitraum kann zu einer Steuer nur eine Art von Zinsen erhoben werden. Daher sind Nachforderungszinsen (§ 233a AO) bei der Festsetzung anderer Zinsen anzurechnen (vgl. §§ 234 Abs. 3, 235 Abs. 4, 236 Abs. 4 und 237 Abs. 4 AO).

Ansprüche auf steuerliche Nebenleistungen werden nicht verzinst (§ 233 Satz 2 AO).

1. Höhe und Festsetzung der Zinsen

Die Zinsen betragen für jeden vollen Monat ein halbes Prozent des auf volle Hundert DM nach unten abgerundeten Betrages. Hierbei wird der Betrag jeder Steuerart und jedes Zeitraumes für sich abgerundet (§ 238 AO). Zinsen werden nur festgesetzt, wenn der Betrag je Steuerart und Zeitraum sich auf mindestens 20 DM beläuft (§ 239 Abs. 2 AO).

Beispiel:
Zinsen sind zu erheben für die Zeit vom 11. 3.–20. 7. für
- die ESt-Vorauszahlung 03/I von 2 050 DM,
- die USt-Vorauszahlung für Februar 03 von 690 DM,
- die ESt-Abschlußzahlung 01 von 1 650 DM
- und einen Verspätungszuschlag von 400 DM.

Zinsen fallen für vier volle Monate (11. 3.– 10. 7.) an:
für die ESt-Vorauszahlung: 4 × 10 DM = 40 DM;
für die USt-Vorauszahlung: 4 × 3 DM; dieser Betrag wird nicht festgesetzt, denn 20 DM werden nicht erreicht;
für die ESt-Abschlußzahlung: 4 × 8 DM = 32 DM;
für den Verspätungszuschlag, eine steuerliche Nebenleistung, werden Zinsen nicht erhoben.

Wird der Steuerbescheid nach Ende des Zeitraumes, für den Zinsen zu erheben sind, aufgehoben, geändert oder nach § 129 AO berichtigt, so hat dies auf die Erhebung der Zinsen keinen Einfluß (§§ 234 Abs. 1 Satz 2, 235 Abs. 3 Satz 3, 236 Abs. 5 und 237 Abs. 5 AO); ausnahmsweise ist jedoch der Bescheid über Nachforderungszinsen zu ändern, wenn die Abschlußzahlung korrigiert wird (§ 233a Abs. 5 AO).

Zinsen werden durch **Zinsbescheide** erhoben, für die alle Bestimmungen über Steuerbescheide gelten (§ 239 Abs. 1 AO). So ergibt sich aus § 157 AO die Form und der Inhalt. Berichtigungen sind nach § 129 AO, Änderungen und Aufhebungen nach §§ 172–175 AO möglich. Als Rechtsbehelf ist der Einspruch gegeben (§ 348 Abs. 1 Nr. 10 AO).

2. Zinsen bei Steuernachforderungen und Steuererstattungen (§ 233a AO)

Steuernachforderungen und Steuererstattungen sind bei bestimmten Steuerarten für Zeiträume vor der Steuerfestsetzung zu verzinsen. Hierdurch soll ein Ausgleich dafür geschaffen werden, daß Nachforderungen und Erstattungen für die einzelnen Bürger zu unterschiedlichen Zeitpunkten festgesetzt und fällig werden.

a) Geltungsbereich

Zu verzinsen sind Steuernachforderungen und Steuererstattungen, soweit sie sich bei der Veranlagung folgender Steuern ergeben (§ 233a Abs. 1 AO):

- Einkommensteuer,
- Körperschaftsteuer,
- Umsatzsteuer,
- Vermögensteuer,
- Gewerbesteuer.

b) Beginn, Ende und Höchstdauer der Verzinsung

Die Verzinsung beginnt grundsätzlich 15 Monate nach Ablauf des Kalenderjahres, in dem die Steuer entstanden ist (§ 233a Abs. 2 Satz 1 AO); überwiegen bei der Einkommensteuerfestsetzung die Einkünfte aus Land- und Forstwirtschaft, beginnt die Verzinsung erst 21 Monate nach dem Entstehungszeitpunkt (§ 233a Abs. 2 Satz 2 AO).

Die Verzinsung endet mit Bekanntgabe des Steuerbescheides, aus dem sich die Steuernachforderung oder Steuererstattung ergibt (§ 233a Abs. 2 Satz 3 AO).

Der Verzinsungszeitraum beträgt höchstens 4 Jahre (§ 233a Abs. 2 Satz 3 AO).

c) Unterschiedsbetrag (§ 233a Abs. 3 AO)

Zu verzinsen ist der Unterschiedsbetrag zwischen der festgesetzten Steuer und der Summe der darauf anzurechnenden Beträge (vgl. z. B. § 36 Abs. 2 EStG), also z. B. bei der Einkommensteuer

- die Abschlußzahlung (§ 37 Abs. 4 Satz 1 EStG) oder
- der Überschuß zugunsten des Steuerpflichtigen (§ 37 Abs. 4 Satz 2 EStG).

Beispiele:

1. Zinsen bei Abschlußzahlungen

Die Einkommensteuer 94 wird auf 48 000 DM festgesetzt; anzurechnen sind Vorauszahlungen von $4 \times 5\,000$ DM und Lohnsteuer von 18 000 DM. Der Bescheid wird am 7. 8. 96 zur Post gegeben. Die Abschlußzahlung von 10 000 DM wird am 10. 9. 96 entrichtet.

a) Zinslauf: Beginn: mit Ablauf 31. 3. 96 (§ 233a Abs. 2 Satz 1 AO)
   Ende: mit Ablauf 10. 8. 96 (§§ 233a Abs. 2 Satz 2, 122 Abs. 2 Nr. 1 AO)
   Zinslauf: 4 volle Monate
b) Unterschiedsbetrag (= Abschlußzahlung): 10 000 DM

c) Zinsanspruch: 4 Monate × 0,5 % von 10 000 DM = 200 DM
Es sind Nachforderungszinsen zur Einkommensteuer 94 in Höhe von 200 DM festzusetzen und zu erheben.

2. Zinsen bei Steuererstattungen

Durch Bescheid vom 10. 12. 96 wird die Einkommensteuer 94 auf 11 000 DM festgesetzt. Einbehaltene Lohnsteuer wird in Höhe von 12 000 DM angerechnet. Der Erstattungsbetrag beläuft sich auf 1 000 DM.

a) Zinslauf: Beginn: mit Ablauf 31. 3. 96 (§ 233a Abs. 2 Satz 1 AO)
    Ende: mit Ablauf 13. 12. 96 (§ 233a Abs. 2 Satz 3 AO)
    Zinslauf: 8 volle Monate
b) Unterschiedsbetrag (= Erstattungsbetrag): 1 000 DM
c) Zinsanspruch: 8 Monate × 0,5 % von 1 000 DM = 40 DM
Es sind Erstattungszinsen in Höhe von 40 DM festzusetzen und auszuzahlen.

3. Zinsen als Folge der Änderung von Steuerbescheiden

Durch Umsatzsteuerbescheid 1993 vom 30. 1. 1995 wurde die Umsatzsteuer auf 800 000 DM festgesetzt. Nach Abschluß der Betriebsprüfung für die Jahre 93–95 wird die Umsatzsteuer 93 durch nach § 164 Abs. 2 AO geänderten Bescheid vom 9. 9. 99 auf 900 000 DM erhöht.

a) Zinslauf: Beginn: mit Ablauf 31. 3. 95 (§ 233a Abs. 2 Satz 1 AO)
    Ende: mit Ablauf 31. 3. 99 (§ 233a Abs. 2 Satz 3 AO)
    Zinslauf: 4 Jahre = 48 volle Monate
b) Unterschiedsbetrag (§ 233a Abs. 5 Satz 2 AO):
    Umsatzsteuerfestsetzung vom 9. 9. 99   900 000 DM
    Umsatzsteuerfestsetzung vom 30. 1. 95   ./. 800 000 DM
    Unterschiedsbetrag: 100 000 DM
c) Zinsanspruch: 48 Monate × 0,5 % von 100 000 DM = 24 000 DM
Es sind Nachforderungszinsen zur Umsatzsteuer 1993 in Höhe von 24 000 DM festzusetzen und zu erheben.

d) **Änderung von Zinsbescheiden**

Erging im Rahmen der Erstveranlagung oder aufgrund eines ändernden Steuerbescheides ein Zinsbescheid gemäß § 233a AO, so ist der Zinsbescheid aufzuheben oder zu ändern, wenn die Steuerfestsetzung korrigiert wird (§ 233a Abs. 5 AO).

Beispiel:
Im Beispiel 1 (Zinsen bei Abschlußzahlungen) waren für die am 10. 8. 96 gezahlte Einkommensteuer-Abschlußzahlung 94 in Höhe von 10 000 DM für den Zeitraum 31. 3. 96 bis 31. 7. 96 Zinsen in Höhe von 200 DM erhoben worden. Aufgrund eines Feststellungsbescheides (§ 180 Abs. 1 Nr. 2a AO) wird die Einkommensteuer 94 durch Bescheid vom 15. 4. 97 auf 18 000 DM herabgesetzt, was zu einer Erstattung von Einkommensteuer 94 in Höhe von 30 000 DM führt.

Für die Zinsfestsetzung sind folgende Überlegungen anzustellen:
- Da die Festsetzung der Einkommensteuer 94 auf 18 000 DM nach Berücksichtigung der Lohnsteuer von 18 000 DM und der Vorauszahlungen von 20 000 DM schon bei der ersten Veranlagung zu einer Erstattung von 20 000 DM geführt hätte, ist der Zinsbescheid über 200 DM aufzuheben; die Zinsen sind zu erstatten (§ 233a Abs. 5 Satz 3 2. Halbsatz AO).

Für den Überschuß zugunsten des Steuerpflichtigen (§ 37 Abs. 4 Satz 2 EStG) von jetzt 30 000 DM sind Erstattungszinsen festzusetzen:
- Erstattungsbetrag von 20 000 DM (vor dem 31. 3. 96 entrichtet):
  a) Zinslauf: Beginn: mit Ablauf 31. 3. 96
              Ende: mit Ablauf 15. 4. 97
              Zinslauf: 12 volle Monate
  b) Unterschiedsbetrag: 20 000 DM
  c) Zinsanspruch: 12 Monate × 0,5 % von 20 000 DM = 1 200 DM.
- Erstattungsbetrag von 10 000 DM (am 10. 9. 1996 entrichtet):
  a) Zinslauf: Beginn: mit Ablauf 10. 9. 96 (§ 233a Abs. 5 Satz 4 AO)
              Ende: mit Ablauf 18. 4. 97
              Zinslauf: 7 volle Monate
  b) Unterschiedsbetrag: 10 000 DM
  c) Zinsanspruch: 7 Monate × 0,5 % von 10 000 DM = 350 DM.

Im Rahmen der Änderung des Einkommensteuerbescheides 94 (§ 233a Abs. 4 AO) sind also die Nachforderungszinsen in Höhe von 200 DM an den Steuerpflichtigen zurückzuzahlen und Erstattungszinsen in Höhe von (1 200 DM + 350 DM =) 1 550 DM festzusetzen und auszuzahlen.

3. Stundungszinsen (§ 234 AO)

Für die Dauer der **gewährten** Stundung werden Zinsen erhoben. Der Zinsbescheid soll gleichzeitig mit der Stundung ergehen. Die Zinsen werden meist mit Fälligkeit des gestundeten Betrages, bei Ratenzahlungen mit der letzten Rate angefordert.

Beispiel:
Kaufmann K beantragt Stundung der Einkommensteuerabschlußzahlung in Höhe von 4 000 DM ab Fälligkeit (1. 6.) bis 31. 7. Die Stundung wird gewährt. Stundungszinsen werden in Höhe von 40 DM festgesetzt. Der Stpfl. zahlt am 2. 7. die Abschlußzahlung.

Obwohl K die Stundung nicht einmal für einen vollen Monat in Anspruch genommen hat, sind die festgesetzten Zinsen in Höhe von 40 DM zu entrichten.

Wird allerdings ein gestundeter Betrag mehr als ein Monat vor Fälligkeit getilgt, z. B. durch Aufrechnung oder Verrechnung, so kann auf Antrag insoweit auf die Erhebung der Stundungszinsen verzichtet werden (AEAO, Tz 2 zu § 234).

Zinsen

Soweit die Stundung selbst nach Ergehen des Zinsbescheides eingeengt oder erweitert wird, ist der auf der Stundung beruhende Zinsbescheid **gemäß § 175 Abs. 1 Nr. 1 AO zu ändern.**

Beispiel:
Umsatzsteuer in Höhe von 10 000 DM wird für 6 Monate gestundet. Stundungszinsen in Höhe von 300 DM werden festgesetzt.
Die Stundung wird durch teilweisen Widerruf gemäß § 131 Abs. 2 Nr. 3 AO auf vier Monate beschränkt. Der Zinsbescheid ist gemäß § 175 Abs. 1 Nr. 1 AO auf 200 DM zu ändern.

Zahlt der Steuerpflichtige nach Ablauf der Stundung nicht, so sind Säumniszuschläge zu entrichten (§ 240 AO, vgl. Rdnr. 256).

Beispiel:
Körperschaftsteuer in Höhe von 40 000 DM wurde ab Fälligkeit (vom 25. 8.) bis 24. 12. (Montag) gestundet. Der Betrag wird am 10. 1. entrichtet.

Neben den Stundungszinsen in Höhe von 800 DM sind Säumniszuschläge in Höhe von 400 DM zu entrichten: Die Stundung bewirkte ein Hinausschieben der Fälligkeit bis einschließlich 24. 12. Da der 25. 12. (Fälligkeitstag) und der 26. 12. Feiertage sind, wird der Betrag erst am 27. 12. (Mittwoch) fällig (§ 108 Abs. 3 AO). Da offensichtlich nach Ablauf der Schonfrist (§ 240 Abs. 3 AO) gezahlt wurde, fallen Säumniszuschläge in Höhe von 1 % aus 40 000 DM an.

Auf die Verzinsung kann **verzichtet** werden (§ 234 Abs. 2 AO; AEAO, Tz 11 zu § 234), insbesondere

- bei Katastrophenfällen,

- bei längerer Arbeitslosigkeit,

- bei Forderungsausfällen infolge des Konkurses eines anderen Unternehmens,

- bei Sanierungen mit allgemeinem Zinsmoratorium,

- bei demnächst fällig werdenden Ansprüchen des Steuerschuldners gegen das Finanzamt und

- bei erstmaligen kurzfristigen Stundungen von Beträgen bis 10 000 DM.

Gegen die Ablehnung des Verzicht auf Stundungszinsen ist die Beschwerde gegeben, auch wenn die Entscheidung im Zinsbescheid getroffen wird (BStBl II 88, 402).

4. Hinterziehungszinsen (§ 235 AO)

269 Werden Steuern hinterzogen (§ 370 AO), so sind für den Zeitraum Zinsen zu entrichten, um den die Steuern infolge der Hinterziehung später beim Finanzamt eingehen. Der Zinslauf beginnt mit Eintritt der Steuerverkürzung (§ 235 Abs. 2 AO) und endet mit Zahlung der hinterzogenen Beträge (§ 235 Abs. 3 Satz 1 AO).

> **Beispiel:**
> Bauunternehmer B kürzt die am 10. 5. 01 abzuführende Umsatzsteuer um 100 000 DM. Die Hinterziehung wird im März 06 aufgedeckt. B erhält einen nach § 173 Abs. 1 Nr. 1 AO geänderten Umsatzsteuerbescheid und entrichtet die zum 1. 6. 06 angeforderten 100 000 DM fristgerecht.
> Für die Zeit vom 10. 5. 01 bis 1. 6. 06 (60 Monate) sind für die hinterzogenen Steuern Zinsen in Höhe von 30 000 DM festzusetzen (30 % aus 100 000 DM).

Für einen Zeitraum, für den Säumniszuschläge, Stundungszinsen oder Aussetzungszinsen zu zahlen sind, werden Hinterziehungszinsen nicht erhoben (§ 235 Abs. 3 Satz 2 AO).

> **Beispiel:**
> Würde im obigen Beispiel die Umsatzsteuer nicht bei Fälligkeit am 1. 6. 06 gezahlt, sondern erst am 10. 8. 06, so wären für die Zeit vom 2. 6. 06 bis 9. 8. 06 Säumniszuschläge in Höhe von 3 000 DM zu erheben (§ 240 AO). Hinterziehungszinsen fielen dann für diesen Zeitraum nicht an.

Schuldner der Hinterziehungszinsen ist stets der Stpfl., nicht z. B. der Geschäftsführer (BStBl II 1991, 781 und 1992, 163) oder ein Dritter, der die hinterzogenen Beträge zu Lasten des Stpfl. treuwidrig vereinnahmt (BStBl II 1991, 822).

Ob Hinterziehungszinsen festgesetzt werden, ist von der Stelle zu entscheiden, die die hinterzogenen Steuern anfordert. Es kommt also nicht darauf an, ob ein Strafverfahren eingeleitet oder durchgeführt wurde.

Werden einheitlich und gesondert festzustellende Einkünfte hinterzogen (§§ 180 Abs. 1 Nr. 2a, 179 Abs. 2 Satz 2 AO), so ist im Feststellungsbescheid über die Erhebung von Hinterziehungszinsen zu entscheiden (BStBl II 1989, 596).

5. Aussetzungszinsen (§ 237 AO)

270 Wird im Rahmen des Rechtsbehelfsverfahrens die Vollziehung eines strittigen Steuerbetrages ausgesetzt (§ 361 AO), so sind für den Zeitraum vom Tage des Eingangs des Rechtsbehelfs bis zum Tage der Rechtskraft der Entscheidung Aussetzungszinsen zu entrichten, soweit der Steuerpflichtige unterliegt (§ 237 Abs. 1 und Abs. 2 Satz 1 AO). Dabei ist es ohne Bedeutung, aus welchem Grund der Rechtsbehelf ganz oder teilweise keinen Erfolg hatte (BStBl II 1992, 319).

Beispiel:
Die Einkommensteuer 01 wird auf 12 000 DM festgesetzt, der Betrag ist am 1. 6. 03 zu entrichten. Der Stpfl. legt fristgerecht Einspruch ein. Die Vollziehung wird in Höhe von 2 000 DM bis einen Monat nach Zugang der Einspruchsentscheidung ausgesetzt. – Die Einspruchsentscheidung, nach der der Stpfl. in Höhe von 1 000 DM unterliegt, wird am 30. 4. 05 versandt und mit Ablauf des 3. 6. 05 unanfechtbar.

Es sind Aussetzungszinsen in Höhe von 120 DM zu entrichten (2. 6. 03–1. 6. 05 = 24 Monate = 12 % von 1 000 DM). Wäre die Vollziehung erst von einem späteren Zeitpunkt an ausgesetzt worden, so würden Zinsen erst von da ab anfallen (§ 237 Abs. 2 Satz 2 AO).

Aussetzungszinsen fallen auch an, wenn die Vollziehung eines Steuerbescheides ausgesetzt wurde, weil ernstliche Zweifel an der Rechtmäßigkeit eines Grundlagenbescheides bestanden (§ 361 Abs. 3 AO) und der Einspruch gegen den Grundlagenbescheid keinen Erfolg hatte (§ 237 Abs. 1 Satz 2 AO).

Wird der Steuerbescheid nach Abschluß des Rechtsbehelfsverfahrens korrigiert, so hat dies auf den Zinsbescheid keinen Einfluß (§ 237 Abs. 5 AO).

6. Prozeßzinsen auf Erstattungsbeträge (§ 236 AO)

Prozeßzinsen auf Erstattungsbeträge werden **vom Staat an den Bürger** gezahlt, wenn der Steuerpflichtige den Finanzrechtsweg beschreiten mußte, um die Herabsetzung einer Steuer oder die Festsetzung einer Steuervergütung durchzusetzen. Unerheblich ist, ob sich die Klage gegen einen Steuerbescheid oder einen Grundlagenbescheid richtete und ob der Rechtsstreit durch Urteil oder Abhilfebescheid des Finanzamtes beendet wird (§ 236 Abs. 2 AO).

Die Verzinsung der Erstattungs- oder Vergütungsansprüche erfolgt nur für die Zeit **vom Tage der Rechtshängigkeit** (vgl. § 66 Abs. 1 FGO) **bis zum Auszahlungstag** (§ 236 Abs. 1 AO).

Beispiel: Am 15. 7. 02 wird die ESt 01 auf 6 000 DM festgesetzt. Durch Einspruch, der am 10. 8. 02 beim FA eingeht, beantragt der Stpfl., die Steuer auf 4 000 DM herabzusetzen. Der Einspruch wird am 15. 1. 03 als unbegründet zurückgewiesen. Am 10. 2. 03 geht die Klage beim Finanzgericht ein, das am 10. 1. 05 die Steuer auf 5 000 DM herabsetzt. Am 15. 2. 05 werden dem Stpfl. 1 000 DM erstattet.

Für den Erstattungsbetrag von 1 000 DM sind für die Zeit vom Tag des Eingangs der Klage bis zum Auszahlungstag, also für 24 volle Monate (10. 2. 03–9. 2. 05), Erstattungszinsen in Höhe von (12 % =) 120 DM an den Stpfl. zu zahlen.

Ausnahmsweise wird der Erstattungsbetrag nicht verzinst, soweit dem Kläger die Kosten des Verfahrens trotz Obsiegens auferlegt werden, weil er entscheidungserhebliche Tatsachen früher hätte vorbringen können (§ 236 Abs. 3 AO).

Beispiel:

Das FA setzt die Einkommensteuer 01 durch Schätzung der Besteuerungsgrundlagen auf 20 000 DM fest, die beglichen werden. Der Einspruch wird mangels Begründung zurückgewiesen. Im Klageverfahren wird die Einkommensteuererklärung vorgelegt. Das Finanzamt setzt daraufhin die Einkommensteuer auf 15 000 DM herab und erstattet 5 000 DM (§§ 132, 172 Abs. 1 Nr. 2a AO). Da der Kläger die Erklärung früher hätte einreichen können, trägt er die Kosten des Verfahrens (§ 137 FGO). – Der Erstattungsbetrag wird nicht verzinst.

Die Vorschrift hat keine große Bedeutung, denn meist wird dem Kläger für die strittigen Beträge Aussetzung der Vollziehung gewährt. (§ 361 AO, § 69 FGO; vgl. Rdnr. 405).

VIII. Abtretung, Verpfändung, Pfändung

272 Erstattungs- oder Vergütungsansprüche können abgetreten, verpfändet oder gepfändet werden (§ 46 Abs. 1 AO). Dabei kann der Bürger jeweils über seinen gesamten Anspruch gegen den Staat oder nur über einen Teil verfügen. Stets ist Voraussetzung für die steuerliche Wirksamkeit, daß die Abtretung, Verpfändung oder Pfändung nach **Entstehung des Anspruchs** dem zuständigen FA **förmlich bekanntgegeben bzw. zugestellt** wird.

1. Abtretung

Bei der Abtretung eines Erstattungs- oder Vergütungsanspruches sind streng zu unterscheiden:
- die bürgerlich-rechtliche Abtretung und
- die steuerrechtlichen Erfordernisse für das Wirksamwerden der Abtretung.

a) Voraussetzungen

Die bürgerlich-rechtliche Abtretung richtet sich nach §§ 398–413 BGB. Hiernach kommt die Abtretung durch formlosen Vertrag zwischen dem bisherigen und dem neuen Gläubiger zustande. Die Abtretung wird jedoch gegenüber dem Schuldner, also dem Staat, vertreten durch eine Finanzbehörde, erst **wirksam**, wenn sie

- nach Entstehung des abgetretenen Anspruches
- der für die Festsetzung zuständigen Finanzbehörde
- auf dem amtlichen Vordruck angezeigt wurde (§ 46 Abs. 2 AO).

Beispiel:
Arbeiter A tritt seinen Anspruch auf Erstattung der im Jahre 01 zu viel einbehaltenen Lohnsteuer im August 01 an den Gebrauchtwagenhändler G ab. Dieser zeigt die Abtretung mit Hilfe des vorgeschriebenen Vordruckes (vgl. BStBl I 1990, 175) im September 01 dem für die Festsetzung und Erstattung der Einkommensteuer zuständigen Wohnsitzfinanzamt an.
Die Abtretung ist steuerlich unbeachtlich. Der Anspruch auf Erstattung der Lohnsteuer entsteht erst mit Ablauf des jeweiligen Kalenderjahres (vgl. Rdnr. 244). Eine wirksame Anzeige kann daher frühestens im Januar 02 erfolgen.

Die Abtretung wäre ebenfalls unwirksam, wenn die Anzeige ohne die erforderliche Unterschrift des Abtretenden (vgl. § 46 Abs. 3 AO) oder mit anderen wesentlichen Mängeln beim FA eingeht (BStBl II 1988, 178).

Bei mehreren ordnungsgemäß angezeigten Abtretungen des gesamten Anspruches hat das FA den Erstattungs- oder Vergütungsanspruch an den Abtretungsempfänger auszuzahlen, dessen Anzeige zuerst beim FA einging.

b) Wirkungen der Abtretung

Mit dem Wirksamwerden der Abtretung geht der Anspruch auf den neuen Gläubiger über. Er ist nun dem FA gegenüber berechtigt, die Festsetzung und Auszahlung des Erstattungs- oder Vergütungsanspruches zu betreiben (BStBl II 1986, 565). Er kann also beispielsweise nun den Antrag auf Veranlagung (§ 46 Abs. 2 Nr. 8 EStG) stellen. Hierdurch wird allerdings der ursprüngliche Vergütungs- oder Erstattungsberechtigte nicht von seinen steuerlichen Mitwirkungspflichten (Erklärungsabgabe, Urkundenvorlage, Auskunftspflicht) entbunden.

Ist beim zuständigen FA eine Anzeige eingegangen, so kann das FA an den Abtretungsempfänger mit befreiender Wirkung leisten, auch wenn eine bürgerlich-rechtliche Abtretung nicht erfolgte (§ 46 Abs. 5 AO).

Leistet das FA aufgrund einer Abtretungsanzeige an den Abtretungsempfänger, so wird es auch bei Mängeln der Abtretung von seiner Erstattungsverpflichtung frei (§ 46 Abs. 5 AO; BStBl II 91, 201).

Beispiel:

Im Mai 02 geht beim zuständigen FA eine ordnungsgemäße Abtretungsanzeige über „Einkommensteuererstattung 01 in voller Höhe" ein. Im Juli 02 werden 280 DM an den Abtretungsempfänger erstattet. Im August 02 macht der Abtretende geltend, er habe die Anzeige irrtümlich unterschrieben; die Abtretung sei durch Anfechtung rückwirkend beseitigt worden (§§ 119, 142 BGB).

Das FA durfte aufgrund der Abtretungsanzeige an den Abtretungsempfänger auszahlen.

2. Verpfändung

273 An Forderungen kann bürgerlich-rechtlich nach §§ 1273, 1274, 1279 ff. BGB ein Pfandrecht bestellt werden. Die Verpfändung von Vergütungs- oder Erstattungsansprüchen wird steuerrechtlich nur unter den oben (Rdnr. 272) dargelegten Voraussetzungen wirksam (§ 46 Abs. 6 Satz 2 AO).

3. Pfändung

274 Jeder Gläubiger kann mit Hilfe des Amtsgerichtes Forderungen seines Schuldners pfänden lassen. Die Pfändung erfolgt durch Zustellung des Pfändungs- und Überweisungsbeschlusses an den Drittschuldner (§§ 829, 835 ZPO).

Bei Erstattungs- und Vergütungsansprüchen ist das zuständige FA Drittschuldner (§ 46 Abs. 7 AO). Auch hier ist eine wirksame Zustellung des Pfändungs- und Überweisungsbeschlusses erst nach Entstehung des Anspruches möglich (§ 46 Abs. 6 Satz 1 AO).

Wurde ein Anspruch sowohl gepfändet als auch abgetreten, so kommt es auf den Zeitpunkt der Zustellung des gerichtlichen Beschlusses bzw. des Eingangs der Abtretungsanzeige an.

Beispiel:

Der Einkommensteuererstattungsanspruch 01 wurde am 15. 2. 01 abgetreten, was dem FA noch im gleichen Monat angezeigt wurde. Am 4. 1. 02 wird dem FA ein Pfändungs- und Überweisungsbeschluß zugestellt. Am 10. 1. 02 wird die Abtretung vom 15. 2. 01 „vorsichtshalber" erneut formgerecht angezeigt.

Die vor Entstehung des Lohnsteuererstattungsanspruches beim FA eingegangene Anzeige der Abtretung vom 15. 2. 01 ist unwirksam. Die Zustellung des Pfändungsbeschlusses erfolgte nach Entstehung des Erstattungsanspruches und ist daher wirksam. Die zweite Anzeige der Abtretung vom 15. 2. 01 geht ins Leere, weil der Anspruch bereits in voller Höhe wirksam gepfändet ist.

L. Erlöschen von Ansprüchen aus dem Steuerschuldverhältnis

I. Erlöschensgründe

275 Ansprüche aus dem Steuerschuldverhältnis (§ 37 AO) erlöschen insbesondere durch

- Zahlung,
- Aufrechnung,
- Erlaß und
- Verjährung.

Erlaß und Verjährung können eintreten, wenn ein entstandener Anspruch aus dem Steuerschuldverhältnis nicht oder nicht in voller Höhe festgesetzt wird (§§ 163 AO bzw. 169 bis 171 AO) oder wenn festgesetzte Ansprüche aus dem Steuerschuldverhältnis nicht „verwirklicht" werden (§§ 227 bzw. 228 bis 232 AO).

Zu beachten ist, daß alle Erlöschensgründe sowohl für die Ansprüche des Steuergläubigers gegen den Steuerpflichtigen Geltung haben als auch für die Vergütungs- und Erstattungsansprüche des Bürgers gegen den Staat.

276 Die Aufzählung der Erlöschensgründe in § 47 AO ist nicht abschließend. So erlischt beispielsweise ein festgesetztes **Zwangsgeld** (vgl. Rdnr. 444 ff.) auch, wenn der Steuerpflichtige die ihm obliegende Verpflichtung, die erzwungen werden soll, erfüllt (§ 335 AO) oder stirbt (§ 45 Abs. 1 Satz 2 AO). Ein Anspruch aus dem Steuerschuldverhältnis kann auch durch **Verwirkung** erlöschen. Die Verwirkung ist eine besondere Ausprägung des Grundsatzes von Treu und Glauben. Zu einer Verwirkung von Ansprüchen aus dem Steuerschuldverhältnis kann es kommen, wenn ein Recht verspätet ausgeübt wird. Allerdings führt allein der Ablauf einer gewissen Zeit nicht zum Verlust eines Anspruches. Es bedarf vielmehr noch eines besonderen Verhaltens, z. B. einer falschen Auskunft des FA, aufgrund dessen der andere darauf vertrauen durfte, daß der Anspruch nicht mehr geltend gemacht wird (BStBl II 1987, 12).

Beispiel:
Eine Witwe fragt beim FA an, ob die ihr zufließenden Einnahmen aus der freien Erfindertätigkeit ihres verstorbenen Mannes umsatzsteuerpflichtig seien. Im Jahre 01 wird ihr daraufhin vom Vorsteher schriftlich mitgeteilt, daß diese Einkünfte lediglich der Einkommensteuer unterlägen. – Dennoch erläßt das FA vier Jahre später Umsatzsteuerbescheide für die Jahre 01–03. Hier sind die geltend gemachten Umsatzsteueransprüche 01–03 verwirkt. Denn aufgrund der falschen Auskunft des FA durfte sich die Witwe darauf einrichten, daß sie mit Umsatzsteuerforderungen aus diesem Sachverhalt nicht mehr zu rechnen braucht.

II. Zahlung (§§ 224, 225 AO)

1. Erlöschen des Anspruchs aus dem Steuerschuldverhältnis

Durch Zahlung erlischt der Anspruch aus dem Steuerschuldverhältnis (§ 47 AO). Voraussetzung ist, daß der Anspruch aus dem Steuerschuldverhältnis, der beglichen werden soll, entstanden ist (vgl. Rdnr. 238 ff.); es ist nicht erforderlich, daß der Anspruch fällig ist. Die Zahlung muß bei der örtlich und sachlich zuständigen Finanzbehörde eingehen (§ 224 Abs. 1 Satz 1 AO). Erfolgt eine Zahlung „unter Vorbehalt", so ist dies unbeachtlich; der Anspruch erlischt trotz des Vorbehaltes.

2. Zahlung durch Dritte (§ 48 Abs. 1 AO)

Ein Anspruch aus dem Steuerschuldverhältnis erlischt auch, wenn ein Dritter die Zahlung für den Steuerpflichtigen leistet. Allerdings muß der Dritte eindeutig zu erkennen geben, die Zahlung für einen anderen zu erbringen. Ergibt sich später, daß die durch den Dritten getilgte Steuerschuld vom FA ganz oder teilweise zu erstatten ist, so ist nicht der Dritte, sondern der Steuerpflichtige selbst erstattungsberechtigt (§ 37 Abs. 2 Satz 1 AO).

3. Zahlungsarten und Zahlungstag (§ 224 Abs. 2 AO)

Die verschiedenen Zahlungsarten und der jeweilige Zahlungstag ergeben sich aus § 224 Abs. 2 AO.

Beispiele:
1. Ein Stpfl. entrichtet 200 DM in bar an den Vollziehungsbeamten des FA. – Tag der Zahlung ist der Tag der Übergabe des Geldes (§ 224 Abs. 2 Nr. 1 AO).

2. Ein Arbeitgeber sendet mit der Lohnsteueranmeldung einen Scheck an das FA. – Tag der Zahlung ist der Eingangstag des Briefes beim FA, vorausgesetzt, der Scheck wird von der Bank des Stpfl. eingelöst (§ 224 Abs. 2 Nr. 1 AO).

3. Ein Unternehmer überweist die Umsatzsteuervorauszahlung auf ein Konto des FA. – Hier ist die Zahlung an dem Tag entrichtet, an dem der Betrag dem Konto des FA gutgeschrieben wird (§ 224 Abs. 2 Nr. 2 AO).

4. Der Stpfl. hat das FA ermächtigt, fällige Steuerbeträge von seinem Konto abzubuchen. Dem Konto des FA wird die am 10. März fällige Einkommensteuervorauszahlung am 18. März gutgeschrieben. – Zahlungstag ist der Fälligkeitstag, also der 10. März (§ 224 Abs. 2 Nr. 3 AO). – Liegt dem FA eine Einzugsermächtigung vor, sind niemals Säumniszuschläge zu entrichten, vorausgesetzt, der Stpfl. hat immer genügend Geld auf seinem Konto.

4. Reihenfolge der Tilgung (§ 225 AO)

Der freiwillig zahlende Stpfl. kann stets bestimmen, welche Schuld er tilgen will (§ 225 Abs. 1 AO). Trifft der Stpfl. keine Bestimmung, ergibt sich die Reihenfolge der Tilgung aus § 225 Abs. 2 AO. Wird die Zahlung erzwungen, so bestimmt das FA die Reihenfolge der Tilgung (§ 225 Abs. 3 AO).

III. Aufrechnung (§ 226 AO)

1. Wesen der Aufrechnung

279 Unter Aufrechnung versteht man die Tilgung zweier einander gegenüberstehender Forderungen durch einseitige, empfangsbedürftige Willenserklärung einer Person oder einer Behörde, die zugleich Schuldner der einen und Gläubiger der anderen Forderung ist. Die Aufrechnung führt zum Erlöschen der beiden Forderungen, soweit sie sich aufrechenbar gegenüberstehen.

Beispiel:
Ein Händler hat an das FA für 3 000 DM Heizöl geliefert und dem FA eine am 10. März fällige Rechnung zugesandt. Am gleichen Tag ist auch die Einkommensteuervorauszahlung in gleicher Höhe fällig (vgl. § 37 Abs. 1 Satz 1 EStG). Sowohl das FA als auch der Händler können die Aufrechnung erklären, wodurch die gegenseitigen Forderungen erlöschen (§§ 47, 226 AO).

An diesem Beispiel wird deutlich, daß die Aufrechnung zur Vereinfachung des Zahlungsverkehrs beitragen soll.

Für die Aufrechnung gelten die Vorschriften des bürgerlichen Rechtes (§ 387 ff. BGB), soweit § 226 AO keine abweichenden Regelungen trifft.

2. Allgemeine Voraussetzungen der Aufrechnung

Gemäß § 226 Abs. 1 AO i. V. m. § 387 BGB müssen vier Voraussetzungen 280
erfüllt sein, damit sich Forderungen aufrechenbar gegenüberstehen:
- Gegenseitigkeit,
- Gleichartigkeit,
- Fälligkeit der Forderung des Aufrechnenden (Aktivforderung),
- Erfüllbarkeit der Schuld des Aufrechnenden (Passivforderung).

a) Gegenseitigkeit

Gegenseitigkeit liegt vor, wenn der Gläubiger der einen Forderung zugleich der Schuldner der anderen Forderung ist. Daher kann das Finanzamt auch bei Zusammenveranlagung von Ehegatten überzahlte Lohnsteuer eines Ehegatten nicht mit Steuerschulden des anderen Ehegatten aufrechnen (BStBl II 1983, 162).

Weiterhin ist zu beachten, daß nach § 226 Abs. 4 AO Gläubiger oder Schuldner eines Anspruches aus dem Steuerschuldverhältnis neben der Körperschaft, der der Ertrag der Steuer zufließt (vgl. Art. 106 GG), auch die Körperschaft ist, die den Anspruch verwaltet (vgl. Art. 108 GG).

Da die Landesfinanzbehörden die Gemeinschaftssteuern (Körperschaftsteuer, Einkommensteuer, Umsatzsteuer, vgl. Art. 106 Abs. 3 Satz 1 GG) verwalten (Art. 108 Abs. 2 Satz 1 GG), können sie bezüglich dieser Steuern Aufrechnungserklärungen über die volle Höhe abgeben und entgegennehmen.

Beispiel:
Die Gebäudereinigungs-GmbH „Heinzelmännchen" schuldet dem FA Würzburg 3 000 DM Körperschaftsteuer. Im Monat März stellt die GmbH dem FA eine Rechnung für erbrachte Reinigungsleistungen in Höhe von 3 000 DM. Obwohl die Hälfte der Körperschaftsteuer dem Bund zusteht (Art. 106 Abs. 3 Satz 1 GG), können die GmbH wie auch das FA aufrechnen (§ 226 Abs. 4 AO, Art. 108 Abs. 2 GG).

Nach § 395 BGB darf ein Bürger gegen Ansprüche des Staates nur aufrechnen wenn er gegen dieselbe Kasse eine Forderung hat. Bei der Aufrechnung durch den Stpfl. findet § 395 keine Anwendung (BStBl II 1989, 949).

Ist ein bürgerlich-rechtlicher Anspruch verjährt, so schließt dies die Aufrechnung nicht aus (§ 390 Satz 2 BGB). Denn nach § 222 BGB führt die Verjährung nur zu einem Leistungsverweigerungsrecht.

Im Steuerrecht führt die Verjährung jedoch zum Erlöschen des Anspruches aus dem Steuerschuldverhältnis (§ 47 AO). Daher kann das Finanzamt nicht mehr mit Ansprüchen aufrechnen, die durch Ablauf der Festsetzungsfrist (§§ 169–171 AO) oder der Frist für die Zahlungsverjährung (§§ 228–232 AO) erloschen sind (§ 226 Abs. 2 AO). Ebenso kann der Steuerpflichtige nicht mit verjährten Vergütungs- oder Erstattungsansprüchen aufrechnen (§ 226 Abs. 2 AO).

b) Gleichartigkeit

281 Die Voraussetzung der Gleichartigkeit ist erfüllt, wenn sich Geldforderungen gegenüberstehen.

c) Fälligkeit der Aktivforderung

282 Durch die Erklärung der Aufrechnung soll niemand bewirken können, daß der Aufrechnungsgegner (Schuldner) vor Eintritt der Fälligkeit seine Schuld tilgen muß.

Beispiel:

Einem häufig säumigen Stpfl. wird der ESt-Bescheid 01 am 2. Juni 02 bekanntgegeben. Es ergibt sich ein Erstattungsanspruch (vgl. § 37 Abs. 2 AO, § 36 Abs. 4 Satz 2 EStG) in Höhe von 720 DM. – Am 3. Juni 02 geht die Umsatzsteuervoranmeldung für den Monat Mai 02 ein. Die vom Stpfl. errechnete Steuerschuld beträgt 480 DM.

Das FA kann die Aufrechnung nicht vor Eintritt der Fälligkeit seiner Forderung erklären. Umsatzsteuervorauszahlungen sind am 10. Tag nach Ablauf des Voranmeldungszeitraumes zu entrichten (§ 220 Abs. 1 AO, § 18 Abs. 1 Satz 1 UStG). Das FA kann frühestens am 10. Juni aufrechnen.

Daraus ergibt sich, daß bei einer Aufrechnung durch das FA die Fälligkeit von dessen Forderung nicht durch Stundung (§ 222 AO) oder Aussetzung der Vollziehung (§ 361 AO) hinausgeschoben worden sein darf. Gegebenenfalls ist zu prüfen, ob der fälligkeitsverschiebende Verwaltungsakt widerrufen werden kann (§ 131 Abs. 2 AO).

d) Erfüllbarkeit der Passivforderung

283 Die Forderung des Empfängers der Aufrechnungserklärung muß entstanden sein. Der Aufrechnende kann also die ihm obliegende Leistung vor Eintritt der Fälligkeit bewirken. Denn für den Aufrechnungsgegner ist es nur vorteilhaft, wenn seine Forderung vorzeitig erfüllt wird.

Beispiel:
In obigem Fall erklärt der Stpfl. auf der Umsatzsteuervoranmeldung die Aufrechnung z. B. durch folgenden Zusatz: Ich rechne mit dem mir aufgrund der Einkommensteuerveranlagung 01 zustehenden Erstattungsanspruch auf. Der Erstattungsanspruch des Stpfl. (Aktivforderung) war mit Bekanntgabe des Steuerbescheides fällig (§ 220 Abs. 1 AO, § 36 Abs. 4 Satz 2 EStG). Die Vorauszahlungsschuld (Passivforderung) war mit Ablauf des Voranmeldungszeitraumes entstanden (§ 38 AO, § 13 Abs. 1 UStG). Also wurden durch die Aufrechnungserklärung des Stpfl. die gegenseitigen Forderungen in Höhe von 480 DM am 3. Juni getilgt.

3. Besonderheiten bei der Aufrechnung durch den Steuerpflichtigen

Die Aktivforderung des Steuerpflichtigen („Gegenanspruch") muß **unbestritten** oder **rechtskräftig festgestellt** sein (§ 226 Abs. 3 AO), d. h. sie muß von der Finanzbehörde anerkannt sein. Eine solche Anerkennung erfolgt bei auf dem bürgerlichen Recht beruhenden Forderungen (Reparaturkosten, Ölkosten, Mietzins), beispielsweise durch einen entsprechenden Vermerk der Finanzbehörde auf der Rechnung: „sachlich und rechnerisch richtig".

Liegt der Forderung des Steuerpflichtigen ein Anspruch aus dem Steuerschuldverhältnis, z. B. ein Erstattungs- oder Vergütungsanspruch zugrunde, so muß der zu erstattende oder zu vergütende Betrag vom FA festgesetzt worden sein.

Beispiel:
Ein Stpfl. hat an das FA am 10. Februar eine Vermögensteuer-Teilzahlung von 3 000 DM zu entrichten (§ 20 VStG). Er reicht am 15. Februar beim FA eine Umsatzsteuervoranmeldung ein, aus der sich ein Überschuß zu seinen Gunsten von 4 000 DM ergibt (vgl. § 18 Abs. 1 UStG), und erklärt die Aufrechnung. Das FA stimmt der Auszahlung der USt-Vergütung am 20. Februar zu. Bei Steueranmeldungen erübrigt sich grundsätzlich eine Steuerfestsetzung (§ 167 AO). Hier führt die Anmeldung jedoch zu einem Zahlungsanspruch des Stpfl. und bedarf daher der Zustimmung des FA (§ 168 AO). Erst nach Erteilung der Zustimmung ist der Gegenanspruch des Stpfl. unbestritten. Allerdings gilt zugunsten des Stpfl. als Fälligkeitstag dennoch der Tag des Eingangs der Voranmeldung, frühestens jedoch der 1. Tag des auf den Anmeldungszeitraum folgenden Monats (AEAO, Tz 9 zu § 168). Daher werden Säumniszuschläge für die am 10. Februar fällige VSt-Teilzahlung nicht erhoben. Denn vor Ablauf der Schonfrist (§ 240 Abs. 3 AO) stand der VSt-Forderung des FA der fällige USt-Vergütungsanspruch des Stpfl. gegenüber.

Der Gegenanspruch darf auch nicht durch Ablauf einer Ausschlußfrist – etwa der Antragsfrist für die Veranlagung zur Einkommensteuer (§ 46 Abs. 2 Nr. 8 EStG) oder die Wohnungsbauprämie (§ 4 Abs. 2 WoPG) –

238 L. Erlöschen von Ansprüchen aus dem Steuerschuldverhältnis

erloschen sein (§ 226 Abs. 2 AO). Da der Gegenanspruch fällig, also festgesetzt sein muß, wird die Einhaltung der Ausschlußfrist stets im Rahmen der Festsetzung überprüft werden.

4. Rechtsnatur der Aufrechnungserklärung

285 Die Aufrechnungserklärung ist die Ausübung eines schuldrechtlichen Gestaltungsrechtes und erfolgt durch empfangsbedürftige Willenserklärung (§ 226 Abs. 1 AO i. V. m. §§ 387, 388 BGB; BStBl II 1987, 536). Da die Aufrechnung ein einseitiges Rechtsgeschäft ist, treten ihre Rechtsfolgen ein, ohne daß der andere Teil die Aufrechnung annehmen oder anerkennen muß. Bestreitet das Finanzamt oder der Stpfl. die Wirksamkeit der Aufrechnung, so hat das FA einen Abrechnungsbescheid i. S. d. § 218 Abs. 2 AO zu erteilen (BStBl II 1987, 536; vgl. Rdnr. 247), gegen den der Einspruch statthaft ist (§ 348 Abs. 1 Nr. 9 AO).

5. Wirkung der Aufrechnung

286 Die Aufrechnung wirkt wie eine Zahlung. Nach § 226 Abs. 1 AO i. V. m. § 389 BGB erlöschen Aktiv- und Passivforderung, soweit sie sich decken.

Die Besonderheit der Aufrechnung ist die in die Vergangenheit zurückwirkende Erfüllungsfiktion. Nach § 389 BGB gelten die beiden Forderungen „als in dem Zeitpunkt erloschen..., in welchem sie zur Aufrechnung geeignet einander gegenübergetreten sind". Die Aufrechnung bewirkt also, daß die Forderungen grundsätzlich als zu dem Zeitpunkt erloschen gelten, zu dem die Aktivforderung fällig und die Passivforderung entstanden war.

Beispiel:
Ein Maler hat im Finanzamt Arbeiten für 5 000 DM durchgeführt. Die Rechnung war am 8. Juni zu zahlen. Am 15. Juni wird eine Einkommensteuernachzahlung in Höhe von 6 000 DM fällig. Das FA erklärt am 25. 8. die Aufrechnung.
Die Aufrechnung wirkt auf den 15. Juni zurück. Das hat zur Folge, daß für die Zeit vom 15. Juni bis zum 25. 8. Säumniszuschläge (§ 240 AO) nicht erhoben werden können. (Wäre hingegen die Heizölrechnung erst am 5. Juli fällig, so würde die Aufrechnung nicht über diesen Termin hinaus zurückwirken. Denn das FA will durch seine nachträgliche Aufrechnung sicher die Schuld nicht vorzeitig tilgen. Hier wären Säumniszuschläge für die Zeit vom 15. Juni bis zum 5. Juli zu entrichten.)

6. Verrechnungsvertrag

Von der Aufrechnung zu unterscheiden ist der Verrechnungsvertrag. Durch Verrechnungsvereinbarung können Ansprüche auch dann erlöschen, wenn sie sich nicht aufrechenbar gegenüberstehen. Voraussetzung ist dann aber, daß der Steuerpflichtige ein Verrechnungsangebot des FA annimmt, also Einvernehmen zwischen dem Steuerpflichtigen und dem FA über die Tilgung der sich gegenüberstehenden Forderungen besteht (vgl. BStBl II 1985, 278; 1986, 506; 1987, 8). 287

IV. Erlaß (§§ 163, 227 AO)

1. Wesen des Erlasses

Durch Erlaß verzichtet der Steuergläubiger auf einen entstandenen Anspruch, wodurch dieser erlischt (§§ 47, 163, 227 AO). Grundsätzlich hat der Steuergläubiger entstandene Ansprüche festzusetzen und zu erheben. Dies ergibt sich aus dem Prinzip der Gesetzmäßigkeit der Verwaltung (Art. 20 Abs. 3 GG). Die Anwendung der Einzelsteuergesetze führt jedoch zu Härten bei besonders gelagerten Ausnahmefällen. Hier räumt die Abgabenordnung den Finanzbehörden die Möglichkeit ein, nach Abwägung der schutzwürdigen Interessen der Allgemeinheit und der Belange des einzelnen Steuerpflichtigen einen Erlaß auszusprechen. 288

2. Voraussetzungen für den Erlaß

Der Erlaß kann ausgesprochen werden, „**wenn die Einziehung nach Lage des einzelnen Falles unbillig wäre**". Die unbillige Härte kann in der Person des Steuerpflichtigen (**persönliche** Billigkeitsgründe) oder in der Sache selbst (**sachliche** Billigkeitsgründe) liegen. 289

a) Persönliche Billigkeitsgründe

Ein Erlaß wegen persönlicher Unbilligkeit setzt voraus,

- daß der Steuerpflichtige **erlaßbedürftig** ist, d. h. seine wirtschaftliche Existenz oder der notwendige Lebensunterhalt seiner Familie muß durch die Einziehung des Anspruches **gefährdet** werden, und

- daß der Steuerpflichtige **erlaßwürdig** ist, er muß sich dem FA gegenüber bisher steuerehrlich verhalten haben und unverschuldet in die finanzielle Notlage gekommen sein.

- Ferner ist die **Steuerart** zu berücksichtigen. Ein Erlaß von Lohnsteuer oder Umsatzsteuer aus persönlichen Billigkeitsgründen wird nur selten ausgesprochen. Denn der Steuerpflichtige wird durch diese Steuern wirtschaftlich nicht belastet; er hat die Umsatzsteuer vom Abnehmer erhoben bzw. die Lohnsteuer vom Arbeitnehmer einbehalten. Hingegen entspricht bei den Steuern vom Einkommen und Vermögen die Berücksichtigung der persönlichen Leistungsfähigkeit der Steuerart, so daß bei diesen Steuern sowie steuerlichen Nebenleistungen ein Erlaß eher durchsetzbar ist.

b) Sachliche Billigkeitsgründe

290 Ein Erlaß wegen sachlicher Unbilligkeit kommt nur in seltenen Ausnahmefällen in Betracht, wenn nämlich wegen der **Unvollständigkeit einer gesetzlichen Regelung** einem Steuerpflichtigen Abgaben auferlegt werden müssen, die ihn nach dem Sinn des Gesetzes und nach dem mutmaßlichen Willen des Gesetzgebers nicht treffen sollen. Ferner kann sachliche Unbilligkeit vorliegen, wenn vom Steuerpflichtigen eingeleitete unternehmerische Maßnahmen kurzfristig durch nicht vorhersehbare Änderungen der Steuergesetze oder der Rechtsprechung beeinträchtigt werden (BStBl II 1990, 261) oder wenn durch das Verhalten des FA im Veranlagungsverfahren der Grundsatz von Treu und Glauben verletzt wurde. Erlaßwürdigkeit und Erlaßbedürftigkeit sind bei sachlicher Unbilligkeit nicht Voraussetzung für den Erlaß.

Der Erlaß darf nicht bewirken, daß die Verwaltung vom Gesetzgeber nicht gewollte Erleichterungen gewährt. Auch darf das Erlaßverfahren nicht zur erneuten Überprüfung unanfechtbarer oder rechtskräftiger Festsetzungen führen. Denn grundsätzlich hat der Steuerpflichtige fehlerhafte Verwaltungsakte im Rechtsbehelfsverfahren überprüfen lassen. Ausnahmsweise sind im Erlaßverfahren jedoch auch Einwendungen zugelassen, die sich aus der Verletzung des Grundsatzes von Treu und Glauben ergeben.

Beispiel:
Ein Dipl.-Ingenieur fragte beim FA an, ob bestimmte Einnahmen aus Gutachtertätigkeiten für ausländische Firmen umsatzsteuerpflichtig seien. Ihm wurde vom zuständigen Amtsträger schriftlich mitgeteilt, die Einkünfte unterlägen nur der ESt. Dennoch unterwarf das FA die Einnahmen der USt. Gegen den Umsatzsteuerbescheid legte der Dipl.-Ingenieur Einspruch ein und bat gleichzeitig um Erlaß. Das FA teilte ihm mit, über den Erlaß könne erst nach Unanfechtbarkeit der Steuerfestsetzung entschieden werden. Hierauf nahm der Dipl.-Ingenieur den Einspruch zurück.

Aufgrund der Auskunft des FA brauchte der Dipl.-Ingenieur mit Umsatzsteuerforderungen wegen dieser Einnahmen nicht zu rechnen. Die Einziehung der nach dem Gesetz geschuldeten USt verstößt daher gegen Treu und Glauben. Dies hätte bereits im Veranlagungsverfahren berücksichtigt werden können und müssen. Der Dipl.-Ingenieur kann nicht deshalb schlechter gestellt werden, weil er auf die Auskunft des FA vertrauend den Rechtsbehelf zurücknahm. Die USt kann daher wegen sachlicher Unbilligkeit erlassen werden.

Bei Säumniszuschlägen liegen die Voraussetzungen für einen Erlaß wegen sachlicher Unbilligkeit bei plötzlicher Krankheit, offenbaren Versehen und auch dann vor, wenn der Stpfl. zum Zeitpunkt der Fälligkeit der Steuerschulden zahlungsunfähig oder überschuldet war (AEAO, Tz 5 zu § 240).

Ferner kann die Erhebung der vollen Säumniszuschäge eine unbillige Härte sein, wenn eine gebotene Aussetzung der Vollziehung (§ 361 AO) abgelehnt wurde (BStBl II 1991, 906) oder Ratenzahlungen unter Beschränkung der Vollstreckung (vgl. § 258 AO) eingeräumt wurden (BStBl II 1991, 864).

3. Erlaßmaßnahmen

Zu unterscheiden ist der Erlaß im Steuerfestsetzungsverfahren (§ 163 AO) vom Erlaß im Erhebungsverfahren (§ 227 AO).

a) Erlaß durch abweichende Steuerfestsetzung (§ 163 AO)

aa) Das FA kann durch beschwerdefähigen Verwaltungsakt aussprechen, daß in einem bestimmten Einzelfall

- **die Steuer** (§ 3 Abs. 1 AO) niedriger festzusetzen ist oder
- steuererhöhende **Besteuerungsgrundlagen** (§ 199 Abs. 1 AO) unberücksichtigt bleiben (§ 163 Abs. 1 Satz 1 AO).

Beispiele:
1. Ein Handwerksmeister wird im Jahre 02 von einer Brandkatastrophe betroffen. Für den Wiederaufbau des Betriebes benötigt er alle verfügbaren Mittel. Um disponieren zu können, beantragt er beim FA, die Einkommensteuer 01 um 5 000 DM niedriger festzusetzen. – Das FA kann diesem Antrag stattgeben (§ 163 Abs. 1 Satz 1 AO). Im Rahmen der Veranlagung ist es dann an diesen „Vorwegerlaß" gebunden.
2. Ein verarmter Baron beantragt beim FA, ein bestimmtes unter Denkmalschutz stehendes Gebäude bei der Vermögensteuer außer Ansatz zu lassen, da er das unverkäufliche Gebäude nur für die Allgemeinheit unterhalte und jährlich hohe Unterhalts- und Instandhaltungskosten zu tragen habe. – Das FA

kann anordnen, daß der Einheitswert dieses Grundstückes im Rahmen der nächsten Hauptveranlagung zur Vermögensteuer unberücksichtigt bleibt (§ 163 Abs. 1 Satz 1 AO).

Bei überraschenden Gesetzesänderungen oder einschneidenden Wandlungen der Rechtsprechung ergehen bisweilen Übergangsregelungen durch das BMF aufgrund von § 163 Abs. 1 AO. Ein Verwaltungsakt, der einem Stpfl. eine derartige Billigkeitsmaßnahme zuspricht, ist ein Grundlagenbescheid für dessen Steuerfestsetzung (BStBl II 1991, 572).

bb) Weiterhin kann das FA bei **Steuern vom Einkommen** bestimmen, daß steuererhöhende Besteuerungsgrundlagen **später oder** steuermindernde Besteuerungsgrundlagen **früher** berücksichtigt werden. (§ 163 Abs. 1 Satz 2 AO). Von dieser Möglichkeit wird insbesondere durch Gewährung von Sonderrücklagen und Sonderabschreibungen Gebrauch gemacht.

Beispiel:

Ein Sägewerk wird vom Hochwasser überschwemmt. Der Besitzer ersucht das FA, die volle Abschreibung der neu erworbenen Maschinen im Anschaffungsjahr zuzulassen. – Das FA kann dem Antrag gemäß § 163 Abs. 1 Satz 2 AO stattgeben.

Dieses Beispiel zeigt, daß sich Maßnahmen nach § 163 Abs. 1 Satz 2 AO meist nur stundungsähnlich auswirken. Denn in den folgenden Jahren erhöht sich wegen der vorweg in Anspruch genommenen Abschreibungen die Steuer. Ein solcher Erlaß kann wegen des Progressionstarifes bei der Einkommensteuer sogar zu einer Steuererhöhung führen. Da die genaue Wirkung nicht vorausberechnet werden kann, ist für Erlaßmaßnahmen nach § 163 Abs. 1 Satz 2 AO immer ein Antrag oder die Zustimmung des Steuerpflichtigen erforderlich.

cc) Begehrt der Stpfl. einen Erlaß nach § 163 AO, so ist der Antrag vor Unanfechtbarkeit des Bescheides zu stellen. Die Erlaßmaßnahmen können im Rahmen der abweichenden Steuerfestsetzung ausgesprochen werden (§ 163 Abs. 1 Satz 3 AO). Auch dann liegen jedoch stets zwei Steuerverwaltungsakte vor, gegen die verschiedene Rechtsbehelfe gegeben sind (vgl. § 348 Abs. 1 Nr. 2 AO „mit Ausnahme der Billigkeitsmaßnahmen nach § 163") und die verschiedenen Korrekturvorschriften unterliegen. Über einen in Verbindung mit einem fristgerechten Einspruch gestellten Antrag ist daher auch dann zu entscheiden, wenn das Einspruchsverfahren nicht durchgeführt wird (BStBl II 1993, 3).

b) Erlaß von festgesetzten Ansprüchen (§ 227 AO)

Die zuständige Finanzbehörde kann festgesetzte **Ansprüche aus dem Steuerschuldverhältnis** (§ 37 AO) ganz oder teilweise erlassen. Da der Steuerpflichtige bisweilen schon Vorauszahlungen auf die Steuerschuld geleistet hat oder den angeforderten Anspruch aus dem Steuerschuldverhältnis zwischen Antragstellung und Entscheidung über den Erlaß gezahlt hat, kann das FA statt des Erlasses auch eine Erstattung oder Anrechnung auf eine andere Schuld anordnen. 292

Beispiel:
Ein Blumenhändler hat zum 31. 12. 01 seinen Gewerbebetrieb aufgegeben. Ende Oktober 02 setzt das FA für 01 eine Einkommensteuerabschlußzahlung von 2 500 DM fest. Der Blumenhändler, der von einer bescheidenen Rente lebt, bittet Mitte November um Erlaß. Anfang Dezember zahlt er einen Teilbetrag von 500 DM. Am 15. Dezember „erläßt" das FA die Steuerschuld in Höhe von 2 500 DM.
Hier ist ein Erlaß nur in Höhe von 2 000 DM denkbar. Denn in Höhe von 500 DM war der Anspruch des FA bereits durch Zahlung erloschen (§§ 47, 224, 225 Abs. 1 AO). Die bereits gezahlten 500 DM kann das FA jedoch erstatten oder auf eine andere Steuerschuld anrechnen (§ 227 2. Halbsatz AO).

4. Erlaßverfahren

Ein Erlaßantrag ist nicht erforderlich. Ein Erlaß kann bei sachlicher Unbilligkeit von **Amts wegen** ausgesprochen werden. Da der Finanzbehörde jedoch die Erlaßgründe darzulegen sind, wird der Erlaß **im allgemeinen nur auf Antrag** ausgesprochen. 293

Der Erlaß ist eine Ermessensentscheidung (§ 5 AO); die Ablehnung oder Teilablehnung eines beantragten Erlasses ist zu begründen (§ 121 AO).

Mit der Bekanntgabe des Erlasses erlischt der Anspruch. Ein – nur mit Wirkung für die Zukunft möglicher – Widerruf des Erlasses ist daher ausgeschlossen (vgl. Rdnr. 173).

5. Abgrenzung des Erlasses von der Niederschlagung

a) Voraussetzung der Niederschlagung

Wenn feststeht, daß die Einziehung keinen Erfolg haben wird oder daß die Kosten der Einziehung außer Verhältnis zur Höhe stehen, kann die Festsetzung von Steuern und steuerlichen Nebenleistungen unterbleiben 294

(§ 156 Abs. 2 AO – „**Niederschlagung im Festsetzungsverfahren**") oder die Niederschlagung von Ansprüchen aus dem Steuerschuldverhältnis erfolgen (§ 261 AO – „**Niederschlagung im Vollstreckungsverfahren**").

b) Rechtsnatur der Niederschlagung

Die Niederschlagung erfolgt durch eine **interne Maßnahme** der zuständigen Finanzbehörde, die dem Steuerpflichtigen grundsätzlich nicht bekanntgegeben wird. Die Niederschlagung ist daher **kein Verwaltungsakt**.

c) Wirkung der Niederschlagung

295 Durch die Niederschlagung wird nur zum Ausdruck gebracht, daß ein Anspruch – zumindest vorerst – nicht festgesetzt oder beigetrieben werden soll. Die Niederschlagung führt nicht zum Erlöschen des Anspruches und kann jederzeit wieder rückgängig gemacht werden. Für niedergeschlagene Steuern fallen Säumniszuschläge weiterhin an.

Auch wenn die Niederschlagung – versehentlich – dem Steuerpflichtigen bekanntgegeben wird, kann dies weder zum Erlöschen des Anspruches noch zu einer Stundung führen. Allenfalls kann sich für einen unkundigen Steuerpflichtigen aus dem Grundsatz von Treu und Glauben ergeben, daß eine stundungsähnliche Wirkung eintritt, also Säumniszuschläge nicht festgesetzt werden dürfen, oder Verwirkung des Anspruches eintritt, wenn er die Niederschlagung als Verzicht ansah und entsprechend disponierte

V. Verjährung

1. Wesen der Verjährung

a) Bedeutung

296 Der Rechtsfrieden gebietet, daß Ansprüche aus dem Steuerschuldverhältnis nach Ablauf eines bestimmten Zeitraumes nicht mehr verfolgt werden können. Nach Ablauf der Verjährungsfrist dürfen Steuerbescheide nicht mehr erlassen, aufgehoben oder geändert werden (§ 169 Abs. 1 Satz 1, 2 AO) und festgesetzte Ansprüche aus dem Steuerschuldverhältnis nicht mehr vollstreckt werden (§§ 228–232 AO).

b) Festsetzungsverjährung und Zahlungsverjährung

Die Abgabenordnung unterscheidet zwischen Festsetzungsverjährung und Zahlungsverjährung. Die Vorschriften über die **Festsetzungsverjäh-**

rung bestimmen, **wie lange** entstandene Ansprüche aus dem Steuerschuldverhältnis **festgesetzt** werden können. Durch die **Zahlungsverjährung** wird geregelt, wie lange festgesetzte Ansprüche aus dem Steuerschuldverhältnis **vollstreckt** werden können.

c) Abgrenzung gegenüber der Verjährung nach bürgerlichem Recht
Im Steuerrecht führt der Ablauf der Verjährungsfrist zum **Erlöschen der Ansprüche** aus dem Steuerschuldverhältnis (§ 47 AO). Die Finanzbehörden sind von Amts wegen gehalten, verjährte Ansprüche nicht mehr zu verfolgen. Im bürgerlichen Recht begründet der Ablauf der Verjährungsfrist ein Leistungsverweigerungsrecht für den Schuldner, das nur auf dessen Vorbringen hin zu berücksichtigen ist (§ 222 BGB).

2. Gegenstand der Verjährung

Der Verjährung unterliegen alle Ansprüche aus dem Steuerschuldverhältnis (§ 37 Abs. 1 AO). Darunter fallen Steueransprüche, Steuervergütungsansprüche, Haftungsansprüche, Steuererstattungsansprüche und die Ansprüche auf steuerliche Nebenleistungen (§ 3 Abs. 3 AO). Es verjähren also sowohl Ansprüche des Staates gegen den Bürger als auch die Ansprüche des Bürgers gegenüber dem Staat.

297

VI. Festsetzungsverjährung von Steuern (§§ 169–171 AO)

1. Beginn der Festsetzungsfrist (§ 170 Abs. 1 AO)

Die Festsetzungsfrist beginnt mit Ablauf des Kalenderjahres, in dem die Steuer entstanden ist (§ 170 Abs. 1 AO). Dieser Grundsatz wird jedoch durch die Anlaufhemmung (§ 170 Abs. 2–6 AO) stark eingeschränkt, so daß er für die Veranlagungssteuern kaum praktische Bedeutung hat.

298

Beispiel:
Ein Nichtunternehmer hat in 04 in einer Rechnung unberechtigt USt ausgewiesen. Er ist Schuldner der USt (§§ 13 Abs. 2, 14 Abs. 3 UStG), aber nicht verpflichtet, eine Steuererklärung abzugeben (vgl. Rdnr. 299; § 18 Abs. 1 und 3 UStG).
Die Festsetzungsfrist für diese USt beginnt daher mit Ablauf des Kalenderjahres 04 (§ 170 Abs. 1 AO).

2. Anlaufhemmung (§ 170 Abs. 2–4 AO)

In den meisten Fällen haben die Finanzbehörden erst nach Ablauf des Entstehungsjahres die Möglichkeit der Steuerfestsetzung, weil die erforderlichen Steuererklärungen, Anträge und Anzeigen erst nach diesem

299

Zeitpunkt eingehen. In diesen Fällen soll durch das Rechtsinstitut der Anlaufhemmung verhindert werden, daß durch die späte Einreichung die der Behörde zur Verfügung stehende Arbeitszeit verkürzt wird.

a) Anlaufhemmung bei gesetzlicher Erklärungspflicht (§ 170 Abs. 2 Nr. 1 AO)

So beginnt die Festsetzungsfrist erst mit Ablauf des Kalenderjahres zu laufen, in dem eine Steuererklärung eingereicht wird. Wird die erforderliche Erklärung nicht innerhalb von drei Jahren seit Ablauf des Entstehungsjahres abgegeben, beginnt die Festsetzungsfrist mit Ablauf des dritten auf die Entstehung des Steueranspruches folgenden Kalenderjahres (§ 170 Abs. 2 Nr. 1 AO).

Die Anlaufhemmung kommt nicht nur bei Jahreserklärungen in Betracht, sondern auch bei Erklärungen, die für kürzere Zeiträume abzugeben sind, wie z. B. USt-Voranmeldungen.

Beispiele:
1. Ein Steuerpflichtiger gibt die Einkommensteuererklärung für 01 im März 03 ab. Die Festsetzungsfrist beginnt mit Ablauf des 31. 12. 03 zu laufen.
2. Ein Unternehmer hat die USt-Voranmeldungen (§ 18 Abs. 1 UStG) für das Jahr 05 und für Januar 06 rechtzeitig abgegeben. Ende Januar 06 hat er seine unternehmerische Tätigkeit beendet. Die USt-Jahreserklärung für 05 (§ 18 Abs. 3 UStG) gibt er im Jahre 07 ab.
Die Festsetzungsfrist für die USt des Jahres 05 beginnt mit Ablauf des 31. 12. 07, die für die USt 06 mit Ablauf des 31. 12. 06.
3. Ein Unternehmer gibt die Vermögensteuererklärung zum 1. 1. 01 erst im Mai 05 ab. – Der Stpfl. hat auf jeden Hauptveranlagungszeitpunkt eine Vermögensteuererklärung abzugeben (§ 19 VStG). Die Festsetzungsfrist beginnt mit Ablauf des dritten auf die Entstehung des Steueranspruches folgenden Kalenderjahres zu laufen, also mit Ablauf des 31. 12. 04.
4. Karl ist Erbe seiner in 05 verstorbenen Tante. Das FA fordert ihn im November 05 auf, eine ErbSt-Erklärung abzugeben (§ 31 Abs. 1 ErbStG). Karl gibt sie im Januar 06 ab.
Die Festsetzungsfrist beginnt mit Ablauf 06 zu laufen.

Diese Anlaufhemmung gilt nicht bei Veranlagungen auf Antrag, z. B. nach § 46 Abs. 2 Nr. 7 und 8 EStG.

b) Anlaufhemmung bei Festsetzungen auf Antrag (§ 170 Abs. 3 AO)

300 Wenn die Steuer oder Steuervergütung nur auf Antrag festgesetzt wird, so beginnt die Festsetzungsfrist für **Aufhebungen, Änderungen** oder **Berichtigungen** (§ 129 AO) nicht vor Ablauf des Antragsjahres zu laufen.

Festsetzungsverjährung von Steuern (§§ 169–171 AO)

Beispiele:
1. Ein Arbeitnehmer stellt im Mai 02 einen Antrag auf Veranlagung zur Einkommensteuer 01 (§ 46 Abs. 2 Nr. 8 EStG).
Die Festsetzungsfrist für die ESt 01 beginnt grundsätzlich mit Ablauf des 31. 12. 01 zu laufen (§ 170 Abs. 1 AO). Zu diesem Zeitpunkt beginnt daher regelmäßig auch die Frist für die Festsetzung des Erstattungsanspruches zu laufen. Da aber der Antrag erst im Jahre 02 gestellt wurde, tritt für Aufhebung und Änderung die Anlaufhemmung des § 170 Abs. 3 AO ein. Die Festsetzungsfrist beginnt insoweit erst mit Ablauf des 31. 12. 02 (BStBl II 1990, 608).
2. Ein Steuerpflichtiger gibt im August 02 seinen Antrag auf Wohnungsbauprämie 01 ab.
Nach § 8 Abs. 1 WoPG gilt die Wohnungsbauprämie als Steuervergütung. Der Anspruch auf Wohnungsbauprämie entsteht mit Ablauf des Jahres, in dem die Beiträge eingezahlt wurden (§§ 38, 37 Abs. 1 AO). Die Verjährungsfrist würde gemäß § 170 Abs. 1 AO mit Ablauf des Jahres 31. 12. 01 zu laufen beginnen. Für Aufhebung und Änderung wird der Beginn wegen des Antrages im Jahre 02 bis Ablauf des 31. 12. 02 hinausgeschoben (§ 170 Abs. 3 AO).

c) Anlaufhemmung bei Bescheiden mit mehrjähriger Geltung (§ 170 Abs. 4 AO)

Vermögensteuer- und Grundsteuerbescheide gelten für mehrere Jahre, sog. Hauptveranlagungszeiträume (§ 15 VStG, § 16 GrundStG). Kommt es wegen der Abgabe der Steuererklärung für den Hauptveranlagungszeitraum zu einer Anlaufhemmung gemäß § 170 Abs. 2 Nr. 1 AO, so soll auch der Verjährungsbeginn für die Steuern der folgenden Jahre entsprechend hinausgeschoben werden.

301

Beispiel:
Ein Arzt reicht die Vermögensteuererklärung auf den 1. 1. 01 erst im März 03 beim FA ein.
Die Festsetzungsfrist für die Vermögensteuer 01 beginnt mit Ablauf des Jahres 03 zu laufen (§ 170 Abs. 2 Nr. 1 AO). Die Festsetzungsfrist für die Vermögensteuer 02 beginnt mit Ablauf des Jahres 04 zu laufen (§ 170 Abs. 4 AO).
Hierdurch wird insbesondere der Beginn der Festsetzungsfrist für Hauptveranlagungen auf einen späteren Veranlagungszeitpunkt (§ 15 Abs. 3 VStG) und Neuveranlagungen (§ 16 VStG) hinausgeschoben.

3. Dauer der Festsetzungsfrist (§ 169 AO)

a) Regelmäßige Verjährungsfrist

Die regelmäßige Verjährungsfrist beträgt für **Zölle und Verbrauchsteuern** sowie die entsprechenden Vergütungen **ein Jahr** (§ 169 Abs. 2 Nr. 1 AO).

302

Bei den **übrigen Steuern** und Steuervergütungen beträgt die Festsetzungsfrist **4 Jahre** (§ 169 Abs. 2 Nr. 2 AO). Hierunter fallen z. B. die Einkommensteuer, die Körperschaftsteuer, die Vermögensteuer und die Umsatzsteuer.

Beispiele:
1. Auf Antrag eines Bausparers vom Juni 02 setzt das FA im März 03 die Wohnungsbauprämie 01 fest. Im Mai 07 erfährt das FA, daß die Bausparbeiträge 01 im Jahre 05 prämienschädlich verwendet wurden (vgl. § 5 Abs. 2 WoPG).
Die Bausparprämie gilt als Steuervergütung (§ 8 Abs. 1 WoPG). Aufgrund der Anlaufhemmung des § 170 Abs. 3 AO beginnt die Festsetzungsfrist für Aufhebung und Änderung mit Ablauf des Jahres 02 und endet mit Ablauf des Jahres 06 (§ 169 Abs. 2 Nr. 2 AO). Daher kann im Jahre 07 der Prämienbescheid nicht mehr aufgehoben werden (§ 169 Abs. 1 Satz 1 AO).
2. Ein Vermieter reicht im Jahre 02 die Einkommensteuererklärung für 01 ein. Die Veranlagung im Jahre 02 führt zu einer Steuererstattung. 06 belegt der Stpfl. weitere Werbungskosten für 01, die er bisher ohne grobes Verschulden übersehen hatte.
Wegen der Anlaufhemmung des § 170 Abs. 2 Nr. 1 AO beginnt die Festsetzungsfrist für die Einkommensteuererstattung mit Ablauf des Jahres 02 und endet mit Ablauf des Jahres 06 (§ 169 Abs. 2 Nr. 2 AO). Daher hat das FA eine Änderung gemäß § 173 Abs. 1 Nr. 2 AO durchzuführen.

b) Verlängerte Verjährungsfrist

303 Die Festsetzungsfrist verlängert sich für leichtfertig verkürzte Steuern (vgl. § 378 AO) auf fünf Jahre, für hinterzogene Steuern (vgl. § 370 AO) auf 10 Jahre (§ 169 Abs. 2 Satz 2 AO).

Beispiel:
Nach Eintritt der allgemeinen Festsetzungsverjährung deckt das FA eine Steuerhinterziehung auf, wegen der es die Steuerbescheide vor Ablauf der zehnjährigen Festsetzungsfrist nach § 173 Abs. 1 Nr. 1 AO ändern will. Der Stpfl. bittet, bei der Änderung Rechtsfehler gemäß § 177 Abs. 1 AO mit zu berichtigen.
Da der zehnjährigen Festsetzungsfrist nur Steuern unterliegen, **soweit** sie hinterzogen worden sind, kann eine Saldierung mit dem bereits verjährten Steuerminderungsanspruch nicht erfolgen. (Str., anderer Ansicht nach ist eine Mitsaldierung zugunsten des Stpfl. bis zur Höhe der ursprünglichen Steuer möglich, da die Besteuerungsgrundlagen nicht verjähren, sondern nur die Steuer).

Zur Verlängerung kommt es nur, wenn die Steuerverkürzung tatbestandsmäßig, rechtswidrig und schuldhaft (vgl. Rdnr. 451 ff.) ist. Eine der vollendeten Tat nachfolgende Selbstanzeige (§§ 371, 378 Abs. 3 AO) verhindert die Verlängerung dagegen nicht.

Festsetzungsverjährung von Steuern (§§ 169–171 AO)

Beispiel:

Ein Stpfl. hat durch die Abgabe unrichtiger Steuererklärungen Steuern verkürzt. Nach Ablauf der 4jährigen Festsetzungsfrist erkennt das FA den richtigen Sachverhalt und will die Steuerbescheide korrigieren (§ 173 Abs. 1 Nr. 1 AO). Der inzwischen eingesetzte Vormund des Stpfl. weist durch ärztliche Gutachten nach, daß der Stpfl. zur Zeit der Abgabe der unrichtigen Steuererklärungen an einer Geisteskrankheit litt.

Zur Erfüllung des Tatbestandes der Steuerhinterziehung (§ 370 AO) gehört, daß der Täter schuldhaft gehandelt hat (Rdnr. 456). Dies war hier nicht der Fall, so daß eine Änderung der Steuerbescheide wegen des Ablaufes der Festsetzungsfrist nicht mehr in Betracht kommt.

Die verlängerten Fristen sind bei Steuerverkürzungen durch den Steuerpflichtigen selbst anzuwenden. Sie gelten ferner, wenn er als Gesamtrechtsnachfolger (vgl. Rdnr. 236) in die abgabenrechtliche Stellung eines Rechtsvorgängers eintritt (§ 45 Abs. 1 AO). Ferner ist dem Steuerpflichtigen das Verhalten seines gesetzlichen oder gewillkürten Vertreters zuzurechnen. Daher gelten auch bei Steuerverkürzungen durch Vertreter die verlängerten Fristen.

Ebenso muß sich der Steuerpflichtige auch das Verhalten solcher Personen zurechnen lassen, die in seinem Verantwortungsbereich zu Steuerverkürzungen mittelbar oder unmittelbar beitragen können (Erfüllungsgehilfen). Auch hier gelten die verlängerten Fristen.

Beispiele:

1. Der Komplementär einer Kommandit-Gesellschaft erklärte im Jahre 02 vorsätzlich zu niedrige Umsätze für 01. Hiervon erfährt das FA im Jahre 12. Steuerschuldner der USt ist die Gesellschaft (§ 2 UStG). Wegen der Anlaufhemmung gemäß § 170 Abs. 2 Nr. 1 AO beginnt die Verjährungsfrist für die USt 01 mit Ablauf des Jahres 02. Die Festsetzungsfrist für die hinterzogenen Beträge dauert zehn Jahre, da sich die Gesellschaft die Steuerhinterziehung ihres Vertreters (§§ 161 Abs. 2, 125 HGB) zurechnen lassen muß (§ 169 Abs. 2 Satz 2, 3 AO). Daher kann der Umsatzsteuerbescheid 01 noch bis zum Ablauf des Jahres 12 gemäß § 173 Abs. 1 Nr. 1 AO geändert werden.

2. Ein Kaufmann beschäftigt seit vielen Jahren einen zuverlässigen Buchhalter, der die Umsatzsteuervoranmeldungen und -erklärungen vorbereitet. Im Jahre 07 entdeckt ein Umsatzsteuerprüfer, daß für November 01 ein ungerechtfertigt hoher Vorsteuerbetrag erstattet wurde. Der Buchhalter, der sich vorübergehend in Geldschwierigkeiten befand, hatte den Erstattungsbetrag ohne Wissen des Kaufmannes für sich verwendet. Die im Jahre 02 für 01 abgegebene Jahreserklärung hatte der Buchhalter entsprechend verfälscht.

250 L. Erlöschen von Ansprüchen aus dem Steuerschuldverhältnis

Wegen der Anlaufhemmung gemäß § 170 Abs. 2 Nr. 1 AO beginnt die Festsetzungsfrist für die USt 01 mit Ablauf des Jahres 02. Auch die Hinterziehung durch den Erfüllungsgehilfen bewirkt, daß die Festsetzungsfrist verlängert wird.

Wird dagegen die Hinterziehung durch außenstehende Dritte – also nicht durch Vertreter oder Erfüllungsgehilfen – begangen, gilt für den Stpfl. die kurze Festsetzungsfrist, wenn er

- keinen Vermögensvorteil (BStBl II 1989, 442) erlangt hat und
- sorgfältig gehandelt hat (§ 169 Abs. 2 Satz 3 AO).

4. Ablaufhemmung (§ 171 AO)

304 Die Festsetzungsfristen reichen in einigen Sonderfällen nicht aus, um die Steuerfestsetzung abschließend durchzuführen. Deshalb wird in diesen Fällen der Zeitpunkt des Endes der Frist hinausgeschoben (Ablaufhemmung). Das bedeutet, daß der Zeitraum, während dessen die Festsetzung gehemmt ist, in die Festsetzungsfrist nicht eingerechnet wird (§ 171 Abs. 1 AO) bzw. während des Zeitraumes der Hemmung die Festsetzungsfrist nicht ablaufen kann (§ 171 Abs. 2 bis 14 AO). Tritt ein Ereignis ein, das zu einer Ablaufhemmung führt, so endet die Festsetzungsfrist im allgemeinen nicht am Ende eines Kalenderjahres, sondern an einem Zeitpunkt während des Kalenderjahres.

a) Ablaufhemmung bei höherer Gewalt (§ 171 Abs. 1 AO)

Solange die Steuerfestsetzung wegen höherer Gewalt innerhalb der letzten sechs Monate vor Ablauf der Festsetzungsfrist nicht erfolgen kann, läuft die Frist nicht ab.

Höhere Gewalt sind alle Ereignisse, die auch bei Anwendung der äußersten Sorgfalt eine Verfolgung des Steueranspruches nicht zulassen, z. B. Krieg, Aufruhr, Naturkatastrophen.

Beispiel:
Die Festsetzungsfrist für die ESt 01 läuft normalerweise mit Ablauf des 31. 12. 06 ab (§§ 170 Abs. 2 Nr. 1, 169 Abs. 2 Nr. 2 AO). Das Gesundheitsamt Kiel verfügte die Schließung des FA Kiel vom 15. 6. bis 15. 8. 06 wegen einer aus Asien eingeschleppten Krankheit.

Innerhalb der letzten 6 Monate (1. 7.–31. 12.) vor Ende der Festsetzungsfrist konnte das FA den Steueranspruch während des Zeitraumes vom 1. 7. bis 15. 8. nicht verfolgen. Dieser Zeitraum wird an das Ende der Festsetzungsfrist angehängt; diese endet daher mit Ablauf des 15. 2. 07 (§ 171 Abs. 1 AO).

Festsetzungsverjährung von Steuern (§§ 169–171 AO) 251

b) Ablaufhemmung bei offenbarer Unrichtigkeit (§ 171 Abs. 2 AO)

Ist dem FA bei Erlaß eines Bescheides eine offenbare Unrichtigkeit unterlaufen, so soll eine Berichtigung nach § 129 AO in jedem Fall für die Dauer eines Jahres nach Bekanntgabe des Bescheides möglich sein. 305

Beispiel:
Die Festsetzungsfrist für die USt 01 läuft normalerweise mit Ablauf des 31. 12. 06 ab (§ 170 Abs. 2 Nr. 1, § 169 Abs. 2 Nr. 2 AO). Am 15. 11. 06 wird dem Stpfl. der nach § 173 Abs. 1 Nr. 1 AO geänderte Umsatzsteuerbescheid 01 bekanntgegeben. Dieser Bescheid enthält einen Rechenfehler.

Der Rechenfehler kann bis zum Ablauf eines Jahres nach Bekanntgabe des geänderten Bescheides, also bis zum Ablauf des 15. 11. 07, nach § 129 AO berichtigt werden (§ 171 Abs. 2 AO).

c) Ablaufhemmung noch nicht verbeschiedener Anträge oder Rechtsbehelfe (§ 171 Abs. 3 AO)

§ 171 Abs. 3 AO schützt den Steuerpflichtigen davor, daß sich die Finanzbehörden der Bearbeitung von Anträgen oder Rechtsbehelfen dadurch entziehen können, daß sie den Ablauf der Festsetzungsfrist abwarten. Wenn der Antrag vor Ablauf der Festsetzungsfrist gestellt wurde, so endet sie bezüglich des Betrages, der durch den Antrag begehrt wird, nicht, bevor über den Antrag unanfechtbar entschieden worden ist. Das gleiche gilt bei Einlegung eines Rechtsbehelfs, wenn die Rechtsbehelfsfrist noch vor Eintritt der Verjährung begonnen hatte. 306

Beispiele:
1. Die Festsetzungsfrist für die Vermögensteuer 01 endet normalerweise mit Ablauf des Jahres 06 (§§ 170 Abs. 2 Nr. 1, 169 Abs. 2 AO). Der Stpfl. stellt im Mai 06 einen Antrag auf Änderung nach § 173 Abs. 1 Nr. 2 AO, den das FA im Jahre 06 nicht verbescheidet.

Die Festsetzungsfrist läuft, soweit der Antrag reicht, nicht ab, bevor das FA über diesen Antrag unanfechtbar entschieden hat (§ 171 Abs. 3 Satz 1 AO). Stellt der Stpfl. den Antrag erst im Jahre 07, so tritt eine Ablaufhemmung nicht ein (§ 169 Abs. 1 Satz 1 AO).

2. Das FA hat den Unternehmer (U) im Jahre 06 endgültig zur USt 01 in Höhe von 17 000 DM veranlagt. U hatte die Erklärung (§ 18 Abs. 3 UStG) in 05 abgegeben. Voranmeldung für 01 hatte U nicht eingereicht. U legte gegen den USt-Bescheid fristgerecht Einspruch ein und beantragte Herabsetzung der USt um 500 DM, da insoweit das FA einen durchlaufenden Posten entgegen § 10 Abs. 1 Satz 4 UStG der USt unterworfen habe.

Während des Rechtsbehelfsverfahrens beantragte U in 09 eine weitere Herabsetzung seiner USt um 1 200 DM, da das FA eine vereinnahmte Vertragsstrafe der USt 01 unterworfen habe.

252 L. Erlöschen von Ansprüchen aus dem Steuerschuldverhältnis

Auch bezüglich der 1 200 DM ist die Festsetzungsverjährung noch nicht eingetreten. § 171 Abs. 3 Satz 2 AO stellt wie Satz 1 auf die betragsmäßige Begrenzung durch den Antrag ab. Bei Einsprüchen umfaßt der Antrag in der Regel den ganzen Bescheid, soweit der Einspurchsführer nicht ausdrücklich zu erkennen gibt, daß er entgegen § 367 Abs. 2 Satz 1 AO nur eine Teilanfechtung will (BStBl. II 1992, 592 und 995).

3. Das FA veranlagt im Jahre 02 eine Aktiengesellschaft für 01 zur Körperschaftsteuer „unter dem Vorbehalt der Nachprüfung" (§ 164 Abs. 1 Satz 1 AO). Am 20. 12. 06 wird die Aufhebung des Vorbehaltes der Nachprüfung bekanntgegeben (§ 164 Abs. 3 AO). Anfang Januar 07 legt die Aktiengesellschaft Einspruch ein (§ 348 Abs. 1 Nr. 1 AO).
Die Rechtsbehelfsfrist wurde noch vor Ende der Festsetzungsfrist in Lauf gesetzt (§§ 170 Abs. 2 Nr. 1, 169 Abs. 2 Nr. 2, 164 Abs. 3 Satz 2, 355 Abs. 1 AO). Obwohl der Einspruch erst nach Ablauf der Festsetzungsfrist eingereicht wurde, tritt die Festsetzungsverjährung nicht ein, bevor über den Einspruch unanfechtbar entschieden wurde (§ 171 Abs. 3 Satz 2 AO).

d) Ablaufhemmung bei Beginn einer Außenprüfung oder bei Einleitung von Ermittlungshandlungen (§ 171 Abs. 4 bis 6 AO)

307 Wenn sich das FA vor Ablauf der Festsetzungsfrist ernsthaft und für den Steuerpflichtigen erkennbar darum bemüht, durch Prüfungshandlungen oder Ermittlungsmaßnahmen steuerliche Verhältnisse zu erforschen, so soll die Auswertung der gewonnenen Erkenntnisse nicht am zwischenzeitlichen Ablauf der Festsetzungsfrist scheitern.
Voraussetzung ist allerdings, daß der Prüfer mit den Prüfungshandlungen „begonnen" hat. Vgl. den abweichenden Wortlaut in § 371 Abs. 2 Nr. 1 a AO, der auf das „Erscheinen" abstellt. Im Rahmen des § 171 Abs. 4 AO genügt daher das Erscheinen des Prüfers, seine Ausweisung oder ein Aktenvermerk i. S. von § 198 AO allein nicht. Ebensowenig führen Scheinhandlungen zur Hemmung, die nur dazu dienen sollen, rechtzeitig die Ablaufhemmung nach § 171 Abs. 4 AO herbeizuführen.

Beispiele:
1. Ein Unternehmer gibt seine Umsatzsteuerjahreserklärung für 01 und 02 im Jahr 03 ab. Das FA kündigt dem Unternehmer für diese Zeiträume eine Umsatzsteuerprüfung für Dezember 07 an (§§ 196, 197 AO). Wegen des Weihnachtsgeschäfts bittet der Unternehmer um Verschiebung der Prüfung auf Januar 08 (§ 197 Abs. 2 AO). Die im Januar durchgeführte Prüfung ergibt für 01 keine Änderung der Besteuerungsgrundlagen; für 02 werden nicht versteuerte Einnahmen festgestellt. Der Unternehmer erhält am 15. Mai 08 einen nach § 173 Abs. 1 Nr. 1 AO geänderten Umsatzsteuerbescheid 02; gleichzeitig wird ihm mitgeteilt, daß sich für 01 keine Änderungen ergeben (§ 202 Abs. 1 Satz 3 AO).

Der Lauf der Festsetzungsfrist für die USt 01 und 02 beginnt mit Ablauf des Jahres 03 (§ 170 Abs. 2 Nr. 1 AO) und endet planmäßig mit Ablauf des Jahres 07 (§ 169 Abs. 2 Nr. 2 AO). – Hier wurde die für einen Zeitraum vor Ablauf der Festsetzungsfrist angesetzte Außenprüfung auf Antrag des Unternehmers hinausgeschoben. Daher tritt die Ablaufhemmung nach § 171 Abs. 4 AO ein. Die Festsetzungsverjährung für die USt 02 tritt einen Monat nach Bekanntgabe des geänderten Steuerbescheides ein, sofern nicht Einspruch eingelegt wird. – Die Festsetzungsverjährung für die USt 01 tritt 3 Monate nach Bekanntgabe der Mitteilung nach § 202 Abs. 1 Satz 3 AO ein. Die Drei-Monats-Frist ermöglicht dem Unternehmer, eine Korrektur zu seinen Gunsten zu beantragen.

2. A hat die ESt-Erklärung für 01 in 02 abgegeben. Im Jahre 06 findet bei A eine Außenprüfung statt, die mit der Schlußbesprechung im November 06 endet.

Die planmäßige Festsetzungsfrist würde mit Ablauf des Jahres 06 enden (§§ 170 Abs. 2 Nr. 1 AO, 169 Abs. 2 Nr. 2 AO). Wegen der Ablaufhemmung des § 171 Abs. 4 Satz 1 und 3 AO endet die Frist mit Ablauf des Jahres 10.

Die Ablaufhemmung erstreckt sich nur auf die Steuern, die in der Prüfungsanordnung genannt sind **und** auf die sich die Prüfung tatsächlich erstreckt hat. (BStB II 1994, 377).

Prüfungshandlungen aufgrund nichtiger Prüfungsanordnungen können im Gegensatz zu solchen aufgrund rechtswidriger Anordnungen keine Ablaufhemmung herbeiführen, da nichtige Steuerverwaltungsakte keinerlei Rechtswirkungen entfalten können (BStBl II 1988, 165; II 1989, 76).

Besonderheiten gelten in folgenden 2 Fällen:

(1) Zu einem Ablauf der Festsetzungsfrist kommt es nicht, wenn der Stpfl. vor Ablauf einen Antrag auf Aufschub der Prüfung stellt. In diesem Falle wird der Ablauf der Festsetzungsverjährung für diejenigen Steuern gehemmt, auf die sich die Prüfung lt. Anordnung (§ 196 AO) erstrecken sollte (§ 171 Abs. 4 Satz 1 AO).

(2) Wird eine Prüfung unmittelbar nach ihrem Beginn für die Dauer von mehr als 6 Monaten unterbrochen aus Gründen, die das FA zu vertreten hat, so tritt die Festsetzungsverjährung ein. Der Grund für die Unterbrechung muß beim FA liegen, auf ein Verschulden kommt es nicht an (§ 171 Abs. 4 Satz 2 AO).

Beispiel:
Im Rahmen einer am 5. 11. 06 begonnenen Außenprüfung, die sich voraussichtlich über 2 Wochen erstrecken soll, prüft das FA u. a. auch die ESt 01. Die

Festsetzungsfrist für die ESt 01 läuft am 31. 12. 06 ab. Am 8. 11. 06 verunglückt der Prüfer auf der Fahrt zum Betrieb. Nach einem längeren Krankenhausaufenthalt setzt er die Prüfung am 30. 6. 07 fort. Die Prüfung wurde unmittelbar nach ihrem Beginn unterbrochen. Das FA hat die Unterbrechung zu vertreten, wenn auch nicht verschuldet. Die Unterbrechung hat mehr als 6 Monate gedauert. Die Festsetzungsfrist ist abgelaufen.

Ebenso tritt eine Ablaufhemmung ein, wenn vor Ablauf der Festsetzungsfrist Ermittlungen der Steuerfahndung (§ 208 AO) beim Steuerpflichtigen vorgenommen wurden oder ein Steuerstraf- bzw. ein Bußgeldverfahren eingeleitet wurde (§ 171 Abs. 5 AO).

Auch wenn sich im Inland keine überprüfbaren steuerlichen Unterlagen befinden, soll das FA die Möglichkeit haben, das Ende der Festsetzungsfrist durch Ermittlungshandlungen hinauszuschieben. In solchen Fällen ist der Steuerpflichtige auf den Beginn der Ermittlungen hinzuweisen (§ 171 Abs. 6 AO).

e) Ablaufhemmung bei Steuervergehen oder Steuerordnungswidrigkeiten (§ 171 Abs. 7 AO)

308 Durch die Ablaufhemmung nach § 171 Abs. 7 AO soll bei Steuerhinterziehungen (§ 370 AO) und leichtfertigen Steuerverkürzungen (§ 378 AO) verhindert werden, daß verkürzte Steuern nicht mehr nachgeholt werden können, obwohl die Strafverfolgung noch nicht verjährt ist (vgl. § 78 StGB). Diese Ablaufhemmung erlangt Bedeutung, wenn Steuerhinterziehungen im Fortsetzungszusammenhang begangen werden.

f) Ablaufhemmung bei vorläufigen Steuerfestsetzungen (§ 171 Abs. 8 AO)

309 Bei vorläufigen Bescheiden soll das FA, nachdem es vom Wegfall der Ungewißheit erfahren hat, ein Jahr lang die Möglichkeit haben, den nunmehr geklärten Sachverhalt steuerlich auszuwerten.

Beispiel:
Das FA erläßt im Jahre 02 einen „vorläufigen" Einkommensteuerbescheid für 01. 08 entfällt die Ungewißheit, wovon das FA am 10. Mai 10 erfährt. Die planmäßige Verjährung würde mit Ablauf des Jahres 06 enden (§§ 170 Abs. 2 Nr. 1, 169 Abs. 2 Nr. 2 AO). Wegen der Ablaufhemmung nach § 171 Abs. 8 AO kann eine Änderung des vorläufigen Bescheides (§ 165 Abs. 2 Satz 1 AO) noch bis zum 10. Mai 11 erfolgen.

In den Fällen des § 165 Abs. 1 Satz 2 AO hat das FA zwei Jahre die Möglichkeit, den vorläufigen Steuerbescheid zu ändern (§ 165 Abs. 8 Satz 2 AO).

Voraussetzung für den Beginn dieser Fristen ist die positive Kenntnis des FA. Ein „Kennenmüssen" der Umstände allein genügt nicht (BStBl II 1993, 5).

g) Ablaufhemmung bei Anzeige durch den Steuerpflichtigen (§ 171 Abs. 9 AO)

Berichtigt ein Steuerpflichtiger vor Ablauf der Festsetzungsfrist eine von ihm abgegebene Steuererklärung (§ 153 AO) oder erstattet er nach einer Steuerhinterziehung (§ 371 AO) bzw. einer leichtfertigen Steuerverkürzung (§ 378 Abs. 3 AO) Selbstanzeige, so soll das FA ein Jahr lang Gelegenheit haben, geänderte Steuerbescheide zu erlassen (§ 173 Abs. 1 Nr. 1 AO). 310

h) Ablaufhemmung bei Folgebescheiden (§ 171 Abs. 10 AO)

Bisweilen ergeht ein erstmaliger oder geänderter Grundlagenbescheid erst nach Ablauf der planmäßigen Festsetzungsfrist für den Folgebescheid. Hier soll durch die Ablaufhemmung des § 171 Abs. 10 AO bewirkt werden, daß sich der Grundlagenbescheid noch steuerlich auswirken kann. 311

Diese Ablaufhemmung hat vor allem Bedeutung, wenn die Steuererklärung für einen Feststellungsbescheid erst in einem späteren Jahr abgegeben wird als die Erklärung für den Folgebescheid oder wenn sich das Rechtsbehelfsverfahren gegen einen Grundlagenbescheid längere Zeit hinzieht.

Beispiel:
Ein Gesellschafter einer OHG erhält im Jahre 02 den Gewinnfeststellungsbescheid für 01 (§§ 180 Abs. 1 Nr. 2a, 179 Abs. 2 Satz 2 AO) und den Einkommensteuerbescheid für 01. Der Gesellschafter legt gegen den Gewinnfeststellungsbescheid Einspruch ein, über den der BFH im Jahre 10 zu seinen Gunsten entscheidet.
Die Feststellungsfrist (vgl. Rdnr. 315) endet planmäßig mit Ablauf des Jahres 06 (§§ 181 Abs. 1, 170 Abs. 2 Nr. 1, 169 Abs. 2 Nr. 2 AO). Das Ende wird hier jedoch bis zur Verkündung des Urteils durch den BFH im Jahre 10 hinausgeschoben (§§ 181 Abs. 1, 171 Abs. 3 Satz 1 AO). Die planmäßige Festsetzungsfrist für den Einkommensteuerbescheid 01 endet mit Ablauf des Jahres 06 (§§ 170 Abs. 2 Nr. 1, 169 Abs. 2 Nr. 2 AO). Hier läuft die Festsetzungsfrist jedoch erst ab, wenn ein Jahr nach Zustellung des Urteils vergangen ist (§ 171 Abs. 10 AO). Das FA hat innerhalb dieses Jahres den Änderungsbescheid nach § 175 Abs. 1 Nr. 1 AO zu erlassen. – Stellt der Gesellschafter einen Antrag auf Änderung, so kann diese ohne zeitliche Beschränkung nach § 171 Abs. 3 AO durchgeführt werden.

256 L. *Erlöschen von Ansprüchen aus dem Steuerschuldverhältnis*

i) Ablaufhemmung bei fehlender gesetzlicher Vertretung und bei Steuerfestsetzung gegen Nachlässe (§ 171 Abs. 11, 12 AO)

312 Bisweilen fehlt während des Laufes der Festsetzungsfrist die Person, an die der Steuerbescheid bekanntzugeben ist. So ist es denkbar, daß eine geschäftsunfähige oder in der Geschäftsfähigkeit beschränkte Person vorübergehend keinen gesetzlichen Vertreter hat, etwa weil dieser gestorben (§ 171 Abs. 11 AO) und ein neuer noch nicht bestellt ist. Eine ähnliche Situation liegt vor, solange für einen Nachlaß noch keine verantwortliche Person vorhanden ist, etwa weil der Erbe die Erbschaft noch nicht angenommen hat (§ 171 Abs. 12 AO). In diesen Fällen endet die Festsetzungsfrist nicht vor Ablauf von sechs Monaten, nachdem ein neuer gesetzlicher Vertreter bestellt worden ist bzw. die Erbschaft durch den Erben angenommen wurde.

Beispiel:
Die Einkommensteuer 01 gegen einen Patentanwalt wurde 02 festgesetzt. Im August 06 starb der Anwalt. Im Rahmen einer Prüfung der Einkommensteuerakte durch den Rechnungshof im Oktober 06 wurde eine offenbare Unrichtigkeit festgestellt. Während des Berichtigungsverfahrens (§ 129 AO) stellt das FA im November 06 fest, daß Erben des Patentanwalts noch nicht ermittelt sind. Auf Betreiben des FA bestellt das Nachlaßgericht im Mai 07 einen Nachlaßpfleger (§ 1960 Abs. 2 BGB).
Die planmäßige Festsetzungsfrist für die Einkommensteuer 01 endet mit Ablauf 06 (§§ 170 Abs. 2 Nr. 1, 169 Abs. 2 Nr. 2 AO). Da das FA nach Aufdeckung der offenbaren Unrichtigkeit durch den Rechnungshof keine Möglichkeit hat, den berichtigten Einkommensteuerbescheid 01 wirksam bekanntzugeben, tritt die Ablaufhemmung nach § 171 Abs. 12 AO ein. Die Festsetzungsfrist läuft im November 07 ab.

k) Ablaufhemmung bei Anmeldung noch nicht festgesetzter Steuern im Konkursverfahren (§ 171 Abs. 13 AO)

313 Mit Eröffnung des Konkursverfahrens verliert der Gemeinschuldner die Verfügungsbefugnis über sein Vermögen. An seine Stelle tritt der Konkursverwalter (§ 6 KO). Zum Zeitpunkt der Konkurseröffnung entstandene, aber noch nicht bezahlte Steuern sind vom FA als Konkursforderungen geltend zu machen (§ 138 ff. KO). Bei der Prüfung der angemeldeten Ansprüche aus dem Steuerschuldverhältnis (§ 37 Abs. 1 AO) werden die Forderungen entweder zur Berücksichtigung im Konkursverfahren anerkannt oder bestritten (§§ 144, 145 KO).
Anerkannte Forderungen werden durch das Konkursgericht in die Konkurstabelle eingetragen (§ 145 Abs. 1 KO) und bei der Verteilung der Konkursmasse berücksichtigt (§§ 149 ff. KO). Soweit das FA mit aner-

kannten Forderungen mangels Konkursmasse ausfällt, wirkt die Eintragung der Forderung in die Konkurstabelle als vollstreckbarer Titel (§ 164 Abs. 1 KO). Aufgrund dieses Titels kann das FA gegen den Gemeinschuldner vorgehen (§ 251 Abs. 2 Satz 2 AO).
Werden angemeldete Forderungen nicht anerkannt (§ 144 Abs. 1 KO), so kann das FA insoweit schriftliche Verwaltungsakte erlassen (§ 251 Abs. 3 AO). Der Konkursverwalter kann nun die Forderung anerkennen oder ein Rechtsbehelfsverfahren in Gang setzen (§ 348 Abs. 1 Nr. 11 AO).
Ist mangels Konkursmasse eine befriedigende Konkursquote nicht zu erwarten, so hat das FA auch die Möglichkeit, nach Beendigung des Konkursverfahrens Steuerbescheide gegen den Steuerschuldner zu erlassen. Derartige Steuerbescheide können auch nach Ablauf der planmäßigen Festsetzungsfrist innerhalb von drei Monaten nach Beendigung des Konkursverfahrens ergehen (§ 171 Abs. 13 AO).

l) Ablaufhemmung bis zum Eintritt der Zahlungsverjährung eines etwaigen Erstattungsanspruches (§ 171 Abs. 14 AO)

Ohne diese Vorschrift wäre es möglich, daß ein Steuerpflichtiger, der eine tatsächlich entstandene Steuer, die er aufgrund eines nichtigen Steuerbescheides an das FA bezahlt hat, innerhalb der fünfjährigen Zahlungsverjährungsfrist zurückfordern könnte, weil das FA wegen des Ablaufes der vierjährigen Festsetzungsfrist einen ordnungsgemäßen Bescheid nicht mehr erlassen könnte.

314

Beispiel:
Der Erblasser verstarb im Mai 02. Sein Erbe erhielt im Juli 02 den noch an den Erblasser gerichteten ESt-Bescheid 01 und bezahlte die festgesetzte Steuer. 07 verlangt der Erbe die Erstattung der ESt 01, da der Bescheid nichtig gewesen sei.
Die planmäßige Festsetzungsfrist für die ESt 01 endete mit Ablauf 06 (§§ 170 Abs. 2 Nr. 1, 169 Abs. 2 Nr. 2 AO). Die Zahlungsverjährung für den Erstattungsanspruch begann mit Ablauf 02 und endet mit Ablauf 07 (§§ 229 Abs. 1, 228 Satz 2 AO). Die Festsetzungsfrist läuft nicht ab, bevor nicht die Zahlungsverjährung eingetreten ist. Somit wird das FA in die Lage versetzt, noch einen ordnungsgemäßen ESt-Bescheid für 01 zu erlassen.

5. Wahrung der Festsetzungsfrist (§ 169 Abs. 1 Satz 3 AO)

Die Festsetzungsfrist ist gewahrt, wenn der Steuerbescheid den Bereich der Finanzbehörde vor Ablauf der Festsetzungsfrist verlassen hat. Auf den Zeitpunkt der tatsächlichen oder fiktiven (§ 122 Abs. 2 AO) Bekanntgabe kommt es nicht an. Bei öffentlicher Zustellung genügt es, daß der Steuerbescheid oder die Benachrichtigung nach § 15 Abs. 2 VwZG vor Ablauf der Festsetzungsfrist ausgehängt wird.

Beispiel:
Für die USt 01 endet die Festsetzungsfrist mit Ablauf des Jahres 06 (§§ 170 Abs. 2 Nr. 1, 169 Abs. 2 Nr. 2 AO). Am 30. 12. 06 wird ein nach § 173 Abs. 1 Nr. 1 AO geänderter Steuerbescheid zur Post gegeben, der dem Stpfl. am 2. 1. 07 zugeht.

Da der Steuerbescheid die Behörde vor Ablauf der Festsetzungsfrist verlassen hat, ist die Frist eingehalten (§ 169 Abs. 1 AO).

Die Frist ist nach § 169 Abs. 1 Nr. 1 AO auch dann gewahrt, wenn der Bescheid das FA vor Ablauf der Festsetzungsfrist verlassen, der Steuerpflichtige diesen aber nicht erhalten hat. In diesem Falle kann das FA den Bescheid noch einmal bekanntgeben (BStBl II 1990, 518).

VII. Festsetzungsverjährung für gesonderte Feststellungen (§ 181 AO)

1. Allgemeines

315 Auf gesonderte Feststellungen finden die Vorschriften über die Steuerfestsetzung (§§ 155–177 AO) entsprechende Anwendung (§ 181 Abs. 1 AO). Dies gilt auch für die Vorschriften über die Festsetzungsverjährung (§§ 169–171 AO). Nach Ablauf der für gesonderte Feststellungen geltenden „Feststellungsfrist" können Feststellungsbescheide nicht mehr erlassen, berichtigt, aufgehoben oder geändert werden. Soweit Steuerbescheiden gesonderte Feststellungen zugrunde zu legen sind (§§ 157 Abs. 2, 182 Abs. 1 AO), sind unabhängig voneinander stets die Feststellungsfrist und die Festsetzungsfrist zu prüfen.

2. Beginn der Feststellungsverjährung

Die Feststellungsfrist beginnt regelmäßig mit Ablauf des Kalenderjahres zu laufen, in dem der durch den Folgebescheid festzusetzende Steueranspruch entstanden ist (§§ 181 Abs. 1, 170 Abs. 1 AO). Die Frist für die gesonderte Feststellung von Einkünften beginnt mit Ablauf des Kalenderjahres, für das die Einkunftsfeststellung durchzuführen ist, also mit Ablauf des Veranlagungszeitraumes (§ 36 Abs. 1 EStG). Die Feststel-

Festsetzungsverfahrung für gesonderte Feststellungen 259

lungsfrist für Einheitswertbescheide beginnt mit Ablauf des Kalenderjahres, auf dessen Beginn der Einheitswert festzustellen ist (§ 181 Abs. 3 Satz 1 AO).

3. Anlaufhemmung

Gesonderte Feststellungen erfolgen im allgemeinen aufgrund entsprechender Erklärungen des Steuerpflichtigen (§ 181 Abs. 2 AO). Diese Erklärungen haben hier für die Anlaufhemmung die Bedeutung von Steuererklärungen (§ 181 Abs. 1 Satz 2 AO). 316

a) Anlaufhemmung bei gesonderten Feststellungen von Einkünften

Bei Einkunftsfeststellungsbescheiden beginnt die Feststellungsfrist aufgrund der Anlaufhemmung des § 170 Abs. 2 Nr. 1 AO mit Ablauf des Kalenderjahres, in dem die Erklärung abgegeben wird, spätestens mit Ablauf des dritten auf das Entstehungsjahr folgenden Kalenderjahres.

Beispiel:
Eine KG reicht die Erklärung zur Feststellung der Einkünfte aus Gewerbebetrieb für das Jahr 01 im Jahre 02 ein. – Die Feststellungsfrist beginnt mit Ablauf des Jahres 02 (§§ 181 Abs. 1, 170 Abs. 2 Nr. 1 AO).

b) Anlaufhemmung bei Einheitswertbescheiden

Für Einheitswertbescheide beginnt die Feststellungsfrist mit Ablauf des Jahres der Erklärungsabgabe, spätestens jedoch mit Ablauf des dritten Kalenderjahres, das auf das Kalenderjahr folgt, auf dessen Beginn der Einheitswert festzustellen ist (§ 181 Abs. 3 Satz 2 AO). 317

Beispiel:
Ein Unternehmer reicht die Erklärung für die Hauptfeststellung des Einheitswertes des Betriebsvermögens auf den 1. 1. 01 im Jahre 05 ein.
Die Feststellungsfrist beginnt mit Ablauf des Jahres 04 zu laufen (§ 181 Abs. 3 Satz 2 AO).

Beginnt die Feststellungsfrist für eine Hauptfeststellung infolge der Anlaufhemmung nach § 181 Abs. 3 Satz 2 AO verspätet zu laufen, so wird auch der Beginn der Feststellungsfrist für Fortschreibungen um ebenso viele Jahre hinausgeschoben (§ 181 Abs. 3 Satz 3 AO).

Beispiel:
Im obigen Fall wird der Unternehmer im Jahre 05 vom FA aufgefordert, eine Erklärung zur Feststellung des Einheitswertes des Betriebsvermögens auf den 1. 1. 03 abzugeben. Noch im Jahre 05 leistet der Unternehmer dieser Aufforderung Folge.

Durch die verspätete Abgabe der Erklärung auf den Hauptfeststellungszeitpunkt wurde der Beginn der Feststellungsfrist um drei Jahre hinausgeschoben. Infolgedessen verschiebt sich auch der Beginn der Feststellungsfrist für die Fortschreibung auf den 1. 1. 03 um drei Jahre (§ 181 Abs. 3 Satz 3 AO). Die Feststellungsfrist beginnt mit Ablauf des Jahres 06 zu laufen. – Für Nachfeststellungen (§ 24 BewG) gilt Entsprechendes.

4. Dauer der Feststellungsfrist

318 Die Feststellungsfrist beträgt regelmäßig vier Jahre, soweit eine gesonderte Feststellung zu einer leichtfertigen Steuerverkürzung (§ 378 AO) bzw. einer Steuerhinterziehung (§ 370 AO) geführt hat, verlängert sich die Feststellungsfrist auf 5 bzw. 10 Jahre (§§ 181 Abs. 1, 169 Abs. 2 AO).

5. Ablaufhemmung

319 Der Ablauf der Feststellungsfrist kann durch die in § 171 AO dargelegten Ereignisse hinausgeschoben werden (§ 181 Abs. 1 AO; vgl. Rdnr. 304 ff.). Darüber hinaus enthält § 181 Abs. 5 AO einen zusätzlichen Fall der Ablaufhemmung. Eine gesonderte Feststellung kann immer so lange ergehen, als die Festsetzungsfrist für eine von dieser Feststellung abhängigen Steuer noch läuft (§ 181 Abs. 5 AO).

Beispiel:

Ein Arzt gibt die Erklärung für die gesonderte Feststellung seiner Einkünfte aus freiberuflicher Tätigkeit für 01 im Jahre 02 beim „Tätigkeitsfinanzamt" Fürth ab. Im Jahre 03 reicht er seine Einkommensteuererklärung für das Jahr 01 beim Wohnsitzfinanzamt Erlangen ein.
Die Festsetzungsfrist für die ESt 01 endet mit Ablauf des Jahres 07 (§§ 170 Abs. 2 Nr. 1, 169 Abs. 2 Nr. 2 AO). Die planmäßige Feststellungsfrist für die gesonderte Feststellung nach § 180 Abs. 1 Nr. 2b AO endet mit Ablauf des Jahres 06 (§§ 181 Abs. 1, 170 Abs. 2 Nr. 1, 169 Abs. 2 Nr. 2 AO). Da die ESt 01 noch nicht verjährt ist, tritt die Ablaufhemmung nach § 181 Abs. 5 AO ein. Die gesonderte Feststellung der Einkünfte aus freiberuflicher Tätigkeit kann bis zum Ablauf des Jahres 07 durchgeführt werden. Im Feststellungsbescheid ist darauf hinzuweisen, daß er noch ergehen konnte, weil die Festsetzungsfrist für die ESt 01 noch nicht abgelaufen war (§ 181 Abs. 5 Satz 2 AO).

6. Verhältnis von Feststellungsverjährung zur Festsetzungsverjährung

320 Aus § 181 Abs. 5 AO ergibt sich, daß Feststellungen ergehen können, solange die Festsetzungsfrist für eine Folgesteuer noch nicht abgelaufen ist. § 171 Abs. 10 AO bewirkt, daß Folgebescheide erlassen werden kön-

Festsetzungsverfahrung für gesonderte Feststellungen 261

nen, solange die Feststellungsfrist für den Grundlagenbescheid noch nicht abgelaufen ist. Infolgedessen erlöschen Steueransprüche, die auf einer gesonderten Feststellung beruhen, erst, wenn sowohl die Feststellungsfrist als auch die Festsetzungsfrist abgelaufen sind.

Beispiel:
Eine OHG gibt die Erklärung zur einheitlichen Feststellung ihrer Einkünfte für 01 im Jahre 02 ab. Die Gesellschafter reichen ihre Einkommensteuererklärungen für das Jahr 01 Anfang 03 beim FA ein. Im Rahmen einer Außenprüfung bei einem Gesellschafter für die Jahre 01 bis 04 stellt der Prüfer im November 07 fest, daß dieser bestimmte Sonderbetriebsausgaben versehentlich nie geltend machte. Der Gesellschafter beantragt daraufhin im Jahre 08, den Gewinnfeststellungsbescheid 01 wegen derartiger Sonderbetriebsausgaben gemäß § 173 Abs. 1 Nr. 2 AO zu seinen Gunsten zu ändern.
Die Feststellungsfrist für die Gewinnfeststellung 01 (§§ 180 Abs. 1 Nr. 2a, 179 Abs. 2 Satz 2 AO; BStBl II 1994, 377) endet mit Ablauf des Jahres 06 (§§ 181 Abs. 1, 170 Abs. 2 Nr. 1, 169 Abs. 2 Nr. 2 AO). Der Ablauf der Feststellungsfrist ist nach § 181 Abs. 5 AO nicht mehr gehemmt. Denn die Festsetzungsfrist für die Einkommensteuer 01 endet mit Ablauf des Jahres 07 (§§ 170 Abs. 2 Nr. 1, 169 Abs. 2 Nr. 2 AO; BStBl II 1994, 377). Beachte, daß im Rahmen der Errechnung des Verjährungszeitpunktes für den Einkommensteueranspruch 01 hier nach § 181 Abs. 5 AO die Ablaufhemmung des § 171 Abs. 10 AO außer Betracht bleibt. – Der Antrag des Gesellschafters kann also keinen Erfolg haben, weil nach Ablauf des Jahres 07 die Feststellungsfrist für die Gewinnfeststellung 01 und die Festsetzungsfrist für die Einkommensteuer 01 abgelaufen sind.

Bei **einheitlichen** Feststellungsbescheiden ist Voraussetzung für die Ablaufhemmung nach § 181 Abs. 5 AO, daß die Steuerfestsetzungsfrist noch bei keinem Feststellungsbeteiligten abgelaufen ist (BStBl II 1994, 381; str.). Dies gilt nicht nur für den erstmaligen Erlaß, sondern ebenso für Korrekturen von einheitlichen Feststellungsbescheiden. Denn durch **einheitliche** Feststellungen soll sichergestellt werden, daß die festgestellten Besteuerungsgrundlagen für **alle** Feststellungsbeteiligten gelten.

Beispiel:
Für eine KG wird die Erklärung zur Feststellung der Einkünfte für 01 im Jahre 02 abgegeben. Auch die Gesellschafter A und B reichen ihre Einkommensteuererklärungen 01 im Jahre 02 ein, die Gesellschafter R und S jedoch erst im Jahre 03. Dem FA werden im Jahre 07 Tatsachen bekannt, die eine Erhöhung des Gewinns der KG für das Jahr 01 rechtfertigen.
Die Feststellungsfrist für die Gewinnfeststellung 01 (§§ 180 Abs. 1 Nr. 2a, 179 Abs. 2 Satz 2 AO) endet mit Ablauf des Jahres 06 (§§ 181 Abs. 1, 170 Abs. 2 Nr. 1, 169 Abs. 2 Nr. 2 AO). Da auch für die Einkommensteuer der Gesellschafter A und B Festsetzungsverjährung mit Ablauf des Jahres 06 eintrat

(§§ 170 Abs. 2 Nr. 1, 169 Abs. 2 Nr. 2 AO), ist § 181 Abs. 5 AO nicht anwendbar. Eine Änderung des Feststellungsbescheides 01 ist nicht mehr zulässig (§§ 181 Abs. 1, 169 Abs. 1 Satz 1 AO).

VIII. Festsetzungsverjährung für Steuermeßbescheide

321 Auf Grund- und Gewerbesteuermeßbescheide finden die Vorschriften über die Steuerfestsetzung (§§ 155–177 AO) entsprechende Anwendung (§ 184 Abs. 1 Satz 3 AO). Also sind auch die Vorschriften über die Festsetzungsverjährung (§§ 169–171 AO) auf Steuermeßbescheide anwendbar.

Beispiel:
Entsprechend der im Jahre 02 abgegebenen Erklärung wurde ein Gewerbesteuermeßbetrag für 01 nicht festgesetzt. Im Jahre 07 wurden durch Kontrollmitteilung für 01 erhebliche nicht verbuchte Einnahmen festgestellt.
Die planmäßige Festsetzungsfrist für den Gewerbesteuermeßbescheid 01 endet mit Ablauf des Jahres 06 (§§ 184 Abs. 1 Satz 3, 170 Abs. 2 Nr. 1, 169 Abs. 2 Nr. 2 AO). Daher kann im Jahre 07 ein Steuermeßbetrag nicht mehr festgesetzt werden (§§ 184 Abs. 1 Satz 3, 169 Abs. 1 Satz 1 AO). – Liegt jedoch eine Steuerhinterziehung (§ 370 AO) vor, so kann bis zum Ablauf des Jahres 12 ein Gewerbesteuermeßbetrag festgesetzt werden (§§ 184 Abs. 1 Satz 3, 169 Abs. 2 Satz 2 AO). Über § 171 Abs. 10 AO ist die Gewerbesteuer festzusetzen.

IX. Festsetzungsverjährung für steuerliche Nebenleistungen

1. Festsetzungsverjährung für Zinsen (§ 239 AO)

322 Auf Zinsen finden die Vorschriften für die Steuerfestsetzung (§§ 155–177 AO) entsprechende Anwendung. Also gelten auch die Vorschriften für die Festsetzungsverjährung (§§ 169–171 AO), allerdings mit den Besonderheiten, daß die Verjährungsfrist ein Jahr beträgt und der Beginn der Festsetzungsfrist für die einzelnen Zinsarten verschieden geregelt ist (§ 239 Abs. 1 AO).

Beispiel:
Die Einkommensteuerabschlußzahlung 01 wird vom 1. 4. 03 bis 1. 2. 04 gestundet. – Die Festsetzungsfrist für die Stundungszinsen (§ 234 AO) beginnt mit Ablauf des Jahres 04 und endet mit Ablauf des Jahres 05 (§ 239 Abs. 1 Satz 1 und 2 Nr. 2 AO).

Zahlungsverjährung von Ansprüchen aus dem Steuerschuldverhältnis

2. Festsetzungsverjährung für Vollstreckungskosten (§ 346 Abs. 2 AO)
Die Frist für den Ansatz von Vollstreckungskosten beträgt ein Jahr und beginnt mit Ablauf des Entstehungsjahres.

3. Festsetzungsverjährung bei Zwangsgeldern
Die AO enthält keine Festsetzungsfrist für Zwangsgelder. Dies erübrigt sich auch. Denn läßt das FA nach dem in der Androhung gesetzten Termin eine unangemessen lange Frist verstreichen, so ist die Festsetzung des Zwangsgeldes verwirkt.

Beispiel:
Ein Stpfl. wird am 15. Mai unter Androhung eines Zwangsgeldes von 100 DM aufgefordert, bis zum 15. Juli eine Steuererklärung abzugeben. Die Erklärung geht beim FA nicht ein. Das FA kann das angedrohte Zwangsgeld nicht mehr im Oktober festsetzen. Es hat durch unverhältnismäßig langes Abwarten auf die Festsetzung des Zwangsgeldes verzichtet. – Es kann jedoch durch Androhung ein neues Zwangsverfahren eingeleitet werden.

323

4. Festsetzungsverjährung bei Verspätungszuschlägen
Eine ausdrückliche Regelung über die Festsetzungsverjährung von Verspätungszuschlägen ist in der AO nicht enthalten. Die Höhe der Verspätungszuschläge ist eng an die Höhe des Steueranspruches geknüpft (§ 152 Abs. 2 AO). Der Verspätungszuschlag soll mit der Steuer festgesetzt werden (§ 152 Abs. 3 AO). Daher liegt es nahe, daß die Festsetzung eines Verspätungszuschlags nur zulässig ist, solange die Festsetzungsfrist für die zugrunde liegende Steuer noch nicht abgelaufen ist (AEAO, Tz 3 zu § 152).

324

5. Keine Festsetzungsverjährung für Säumniszuschläge
Säumniszuschläge werden kraft Gesetzes fällig; einer Festsetzung durch Verwaltungsakt bedarf es nicht (§ 218 Abs. 1 2. Halbsatz AO). Säumniszuschläge unterliegen daher nicht der Festsetzungsverjährung, sondern nur der Zahlungsverjährung.

X. Zahlungsverjährung von Ansprüchen aus dem Steuerschuldverhältnis (§§ 228–232 AO)

1. Vorbemerkung
Festgesetzte Ansprüche aus dem Steuerschuldverhältnis (§ 37 Abs. 1 AO) erlöschen durch Zahlungsverjährung, wenn sich der Gläubiger des An-

325

spruches fünf Jahre lang nicht um Begleichung der festgesetzten Schuld bemüht (§§ 47, 228, 232 AO).

2. Beginn der Zahlungsverjährungsfrist (§ 229 AO)

Der Lauf der Frist für die Zahlungsverjährung beginnt regelmäßig mit Ablauf des Kalenderjahres, in dem der Anspruch erstmals fällig geworden ist (vgl. Rdnr. 250).

Beispiel:
Ein Lohnsteuerpflichtiger wird für das Jahr 01 zur ESt veranlagt (§ 46 EStG). Der Einkommensteuerbescheid 01 wurde im September 02 bekanntgegeben.
1. Die Abrechnung auf dem ESt-Bescheid ergibt, daß der Stpfl. am 20. Oktober 02 eine Abschlußzahlung zu leisten hat (§ 36 Abs. 4 Satz 1 EStG). – Die Fünf-Jahres-Frist für die Zahlungsverjährung beginnt mit Ablauf des Jahres 02 zu laufen und endet mit Ablauf des Jahres 07. Der Anspruch des FA auf die Abschlußzahlung ist erloschen, wenn der Stpfl. bis zu diesem Zeitpunkt nicht gezahlt hat.
2. Die Abrechnung auf dem ESt-Bescheid 01 ergibt einen Überschuß zugunsten des Stpfl., der mit Bekanntgabe des Steuerbescheides im September 02 fällig wird (§ 36 Abs. 4 Satz 2 EStG). – Auch hier beginnt die Verjährung mit Ablauf des Jahres 02 und endet mit Ablauf des Jahres 07. Der Anspruch des Stpfl. auf Erstattung (vgl. § 37 Abs. 2 AO) der zu viel gezahlten ESt 01 erlischt also, wenn das FA bis zum Ablauf des Jahres 07 – etwa aufgrund eines Versehens – den Erstattungsbetrag nicht ausgezahlt hat.

3. Vorverlegung des Beginns (§ 229 Abs. 2 AO)

326 Auch wenn ein Haftungsbescheid (§§ 191 Abs. 1, 219 AO) ohne Zahlungsaufforderung ergeht, beginnt die Frist für die Zahlungsverjährung ausnahmsweise schon mit Ablauf des Jahres zu laufen, in dem der Haftungsbescheid durch Bekanntgabe wirksam wurde (§§ 229 Abs. 2, 124 Abs. 1 Satz 1 AO).

Beispiel:
Das FA gibt drei Gesellschaften einer OHG im Mai 02 durch Haftungsbescheid bekannt, daß sie wegen der rückständigen USt 01 in Höhe von 30 000 DM der OHG in Anspruch genommen würden (§ 191 Abs. 1 AO i. V. m. § 128 HGB). Im Februar 08 wird jedem der Gesellschafter die Zahlungsaufforderung (§ 219 AO) bekanntgegeben: Die Vollstreckung der Steuerschuld gegen die OHG sei aussichtslos; spätestens am 1. 4. 08 sei die Haftungsschuld von 10 000 DM an die Finanzkasse zu entrichten.
Die Frist für die Zahlungsverjährung beginnt mit Ablauf des Jahres 02 und endet mit Ablauf des Jahres 07 (§ 229 Abs. 2 AO). Die Haftungsansprüche waren daher im Februar 08 bereits erloschen.

4. Anlaufhemmung (§ 229 Abs. 1 Satz 2 AO)

Bestimmte Ansprüche aus dem Steuerschuldverhältnis werden fällig, 327
ohne daß eine Festsetzung und Fälligstellung durch Verwaltungsakt erforderlich ist. So ergibt sich beispielsweise unmittelbar aus § 41a Abs. 1 Nr. 2 EStG, daß der Arbeitgeber spätestens am 10. Tag des Folgemonats die einbehaltene Lohnsteuer an das FA abzuführen hat. § 18 Abs. 1 UStG ist zu entnehmen, daß der Unternehmer binnen zehn Tagen nach Ablauf jedes Kalendermonats Umsatzsteuervorauszahlungen zu entrichten hat. Kommt der Arbeitgeber bzw. Unternehmer der sich unmittelbar aus dem Gesetz ergebenden Zahlungsverpflichtung nicht nach und wird auch die gesetzlich vorgeschriebene Steueranmeldung (§ 167 AO i. V. m. § 41a Abs. 1 Nr. 1 EStG bzw. § 18 Abs. 1 UStG) beim FA nicht eingereicht, so beginnt die Frist für die Zahlungsverjährung erst mit Ablauf des Kalenderjahres zu laufen, in dem die Anmeldungen beim FA eingehen oder Steuerfestsetzungen des FA durch Bekanntgabe wirksam werden (§ 229 Abs. 1 Satz 2 AO). Durch diese Anlaufhemmung soll verhindert werden, daß die Frist für die Zahlungsverjährung läuft, bevor das FA die Höhe der Steuerschuld kennt und Vollstreckungsmaßnahmen einleiten kann.

Beispiel:

Die Lohnsteueranmeldung für November 01 geht erst im Januar 02 beim FA ein. – Die Frist für die Zahlungsverjährung beginnt erst mit Ablauf des Jahres 02 zu laufen und endet mit Ablauf des Jahres 07.

Diese Anlaufhemmung tritt auch insoweit ein, als das FA kraft Gesetzes fällige und angemeldete Steuern abweichend von der Anmeldung festsetzt oder der Steuerpflichtige später geänderte Anmeldungen einreicht.

Beispiele:

1. Ein Unternehmer reicht für Juli 01 USt-Voranmeldung über 15 000 DM im August 01 beim FA ein. Im Februar 02 gibt er eine geänderte auf 20 000 DM lautende Voranmeldung für Juli 01 ab.

Für den Anspruch in Höhe von 15 000 DM beginnt die Frist für die Zahlungsverjährung mit Ablauf des Jahres 01 und endet mit Ablauf des Jahres 06 (§ 229 Abs. 1 Satz 1 AO). Die Nachmeldung der 5 000 DM führt gemäß §§ 168 Satz 1, 164 Abs. 2 Satz 1 AO zu einer Erhöhung der für Juli 01 zu entrichtenden Vorauszahlung. Für den nachgemeldeten Anspruch beginnt die Frist für die Zahlungsverjährung mit Ablauf des Jahres 02 und endet mit Ablauf des Jahres 07 (§ 229 Abs. 1 Satz 2 AO).

2. Ein Unternehmer reicht die Umsatzsteuererklärung für 01 im Mai 02 beim FA ein. Er hat in dieser Steueranmeldung (§ 18 Abs. 3 UStG) eine nachzuentrichtende Steuer von 10 000 DM errechnet. Im Januar 03 ändert das FA die

Steuerfestsetzung gemäß §§ 168 Satz 1, 164 Abs. 2 Satz 2 AO von 10 000 DM auf 12 000 DM.

Für den Anspruch in Höhe von 10 000 DM beginnt die Frist für die Zahlungsverjährung mit Ablauf des Jahres 02 und endet mit Ablauf des Jahres 07. Für die vom FA nachgeforderten 2 000 DM beginnt die Frist für die Zahlungsverjährung mit Ablauf des Jahres 03 und endet mit Ablauf des Jahres 08 (§ 229 Abs. 1 Satz 2 AO).

5. Dauer der Zahlungsverjährung (§ 228 Satz 2 AO)

328 Die Frist für die Zahlungsverjährung beträgt für alle Ansprüche aus dem Steuerschuldverhältnis (§ 37 Abs. 1 AO) – also auch für steuerliche Nebenleistungen (§ 3 Abs. 3 AO) – einheitlich 5 Jahre. Diese Frist gilt auch für hinterzogene (§ 370 AO) oder leichtfertig verkürzte Steuern (§ 378 AO).

Da nach § 232 AO jedoch gleichzeitig mit dem Steueranspruch auch der von ihm abhängige Zinsanspruch erlischt, führt dies bisweilen zu einer Abkürzung der Verjährungsfrist für Zinsen.

Beispiel:
Ende Juni 02 wird einem Lehrer der Einkommensteuerbescheid für 01 bekanntgegeben. Es ist eine Abschlußzahlung von 3 000 DM spätestens bis zum 1. 8. 02 zu entrichten. Der Lehrer legt Einspruch ein (§ 348 Abs. 1 Nr. 1 AO); antragsgemäß wird die Vollziehung des Einkommensteuerbescheides in Höhe von 1 000 DM mit Wirkung ab 1. 8. 02 ausgesetzt. Der Einspruch wird als unbegründet zurückgewiesen. Der Lehrer wird aufgefordert, den Rest der Abschlußzahlung in Höhe von 1 000 DM bis zum 1. 6. 03 zu zahlen. Im Mai 04 erhält der Lehrer einen auf die §§ 237, 238 AO gestützten Zinsbescheid über 50 DM (10 × 0,5 % von 1 000 DM), die spätestens am 1. 7. 04 zu entrichten sind.
Der Zinsbescheid erging vor Ablauf der einjährigen Festsetzungsfrist (§ 239 Abs. 1 Satz 1, Satz 2 Nr. 4 AO). Die Frist für die Zahlungsverjährung beginnt mit Ablauf des Jahres 04 und endet planmäßig mit Ablauf des Jahres 09 (§ 229 Abs. 1 Satz 1 AO), soweit sich nicht aus § 232 ein früherer Erlöschungszeitpunkt ergibt. Die Frist für die Zahlungsverjährung der zugrunde liegenden Einkommensteuerabschlußzahlung 01 von 1 000 DM beginnt mit Ablauf des Jahres 02, wurde jedoch durch die Aussetzung der Vollziehung unterbrochen (§ 231 Abs. 2 AO – vgl. Rdnr. 329). Mit Ablauf des Jahres 03, in dem die Aussetzung der Vollziehung endet, beginnt eine neue Verjährungsfrist zu laufen, die mit Ablauf des Jahres 08 endet (§ 231 Abs. 2 und 3 AO). Da hier der Steueranspruch, von dem die Zinsen abhängen, mit Ablauf des Jahres 08 erlischt, erlöschen auch die abhängenden Zinsen bereits zu diesem Zeitpunkt.

6. Unterbrechung (§ 231 AO)

Der Ablauf der planmäßigen Verjährungsfrist von 5 Jahren soll jedoch nur dann zum Erlöschen von Ansprüchen aus dem Steuerschuldverhältnis führen, wenn der Gläubiger während dieser Frist nichts zur Verfolgung eines Zahlungsanspruches unternimmt und der Schuldner daher nicht mehr mit einer Geltendmachung des Anspruchs rechnen muß. Wenn aber der Steuerpflichtige aufgrund einer schriftlichen Anmahnung seines Erstattungs- oder Vergütungsanspruches oder das FA durch bestimmte Verwaltungsakte bzw. Amtshandlungen erkennen läßt, daß der Zahlungsanspruch weiterhin verfolgt wird, tritt eine Unterbrechung ein, die eine neue Verjährungsfrist nach sich zieht.

a) Unterbrechungshandlungen (§ 231 Abs. 1 AO)

Die Unterbrechungshandlungen sind in § 231 Abs. 1 AO abschließend aufgezählt.

Zugunsten der Finanzbehörde kann der Lauf der Zahlungsverjährung durch folgende Verwaltungsakte bzw. Maßnahmen unterbrochen werden:

- schriftliche Geltendmachung des Anspruches etwa durch Zahlungsaufforderung auf einem Steuerbescheid oder einem Kontoauszug;
- schriftliche Mahnung oder Postnachnahme;
- Zahlungsaufschub (§ 223 AO);
- Stundung (§ 222 AO);
- Aussetzung der Vollziehung (§ 361 AO);
- Leistung einer Sicherheit seitens des Steuerpflichtigen (§§ 241–248 AO);
- Vollstreckungsaufschub (§ 258 AO), soweit die Maßnahme dem Vollstreckungsschuldner mitgeteilt wird (BStBl II 1991, 742);
- Vollstreckungsmaßnahmen, also Handlungen, die der zwangsweisen Durchsetzung des Anspruches aus dem Steuerschuldverhältnis dienen, etwa Sachpfändungen (§§ 281 Abs. 1, 286 AO), Versteigerung von Pfandsachen (§ 296 AO), Forderungspfändungen (§ 309 AO) oder Antrag auf Eintragung einer Zwangshypothek (§ 322 AO);
- Anmeldung im Konkurs (§ 251 Abs. 3 AO);
- Ermittlungen nach dem Wohnsitz oder dem Aufenthaltsort des Zahlungspflichtigen, soweit sie geboten erscheinen (BStBl II 1993, 220).

Der Stpfl. kann den Lauf der Verjährungsfrist hinsichtlich eines festgesetzten Erstattungs- oder Vergütungsanspruches durch schriftliche Geltendmachung seines Anspruches unterbrechen.

b) Wahrung der Zahlungsverjährungsfrist (§ 231 Abs. 1 Satz 2 AO)

330 Das FA kann eine Unterbrechung so lange herbeiführen, wie die Frist für die Zahlungsverjährung noch nicht abgelaufen ist. Es kann eine Unterbrechung noch am letzten Tag dieser Frist vornehmen. Denn es reicht aus, wenn der die Verjährung unterbrechende Verwaltungsakt oder Schriftsatz vor Ablauf der Fünf-Jahres-Frist den Bereich der für die Einziehung zuständigen Behörde verlassen hat (§§ 231 Abs. 1 Satz 2, 169 Abs. 1 Satz 3 AO).

Beispiel:
Der Einkommensteuerbescheid 01, der dem Stpfl. am 15. 10. 02 bekanntgegeben wird, enthält eine Aufforderung, die Abschlußzahlung von 400 DM spätestens bis zum 15. 11. 02 an die Finanzkasse zu entrichten. Der Betrag wird niedergeschlagen (§ 261 AO). Am 31. 12. 07 ergibt eine Überprüfung, daß für diesen Anspruch die Gefahr der Verjährung besteht.
Das FA kann noch am 31. 12. eine schriftliche Mahnung an den Stpfl. versenden oder – bei Unkenntnis der Anschrift – das Einwohnermeldeamt zum Zwecke der Wohnsitzermittlung anschreiben (§§ 231 Abs. 1 Satz 2, 169 Abs. 1 Satz 3 AO).

c) Dauer der Unterbrechungshandlungen (§ 231 Abs. 2 AO)

331 Fast alle Unterbrechungshandlungen sind Dauerverwaltungsakte. Sie begründen Rechtswirkungen über einen bestimmten oder bestimmbaren Zeitraum hinweg. Die Unterbrechung der Verjährung dauert daher fort, solange das Dauerrechtsverhältnis wirkt (§ 231 Abs. 2 AO).
So dauert die Unterbrechung der Verjährung durch Stundung (§ 222 AO), Aussetzung der Vollziehung (§ 361 AO) oder Vollstreckungsaufschub (§ 258 AO) fort, bis diese Maßnahmen auslaufen (§ 231 Abs. 2 Satz 1 AO).

Beispiel:
Die am 1. 10. 02 fällige Einkommensteuerabschlußzahlung 01 wird bis 1. 2. 03 gestundet.
Die planmäßige Verjährungsfrist beginnt mit Ablauf des Jahres 02. Durch die **Stundung** wird die Zahlungsverjährung bis 1. Februar 03 unterbrochen.

Ebenso dauert die Unterbrechung so lange an, bis eine **Sicherheitsleistung** oder ein durch eine Vollstreckungsmaßnahme erlangtes **Recht auf vorzugsweise Befriedigung,** wie etwa ein Pfändungspfandrecht oder eine Zwangshypothek, erloschen ist (§ 231 Abs. 2 Satz 1 AO).
Schließlich unterbricht die Anmeldung eines Anspruchs aus dem Steuerschuldverhältnis im **Konkurs** (vgl. § 351 Abs. 3 AO) so lange, bis das Konkursverfahren beendet worden ist (§ 231 Abs. 2 Satz 1 AO).

Zahlungsverjährung von Ansprüchen aus dem Steuerschuldverhältnis 269

Macht der Stpfl. sein Recht auf Auszahlung eines von der Finanzbehörde festgesetzten Erstattungs- oder Vergütungsanspruches schriftlich geltend und besteht Streit darüber, ob der Betrag an den Stpfl. schon ausgezahlt wurde, so endet die zugunsten des Stpfl. eingetretene Unterbrechung nicht, bevor der diesen Streit entscheidende Verwaltungsakt nach § 218 Abs. 2 AO („Abrechnungsbescheid") bestandskräftig geworden ist (§ 231 Abs. 2 Satz 2 AO).

d) Wirkung der Unterbrechung (§ 231 Abs. 3 AO)

Wird der Lauf der Verjährungsfrist unterbrochen, so beginnt mit Ablauf des Kalenderjahres, in dem die Unterbrechung endet, eine neue volle Verjährungsfrist zu laufen. Auch wenn der Lauf der Verjährungsfrist einmal oder mehrfach durch Unterbrechungshandlungen „ab"gebrochen wurde, endet die Verjährungsfrist also stets mit dem Ablauf eines Kalenderjahres.

Beispiel:
Der Einkommensteuerbescheid 01, der einem Kaufmann am 15. 10. 02 bekanntgegeben wird, enthält eine Aufforderung, die Abschlußzahlung von 10 000 DM spätestens bis zum 15. 11. 02 an die Finanzkasse zu entrichten. Auf Antrag wird dem Kaufmann bis zum 15. 1. 03 Vollstreckungsaufschub (§ 258 AO) gewährt.
Die planmäßige Verjährung beginnt mit Ablauf des Jahres 02 (§ 229 Abs. 1 Satz 1 AO). Die vom 1. 12. 02 bis 15. 1. 03 fortdauernde Unterbrechung bewirkt, daß mit Ablauf des Jahres 03 eine neue Verjährungsfrist zu laufen beginnt (§§ 231 Abs. 1, 2 und 3, 228 Satz 2 AO). Die Zahlungsverjährung tritt mit Ablauf des Jahres 08 ein.

e) Umfang derUnterbrechungswirkung (§ 231 Abs. 4 AO)

Der Lauf der Verjährungsfrist wird nur in Höhe des Betrages unterbrochen, auf den sich die Unterbrechungshandlung bezieht (§ 231 Abs. 4 AO).

Beispiel:
Der Einkommensteuerbescheid 01 wird einem Gastwirt am 15. 3. 03 bekanntgegeben. Aufgrund der Zahlungsaufforderung ist die Abschlußzahlung (§ 36 Abs. 4 Satz 1 EStG) von 6 000 DM bis zum 20. 4. 03 an die Finanzkasse zu entrichten. Der Gastwirt legt fristgerecht Einspruch ein und beantragt, die Vollziehung in Höhe von 3 000 DM gemäß § 361 AO auszusetzen. Das FA gewährt Aussetzung der Vollziehung für 1 000 DM bis einen Monat nach Bekanntgabe der Einspruchsentscheidung. Die Einspruchsentscheidung wird am 15. 12. 03 bekanntgegeben.

270   L. Erlöschen von Ansprüchen aus dem Steuerschuldverhältnis

Die planmäßige Verjährungsfrist für die Einkommensteuerabschlußzahlung beginnt mit Ablauf des Jahres 03 und endet mit Ablauf des Jahres 08 (§§ 229 Abs. 1 Satz 1, 228 Satz 2 AO). Die bis einschließlich 15. 1. 04 andauernde Unterbrechungshandlung unterbricht die Zahlungsverjährung nur in Höhe von 1 000 DM (§ 231 AO). Daher erlischt der Anspruch in Höhe von 5 000 DM mit Ablauf des Jahres 08 und in Höhe von 1 000 DM mit Ablauf des Jahres 09.

Dieses Beispiel zeigt, daß die Zahlungsverjährung für einen Anspruch zu verschiedenen Zeitpunkten eintreten kann, was folgender Fall verdeutlichen soll:

Beispiel:
Ein Lebensmittelhändler muß seinen Laden zum 31. 12. 01 schließen. Das FA stundet (§ 222 AO) die zum 10. 10. 02 fällige ESt-Abschlußzahlung in Höhe von 4 000 DM in der Weise, daß sie in vier gleichen Jahresraten von 1 000 DM jeweils zum 1. 7. 03, 1. 7. 04, 1. 7. 05 und zum 1. 7. 06 fällig wird.
Die planmäßige Zahlungsverjährung würde mit Ablauf des Jahres 07 eintreten (§§ 229 Abs. 1 Satz 1, 228 Satz 2 AO). Die Stundung bewirkt eine Unterbrechung. In Höhe eines Betrages von je 1 000 DM tritt die Zahlungsverjährung mit Ablauf des Jahres 08, 09, 10 und 11 ein (§ 231 AO).

Zu beachten ist ferner, daß die Unterbrechung nur gegenüber der Person eintritt, gegen die die Unterbrechungshandlung gerichtet ist.

Beispiel:
Ein Ehepaar, das seinen Unterhalt durch Verlosungen auf Jahrmärkten verdient, erhielt die Aufforderung, die Einkommensteuerschuld in Höhe von 2 000 DM bis zum 10. 2. 01 an das FA zu zahlen. Im März 03 wird dem FA bekannt, daß sich die Ehegatten im Jahre 02 getrennt haben und „unbekannt" verzogen sind. Im Oktober 03 bemüht sich das FA durch ein Schreiben an das Einwohnermeldeamt, den Wohnsitz des Ehemannes zu ermitteln.
Die Zahlungsverjährung tritt gegenüber der Ehefrau planmäßig mit Ablauf des Jahres 06 ein (§§ 229 Abs. 1 Satz 1, 228 Satz 1, 232 AO). Obwohl die Ehegatten Gesamtschuldner sind (§§ 26b EStG, 44 Abs. 1 AO), wirkt die Unterbrechung nur gegenüber dem Ehemann. Hier tritt die Zahlungsverjährung erst mit Ablauf des Jahres 08 ein (§ 231 AO).

7. Ablaufhemmung (§ 230 AO)

334 Solange ein Anspruch aus dem Steuerschuldverhältnis wegen höherer Gewalt innerhalb der letzten 6 Monate vor Ablauf der Fünf-Jahres-Frist nicht verfolgt werden kann, ist die Verjährung gehemmt (§ 230 AO). Hier wird der Zeitpunkt des Endes der planmäßigen Frist um den Zeitraum der Hemmung hinausgeschoben. Ausnahmsweise endet hier die Frist für die Zahlungsverjährung nicht mit Ablauf eines Kalenderjahres. Der Zeitraum der Ablaufhemmung kann höchstens 6 Monate betragen.

Beispiel:
Wegen Hochwasser bleibt das FA Passau im Dezember 01 für eine Woche geschlossen. – Für alle Ansprüche, die planmäßig mit Ablauf des Jahres 01 durch Zahlungsverjährung erlöschen würden, tritt die Verjährung erst mit Ablauf des 7. 1. 02 ein.

M. Haftung

I. Die Grundlagen

1. Begriff der Haftung

335 Haften bedeutet das **Einstehen für eine fremde Schuld**, im Steuerrecht also das Einstehen für eine fremde Steuerschuld.
Haften können sowohl eine Person als auch eine Sache. Haftet eine Person, so spricht man von einer **persönlichen Haftung**, haftet eine Sache, so spricht man von einer **dinglichen Haftung** oder **Sachhaftung**.
Eine persönliche Haftung kann in ihrer Höhe beschränkt sein. Man nennt sie in diesem Falle eine **beschränkt persönliche Haftung**.

2. Die Einteilung der Haftungsgründe

Im Hinblick auf das Haftungsverfahren sind folgende Haftungstatbestände zu unterscheiden:

a) gesetzliche Haftung (§ 191 Abs. 1 AO) unterteilt in:
  aa) persönliche Haftung,
  bb) dingliche Haftung,
b) vertragliche Haftung (§ 192 AO).

Bei der gesetzlichen Haftung ist zu unterscheiden zwischen Haftungstatbeständen, die sich aus

- Steuergesetzen,
- sonstigen Gesetzen (insbes. aus BGB und HGB)

ergeben.

II. Persönliche gesetzliche Haftung

1. Haftung steuerlicher Hilfspersonen (§§ 69 i. V. m. 34, 35 AO)

a) Haftungsschuldner

336 Als Haftungsschuldner kommen alle **steuerlichen Hilfspersonen** in Betracht. Dies sind die gesetzlichen Vertreter sowie diejenigen, die Steuer-

Persönliche gesetzliche Haftung 273

pflichtigen bei der Erfüllung ihrer steuerlichen Verpflichtungen behilflich sind.

Haftungsschuldner sind demnach insbesondere:

aa) Gesetzliche Vertreter natürlicher und juristischer Personen (§ 34 Abs. 1 AO)

Beispiele:
1. Die Eltern sind gesetzliche Vertreter ihrer Kinder (§ 1626 BGB).
2. Der Vormund ist gesetzlicher Vertreter seines Mündels (§ 1793 BGB).
3. Der Vorstand ist gesetzlicher Vertreter einer Aktiengesellschaft (§ 78 AktG).
4. Der Geschäftsführer ist gesetzlicher Vertreter einer GmbH (§ 36 GmbHG).

bb) Geschäftsführer nichtrechtsfähiger Personenvereinigungen und Vermögensmassen (§ 34 Abs. 1 AO)

Beispiele:
Geschäftsführer sind vertretungsberechtigte Mitglieder von Erbengemeinschaften und BGB-Gesellschaften, die Gesellschafter einer OHG (§ 125 Abs. 1 HGB) sowie die persönlich haftenden Gesellschafter einer KG (§§ 125 Abs. 1, 161 Abs. 2 HGB). Geschäftsführerin ist auch eine GmbH, wenn sie persönlich haftende Gesellschafterin einer GmbH & Co. KG ist. Der Geschäftsführer der Komplementär-GmbH ist ebenfalls neben der GmbH Vertreter der KG i. S. v. § 34 Abs. 1 AO (BStBl II 1984, 776). Weitere Beispiele in Rdnr. 90.

cc) Mitglieder nichtrechtsfähiger Personenvereinigungen, soweit letztere keine Vorstände haben (§ 34 Abs. 2 AO)

Beispiel:
Eine Erbengemeinschaft hat einen vertretungsberechtigten Gemeinschafter nicht bestimmt. Im Zweifel haben in diesem Falle alle Gemeinschafter für die steuerlichen Verpflichtungen der Gemeinschaft aufzukommen (§ 34 Abs. 2 AO) und sind somit steuerliche Hilfspersonen.

dd) Vermögensverwalter (§ 34 Abs. 3 AO)

Beispiele:
Konkursverwalter (§ 78 ff. KO), Zwangsverwalter (§ 150 ff. ZVG), Nachlaßverwalter (§ 1985 BGB), Testamentsvollstrecker (§ 2197 ff. BGB).

ee) Verfügungsberechtigte (§ 35 AO)

Verfügungsberechtigter i. S. v. § 35 AO ist jeder, der etwa durch Übertragung oder Belastung eines Wirtschaftsgutes, das einem anderen gehört, über dieses verfügen kann. Erforderlich ist allerdings darüber hinaus, daß der Verfügungsbefugte

- als solcher nach außen auftritt und
- die sich daraus ergebenden steuerlichen Pflichten rechtlich und tatsächlich erfüllen kann.

Beispiele:
1. Ein Unternehmer hat einen Steuerberater beauftragt, ihn in steuerlichen Angelegenheiten zu vertreten (§ 80 AO). – Der Steuerberater ist keine steuerliche Hilfsperson i. S. v. § 35 AO, da er normalerweise nicht als Verfügungsbefugter auftreten wird und rechtlich dazu auch nicht in der Lage wäre.
2. Roth tritt als Generalbevollmächtigter des Mai auf. In Wirklichkeit besitzt er keine Vollmacht. – Roth ist nicht Verfügungsbefugter, da er rechtlich nicht in der Lage ist, die Pflichten eines gesetzlichen Vertreters zu erfüllen (§ 35 i. V. m. § 34 Abs. 1 AO).
3. Karl ist an einer GmbH mit 95 v. H., Korn mit 5 v. H. beteiligt. Korn ist Geschäftsführer der GmbH. Karl erklärt die Betriebssteuern für die Gesellschaft und leistet die entsprechenden Zahlungen.
Steuerschuldner der Betriebssteuern ist die GmbH. Als Haftungsschuldner kommen in Betracht: a) Korn nach § 34 Abs. 1 AO, § 35 GmbHG; b) Karl nach § 35 AO.
4. Ernst ist Prokurist (§ 48 HGB) der Firma Surf-Adelberger. Als solcher hat er in der Vergangenheit des öfteren die LSt-Anmeldungen sowie die USt-Voranmeldungen der Firma unterzeichnet, beim FA eingereicht und die Steuern durch von ihm gezeichnete Schecks bezahlt.
Ernst ist nicht gesetzlicher Vertreter seiner Arbeitgeberin. Er ist allerdings als Verfügungsberechtigter so nach außen aufgetreten (§ 35 AO), daß der Rechtsverkehr davon ausgehen durfte, daß er zu diesen Handlungen berechtigt war. Dies genügt, daß er als Haftungsschuldner in Betracht kommen kann.

b) Haftungstatbestand (§ 69 AO)

aa) Pflichtverletzung

337 Eine steuerliche Hilfsperson haftet nur, wenn sie ihre Pflichten verletzt hat (§ 69 AO). Es ist also immer zuerst zu prüfen, welche Pflichten einer steuerlichen Hilfsperson obliegen. Die Pflichten können sich aus dem Gesetz oder – z. B. bei Bevollmächtigten – aus dem Vertrag ergeben.

Beispiele:
1. Der Vormund einer Geschäftsunfähigen bzw. der Geschäftsführer einer GmbH hat sämtliche steuerlichen Verpflichtungen der Vertretenen zu erfüllen (§ 34 Abs. 1 AO).
2. Der Konkursverwalter hat für die Anmeldung und Abführung der Lohnsteuer sowie für die Bezahlung der Umsatzsteuer aus dem von ihm fortgeführten Betrieb zu sorgen (§ 6 Abs. 2 KO).

Persönliche gesetzliche Haftung 275

3. Ein Generalbevollmächtigter hat die Zahlung aller Steuerschulden seines Auftraggebers zu übernehmen. Dies ergibt sich aus der dem Auftragsverhältnis zugrunde liegenden Vollmacht (§ 167 BGB).

4. Die Holz-GmbH besteht aus den 2 Gesellschaftergeschäftsführern Arl und Bähr. Da die GmbH und Bähr zahlungsunfähig sind nimmt das FA den Arl für nicht abgeführte Lohnsteuer und für Umsatzsteuer in Anspruch (§§ 69, 34 Abs. 1 AO; § 35 GmbHG). Dieser behauptet, die steuerlichen Angelegenheiten habe in der GmbH aufgrund des Gesellschaftsvertrages immer Bähr erledigt. Er selbst sei nur für den technischen Betriebsablauf verantwortlich gewesen.

Durch Gesellschaftsvertrag, Gesellschafterbeschluß oder Geschäftsordnung kann die Verantwortung eines Geschäftsführers für die Erfüllung steuerlicher Pflichten zwar nicht aufgehoben, aber begrenzt werden. Die von den Geschäftsführern anzuwendende Sorgfalt eines ordentlichen Kaufmannes (§ 43 GmbHG) erfordert aber darüber eine vorweg getroffene eindeutige schriftliche Aufteilung der Verantwortlichkeiten. Diese Begrenzung der Verantwortung gilt dann nicht mehr, wenn z. B. eine nahende Zahlungsunfähigkeit, eine Überschuldung der Gesellschaft oder Erkenntnisse über steuerliche Unregelmäßigkeiten des handelnden Geschäftsführers zu einer Überprüfung der ordnungsgemäßen Erfüllung der steuerlichen Pflichten Anlaß geben (BStBl II 1984, 776 und 1986, 384).

Zur Haftung führt jede Pflichtverletzung, die **ursächlich** dafür ist, daß Ansprüche aus dem Steuerschuldverhältnis nicht oder nicht rechtzeitig festgesetzt oder erfüllt bzw. Steuervergütungen oder Steuererstattungen ohne rechtlichen Grund gezahlt worden sind (§ 69 Satz 1 AO).

In Beispiel 4 haben die Geschäftsführer bei Zahlungsschwierigkeiten die Verpflichtung, wenn die verfügbaren Mittel nicht zur Tilgung aller fälliger Schulden ausreichen, die Steuerschulden, insbes. die Umsatzsteuerschulden, angemessen entsprechend der Befriedigung der anderen Gläubiger zu tilgen (BStBl II 1984, 776 und 1985, 539). Noch weiter reicht die Verpflichtung der Geschäftsführer bezüglich der Lohnsteuer. Hier besteht ein Vorrang des FA vor den anderen Gläubigern, da der Arbeitgeber die Lohnsteuer für den Arbeitnehmer gewissermaßen treuhänderisch einbehält. Es handelt sich hierbei um wirtschaftlich fremde Gelder.

Beispiel:
Bei einer Überprüfung der Holz-GmbH (vgl. oben Bsp. 4) durch das FA stellt sich im Jahre 06 folgendes heraus:
Die Gesellschaft hatte für 05 keine USt-Vorauszahlungen mehr abgegeben und war seit Anfang 06 zahlungsunfähig.

Ihre Lieferantenschulden betrugen am 1. 1. 05:	400 000 DM
Personalkosten in 05:	200 000 DM
Zugang an Lieferantenverbindlichkeiten in 05:	270 000 DM

Umsatzsteuer 05: 30 000 DM
Die GmbH hatte in 05 folgende Zahlungen geleistet:
An Lieferanten: 250 000 DM
An Personal: 200 000 DM
Aufgabe:
In welcher Höhe haftet Arl für die USt?
Lösung:
Bei der Berechnung der Haftungssumme ist auf die Verhältnisse im Haftungszeitraum, nicht auf die einzelnen Fälligkeitszeitpunkte etwaiger USt-Vorauszahlungen abzustellen (BStBl II 1988, 172).
Berechnung der Haftungssumme:
Gesamtverbindlichkeiten in 05 einschließlich der USt: 900 000 DM
Zahlungen in 05 einschließlich Personalkosten: 450 000 DM
Es wurden somit 50 % der Verbindlichkeiten getilgt. Daher hätten bei überschlägiger Berechnung auch 50 % der USt getilgt werden müssen. Arl haftet somit in Höhe von 15 000 DM.

Erfolgt durch ein und dieselbe Handlung oder Unterlassung die Verwirklichung der Tatbestände des § 69 AO und des § 71 AO, so gelten die Grundsätze der anteiligen Haftung auch dann, wenn das FA den Haftungsbescheid nur auf § 71 AO stützt. Es erscheint sachlich nicht gerechtfertigt, die Höhe der Haftung davon abhängig zu machen, auf welche Vorschrift das FA den Haftungsbescheid stützt (BStBl II 1993, 8).

bb) Verschulden

338 Die Pflichtverletzung muß schuldhaft zustande gekommen sein (§ 69 AO). Als Verschuldensgrade kommen **Vorsatz** und **grobe Fahrlässigkeit** in Betracht. Vorsatz bedeutet, daß die Pflichtverletzung gewollt war. Grobe Fahrlässigkeit liegt vor, wenn die gebotene Sorgfalt in schwerwiegendem Maße außer acht gelassen wird.

cc) Verfahrensrechtliche Besonderheit

Geht es um eventuelle Pflichtverletzungen von Angehörigen bestimmter Berufsgruppen, wie Rechtsanwälten, Steuerberatern usw., so muß vor Erlaß eines Haftungsbescheides die zuständige Berufskammer gehört werden (§ 191 Abs. 2 AO; vgl. Rdnr. 155).

c) Haftungsumfang

Die Haftung erstreckt sich auf alle Ansprüche aus dem Steuerschuldverhältnis (§ 69 Satz 1 AO). Neben dem Steueranspruch gehören dazu auch die Ansprüche auf steuerliche Nebenleistungen, wie Verspätungszuschläge, Zinsen, Säumniszuschläge, Zwangsgelder und Kosten (§§ 37 Abs. 1, 3 Abs. 3 AO).

Persönliche gesetzliche Haftung 277

Voraussetzung ist, daß die Ansprüche im Zeitpunkt der Pflichtverletzung bereits entstanden waren (BStBl II 1980, 375). Dies gilt allerdings nicht für Säumniszuschläge (§ 69 Satz 2 AO).

Beispiele:
1. Vohr wurde zum 1. 8. 03 Vormund des Max. Max schuldete dem FA zu diesem Zeitpunkt u. a. Säumniszuschläge (§ 240 AO). – Bezahlt Vohr diese nicht aus dem von ihm verwalteten Vermögen, so haftet er – wenn Max vermögenslos wird – für diese Ansprüche nach § 69 Satz 1 AO. Die Säumniszuschläge waren im Zeitpunkt der Pflichtverletzung des Vohr entstanden.
2. Vohr gibt die ESt-Erklärung des Max für das Jahr 03 und 04 ab. Die ESt wird entsprechend der Erklärung festgesetzt.

Zahlt Vohr die Steuer nicht bei Fälligkeit, so haftet er bei Vorliegen der übrigen Voraussetzungen für die nun entstehenden Säumniszuschläge nach § 69 Satz 2 AO. Diese waren im Zeitpunkt der Pflichtverletzung noch nicht entstanden.

2. Haftung des Steuerhinterziehers (§ 71 AO)

a) Haftungsschuldner

Haftungsschuldner i. S. v. § 71 AO sind Alleintäter (Rdnr. 459), mittelbare Täter (Rdnr. 460), **Mittäter** (Rdnr. 461), **Gehilfen** (Rdnr. 464) und **Anstifter** (Rdnr. 463) einer Steuerhinterziehung (§ 370; Rdnr. 467 ff.). Der Steuerschuldner selbst kann nicht Haftender nach § 71 AO sein.

339

b) Haftungstatbestand

Der Täter oder Teilnehmer muß **vorsätzlich** Steuern verkürzt oder **vorsätzlich** einen ungerechtfertigten Steuervorteil erlangt haben (§ 370 Abs. 1 AO). Ob Steuerhinterziehung vorliegt, hat die Veranlagungsstelle des FA zu entscheiden.

Beispiel:
Ein Buchhalter ist wegen Beihilfe zur Steuerhinterziehung (§ 370 AO, § 25 StGB) von einem Strafgericht verurteilt worden. Da der Steuerschuldner vermögenslos war, hat das FA den Buchhalter als Haftenden nach § 71 AO in Anspruch genommen. Im Berufungsverfahren wird der Buchhalter freigesprochen. – Das FA kann den Haftungsbescheid zurücknehmen (§§ 5, 130 Abs. 1 AO).

Der Haftungstatbestand ist auch dann verwirklicht, wenn der Täter nach Vollendung der Tat ordnungsgemäß Selbstanzeige (§ 371 AO; Rdnr. 475 ff.) erstattet hat, so daß es zu einer Verurteilung nicht gekommen ist.

c) Haftungsumfang

Die Haftung erstreckt sich auf die verkürzten Steuern bzw. auf die zu Unrecht erlangten Steuervorteile sowie auf die Hinterziehungszinsen (§ 235 AO).

Beispiel:
Der Täter (Teilnehmer) hat Steuern in Höhe von 10 000 DM verkürzt. Sein Vorsatz hat sich allerdings nur auf Steuern in Höhe von 5 000 DM gerichtet. – Der Täter (Teilnehmer) haftet nur, soweit sein Vorsatz reicht (§ 71 AO und § 29 StGB), also in Höhe von 5 000 DM.

3. Haftung bei Verletzung der Pflicht zur Kontenwahrheit (§ 72 AO)

a) Haftungsschuldner

340 Als Personenkreis i. S. v. § 72 AO kommen alle in Betracht, die für andere Konten führen bzw. Wertsachen verwahren (§ 154 Abs. 1 AO), also Banken, Sparkassen, Privatpersonen, Kaufleute usw.

b) Haftungstatbestand

Ein **Kontenführer** bzw. **Wertsachenverwahrer** hat unter Verstoß gegen § 154 Abs. 1 AO ein Konto errichtet oder Wertsachen in Verwahrung genommen. Gegen das Verbot des § 154 Abs. 3 AO zahlt er daraufhin ohne Zustimmung des FA das Guthaben an seinen Kunden aus bzw. händigt diesem die verwahrten Wertsachen aus. Hat er vorsätzlich oder grob fahrlässig gehandelt und dadurch eine Steuerverkürzung bewirkt, so begründet dies seine Haftung nach § 72 AO. Der Kontenführer muß sich das Verschulden seines Vertreters oder Erfüllungsgehilfen zurechnen lassen (BStBl II 1990, 263).

c) Haftungsumfang

Die Haftung erstreckt sich auf alle verkürzten Ansprüche aus dem Steuerschuldverhältnis (§§ 37 Abs. 1, 3 Abs. 3 AO), soweit ihre Verwirklichung durch den Verstoß gegen § 154 Abs. 3 AO vereitelt worden ist.

4. Haftung bei Organschaft (§ 73 AO)

a) Haftungsschuldner

341 Als Haftungsschuldner kommt eine Organgesellschaft in Betracht, die dem Willen eines anderen Unternehmers derart untergeordnet ist, daß sie keinen eigenen Willen mehr hat. Organgesellschaft kann immer nur eine Kapitalgesellschaft sein (§ 14 KStG).

Persönliche gesetzliche Haftung 279

b) Haftungstatbestand

Voraussetzung für die Haftung ist das Vorliegen eines Organschaftsverhältnisses (§ 73 AO, § 14 KStG).

c) Haftungsumfang

Die Haftung erstreckt sich auf alle Steuern, für welche die Organschaft von Bedeutung ist, also z. B. auf Umsatzsteuer, Gewerbesteuer, Körperschaftsteuer.

5. Haftung des Eigentümers von Gegenständen (§ 74 AO)

a) Haftungsschuldner können sein:

aa) Personen, die zu mehr als 25 v. H. an einem Unternehmen beteiligt sind. 342

Beispiel:

Ein Unternehmer ist der einzige Gesellschafter einer GmbH. Diese besitzt 50 v. H. der Aktien einer Aktiengesellschaft.

Der Unternehmer ist – wenn auch mittelbar – zu mehr als 25 v. H. an der Aktiengesellschaft beteiligt (§ 74 Abs. 2 Satz 1 AO).

bb) Personen, die wegen ihrer familiären, wirtschaftlichen oder gesellschaftlichen Beziehungen auf die Leitung des Unternehmens einen beherrschenden Einfluß ausüben **und** durch ihr Verhalten beitragen, daß fällige Steuern i. S. v. § 74 Abs. 1 AO nicht entrichtet werden.

b) Haftungstatbestand

Der wesentlich Beteiligte hat ihm gehörende Gegenstände dem Unternehmen nicht nur vorübergehend zur Verfügung gestellt. Zum Begriff des Unternehmens siehe Rdnr. 343.

c) Haftungsumfang

Die Haftung des Eigentümers ist gemäß § 74 Abs. 1 AO in vierfacher Hinsicht eingeschränkt:

- Er haftet persönlich, aber gegenständlich beschränkt, nur mit den Gegenständen, die er dem Unternehmen zur Verfügung gestellt hat. Diese Beschränkung muß sich aus dem Haftungsbescheid ergeben.

- Er haftet nur für Steuern, deren Entstehung sich auf den Betrieb des Unternehmens gründet, also insbes. für Gewerbe- und Umsatzsteuer. Die Haftung erstreckt sich dagegen nicht auf Abzugsteuern, wie der abweichenden Formulierung in § 75 Abs. 1 AO zu entnehmen ist.
- Die Steuern müssen während des Bestehens der wesentlichen Beteiligung entstanden sein.
- Die Steuern müssen entstanden sein, während die Gegenstände dem Betrieb gedient haben.

Im Zeitpunkt der Geltendmachung der Haftung brauchen diese Voraussetzungen allerdings nicht mehr vorzuliegen, da die Haftung bereits entsteht, wenn die haftungsbegründenden Tatbestandsmerkmale verwirklicht sind, an die das Gesetz die Haftungsfolge knüpft (§ 38 AO).

Beispiel:
Alt ist als atypischer stiller Gesellschafter zu 30 v. H. an dem Bauunternehmen des Neu beteiligt. Am 1. 1. 02 stellte er dem Unternehmen einen Baukran zur Verfügung. Am 9. 5. 03 holt er den Kran in sein eigenes Unternehmen zurück. Eine Außenprüfung im Jahre 04 deckt erhebliche USt-Rückstände des Bauunternehmens Neu aus den Jahren 01 bis 03 auf. Neu ist zahlungsunfähig. Eine Haftung des Alt nach § 74 AO kommt nur für die USt in Betracht, die in der Zeit zwischen 1. 1. 02 und 9. 5. 03 entstanden ist.
Hat Alt den Kran inzwischen veräußert oder verschrottet, so entfällt die Haftung.

6. Haftung des Betriebsübernehmers (§ 75 AO)

Diese Haftungsvorschrift ist eine Folge der Erwägung, daß der Erwerber eines Unternehmens, der selbst aus dem Unternehmen Gewinne erwirtschaftet oder in anderer Weise aus dem Betrieb Vorteile zieht, in bestimmtem Umfang auch für die Betriebssteuern haften soll.

a) Haftungsschuldner

§ 75 AO begründet somit eine Haftung für denjenigen, der ein Unternehmen oder einen in der Gliederung eines Unternehmens gesondert geführten Betrieb übernommen hat.

b) Haftungstatbestand

aa) Begriff des Unternehmens

Unternehmen i. S. v. § 75 AO bedeutet jede gewerbliche oder beruflich selbständig ausgeübte Tätigkeit mit Hilfe einer nicht ganz unbeträchtlichen Betriebseinrichtung. Es kann sich dabei um ein gewerbliches Unternehmen, um einen Betrieb der Land- und Forstwirtschaft oder um den Betrieb eines freiberuflich oder sonst selbständig Tätigen handeln. Auch die umsatzsteuerpflichtige Vermietung eines Grundstückes kann sich als unternehmerische Tätigkeit darstellen und zu einer Haftung nach § 75 AO führen (BStBl II 1992, 700).

Ein in der **Gliederung eines Unternehmens gesondert geführter Betrieb** ist jeder organisatorisch abgegrenzte Teil eines Betriebes, der als selbständiges Unternehmen fortgeführt werden kann.

Beispiele:
1. Eine Filiale ist im allgemeinen ein gesondert geführter Betrieb.
2. Das Reisebüro eines Sporthauses sowie der Gasthof einer Brauerei sind gesondert geführte Betriebe.

Der Haftungstatbestand ist nur erfüllt, wenn ein **lebendes Unternehmen** übergegangen ist. Ein Unternehmen, das bereits monatelang stillgelegen hat, ist kein lebendes Unternehmen i. S. v. § 75 AO. Eine kurze Stillegung von einigen Wochen ist allerdings ohne Bedeutung. Entscheidend ist, daß der Erwerber den Betrieb ohne größere zusätzliche Aufwendungen bzw. Investitionen sofort wieder eröffnen **kann** (BStBl II 1986, 589).

Schließlich muß der Erwerber das Unternehmen **im ganzen** erworben haben. Dies bedeutet, daß die wesentlichen Grundlagen eines Betriebes übereignet worden sind. Der Betrieb muß vom Erwerber in der Weise fortgeführt werden können, wie er vom Veräußerer genutzt wurde. Daher ist es für eine Haftung unbeachtlich, wenn für den Betrieb des Unternehmens unbedeutende Gegenstände, etwa Forderungen und Verbindlichkeiten, zurückbehalten werden.

Beispiele:
1. Der Unternehmer erwirbt einen Betrieb, der von dem Veräußerer in gemieteten Räumen geführt worden war. Der Erwerber tritt in den Mietvertrag des Veräußerers ein.
2. Der Unternehmer erwirbt ein Fuhrunternehmen. Die Betriebsgrundstücke, auf denen sich die Garage und Werkstätten des Fuhrparks sowie das Geschäftsgebäude befinden, werden nicht übereignet, sondern an den Erwerber vermietet.

Im Beispiel 1 genügt es für die Übernahme des Betriebes i. S. v. § 75 AO, wenn der Unternehmer in den Mietvertrag eintritt. Im Beispiel 2 wird der Betrieb nicht im ganzen übertragen, da die Betriebsgrundstücke als wesentliche Betriebsgrundlagen von der Übereignung ausgeschlossen bleiben (BFH, a. a. O.).

Dies bedeutet aber andererseits nicht, daß der Erwerber den Betrieb in derselben Weise fortführen muß, wie ihn der Veräußerer genutzt hat. Es genügt, daß der Erwerber aus dem Unternehmen überhaupt Nutzungen zieht.

Beispiele:
1. Der Unternehmer erwirbt die wesentlichen Grundlagen eines Hotelbetriebes. Er verpachtet den Betrieb unmittelbar nach dem Erwerb.
2. Der Unternehmer erwirbt die wesentlichen Grundlagen eines Hotelbetriebes. Ihm kommt es dabei nur auf die Grundstücke an, die er, ohne sie in irgendeiner Form zu nutzen, als Spekulationsobjekte betrachtet.

Während im Beispiel 1 der Unternehmer Nutzungen aus dem Betrieb zieht, ist dies im Beispiel 2 nicht der Fall. Nur im Beispiel 1 kann daher eine Haftung nach § 75 AO in Betracht kommen.

bb) Übereignung eines Unternehmens

344 Gemäß § 75 Abs. 1 AO muß ein Unternehmen **durch Rechtsgeschäft** übereignet werden. Eine Übereignung liegt vor, wenn der Erwerber in der Lage ist, **wirtschaftlich** wie ein Eigentümer über das Unternehmen zu verfügen (§ 39 Abs. 2 Nr. 1; Rdnr. 23). Auf eine Übereignung nach bürgerlich-rechtlichen Vorschriften kommt es dabei nicht an. Ein Erwerb unter Eigentumsvorbehalt (§ 455 BGB) sowie die Treuhänderbestellung (BStBl II 1978, 241; str.) fallen unter § 75 Abs. 1 AO. Nicht darunter fallen die Sicherungsübereignung, der Erwerb von Todes wegen, die Anwachsung, der Erwerb aus der Konkursmasse, der Erwerb im Liquidationsvergleich sowie im Zwangsversteigerungsverfahren (vgl. § 75 Abs. 2 AO).

Beispiel:
Erb ist Eigentümer eines gewerblichen Betriebes. Diesen veräußert und übergibt er zum 1. 1. 01 an Neu. Neu veräußert und übergibt den Betrieb zum 1. 6. 01 an Baier
Bei Vorliegen der übrigen Voraussetzungen kommt eine Haftung nach § 75 AO sowohl für Neu als auch für Baier in Betracht, da zwei rechtsgeschäftliche Übereignungen hintereinander durchgeführt wurden. Beide Erwerber sind neben Erb Gesamtschuldner (§ 44 Abs. 1 AO).

c) Haftungsumfang: „betriebsbedingte Steuern"

345 Die Haftung des Betriebserwerbers umfaßt Steuern, bei denen sich die Steuerpflicht auf den Betrieb eines Unternehmens gründet, die also nur in einem Unternehmen entstehen können, wie z. B. Gewerbesteuer, Umsatzsteuer. Keine Haftung besteht für die Grunderwerbsteuer oder Kraftfahrzeugsteuer, auch wenn diese Steuern im Zusammenhang mit Betriebsgrundstücken bzw. Betriebsfahrzeugen erhoben werden.

Persönliche gesetzliche Haftung 283

Darüber hinaus erstreckt sich die Haftung auf Steuerabzugsbeträge, also auf die Lohnsteuer und die Kapitalertragsteuer.

Die Haftung ist in zweifacher Hinsicht eingeschränkt: Sie tritt nur ein, wenn die Steuer seit dem Beginn des letzten vor der Übereignung liegenden Kalenderjahres **entstanden** und innerhalb eines Jahres nach Anmeldung des Betriebes durch den Erwerber (§ 138 Abs. 1 AO) festgesetzt bzw. angemeldet wurde (§ 75 Abs. 1 Satz 1 AO).

Beispiel:

Erber hat den Gewerbebetrieb des Verst im Jahre 05 im ganzen übernommen und die Übernahme der Gemeinde angezeigt (§ 138 Abs. 1 AO). Verst ist vermögenslos. Das FA will Erber für im Jahre 04 entstandene USt in Anspruch nehmen (§ 75 AO). Muß es die Steuer zuerst gegenüber dem vermögenslosen Verst festsetzen?

Wie bei allen anderen Haftungstatbeständen, kommt es für die Entstehung des Haftungsanspruches auch im Rahmen des § 75 AO nicht auf die Steuerfestsetzung dem Steuerschuldner gegenüber an (vgl. Rdnr. 355). Es genügt daher, wenn die Umsatzsteuer erstmalig gegenüber dem Haftungsschuldner „festgesetzt" wird, sofern die Voraussetzungen des § 219 AO vorliegen.

Die Haftung beschränkt sich auf das übernommene Vermögen (§ 75 Abs. 1 Satz 2 AO). Verweigert der Haftungsschuldner die Zahlung, so muß er die Vollstreckung in die übernommenen Vermögensgegenstände dulden. Eine Haftung über den Wert des übernommenen Vermögens hinaus besteht nicht. Aufwendungen für den Erwerb des Unternehmens können dabei nicht abgezogen werden.

Beispiel:

Ein Käufer erwirbt einen Betrieb mit Wirkung vom 1. 12. 08. Er führt den Betrieb fort. Kurze Zeit später eröffnet ihm das zuständige FA, es bestünden Einkommensteuer- und Umsatzsteuerrückstände für die Jahre 06 bis 08. Darüber hinaus seien für diese Steuern auch Säumniszuschläge verwirkt. – Der Käufer haftet nicht für die Einkommensteuer, da sie keine betriebsbedingte Steuer ist. Für die Umsatzsteuer kommt eine Haftung nur in Betracht, wenn diese Steuern in den Kalenderjahren 07 und 08 entstanden sind (§ 75 Abs. 1 AO). – Die Umsatzsteuerschuld für die Jahre 07 und 08 ist mit Ablauf des jeweiligen Kalendermonats (Voranmeldungszeitraumes) dieser Jahre entstanden (§§ 13 Abs. 1, 18 Abs. 1 UStG). Der Käufer haftet also für die Umsatzsteuerschuld 07 und 08. – Eine Haftung für die Säumniszuschläge besteht nicht, da § 75 AO nur von Steuern spricht, nicht etwa von sonstigen Ansprüchen aus dem Steuerschuldverhältnis (§ 37 Abs. 1 AO).

7. Haftung der Gesellschafter und Vereinsmitglieder

346 Die bisher angesprochenen Haftungstatbestände finden ihre Grundlage in den Vorschriften des Steuerrechts (§§ 69–75 AO). Eine gesetzliche Haftung kann sich darüber hinaus aber auch aus anderen Gesetzen ergeben, etwa aus dem Bürgerlichen Gesetzbuch oder dem Handelsgesetzbuch (vgl. § 191 Abs. 1, 4 AO). Ergibt sich hiernach für bestimmte Personen kraft Gesetzes eine Haftung, so umfaßt die Haftung alle Ansprüche aus dem Steuerschuldverhältnis.

a) Haftungsschuldner

Als Haftungsschuldner kommen insbesondere die Mitglieder von **nichtrechtsfähigen Gesellschaften** in Betracht, die als solche der Besteuerung unterliegen. Es handelt sich hier um Gesellschafter von Gesellschaften des bürgerlichen Rechtes (§ 705 BGB), von offenen Handelsgesellschaften (§ 105 Abs. 1 HGB) sowie von Kommanditgesellschaften (§ 161 Abs. 1 HGB). Nicht hierunter fallen die stillen Gesellschafter von typischen oder atypischen stillen Gesellschaften. Bei diesen „Gesellschaften" handelt es sich um reine Innengesellschaften (§ 335 HGB), die sich nicht als Gesellschaften am Rechtsverkehr beteiligen.

Eine Haftung der Gesellschafter von AG und GmbH für Ansprüche aus dem Steuerschuldverhältnis kommt nicht in Betracht, denn es haftet nur das Gesellschaftsvermögen (§ 1 Abs. 1 Satz 2 AktG, § 13 Abs. 2 GmbHG). Etwas anderes gilt, wenn es sich um eine Vorgesellschaft handelt. Eine solche liegt vor zwischen dem Abschluß des notariellen Gesellschaftsvertrages und der Eintragung der AG bzw. der GmbH in das Handelsregister (§ 7 GmbHG, § 36 AktG). Erst mit der Eintragung in das Handelsregister (§ 8 ff. HGB) entsteht die AG (§ 41 Abs. 1 AktG) bzw. die GmbH (§ 11 Abs. 1 GmbHG). Vorgesellschaften sind ihrer Rechtsnatur nach BGB-Gesellschaften, ausnahmsweise OHG. Handeln die Gründer vor Eintragung im Namen der zukünftigen Gesellschaft, so haften sie persönlich (§ 41 Abs. 1 AktG, § 11 Abs. 2 GmbHG). Die Haftung erlischt jedoch mit Eintragung der GmbH bzw. AG in das Handelsregister.

Beispiel:

Ahr und Behr schließen einen notariellen Gesellschaftsvertrag zur Gründung einer Elektrohandels-GmbH. Ahr erwirbt vor Eintragung der GmbH die Geschäftseinrichtung. Die in Rechnung gestellte Vorsteuer wird vom FA an Ahr als Steuervergütung ausbezahlt (vgl. § 15 Abs. 1 Nr. 1 UStG). Infolge von Unstimmigkeiten zwischen den Gesellschaftern kommt es nicht mehr zur Eintragung der GmbH. Später stellt das FA fest, daß zu hohe USt-Vergütungen angemeldet worden sind (§ 168 Abs. 1 AO) und korrigiert den Bescheid nach § 164 Abs. 2 AO.

Hat Ahr **in eigenem Namen** vor dem FA gehandelt, so **schuldet** er selbst die Rückzahlung der Steuervergütung.

Hat Ahr **im Namen der Vorgesellschaft** gehandelt, so **haftet** er nach den Grundsätzen des Rechtes der BGB-Gesellschaft (Rdnr. 347).

Hat Ahr **im Namen der zukünftigen GmbH** gehandelt, so **haftet** er nach § 11 Abs. 1 GmbHG. Hat Behr zugestimmt, so kommt für beide eine Haftung als Gesamtschuldner in Betracht.

Von der Vorgesellschaft ist die **Vorgründungsgesellschagt** zu unterscheiden. Sie ist eine BGB-Gesellschaft, deren Zweck in der gemeinsamen Errichtung einer Kapitalgesellschaft besteht. Sie bezieht sich auf die Zeit vor Abschluß des notariellen Gesellschaftsvertrages und ist weder mit der Vorgesellschaft noch mit der späteren Kapitalgesellschaft identisch. Die Haftung bestimmt sich nach den Grundsätzen des Rechtes der BGB-Gesellschaft (Rdnr. 347).

b) Haftungstatbestand

Die Gesellschafter haften bürgerlich-rechtlich persönlich für die Gesellschaftsschulden. Selbstverständlich besteht eine steuerrechtliche Haftung in diesen Fällen nur in dem vom bürgerlichen Recht abgegrenzten Umfang. 347

aa) Gesellschafter der Gesellschaften des bürgerlichen Rechtes

Gesellschaften des bürgerlichen Rechtes sind nach dem Zivilrecht nicht rechtsfähig. Dennoch können sie nach den Steuergesetzen Steuerrechtssubjekte von Betriebsteuern sein, z. B. der Gewerbesteuer (§ 5 Abs. 1 GewStG) oder der Umsatzsteuer (§ 2 Abs. 1 UStG). Daraus folgt, daß für die Steuerschulden der Gesellschaft deren Gesellschafter persönlich und unbeschränkt haften (§§ 714, 421 und 427 BGB).

Da es sich dabei um eine gesetzliche Haftung handelt, kann sie dem FA gegenüber nicht beschränkt werden.

Vgl. dazu BStBl II 1990, 939 für die Umsatzsteuer und BStBl II 1994, 140 für die Gewerbesteuer.

bb) Gesellschafter der Handelsgesellschaften (OHG, KG)

Alle Gesellschafter einer offenen Handelsgesellschaft haften persönlich und unbeschränkt (§ 128 HGB). Dasselbe gilt für die Komplementäre einer Kommanditgesellschaft. Kommanditisten haften dagegen nur bis zur Höhe ihrer Einlage persönlich. Haben sie ihre Einlage erbracht, so ist ihre Haftung ausgeschlossen (§ 171 Abs. 1 HGB). Wird allerdings die Einlage eines Kommanditisten zurückbezahlt, so gilt diese den Gläubigern gegenüber als nicht geleistet (§ 172 Abs. 4 HGB), die Haftung lebt daher wieder auf. Die Haftung lebt allerdings nicht wieder auf, wenn der Kommanditist aufgrund einer in gutem Glauben errichteten Bilanz Gewinn in gutem Glauben bezogen hat (§ 172 Abs. 5 HGB).

Beginnt eine KG ihre Geschäfte bevor sie in das Handelsregister eingetragen worden ist, so haftet jeder Kommanditist, der dem Geschäftsbeginn zugestimmt hat, für die bis zur Eintragung begründeten Verbindlichkeiten der Gesellschaft wie ein persönlich haftender Gesellschafter, es sei denn, daß dem Gläubiger seine Beteiligung als Kommanditist bekannt war. Dasselbe gilt, wenn ein Kommanditist in eine bestehende OHG oder KG eintritt, für Verbindlichkeiten, die in der Zeit zwischen Eintritt und Eintragung im Handelsregister begründet wurden (§ 176 HGB).

Wer in eine OHG oder KG eintritt, haftet, wenn er die Stellung eines persönlich haftenden Gesellschafters erwirbt, entsprechend § 130 HGB, wenn er die Stellung eines Kommanditisten erwirbt, entsprechend §§ 171, 172 HGB für die vor seinem Eintritt begründeten Verbindlichkeiten der Gesellschaft (vgl. §§ 130, 173 HGB).

Ansprüche gegen einen Gesellschafter einer Personenhandelsgesellschaft aus Verbindlichkeiten der Gesellschaft verjähren grundsätzlich fünf Jahre nach der Auflösung der Gesellschaft oder nach dem Ausscheiden des Gesellschafters (§§ 159, 160 HGB). Etwas anderes gilt, wenn der Anspruch gegen die Gesellschaft einer kürzeren Verjährung unterliegt. Voraussetzung für eine Haftung ist, daß die Ansprüche zu einer Zeit entstanden waren, zu der der Ausgeschiedene noch Gesellschafter war. Wurde das Ausscheiden eines Gesellschafters einer Personenhandelsgesellschaft (OHG oder KG) nicht in das Handelsregister eingetragen, so haftet er dennoch nicht für nach seinem Ausscheiden entstandene Ansprüche aus dem Steuerschuldverhältnis (BStBl II 1978, 490).

cc) Nichtrechtsfähige Vereine

Auf nichtrechtsfähige Vereine finden die Vorschriften über die BGB-Gesellschaft entsprechende Anwendung (§ 54 BGB). Danach würden die Vereinsmitglieder gesamthänderisch für die Verbindlichkeiten des Vereines haften. Diese Konsequenz wird allerdings von der Rechtsprechung nicht gezogen. Entsprechend der Verkehrsauffassung haften die Vereinsmitglieder nur beschränkt mit ihrem Anteil am Vereinsvermögen.

c) Haftungsumfang

Die Haftung erstreckt sich auf alle Verbindlichkeiten der Gesellschaft (vgl. z. B. § 128 HGB). Dazu gehören alle Ansprüche aus dem Steuerschuldverhältnis (§§ 37 Abs. 1, 3 Abs. 3 AO). 348

Beispiel:
Mai ist Komplementär, Mühl ist Kommanditist einer Kommanditgesellschaft. Von der Kommanditeinlage in Höhe von 20 000 DM hat Mühl nur 15 000 DM einbezahlt. Die KG hat Umsatzsteuerschulden in Höhe von 18 000 DM.
Mai haftet als Komplementär für die Schulden der KG persönlich mit seinem ganzen Vermögen (§ 161 HGB). Da Mühl seine Einlage noch nicht vollständig erbracht hat, haftet er persönlich mit seinem ganzen Vermögen, allerdings nur in Höhe von 5 000 DM (§ 171 Abs. 1 HGB). Dasselbe würde gelten, wenn Mühl zwar seine Einlage ursprünglich erbracht hätte, diese ihm aber später ganz oder teilweise wieder ausbezahlt worden wäre (§§ 171 Abs. 1, 172 Abs. 4 HGB).

8. Haftung des Erwerbers eines Handelsgeschäftes (§ 25 HGB)

Bei Geschäftsübernahme unter Fortführung der Firma sollen sich die Gläubiger darauf verlassen können, daß der neue Inhaber auch für die Verbindlichkeiten des Veräußerers haftet. Dies um so mehr, als die Gläubiger oftmals gar nichts von dem Übergang des Handelsgeschäftes merken. 349

a) Haftungsschuldner

Die Haftung nach § 25 HGB trifft daher denjenigen, der ein Handelsgeschäft also das Unternehmen eines Kaufmannes, erworben hat.

b) Haftungstatbestand

Es muß ein rechtsgeschäftlicher Erwerb eines Handelsgeschäftes vorliegen. Dabei ist es gleichgültig, ob der Kaufvertrag unter Mängeln leidet, solange die Parteien die Wirkung des Kaufvertrages nicht rückgängig machen.
Der Erwerber muß das Handelsgeschäft unter der bisherigen Firma fortführen. Die **Firma** ist der Name, unter dem der Kaufmann im Rechtsleben auftritt und seine Unterschrift abgibt (§ 17 Abs. 1 HGB). Unbeachtlich ist es, wenn der ursprünglichen Firma ein Nachfolgezusatz angefügt wird (§ 25 Abs. 1 HGB) oder wenn der Name nur unwesentlich verändert wird.

Beispiele:
1. Der Inhaber der Firma „Aluminium-Werk Karl Schulze" veräußert seinen Betrieb an mehrere Erwerber, die das Handelsgeschäft unter der Firma „Aluminium-Werk Karl Schulze & Co." fortführen.
2. Der Erwerber der Firma „Hermann Paulig KG" führt den Betrieb unter der Firma „H. Paulig GmbH" fort (BStBl II 1986, 383).

In beiden Beispielen ist der Name der Firma nur unwesentlich verändert. Eine Haftung nach § 25 HGB kommt in Betracht.

c) Haftungsumfang

Die Haftung erstreckt sich auf alle im Betrieb des Handelsgeschäftes begründeten Verbindlichkeiten des früheren Inhabers (§ 25 Abs. 1 HGB), also auch auf alle betrieblichen Steuern sowie die sonstigen Ansprüche aus diesen Steuerschuldverhältnissen (§§ 37 Abs. 1, 3 Abs. 3 AO). Der Erwerber haftet persönlich mit seinem gesamten Vermögen.

Die Haftung kann wirksam ausgeschlossen werden (§ 25 Abs. 2 HGB),
- wenn der Ausschluß in das Handelsregister eingetragen, oder
- wenn der Ausschluß der Haftung **unverzüglich** nach der Betriebsübernahme dem Gläubiger mitgeteilt

wird.

d) Verhältnis zu § 75 AO, § 25 HGB

Bei der Veräußerung eines Handelsgeschäftes kann unter Umständen die Haftung sowohl auf § 75 AO als auch auf § 25 HGB gestützt werden. Sind die Voraussetzungen für beide Vorschriften gegeben, so hat das FA die Wahl, welche Vorschrift es anwenden will.

9. Haftung des Vermögensübernehmers (§ 419 BGB)

Vermögen bedeutet im Rechtsleben Kredit. Nur deswegen sind Gläubiger unter Umständen bereit, Darlehen zu gewähren, Verbindlichkeiten zu stunden, Wechsel entgegenzunehmen usw. Diese Sicherung soll nach dem Grundgedanken des § 419 BGB dem Gläubiger auch nach Übergang des Vermögens erhalten bleiben.

a) Haftungsschuldner

Gemäß § 419 BGB haftet daher gegebenenfalls derjenige, der durch Vertrag das Vermögen eines anderen übernommen hat.

b) Haftungstatbestand

Der Übernehmer muß durch Rechtsgeschäft das **ganze Vermögen** übernommen haben. Werden unbedeutende Gegenstände, etwa Gegenstände

Persönliche gesetzliche Haftung 289

des persönlichen Bedarfes, zurückbehalten, so ist dies unbeachtlich. Zweifelhaft ist, ob die Haftung auch dann eingreift, wenn der Veräußerer für die Übertragung des Vermögens eine Gegenleistung erhält, die den Gläubigern die gleichen Sicherheiten und Befriedigungsmöglichkeiten wie vor der Übertragung bietet (BStBl II 1986, 504).

Beispiel:
Urban überträgt seinen Betrieb (Aktiva: 8 Mio. DM), der im wesentlichen sein gesamtes Vermögen darstellt, auf eine GmbH. Er erhält dafür unter Anrechnung der von der GmbH übernommenen Passiva Gesellschaftsanteile in Höhe von 5 Mio. DM.
Die nach der Übertragung den Gläubigern zur Verfügung stehende Haftungsmasse ist erheblich geringer als das ursprüngliche Aktivvermögen. Die Haftung nach § 419 BGB kommt uneingeschränkt in Betracht.

Voraussetzung für eine Haftung ist weiter, daß der Erwerber weiß, daß er das ganze Vermögen übernommen hat.

c) Haftungsumfang

Die Haftung erstreckt sich auf alle Verbindlichkeiten des bisherigen Steuerschuldners, die spätestens bei der Übereignung des Betriebes entstanden bzw. **begründet** waren.

Beispiel:
Arl übereignet am 15. 5. seinen Betrieb, der sein ganzes Vermögen darstellt, auf Bähr. Die USt für die Leistungen zwischen dem 1. 5. und 15. 5. entstehen mit Ablauf des Voranmeldungszeitraumes Mai (§§ 13 Abs. 1 Nr. 1, 18 Abs. 1 UStG), also nach der Übereignung.
Sie war allerdings bereits mit der Übereignung **begründet**, so daß sich eine Haftung des Bähr nach § 419 BGB auch auf diese Steuer erstrecken würde.

Die Haftung betrifft alle Ansprüche aus dem Steuerschuldverhältnis (§§ 37 Abs. 1, 3 Abs. 3 AO). Ein Haftungsausschluß ist nicht möglich. Die Haftung beschränkt sich auf das übernommene Vermögen (§ 419 Abs. 2 BGB).

d) Verhältnis von § 419 BGB zu § 75 AO und § 25 HGB

Alle drei Haftungsvorschriften können unter Umständen auf einen Lebenssachverhalt Anwendung finden. 351

Beispiel:
Ein Kaufmann betreibt in seinem eigenen Haus ein Schuhgeschäft. Schuhgeschäft und Haus stellen sein ganzes Vermögen dar. Gegen eine Leibrente, die ihm gerade seinen Lebensunterhalt sichert, veräußert er Haus und Geschäft. Der Erwerber führt den Laden unter der alten Firma fort.

Hier sind alle drei Haftungsvorschriften anwendbar. Das FA wird eventuelle Haftungsbescheide zweckmäßigerweise auf § 419 BGB stützen, da diese Vorschrift die weitestgehenden Möglichkeiten der Inanspruchnahme einräumt.

10. Sonstige Fälle von Haftungen kraft Gesetzes

a) Haftung des Ausstellers einer Spendenquittung (§ 10b Abs. 4 EStG).

b) Haftung des **Arbeitgebers** für die richtige Einbehaltung und Abführung der Lohnsteuer (§ 42d EStG).

c) Haftung des Schuldners der Kapitalerträge für die richtige Einbehaltung und Abführung der **Kapitalertragsteuer** (§ 44 Abs. 5 EStG).

d) Haftung des **Leistungsempfängers** für Einbehaltung und Abführung der Umsatzsteuer, wenn ein nicht im Erhebungsgebiet ansässiger Unternehmer eine steuerpflichtige Werklieferung oder sonstige Leistung ausführt (§§ 51, 54 UStDV).

e) Haftung des **Erbschaftskäufers** (§ 2371 BGB) für die Nachlaßschulden (§ 2382 BGB).

f) Haftung des überlebenden Ehegatten **bei der fortgesetzten Gütergemeinschaft** (§ 1483 BGB) für alle Gesamtgutsverbindlichkeiten (§ 1489 BGB).

g) Haftung bei **Einbringung des Geschäftes** eines Einzelkaufmannes in eine neugebildete Personenhandelsgesellschaft (§ 28 HGB).

III. Dingliche gesetzliche Haftung (Sachhaftung)

Ist jemand gesetzlich verpflichtet, die Zwangsvollstreckung in Vermögen, das seiner Verwaltung unterliegt, zu dulden, so kann er durch **Duldungsbescheid** (§ 191 Abs. 1 AO) in Anspruch genommen werden. Diese dingliche gesetzliche Haftung ist in folgenden Fällen von Bedeutung.

1. Verwalter fremden Vermögens (§ 77 Abs. 1 AO)

Die Zwangsvollstreckung zu dulden haben hauptsächlich die in §§ 34, 35 AO genannten Personen, soweit sie fremdes Vermögen verwalten und damit auch den Besitz über das fremde Vermögen ausüben. Werden Ansprüche aus einem Steuerschuldverhältnis (§§ 37 Abs. 1, 3 Abs. 3 AO) gegen einen vertrctcnen Steuerpflichtigen festgesetzt, so muß der Vermögensverwalter die Zwangsvollstreckung dulden. Die Zwangsvollstreckung ist auf das verwaltete Vermögen beschränkt.

Verfahren 291

Beispiel:
Borg ist Betreuer des Alt (§ 1896 Abs. 1 ff. BGB) und verwaltet dessen Vermögen. Er unterläßt es grob fahrlässig, die ESt-Schuld des Alt zu bezahlen. Das FA hat im Rahmen seines pflichtgemäßen Ermessens zwei Möglichkeiten in Betracht zu ziehen:
a) Es kann in das von Borg verwaltete Vermögen des Steuerschuldners vollstrecken. Durch einen **Duldungsbescheid** (§§ 77 Abs. 1, 191 Abs. 1 AO) kann es anordnen, daß Borg die Vollstreckung zu dulden hat. Er ist Vollstreckungsschuldner (§ 253 AO).
b) Da Borg gesetzlicher Vertreter des Alt ist (§ 34 Abs. 1 AO), kann das FA, z. B. wenn Alt inzwischen vermögenslos geworden ist, gegen Borg nach §§ 69, 191 Abs. 1 AO einen **Haftungsbescheid** erlassen.

2. Haftung des Grundstückseigentümers (§ 77 Abs. 2 AO)

Die Grundsteuer (§ 12 GrundStG) liegt als **öffentliche Last** auf dem Grundbesitz. Sie entsteht kraft Gesetzes und ohne daß es einer Eintragung in das Grundbuch bedarf (§ 54 GBO). Wegen dieser öffentlichen Last hat der jeweilige Eigentümer des Grundstückes die Zwangsvollstreckung zu dulden, auch wenn er nicht persönlicher Schuldner der Abgabe ist. Die Zwangsvollstreckung ist auf das belastete Grundstück beschränkt.

IV. Verfahren

1. Einführung

Die Haftung wird in den Fällen der persönlichen Haftung durch **Haftungsbescheid**, in den Fällen der dinglichen Haftung durch **Duldungsbescheid** geltend gemacht (§ 191 Abs. 1 AO). Das Haftungsverfahren richtet sich nach den Vorschriften des § 191 AO unabhängig davon, ob sich die Haftungsgrundlage aus Steuergesetzen oder aus sonstigen Gesetzen ergibt (BStBl II 1986, 383).
Wenn auch § 191 AO nur von **Steuern** spricht, so ist diese Vorschrift auf Haftungsbescheide über **steuerliche Nebenleistungen** (§ 3 Abs. 3 AO) analog anzuwenden. Es wäre sinnwidrig, wenn ein Haftungsschuldner zwar materiell-rechtlich für steuerliche Nebenleistungen haften würde (z. B. nach §§ 69 oder 71 AO), das Gesetz aber keine Möglichkeit einräumen würde, diese Haftung verfahrensrechtlich durchzusetzen.
Im übrigen ist auch der Haftungsschuldner Steuerpflichtiger i. S. der AO (§ 33 Abs. 1 AO), so daß die Vorschriften über die Steuerpflichtigen auch auf ihn Anwendung finden (§ 33 ff. AO). Der Haftungsanspruch ist ein

353

Anspruch, der sich aus dem Steuerschuldverhältnis ergibt (§ 37 Abs. 1 AO). Ist ein Haftungsbetrag vom Haftenden ohne rechtlichen Grund bezahlt worden, so erwirbt der „Haftungsschuldner" einen **Erstattungsanspruch** (§ 37 Abs. 2 AO).

2. Zuständigkeit

Zuständig für den Erlaß dieser Steuerverwaltungsakte ist **kraft Sachzusammenhanges** das FA, das die Steuerschuld des Steuerpflichtigen festzusetzen hat (§ 24 AO).

3. Erlaß von Haftungs- und Duldungsbescheiden

354 Bei den Haftungs- und Duldungsbescheiden handelt es sich um **Steuerverwaltungsakte** (§ 118 AO), die schriftlich zu erlassen sind (§ 191 Abs. 1 AO). Diese Verwaltungsakte müssen daher inhaltlich bestimmt sein (§ 119 Abs. 1 AO). So muß sich der Haftungsschuldner eindeutig aus dem Haftungsbescheid ergeben. Im Bereich der Lohnsteuer muß eindeutig erkennbar sein, ob das FA den Arbeitgeber als Haftenden mit LSt-Haftungsbescheid (§ 42d EStG) in Anspruch nimmt oder als Steuerschuldner mit einem Nachforderungsbescheid für pauschalierte Lohnsteuer (§ 40 Abs. 3 EStG). Verstöße führen zur Nichtigkeit der entsprechenden Bescheide (BStBl II 1985, 266; vgl. auch Rdnr. 106).

Schließlich muß ein Haftungsbescheid angemessen begründet sein (§ 121 Abs. 1 AO). Daraus folgt, daß dem Haftenden alle Angaben mitzuteilen sind, deren er zur Wahrnehmung seiner Rechte bedarf. Die Verwaltungsakte müssen insbesondere enthalten:

- den Haftungsgrund,
- den Haftungsbetrag,
- die Mithaftenden,
- die Art der Steuer,
- den Steuerbetrag,
- den Steuerschuldner,
- die Ermessenserwägungen.

Gegebenenfalls wird es zweckmäßig sein, dem Haftungsbescheid eine Abschrift des gegen den Steuerschuldner ergangenen Steuerbescheides beizufügen. Fehlerhafte Begründungen sind allerdings heilbar (Rdnr. 155). Wichtig ist in entsprechender Anwendung von § 157 Abs. 1 Satz 2 AO die Rechtsbehelfsbelehrung. Fehlt sie, so beginnt die Rechtsbehelfsfrist nicht zu laufen (§ 356 Abs. 2 AO).

Verfahren

Zuweilen werden in einem Haftungsbescheid mehrere Haftungsansprüche zusammengefaßt (Sammelhaftungsbescheid). In diesen Fällen liegen verschiedene Steuerverwaltungsakte vor, die nur äußerlich miteinander verbunden sind. Die ist vor allem im Rechtsbehelfsverfahren von Bedeutung (BStBl II 1986, 921).

Beispiel:
Geschäftsführer Weiß der Metall-GmbH erhält einen Haftungsbescheid über die USt des Jahres 05 sowie die LSt für Dezember des Jahres 05 (§§ 69, 34 Abs. 1 AO). Sein Steuerberater wendet sich mit einem Einspruch gegen den USt-Haftungsbescheid. Der Einspruch führt zur Wiederaufrollung nur des angegriffenen Haftungsbescheides. Der LSt-Haftungsbescheid wird bestandskräftig.

Zur Bekanntgabe von Haftungsbescheiden vgl. Rdnr. 129 ff.

4. Entstehung von Haftungsansprüchen

Haftungsansprüche entstehen, wenn der Tatbestand verwirklicht ist, an den das Gesetz die Haftungsfolge knüpft (§ 38 AO). Voraussetzung für die Entstehung ist nie, daß die Steuer bereits festgesetzt worden ist, wohl aber, daß die Steuer entstanden ist.

Beispiele:
1. Der Haftungsanspruch entsteht im Falle des § 71 AO, wenn nach einer Steuerhinterziehungshandlung die Steuerverkürzung eingetreten ist.
2. Der Haftungsanspruch nach § 75 AO entsteht, wenn der Betrieb im ganzen übereignet worden ist.

5. Das Entschließungsermessen

§ 191 Abs. 1 AO stellt den Erlaß eines Haftungs- oder Duldungsbescheides in das pflichtgemäß ausgeübte Ermessen (§ 5 AO) des FA. Dies bedeutet, daß das FA im Rahmen seines Ermessens zu entscheiden hat, ob es überhaupt den Haftungsschuldner in Anspruch nimmt. Wenn dem FA aber in dieser Hinsicht ein Ermessensspielraum eingeräumt ist, so folgt daraus, daß es im Rahmen seines Ermessens auch entscheiden kann, in welcher Höhe es einen Haftungsschuldner in Anspruch nehmen will (Rdnr. 113). Auf diese Weise wird dem FA die Möglichkeit eingeräumt, zum Beispiel mehrere Haftungsschuldner entsprechend der Intensität ihrer Beteiligung bei der Erfüllung des Haftungstatbestandes und ihrer wirtschaftlichen Lage in Anspruch zu nehmen.

Beispiel:
Die vermögenslose Holz-GmbH hat zwei Geschäftsführer. Es bestehen LSt-Rückstände.
Das FA kann von einer Haftung gegenüber den Geschäftsführern nach § 69 AO in voller Höhe oder teilweise absehen, wenn eine Finanzbehörde, z. B. durch eine mißverständliche Anrufungsauskunft (§ 42e EStG), die Entstehung der Rückstände mit verursacht hat.

6. Gesamtschuldnerschaft

357 Steuerschuldner sowie Haftungsschuldner sind **Gesamtschuldner** (§ 44 Abs. 1 AO).

Dies bedeutet:

a) Jeder Gesamtschuldner schuldet die ganze Leistung (§ 44 Abs. 1 Satz 2 AO).

b) Die Erfüllung der Leistung durch einen Gesamtschuldner wirkt auch für die übrigen Schuldner (§ 44 Abs. 2 Satz 1 AO).

c) Dem FA steht es im Rahmen des § 5 AO frei, an welchem der Gesamtschuldner es sich wenden will. Hat einer von mehreren Gesamtschuldnern die Leistung ganz oder teilweise erbracht, so erwirbt er einen bürgerlich-rechtlichen Ausgleichsanspruch (§ 426 BGB).

Bei der Wahl zwischen Steuer- und Haftungsschuldner hat sich das FA grundsätzlich zuerst an den Steuerschuldner zu halten (§ 219 AO; Rdnr. 358).

Hat das FA mehrere Haftungsschuldner, so hat es ein **Auswahlermessen**, welchen von ihnen es mit einem Haftungsbescheid in Anspruch nehmen will (Rdnr. 113).

7. Verhältnis von Haftungsbescheid und Zahlungsaufforderung

358 Nach § 219 AO darf ein Haftungsschuldner durch Zahlungsaufforderung nur in Anspruch genommen werden, wenn

- die Vollstreckung in das **bewegliche** Vermögen des Steuerschuldners erfolglos war,
- anzunehmen ist, daß die Vollstreckung aussichtslos sein würde,
- der Haftungsschuldner Steuerhinterziehung begangen hat,
- die Haftung auf § 42d oder § 44 Abs. 5 EStG beruht.

Nach Wortlaut und Überschrift dieser Vorschrift müssen die Voraussetzungen nur bei Erlaß der Zahlungsaufforderung (= Leistungsgebot) vorliegen. Der Erlaß des Haftungsbescheides wird durch § 219 AO nicht eingeschränkt.

Bei der Inanspruchnahme eines Haftungsschuldners hat das FA deshalb verfahrensrechtlich **zwei Möglichkeiten:**
a) Es kann einen **Haftungsbescheid ohne Zahlungsaufforderung** erlassen. Es wird von dieser Möglichkeit Gebrauch machen, wenn die Frist für die Festsetzung der Haftungsschuld abzulaufen droht (§ 191 Abs. 3 AO), aber noch nicht feststeht, ob bei dem Steuerschuldner noch etwas zu holen ist, weil die Vollstreckungsmaßnahmen gegen ihn noch nicht abgeschlossen sind. Stellt sich später dann endgültig die Zahlungsunfähigkeit des Steuerschuldners heraus, so kann die Zahlungsaufforderung nunmehr erlassen werden.

Für diesen Fall bestimmt § 229 Abs. 2 AO, daß die Frist für die Verjährung des Zahlungsanspruches mit Ablauf des Jahres beginnt, in dem der Haftungsbescheid durch Bekanntgabe (§ 122 Abs. 1 AO) wirksam geworden ist.

b) Es kann den **Haftungsbescheid** sofort **mit einer Zahlungsaufforderung** erlassen.

In diesem Falle müssen die Voraussetzungen des § 219 AO bereits zu diesem Zeitpunkt erfüllt sein.

c) In beiden Fällen erläßt das FA jeweils zwei verschiedene Verwaltungsakte, den einspruchsfähigen Haftungsbescheid (§ 348 Abs. 1 Nr. 4 AO) und die beschwerdefähige Zahlungsaufforderung (§ 349 Abs. 1 AO). Beide Verwaltungsakte sind nach §§ 129–131 AO korrigierbar.

Beispiel:
Hartl hat im Jahre 05 den Haftungsbescheid und im Jahre 07 die entsprechende Zahlungsaufforderung erhalten. 3 Tage nach Erhalt der Zahlungsaufforderung legt Hartl Beschwerde (§ 349 Abs. 1 AO) ein mit der materiell-rechtlich richtigen Begründung, der Haftungsbescheid sei rechtswidrig. Kann Hartl im Beschwerdeverfahren noch eine Änderung des bestandskräftigen Haftungsbescheides erreichen?
Eine Änderung im Rechtsbehelfsverfahren ist nicht mehr möglich, nachdem der Beschwerdeführer es unterlassen hat, Einspruch gegen den Haftungsbescheid einzulegen. Im Korrekturverfahren (§ 130 Abs. 1 AO) kann es nur zu einer Rücknahme kommen, wenn das FA bei Vorliegen der sonstigen Voraussetzungen im Rahmen des ihm eingeräumten pflichtgemäßen Ermessens eine Korrektur vornehmen muß.

8. Verhältnis von Haftungsschuld und Steuerschuld

Zwischen dem Haftungsanspruch und dem zugrundeliegenden Anspruch aus dem Steuerschuldverhältnis besteht eine enge Verbindung (**Akzessorietät**). Dies bedeutet, daß ein Haftungsanspruch das Bestehen eines

Anspruches aus einem Steuerschuldverhältnis (§ 37 Abs. 1 AO) voraussetzt. Erlischt dieser Anspruch aus dem Steuerschuldverhältnis, so erlischt damit auch der Haftungsanspruch, ein Haftungsbescheid darf nicht mehr ergehen (§ 191 Abs. 5 AO). Ist dagegen ein Haftungsbescheid ergangen und erlischt später die zugrundeliegende Steuer, so findet § 191 Abs. 5 AO keine Anwendung. In diesem Falle kommt es auf den Einzelfall an, ob der Haftungsbescheid bestehen bleibt oder nach § 130 Abs. 1 AO zu korrigieren ist.

Beispiele:
1. Das FA hat einem Steuerschuldner die Steuer aus persönlichen Gründen erlassen (§ 227 Abs. 1 AO). – Der Steueranspruch ist erloschen (§ 47 AO), ein Haftungsbescheid kann nicht mehr ergehen.

2. Das FA hat zuerst im Jahre 01 einen Steuerbescheid und nach Zahlungsunfähigkeit des Steuerschuldners im Jahre 03 einen Haftungsbescheid erlassen. Mit Ablauf des Jahres 06 tritt für den Steuerbescheid die Zahlungsverjährung ein (§ 228 AO). Damit erlischt die Steuerschuld (§ 47 AO). – Der Haftungsbescheid bleibt weiterhin wirksam. § 191 Abs. 5 AO findet keine Anwendung.

Das FA ist nicht etwa verpflichtet, durch Unterbrechungshandluuungen (§ 231 AO) den Eintritt der Zahlungsverjährung zu verhindern.

3. Das FA hat im Beispiel 2 die Steuer aus sachlichen Gründen erlassen (§ 227 AO).

Der Erlaß der Steuer aus sachlichen Gründen zeigt, daß der Haftungsbescheid nicht gerechtfertigt war. Er ist gemäß § 130 Abs. 1 AO zurückzunehmen.

Beruht allerdings die Haftung darauf, daß der **Haftungsschuldner** Steuerhinterziehung (§ 370 AO) begangen hat, so kann das FA auch noch nach Erlöschen des Anspruches aus dem Steuerschuldverhältnis den Haftungsbescheid erlassen (§ 191 Abs. 5 Satz 2 AO). Dies gilt auch dann, wenn der Haftungsschuldner eine ordnungsgemäße Selbstanzeige (§ 371 AO) erklärt hat.

9. Besonderheiten bei gesetzlichen Haftungsansprüchen

Wie alle Geldleistungsansprüche verjähren auch Haftungsansprüche. Hierbei unterscheidet die AO zwischen der Haftung, die sich aus Steuergesetzen (z. B. §§ 69 ff. AO) ergibt, und der Haftung, die sich auf Vorschriften anderer Gesetze (z. B. §§ 419 BGB, 25 HGB) gründet.

a) Haftung nach Steuergesetzen

Eine Haftung nach Steuergesetzen kommt nur unter folgenden Voraussetzungen in Betracht (§ 191 Abs. 3, 5 AO):

aa) Die Festsetzungsfrist für den Haftungsanspruch darf nicht abgelaufen sein (§ 191 Abs. 3 AO).
Bei der Anwendung von § 191 Abs. 3 Satz 1 AO ist zu beachten, daß die Festsetzungsfrist für den Haftungsanspruch entweder 4 Jahre oder bei Steuerhinterziehung 10 Jahre beträgt. Eine 5jährige Festsetzungsfrist kommt nur bei einer Haftung nach § 70 AO in Betracht. Diese Vorschrift hat allerdings nur Bedeutung im Zoll- oder Verbrauchsteuerrecht.

bb) Der dem Haftungsanspruch zugrunde liegende Steueranspruch darf nicht wegen Ablaufes der Festsetzungsfrist erloschen sein (§ 191 Abs. 5 Nr. 1 i. V. m. § 169 ff. AO).

cc) Die Zahlungsfrist für die festgesetzte Steuer darf nicht abgelaufen sein (§§ 191 Abs. 5 Nr. 2, 228 ff. AO).

dd) Die festgesetzte Steuer darf nicht erlassen worden sein (§§ 191 Abs. 5 Nr. 2, 227 AO).

Auch wenn die Steuerschuld durch Zahlung (§ 224 ff. AO) oder durch Aufrechnung (§ 226 AO) erloschen ist, kann ein rechtmäßiger Haftungsbescheid nicht mehr ergehen.

Beispiele:
1. Dr. Raab wird am 1. 1. 03 zum Vormund des Mohn bestellt. Trotz mehrmaliger Aufforderung durch das FA gibt er die ESt-Erklärung für 01 nicht ab. Sein Verhalten ist als grob fahrlässig zu werten. Das FA schätzt daraufhin die Besteuerungsgrundlagen und setzt die ESt 01 im Jahre 04 um 50 000 DM zu niedrig fest. Die festgesetzte Steuer wird bezahlt. Nachdem Mohn vermögenslos geworden ist, wird dem FA der richtige Sachverhalt bekannt. Es will sich wegen der ESt 01 in Höhe von 50 000 DM an Dr. Raab halten. Wie lange kann das FA einen Haftungsbescheid erlassen?
Dr. Raab haftet aufgrund einer steuergesetzlichen Haftungsvorschrift (§§ 69, 34 Abs. 1 AO). Zu prüfen ist daher, wie lange § 191 Abs. 5 und 3 AO eine Haftung zuläßt.
a) Solange die Festsetzungsfrist für die ESt 01 nicht abgelaufen ist, kann der Haftungsbescheid ergehen (§ 191 Abs. 5 Nr. 1 AO). Die Frist beginnt mit Ablauf 04 (§ 170 Abs. 2 Nr. 1 AO, § 36 Abs. 1 EStG) und endet mit Ablauf 09 (§ 169 Abs. 2 Satz 2 und 3 i. V. m. § 378 AO). Bis Ablauf 09 ist der Erlaß des Haftungsbescheides möglich.
b) Haftungsverjährung (§ 191 Abs. 3 AO). Die Festsetzungsfrist für den Haftungsbescheid beginnt mit Ablauf des Kalenderjahres, in dem die Steuerverkürzung eingetreten ist, also mit Ablauf 04 (§ 191 Abs. 3 Satz 3 i. V. m. § 69 AO). Sie würde planmäßig mit Ablauf 08 enden (§ 191 Abs. 3 Satz 2 AO). Solange allerdings die Steuer von 50 000 DM noch nicht festgesetzt ist, greift die Ablaufhemmung des § 191 Abs. 3 Satz 4 1. Halbsatz AO ein. Danach könnte der Haftungsbescheid noch bis Ablauf 09 (vgl. a) ergehen.

2. Das FA erläßt nunmehr am 15. 8. 09 den ESt-Korrekturbescheid 01. Wie lange kann der Haftungsbescheid noch ergehen?
In diesem Fall greifen § 191 Abs. 3 Satz 4 2. Halbsatz und § 171 Abs. 10 AO ein. Die Haftungsverjährung tritt nicht vor Ablauf eines Jahres seit Bekanntgabe (§ 122 Abs. 2 AO) des ESt-Bescheides, also nicht vor Ablauf des 18. 8. 10 ein.

b) Haftung nach anderen Gesetzen

361 Kommt eine Haftung nicht nach Steuergesetzen, sondern nach den Vorschriften des BGB bzw. des HGB in Betracht, so kann ein Haftungsbescheid nur unter den Voraussetzungen von § 191 Abs. 4 und 5 AO ergehen.

Dies bedeutet:

aa) Die **Frist für die Festsetzung der Steuer** darf noch nicht abgelaufen sein (§ 191 Abs. 5 Nr. 1 AO).

bb) Die **Zahlungsverjährungsfrist für die festgesetzte Steuer** darf noch nicht abgelaufen sein (§§ 191 Abs. 5 Nr. 2, 228 ff. AO).

cc) Die **festgesetzte Steuer darf nicht erlassen worden sein** (§§ 191 Abs. 5 Nr. 2, 227 AO).

dd) Der **Haftungsanspruch** darf nach den bürgerlich-rechtlichen Vorschriften nicht verjährt sein (§ 191 Abs. 4 AO).

Beispiel:
Mai und Mühl haben sich 01 zu einer KG zusammengeschlossen. Mai hat sich an der KG mit einer Einlage von 20 000 DM beteiligt. Obwohl Mai wußte, daß die KG die folgenden Wirtschaftsjahre mit Verlust abschloß, ließ er sich in den Jahren 01 bis 03 „Gewinnanteile" in Höhe von mehr als 20 000 DM auszahlen. Im Jahre 04 wurde die KG aufgelöst. Die Auflösung wurde am 10. 3. 04 in das Handelsregister eingetragen (§ 15 HGB). Am 5. 5. 06 wurden die USt-Erklärungen für die Jahre 01 und 02 abgegeben. USt-Voranmeldungen für diese Jahre sind nicht abgegeben worden. Da die KG bei ihrer Auflösung überschuldet und Mühl vermögenslos ist, will das FA im Jahre 09 Mai zur Haftung heranziehen.
Mai haftet als Kommanditist in Höhe seiner Einlage (§ 171 Abs. 1 HGB). Zwar hatte er seine Einlage erbracht, diese wurde jedoch an ihn zurückbezahlt. Seine Einlage gilt somit als nicht geleistet, die Haftung lebt wieder auf (§ 172 Abs. 4 HGB). Eine Haftung kommt jedoch nur in Betracht, soweit die Festsetzungsfrist für die Umsatzsteuer noch nicht abgelaufen ist (§ 191 Abs. 5 Nr. 1 AO) und soweit der Haftungsanspruch gegen Mai nicht nach handelsrechtlichen Vorschriften verjährt ist.

Haftung für die Umsatzsteuer 01. Die Festsetzungsfrist für die USt 01 beginnt mit Ablauf 04 (§ 170 Abs. 2 Nr. 1 AO) und endet mit Ablauf 08 (§ 169 Abs. 2 Nr. 2 AO). Da die Festsetzungsfrist abgelaufen ist, kann Mai zur USt 01 nicht mehr herangezogen werden (§ 191 Abs. 5 Nr. 1 AO).

Haftung für die Umsatzsteuer 02: Die Festsetzungsfrist für die USt 02 beginnt mit Ablauf des Jahres 05 (§ 170 Abs. 2 Nr. 1 AO) und endet mit Ablauf des Jahres 09 (§ 169 Abs. 2 Nr. 2 AO). Bis zu diesem Zeitpunkt könnte die Steuerfestsetzung durchgeführt werden.

Bei Auflösung einer Personenhandelsgesellschaft verjähren Ansprüche gegen die Gesellschafter aus Verbindlichkeiten der Gesellschaft in fünf Jahren nach Auflösung der Gesellschaft (§ 159 Abs. 1 HGB). Die Verjährung beginnt mit Ablauf des 10. 3. 04 (§ 159 Abs. 3 HGB, § 187 Abs. 1 BGB) und endet mit Ablauf des 10. 3. 09 (§ 159 Abs. 1 HGB, § 188 Abs. 2 BGB). Später kann ein Haftungsbescheid gegen Mai grundsätzlich nicht mehr erlassen werden (§ 191 Abs. 4 AO).

c) Zahlungsverjährung

Nach Erlaß eines Haftungsbescheides ist zu beachten, daß die Haftungsschuld, gleichgültig ob sie sich aus einem Steuergesetz oder aus einem anderen Gesetz ergibt, als Anspruch aus einem Steuerschuldverhältnis (§ 37 Abs. 1 AO) der Zahlungsverjährung unterliegt (§ 228 ff. AO).

10. Berichtigung, Rücknahme und Widerruf von Haftungs- und Duldungsbescheiden

Haftungsbescheide sind keine Steuerbescheide. Sie sind diesen auch nicht durch eine gesetzliche Vorschrift gleichgestellt. Dies bedeutet, daß die Änderungsvorschriften des § 172 ff. AO auf Haftungs- und Duldungsbescheide keine Anwendung finden. Diese Bescheide können berichtigt werden, wenn sie eine offenbare Unrichtigkeit enthalten (§ 129 AO), und sie können unter den Voraussetzungen der §§ 130, 131 AO zurückgenommen bzw. widerrufen werden.

Beispiele:

1. Das FA hat nach § 75 AO einen Haftungsbescheid erlassen, obwohl die Festsetzungsfrist für den der Haftung zugrunde liegenden Steueranspruch bereits abgelaufen war (§ 191 Abs. 1, 3 AO). − Der Haftungsbescheid ist rechtswidrig und kann ohne weiteres zurückgenommen werden (§ 130 Abs. 1 AO).

2. Im Jahre 02 hat ein Kaufmann gegen eine geringe Leibrente ein Handelsgeschäft erworben, das er unter der bisherigen Firma fortgeführt hat. Da der Veräußerer vermögenslos war, hat das FA den Erwerber durch Haftungsbescheid für die USt 01 in Anspruch genommen (§ 191 Abs. 1 AO, § 25 HGB).

Einige Zeit später erfährt das FA von neuen Tatsachen, die zu einer Herabsetzung der Umsatzsteuerschuld führen würden (§ 173 Abs. 1 Nr. 2 AO). – Der Haftungsbescheid ist rechtswidrig. Er kann unter Berücksichtigung der neuen Tatsachen zum Teil zurückgenommen werden (§ 130 Abs. 1 AO). Der Erwerber hat gegebenenfalls einen Erstattungsanspruch (§ 37 Abs. 2 AO).

3. Gesellschafter einer aufgelösten BGB-Gesellschaft waren Mai und Alt. Für eine Umsatzsteuerschuld der Gesellschaft hat das FA den ehemaligen Gesellschafter Mai durch Haftungsbescheid in Anspruch genommen (§ 191 Abs. 1 AO, §§ 705, 427 BGB). Das FA stellt kurz darauf fest, daß Mai vermögenslos ist. Das FA hat nun im Rahmen der Ausübung seines pflichtgemäßen Ermessens (§ 5 AO) die Möglichkeit, den Haftungsbescheid gegen Mai zu widerrufen (§ 131 Abs. 1 AO) und Alt in Anspruch zu nehmen.

Berichtigung, Rücknahme und Widerruf können auch während des außergerichtlichen Rechtsbehelfsverfahrens und im finanzgerichtlichen Verfahren vorgenommen werden (§ 132 AO; vgl. Rdnr. 225).

11. Rechtsbehelfe gegen die Inanspruchnahme als Haftungsschuldner

364 Gegen Haftungs- und Duldungsbescheide ist der **Einspruch** gegeben (§ 348 Abs. 1 Nr. 4 AO).

Nach der Systematik der Vorschriften über die Haftung kann der Haftungsschuldner in seinem Einspruch u. a. folgende Einwendungen geltend machen:

a) Der Haftungstatbestand sei nicht erfüllt

Beispiel:
Das FA nimmt den Mai in Haftung mit der Begründung, er sei Gesellschafter einer Gesellschaft des bürgerlichen Rechts gewesen (§ 191 Abs. 1 AO i. V. m. §§ 705, 427 BGB). – Mai wendet ein, er sei nie Gesellschafter gewesen.

b) Der Haftungsanspruch

aa) aus den Steuergesetzen sei durch Ablauf der für den Haftungsanspruch laufenden Festsetzungsfrist erloschen (§§ 191 Abs. 3 i. V. m. 169 ff. AO; vgl. Rdnr. 360).

bb) aus anderen Gesetzen sei nach dem maßgeblichen Recht verjährt (§ 191 Abs. 4 i. V. m. BGB, HGB; vgl. Rdnr. 361).

c) Der dem Haftungsanspruch zugrunde liegende Steueranspruch sei erloschen (§§ 191 Abs. 5, 47 AO)
- durch Ablauf der Festsetzungsfrist (§ 169 ff. AO),

Verfahren 301

- durch Ablauf der Zahlungsverjährung (§ 228 ff. AO),
- durch Erlaß (§ 227 AO).

d) Die dem Haftungsbescheid zugrunde liegenden Ansprüche aus dem Steuerschuldverhältnis (§ 37 Abs. 1, § 3 Abs. 3 AO) seien fehlerhaft festgesetzt worden

Hierbei ist zu beachten, daß Gesamtrechtsnachfolger (§ 45 AO) und Anfechtungsberechtigte unanfechtbare Steuerfestsetzungen gegen sich gelten lassen müssen (§ 166 AO).

365

Beispiel:
Ein Kaufmann hat im Jahre 01 ein Unternehmen im ganzen durch Kaufvertrag übernommen und fortgeführt. Das FA hat im Jahre 02 den Veräußerer mit Umsatzsteuerbescheid zur USt 01 herangezogen. Gegen diesen Bescheid hat der Veräußerer fristgemäß Einspruch eingelegt (§ 348 Abs. 1 Nr. 1 AO). Das FA hat den Erwerber zum Rechtsbehelfsverfahren hinzugezogen (§ 360 Abs. 1 AO). Der Einspruch wurde als unbegründet zurückgewiesen. Die Einspruchsentscheidung wurde bestandskräftig. Im Jahre 03 stellt sich heraus, daß der Veräußerer vermögenslos, eine Vollstreckung gegen ihn damit aussichtslos ist. Das FA nimmt daraufhin den Erwerber für die USt 01 durch Haftungsbescheid in Anspruch (§§ 191 Abs. 1, 75 AO). Mit fristgerechtem Einspruch (§ 348 Abs. 1 Nr. 4 AO) rügt der Erwerber, § 75 AO träfe auf ihn nicht zu, da er die Verbindlichkeiten nicht mit übernommen habe. Im übrigen sei die Steuerschuld fehlerhafterweise zu hoch festgesetzt worden.

Einwendungen gegen den Haftungsgrund: Mit seiner ersten Einwendung greift der Veräußerer den Haftungsgrund an. Er wird hier deswegen nicht durchdringen, weil der Ausschluß der Übernahme der Verbindlichkeiten für eine Haftung nach § 75 AO unbeachtlich ist. Würde er allerdings zu Recht vortragen, daß er das Betriebsgrundstück nicht übernommen hätte, so wäre sein Einspruch begründet. § 75 AO würde in diesem Falle nicht zur Anwendung kommen.

Einwendungen gegen die Höhe der Steuerschuld: Der Erwerber kann Einwendungen gegen die Höhe der Steuerschuld nicht mehr vorbringen. Er war zum Rechtsbehelfsverfahren zugezogen. Als Zugezogener hätte er also dort Anträge stellen und sich insbesondere **kraft eigenen Rechtes** gegen die Einspruchsentscheidung wenden können (§ 360 Abs. 1, 4 AO, § 40 FGO). Nachdem er die Einspruchsentscheidung bestandskräftig werden ließ, kann er gegen die Höhe der Steuer keine Einwendungen mehr erheben (§ 166 AO).

Der Einspruch ist somit unbegründet.

V. Vertragliche Haftung

366 Es besteht die Möglichkeit, daß sich jemand aufgrund eines bürgerlich-rechtlichen Vertrages verpflichtet, für die Schuld eines anderen einzustehen (vgl. § 48 Abs. 2 AO). Der Verpflichtete haftet dann im Rahmen der vertraglichen Vereinbarung.

1. Verpflichtungsgeschäfte

Als Verpflichtungsgeschäfte kommen insbesondere in Betracht:
- Bürgschaft (§ 765 BGB),
- Schuldversprechen (§ 780 BGB),
- Schuldübernahme (§ 305 BGB).

Hierunter fällt nur die sog. **Schuldmitübernahme,** bei der der Übernehmer als Gesamtschuldner neben den Steuerschuldner tritt. Eine sog. **befreiende Schuldübernahme** (§ 414 ff. BGB) kommt nicht in Betracht, da ein öffentlich-rechtlicher Steueranspruch nicht durch eine bürgerlich-rechtliche Vereinbarung aufgehoben werden kann.

2. Verfahren

Da es sich bei den Haftungsansprüchen um bürgerlich-rechtliche Ansprüche handelt, können sie nur nach den Vorschriften des bürgerlichen Rechtes verwirklicht werden (§ 192 AO). Die Geltendmachung der Haftungsansprüche muß daher gegebenenfalls durch Klage oder Mahnverfahren vor dem Zivilgericht erfolgen. Die Vollstreckung wird nicht in dem in der AO geregelten Vollstreckungsverfahren durchgeführt, sondern mit Hilfe des zuständigen Amtsgerichtes.

N. Außenprüfung, verbindliche Zusage und Auskünfte

I. Außenprüfung (§§ 193–203 AO)

1. Allgemeines

Das FA legt den Steuerbescheiden grundsätzlich die in den Steuererklärungen enthaltenen Angaben des Steuerpflichtigen zugrunde. Die Finanzbehörde kann im Rahmen der Beweiserhebung im Besteuerungsverfahren (vgl. §§ 88, 92 ff. AO; Rdnr. 82) unklare und unvollständige Eintragungen in den Erklärungen ergänzen sowie die Wahrheit der Angaben überprüfen. Darüber hinaus dienen – meist **außerhalb** der Räumlichkeiten des FA beim Steuerpflichtigen durchgeführte – **Außenprüfungen** der Kontrolle der Besteuerung. Hier ist neben den Vorschriften der AO auch die **Betriebsprüfungsordnung** (BpO), eine allgemeine Verwaltungsvorschrift für die Betriebsprüfung, zu beachten. 367

2. Zulässigkeit und Prüfungszeitraum

a) Zulässigkeit

Neben Prüfungen, die sich in der Regel auf mehrere Steuern und mehrere Besteuerungszeiträume erstrecken, kennen wir Prüfungen, die sich nur auf einzelne Steuern beschränken, z. B. **Lohnsteueraußenprüfung** (§ 193 Abs. 2 Nr. 1 AO, § 42f EStG) und die **Umsatzsteuerprüfung**.

Bei Gewerbetreibenden, Land- und Forstwirten sowie bei freiberuflich Tätigen ist eine Außenprüfung stets zulässig (§ 193 Abs. 1 AO). Auch die Auswahl nach Zufallsgesichtspunkten ist hier ermessensgerecht (BStBl II 1989, 4). Einer näheren Begründung bedarf die Prüfungsanordnung nicht (BStBl II 1992, 274). Die Prüfung erstreckt sich auch auf außerbetriebliche Sachverhalte (BStBl II 1986, 437).

Bei Steuerpflichtigen, die nur Überschußeinkünfte i. S. d. § 2 Abs. 1 Nr. 4–7 EStG erzielen, sind Außenprüfungen nur zulässig, wenn für die Besteuerung erhebliche Verhältnisse der Aufklärung bedürfen und eine Prüfung an Amtsstelle nicht zweckmäßig ist (§ 193 Abs. 2 Nr. 2 AO). Dies ist in der Prüfungsordnung zu begründen (BStBl II 1986, 435).

Anhaltspunkte für die Möglichkeit einer Steuernachforderung rechtfertigen eine Prüfung (BStBl II 1993, 146).
Auch die Anordnung einer Außenprüfung für einen bereits geprüften Zeitraum ist zulässig (BStBl II 1989, 440).
Der Steuerpflichtige kann die Durchführung einer Außenprüfung anregen. Über den Antrag entscheidet die zuständige Finanzbehörde (§ 195 AO) nach pflichtgemäßem Ermessen (§ 5 AO). Einen Rechtsanspruch auf Durchführung einer Außenprüfung gibt es nicht.

b) Prüfungszeitraum

Bei Großbetrieben (vgl. BStBl I 1991, 407) soll der **Prüfungszeitraum** an den vorhergehenden anschließen (§ 4 Abs. 2 BpO). Im übrigen soll der Prüfungszeitraum die letzten drei Besteuerungszeiträume umfassen, für die bei Unterzeichnung der Prüfungsanordnung Steuererklärungen vorliegen (§ 4 Abs. 3 BpO). Eine ergänzende Prüfungsanordnung für weitere Veranlagungsjahre ist zulässig, wenn mit erheblichen Steuernachforderungen oder erheblichen Steuererstattungen zu rechnen ist bzw. der Verdacht einer Steuerstraftat oder einer Steuerordnungswidrigkeit besteht (§ 4 Abs. 3 BpO), was in der Prüfungsanordnung darzulegen ist.

3. Prüfungsanordnung

a) Inhalt

368 Angemessene Zeit vor Beginn ist dem Betroffenen durch **Prüfungsanordnung** der sachliche und zeitliche Umfang der Außenprüfung bekanntzugeben (§§ 196, 197 AO; § 5 Abs. 4 BpO). Eine Prüfungsanordnung, die mehrere Steuern betrifft, beinhaltet mehrere selbständig anfechtbare Regelungen (BStBl II 1989, 483). Auch die Festsetzung des Prüfungsbeginns und des Prüfungsortes sind selbständige Verwaltungsakte, die mit der Prüfungsanordnung verbunden werden können (BStBl II 1987, 408 und 1989, 455).

b) Besonderheiten bei der Bekanntgabe

Eine zusammengefaßte **Prüfungsanordnung gegen Ehegatten** darf nur ergehen, wenn die Voraussetzungen des § 193 AO für jeden Ehegatten vorliegen (BStBl II 1986, 435). Die Übermittlung einer Ausfertigung genügt

(BStBl II 1990, 612), insbesondere wenn sich die Ehegatten gegenseitig zur Empfangnahme von Verwaltungsakten im Besteuerungsverfahren ermächtigt haben (BStBl II 1989, 257).

Die **Prüfungsanordnung für eine Personengesellschaft** ist an die Gesellschaft zu richten und dieser z. Hd. eines vertretungsberechtigten Gesellschafters bekanntzugeben (BStBl II 1990, 272).

c) Fehlerhafte Prüfungsanordnungen

Prüfungsanordnungen können mit der Beschwerde angefochten sowie – auch nach Unanfechtbarkeit – berichtigt, zurückgenommen oder widerrufen werden (§§ 129–131 AO).

Wird eine Prüfungsanordnung zurückgenommen oder für nichtig erklärt, kann eine erneute Prüfungsanordnung auch dann ergehen, wenn bereits Prüfungshandlungen vorgenommen wurden (BStBl II 1989, 180).

4. Durchführung der Außenprüfung

a) Ort der Prüfung

Zur Durchführung der Außenprüfung hat der Steuerpflichtige einen geeigneten Raum zur Verfügung zu stellen (§ 200 Abs. 2 AO).

Die Außenprüfung findet **grundsätzlich in den Geschäftsräumen** des Steuerpflichtigen statt (§ 200 Abs. 2 Satz 1 AO). Stehen geeignete Geschäftsräume nicht zur Verfügung, so kann die Prüfung – mit **Zustimmung** des Steuerpflichtigen (vgl. Art. 13 GG) – in dessen Wohnräumen vorgenommen werden. Ferner kann die Außenprüfung in den Räumen des Finanzamtes oder – **auf Antrag** – im Büro des Steuerberaters durchgeführt werden, wenn nicht beachtliche Interessen der Verwaltung entgegenstehen (BStBl II 1989, 265).

Der Steuerpflichtige hat die erforderlichen Unterlagen vorzulegen und notwendige Auskünfte zu erteilen (§ 200 Abs. 1 AO).

Das Finanzamt kann den Steuerpflichtigen erforderlichenfalls durch Zwangsmittel (§ 328 ff. AO, vgl. Rdnr. 444 ff.) zur Erfüllung seiner Pflichten anhalten.

b) Prüfungsgrundsätze

Der Außenprüfer hat sowohl die tatsächlichen und rechtlichen Umstände zu untersuchen, die sich steuererhöhend auswirken, als auch solche, die die bisher festgesetzten Steuern mindern (§ 199 Abs. 1 AO). Er soll den Steuerpflichtigen bzw. dessen Berater laufend über die Ermittlungen und die steuerlichen Auswirkungen unterrichten (§ 199 Abs. 2 AO).

5. Kontrollmitteilungen

369 Der Außenprüfer kann im Rahmen der Prüfung ermittelte, für die Besteuerung anderer Personen bedeutsame Feststellungen in Kontrollmitteilungen festhalten und den zuständigen Finanzämtern zur Auswertung zuleiten (§ 194 Abs. 3 AO). Der geprüfte Stpfl. hat grundsätzlich nicht die Möglichkeit, sich insoweit auf ein etwa bestehendes Auskunfts- und Vorlageverweigerungsrecht (§ 101 ff. AO) zu berufen (§ 8 Abs. 2 BpO).

Beispiel:
Das Finanzamt führt eine Außenprüfung bei einem Schreiner durch. Dabei wird festgestellt, daß er im Rahmen der Modernisierung seiner Werkstatt ein größeres Darlehen bei seinem Schwager aufgenommen hat und an diesen jährlich 6 000 DM Zinsen zahlt.

Der Außenprüfer wird dem für die Besteuerung des Schwagers zuständigen FA die Einkünfte aus Kapitalvermögen mitteilen. Der Schreinermeister kann sich hier nicht auf das Auskunftsverweigerungsrecht (§ 101 Abs. 1 i. V. m. § 15 Abs. 1 Nr. 6 AO) berufen, weil er nicht als „andere" Person eine Auskunft erteilt, sondern selbst Beteiligter ist.

Soweit der geprüfte Stpfl. allerdings ein Auskunftsverweigerungsrecht nach § 102 AO hat, muß die Fertigung von Kontrollmitteilungen unterbleiben (§ 8 Abs. 1 Satz 2 BpO). Ein Arzt oder Steuerberater kann also die Vorlage von Handakten verweigern, in denen dem Berufsgeheimnis unterliegende Aufzeichnungen enthalten sind.

6. Abschluß der Außenprüfung

370 Soweit sich Änderungen der Besteuerungsgrundlagen ergeben, hat der Stpfl. ein Recht, diese im Rahmen einer **Schlußbesprechung** mit dem Finanzamt zu erörtern (§ 201 Abs. 1 AO). In einem **Prüfungsbericht** sind die Feststellungen des Prüfers darzustellen (§ 202 Abs. 1 AO). Auf Antrag ist der Prüfungsbericht dem Steuerpflichtigen vor der Auswertung zur Stellungnahme zuzuleiten (§ 202 Abs. 2 AO). Der Prüfungsbericht enthält die Begründung für die Änderung der Steuerbescheide (§ 121 Abs. 1 AO), ist aber kein Verwaltungsakt.

Insbesondere im Rahmen einer Außenprüfung stellt sich häufig heraus, daß ein für die Besteuerung erheblicher Sachverhalt nicht mit einem angemessenen Arbeitsaufwand aufzuklären ist. Hier können sich die Finanzbehörde und der Stpfl. über den der Besteuerung zugrunde zu legenden Sachverhalt und die Sachbehandlung einigen. Diese **tatsächliche Verständigung** dient dem Rechtsfrieden (vgl. AEAO, Tz 1 zu § 88; BStBl

II 1991, 45 und 1991, 673). Sie kommt vor allem in Betracht bei Schätzungen und Bewertungen, z. B. der Festlegung der Nutzungsdauer oder dem Anteil der privaten Nutzung von Wirtschaftsgütern, der Ermittlung des Entnahmewertes von zunächst betrieblich genutzten Wirtschaftsgütern sowie der Aufteilung des Kaufpreises für ein Grundstück auf Boden und Gebäude.

7. Verwertungsverbot

Das Steuerrecht kennt keine gesetzliche Regelung für ein Verwertungsverbot für Prüfungsfeststellungen. Nach der Rechtsprechung gilt in Ausprägung von Art. 1 Abs. 1 GG und in Anlehnung an § 136a StPO folgender Grundsatz:

371

Erfolgen Prüfungshandlungen ohne ordnungsgemäße Prüfungsanordnung, so sind sie rechtswidrig. Die Rechtswidrigkeit von Prüfungsmaßnahmen führt nur zu einem **Verwertungsverbot,** wenn der Steuerpflichtige erfolgreich gegen die fehlerhafte Prüfungsanordnung oder – soweit eine Prüfungsanordnung nicht wirksam wurde – gegen die einzelne Prüfungsmaßnahme vorgegangen ist (BStBl II 1984, 285 und 1988, 165), d. h. wenn durch Beschwerdeentscheidung der OFD oder gerichtliche Entscheidung die Rechtswidrigkeit der fraglichen Prüfungsmaßnahme festgestellt worden ist (BStBl II 1988, 2).

Beispiele:
1. Das Finanzamt hat eine Prüfungsanordnung auf § 193 Abs. 2 Nr. 2 AO gestützt, ohne zu begründen, warum Besteuerungsgrundlagen der Aufklärung bedürfen und eine Erledigung an Amtsstelle nicht zweckmäßig ist.
a) Wird die Prüfungsanordnung unanfechtbar, besteht kein Verwertungsverbot.
b) Wird die Prüfungsanordnung angefochten und aufgehoben, dürfen die Prüfungsfeststellungen nicht verwertet werden. Dem Finanzamt ist es jedoch nicht verwehrt, nach Bekanntgabe einer ordnungsgemäßen Prüfungsanordnung verwertbare Feststellungen für denselben Prüfungszeitraum zu treffen (BStBl II 1989, 440).
2. Das Finanzamt hat eine auf § 193 Abs. 1 AO gestützte Prüfungsanordnung für die Jahre 03–05 erlassen. Der Prüfer stellt aufgrund der von ihm angeforderten Unterlagen für das Jahr 01 nicht verbuchte Einnahmen fest. Das Finanzamt änderte die „unter dem Vorbehalt der Nachprüfung" stehenden Steuerbescheide nach § 164 Abs. 2 AO
a) für das Jahr 01 wegen der nicht erfaßten Betriebseinnahmen und
b) für das Jahr 02 – wie auch für die Jahre 03 bis 05 – wegen des bisher nicht berücksichtigten Privatanteils der Kfz-Kosten. – Für die Jahre 01 und 02 erging keine Prüfungsanordnung. Die Rechtswidrigkeit von Prüfungsmaßnah-

men kann daher durch Anfechtung der einzelnen Prüfungsmaßnahmen oder im Veranlagungsverfahren – spätestens durch Anfechtung der Steuerbescheide – geltend gemacht werden:

a) Die Steuererhöhungen für das Jahr 01 beruhen auf rechtswidrigen Prüfungsfeststellungen, die bei fristgerechter Anfechtung der Änderungsbescheide für das Jahr 01 nicht verwertet werden dürfen.

b) Die Steuererhöhungen für das Jahr 02 beruhen nicht auf Tatsachenermittlungen des Prüfers für das Jahr 02, sondern das Finanzamt hat nach den Regeln der Lebenserfahrung aufgrund der Feststellung für die Jahre 03–05 Schlußfolgerungen für das Jahr 02 gezogen. Die Verwertung der rechtmäßig erlangten Kenntnisse auch für das Jahr 02 ist zulässig (BStBl II 1988, 2).

8. Rechtsfolgen der Außenprüfung

a) Haben sich Änderungen bei den Besteuerungsgrundlagen ergeben, so werden die Steuerbescheide gemäß § 173 Abs. 1 AO oder – soweit Steuern unter dem Vorbehalt der Nachprüfung festgesetzt worden waren – nach § 164 Abs. 2 Satz 1 AO geändert.

Der Steuerpflichtige hat einen Rechtsanspruch auf die Aufhebung eines etwaigen Vorbehalts der Nachprüfung (§ 164 Abs. 2 Satz 3 AO).

b) Soweit die Steuerbescheide nach Außenprüfungen geändert oder durch Außenprüfungen bestätigt wurden, kommt ihnen eine erhöhte Bindungswirkung zu. Änderungen wegen neuer Tatsachen sind nur noch nach Aufdeckung einer Steuerhinterziehung oder einer leichtfertigen Steuerverkürzung zulässig (§ 173 Abs. 2 AO).

c) Wird vor Ablauf der Festsetzungsfrist mit einer Außenprüfung begonnen, so wird der Ablauf der Festsetzungsfrist gehemmt, bis die aufgrund der Außenprüfung geänderten Bescheide unanfechtbar geworden sind (§ 171 Abs. 4 AO).

d) Die Durchführung einer Außenprüfung ist Voraussetzung für die Erteilung einer verbindlichen Zusage nach § 204 AO.

II. Verbindliche Zusagen aufgrund einer Außenprüfung (§§ 204–207 AO)

1. Allgemeines

372 Bisweilen ist es vor unternehmerischen Entscheidungen für den Steuerpflichtigen von großer Bedeutung zu wissen, wie die Finanzbehörden geschäftliche Vorgänge steuerlich beurteilen. Hier liegt es nahe, beim FA

anzufragen. Es würde aber zu einer nicht übersehbaren Mehrbelastung der Finanzbehörden führen, wenn sie immer zu verbindlichen Auskünften verpflichtet wären. Unter Abwägung der Interessen der Finanzbehörden und des Steuerpflichtigen sollen daher nur bei Vorliegen besonderer Voraussetzungen verbindliche Zusagen erteilt werden.

2. Voraussetzungen für die Erteilung einer verbindlichen Zusage

Ein Rechtsanspruch auf Erteilung einer verbindlichen Zusage besteht nach § 204 AO nur bezüglich der steuerlichen Behandlung eines Sachverhaltes, der im Rahmen einer Außenprüfung für die Vergangenheit steuerlich gewürdigt wurde und im Prüfungsbericht dargestellt wird. Ferner muß der Steuerpflichtige in zeitlichem Zusammenhang mit der Außenprüfung einen Antrag stellen, und die künftige Behandlung des Sachverhaltes muß für ihn von unternehmerischer Bedeutung sein.

373

Liegen diese Voraussetzungen vor, so wird das FA nur in seltenen Ausnahmefällen nach Ausübung des pflichtgemäßen Ermessens (§ 5 AO) die Erteilung einer verbindlichen Zusage ablehnen können. Das wäre allenfalls denkbar, wenn gerade zu diesem Sachverhalt noch Weisungen einer vorgesetzten Dienstbehörde oder eine höchstrichterliche Entscheidung ausstehen. Die Verweigerung der Zusage ist zu begründen (§ 121 Abs. 1 AO) und kann mit dem Einspruch angefochten werden (§ 348 Abs. 1 Nr. 6 i. V. m. Abs. 2 AO).

3. Form und Wirkung

Die verbindliche Zusage ist schriftlich zu erteilen und hat einen vorgeschriebenen Mindestinhalt (§ 205 AO).

374

Die Finanzbehörde ist in den Folgejahren an die in der Zusage dargelegte steuerliche Behandlung des Sachverhaltes gebunden, soweit sich dieser nicht in steuerlich bedeutsamen Punkten ändert (§ 206 Abs. 1 AO).

Eine verbindliche Zusage kann sich jedoch niemals zuungunsten des Steuerpflichtigen auswirken. Denn wenn die Zusage – von Anfang an oder nach einiger Zeit – im Widerspruch zum geltenden Recht – etwa zu einer Vorschrift oder zur Rechtsprechung – steht, so entfällt die Bindungswirkung (§ 206 Abs. 2 AO).

Beispiel:

Das FA sagt verbindlich zu, daß bestimmte Umsätze dem vollen Steuersatz unterliegen. Kurze Zeit später entscheidet der BFH, daß für derartige Umsätze der halbe Steuersatz gilt.

Die Bindungswirkung ist nicht eingetreten. Bei den Umsatzsteuerveranlagungen, die noch nicht unanfechtbar geworden sind, kann der Stpfl. die Umsätze dem halben Steuersatz unterwerfen.

4. Geltungsdauer

375 a) Aus jeder verbindlichen Zusage soll der Zeitraum ihrer Gültigkeit hervorgehen (vgl. §§ 205 Abs. 2 Nr. 3, 120 Abs. 2 Nr. 1 AO). Mit Ablauf dieses Zeitraumes tritt die Zusage außer Kraft.

b) Die Bindungswirkung einer Zusage endet kraft Gesetzes, wenn die ihr zugrunde liegenden Vorschriften geändert werden (§ 207 Abs. 1 AO).

c) § 207 Abs. 2 AO eröffnet dem FA die Möglichkeit, mit Wirkung für die Zukunft eine verbindliche Zusage ganz oder teilweise zurückzunehmen oder zu widerrufen. Hierdurch soll verhindert werden, daß eine zugunsten des Steuerpflichtigen fehlerhafte Zusage aufrecht erhalten werden muß. Allerdings wird hier der Grundsatz des Vertrauensschutzes häufig gebieten, daß die Zusage nur für solche künftigen Besteuerungszeiträume rückgängig gemacht wird, für die der Stpfl. noch wirtschaftlich frei disponieren kann.

d) Ausnahmsweise kann eine verbindliche Zusage mit Wirkung für die Vergangenheit zurückgenommen werden (§ 207 Abs. 3 AO), wenn

• der Steuerpflichtige zustimmt,

• die Zusage von einer sachlich unzuständigen Behörde erteilt worden ist oder

• die Zusage durch unlautere Mittel erwirkt worden ist.

III. Verbindliche Auskünfte

376 Neben verbindlichen Zusagen im Anschluß an eine Außenprüfung erteilen die Finanzbehörden auch in anderen Fällen Auskünfte.

1. Anrufungsauskunft

Das örtlich zuständige Betriebsstättenfinanzamt (§§ 41a Abs. 1, 41 Abs. 2 EStG) hat dem Arbeitgeber oder einem Arbeitnehmer auf Anfrage darüber Auskunft zu geben, ob und inwieweit im einzelnen Fall die Vorschriften über die Lohnsteuer anzuwenden sind (§ 42e EStG).

2. Zolltarifauskünfte

Die Zollbehörden haben verbindliche Zolltarifauskünfte zu erteilen (§ 23 ZollG), gegen die der Einspruch gegeben ist (§ 348 Abs. 1 Nr. 5 AO).

3. Verbindliche Auskunft

Darüber hinaus besteht keine Verpflichtung der Finanzbehörden, verbindliche Auskünfte zu geben. Die Finanzämter können jedoch nach Maßgabe der einschlägigen Rechtsprechung (BStBl II 1981, 538 und 1983, 459) über die steuerliche Beurteilung von genau bestimmten Sachverhalten verbindliche Auskünfte erteilen, wenn daran im Hinblick auf die erheblichen steuerlichen Auswirkungen ein besonderes Interesse besteht (BStBl I 1987, 474).

Der Antrag auf Erteilung einer verbindlichen Auskunft ist schriftlich bei dem Finanzamt zu stellen, das bei Verwirklichung des Sachverhalts voraussichtlich zuständig sein wird. Er muß folgende Angaben enthalten:

- die genaue Bezeichnung des Antragstellers (Name, Wohnort, ggf. Steuernummer),
- die Darlegung des besonderen steuerlichen Interesses, eine umfassende und in sich abgeschlossene Darstellung eines ernsthaft geplanten Sachverhalts (keine unvollständige, alternativ gestaltete oder auf Annahme beruhende Darstellung, Verweisung auf Anlagen nur als Beleg),
- eine ausführliche Darlegung des Rechtsproblems mit eingehender Begründung des eigenen Rechtsstandpunktes sowie
- die Formulierung konkreter Rechtsfragen (wobei globale Fragen nach den eintretenden Rechtsfolgen nicht ausreichen).

Bei derartigen Auskünften gebietet der Grundsatz des gegenseitigen Vertrauens zwischen der Finanzverwaltung und dem Steuerpflichtigen, also der Grundsatz von Treu und Glauben, daß die Finanzbehörde auch an eine dem geltenden Recht widersprechende Zusage gebunden ist, wenn der verwirklichte Sachverhalt von dem der Auskunft zugrunde gelegten Sachverhalt nicht abweicht (BStBl II 1989, 57) und die Auskunft von dem zuständigen Beamten oder dem Vorsteher erteilt wurde (BStBl II 1990, 274). Dies gilt jedoch nur zugunsten des Antragstellers. Denn eine entsprechende Anwendung von § 206 Abs. 2 AO ergibt, daß bei einer dem geltenden Recht widersprechenden Zusicherung Bindungswirkung nicht eintritt, wenn der Steuerpflichtige benachteiligt wird.

Die verbindliche Auskunft tritt außer Kraft, wenn die Rechtsvorschriften, auf denen die Auskunft beruht, geändert werden. Darüber hinaus wird eine falsche Rechtsauffassung mit Wirkung für die Zukunft aufgegeben werden können (vgl. § 207 Abs. 2 AO). Das bei den Veranlagungssteuern geltende Prinzip der Abschnittsbesteuerung schließt eine weitergehende Bindung in der Regel aus.

O. Rechtsbehelfsverfahren

I. Grundlagen (Vorverfahren und gerichtliches Verfahren)

1. Wesen und Bedeutung

377 Der moderne Rechtsstaat ist im wesentlichen dadurch gekennzeichnet, daß sowohl die Rechte der Bürger als auch die Befugnisse der Verwaltung durch Verfassung und Gesetz begrenzt werden. Damit dieser Grundsatz verwirklicht werde, teilt man die Staatsgewalt in ihre drei Elemente auf (vgl. Art. 20 Abs. 3 GG und die Länderverfassungen, z. B. Art. 5 BayVerf) und räumt dem Staatsbürger das Recht ein, die Maßnahmen der Verwaltung durch unabhängige Richter überprüfen zu lassen. Dieser **Anspruch auf richterliche Kontrolle** ist durch Art. 19 Abs. 4 GG zum Grundrecht erhoben.

2. Begriffe

378 a) Unter **Rechtsbehelf** versteht man jede Handlung, die der Bürger vornimmt, um eine Behörde zur Korrektur irgendeiner Maßnahme oder eines Verhaltens zu bewegen. Man teilt die Rechtsbehelfe in zwei Gruppen ein, nämlich **förmliche** und **formlose**.

b) **Formlose** Rechtsbehelfe sind die **Dienstaufsichtsbeschwerde** und die **Gegenvorstellung**. Für sie bestehen keine Form- oder Fristregelungen. Der Bürger hat auch keinen Rechtsanspruch auf Behandlung seiner Eingabe oder auf einen Bescheid. Es ist aber ständige Verwaltungsübung, gerügte Maßnahmen zu überprüfen und den Beschwerdeführer über das Ergebnis zu informieren.

Von Gegenvorstellung spricht man, wenn der Bürger sich an die verfügende Behörde mit Einwendungen richtet, von Dienstaufsichtsbeschwerde, wenn er Nachprüfung durch eine übergeordnete Instanz begehrt. Die Steuergesetze erwähnen beide nicht; das allgemeine Verwaltungsrecht setzt sie aber als gegeben voraus (vgl. das Petitionsrecht in Art. 17 GG).

Grundlagen (Vorverfahren und gerichtliches Verfahren)

c) **Förmliche** Rechtsbehelfe sind die im Gesetz vorgesehenen form- und fristgebundenen Einwendungen, die dem Stpfl. einen Rechtsanspruch auf eine verfahrensgerechte Nachprüfung des angefochtenen Verwaltungsaktes einräumen.

Beispiel:
Einspruch § 348 AO, Beschwerde § 349 AO, Klage § 40 ff. FGO.

Eine Sonderstellung nehmen in diesem Kreise die **Rechtsmittel** ein, das sind Rechtsbehelfe gegen richterliche Entscheidungen.

Beispiel:
Revision § 115 ff. FGO, Rechtsbeschwerde § 128 FGO.

3. Vorverfahren und gerichtliches Verfahren

§ 44 FGO bestimmt, daß die Klage – abgesehen von einigen Sonderfällen – nur dann zulässig ist, wenn das Vorverfahren über den außergerichtlichen Rechtsbehelf erfolglos geblieben ist. Der in Art. 19 Abs. 4 GG angesprochenen richterlichen Überprüfung wird also ein Verwaltungsverfahren vorgeschaltet. Das – zumindest teilweise – erfolglose Vorverfahren ist Prozeßvoraussetzung: Fehlt es daran, darf das Gericht nicht in der Sache entscheiden; eine trotzdem erhobene Klage ist als unzulässig zu verwerfen.

379

Diese Regelung hat praktische Gründe. Der Beamte, der den ursprünglichen Verwaltungsakt erlassen hat, ist mit dem Sachverhalt vertraut. Wo nur Tatbestandsfehler gerügt werden oder wo bei der Entscheidung Versehen unterlaufen sind, kann die Vorentscheidung schnell und einfach korrigiert werden. Wo dagegen echte Meinungsverschiedenheiten bestehen, hat die Verwaltung Gelegenheit, ihre Meinung in einer schriftlichen Begründung (§ 366 AO) darzulegen.

Die **Einspruchs- oder Beschwerdeentscheidung** ist demgemäß nichts anderes, als eine sorgfältig überarbeitete und mit Gründen versehene Bestätigung bzw. Änderung des ursprünglichen Verwaltungsaktes. § 44 Abs. 2 FGO unterstreicht dies mit der Feststellung, Gegenstand der Klage sei „der ursprüngliche Verwaltungsakt in der Gestalt, die er durch die Entscheidung über den außergerichtlichen Rechtsbehelf gefunden hat".

II. Das außergerichtliche Vorverfahren

1. Die Zulässigkeit der Rechtsbehelfe

380 Das gesamte Verfahren besteht aus zwei Hauptteilen, nämlich der Prüfung der **Zulässigkeit** und der **Begründetheit**.

Zur Zulässigkeit gehören alle verfahrensrechtlichen und formalen Voraussetzungen (z. B., ob der richtige Rechtsbehelf eingelegt ist, ob dies rechtzeitig geschah, ob der Antragsteller dazu befugt war u. a.).

Bei der Begründetheit geht es dagegen um Fragen des materiellen Rechts, also darum, ob die Vorentscheidung inhaltlich rechtens war (z. B., ob der richtige Steuersatz gefordert wurde, ob evtl. eine Steuerbefreiung Platz greift oder der Anspruch schon verjährt ist).

Die Zulässigkeit ist Voraussetzung für eine Sachentscheidung. Erst wenn feststeht, daß alle Zulässigkeitserfordernisse erfüllt sind, darf man auf die Begründetheit eingehen. Fehlt auch nur eine Zulässigkeitsvoraussetzung, muß der Rechtsbehelf als **unzulässig verworfen** werden (§ 358 AO), d. h. er wird sachlich nicht behandelt, selbst wenn er nach materiellem Recht begründet wäre.

Beispiel:

A hatte seinen Betrieb 01 eingestellt, das FA aber nicht verständigt. Weil er nie Steuererklärungen abgab, schätzte das FA seine Umsätze in 02 (§ 162 AO). 3 Monate nach Bekanntgabe des Bescheids legt A Einspruch ein und begehrt, den USt-Bescheid zurückzunehmen. – Der Rechtsbehelf ist verspätet (§ 355 AO); er muß als unzulässig verworfen werden (§ 358 AO), obwohl er offensichtlich begründet wäre. Man spricht hier von der „Bestandskraft" nach Ablauf der Rechtsbehelfsfrist.

Aus dieser Regelung ergibt sich notwendig die **Reihenfolge der Prüfung**: Immer muß zuerst die Zulässigkeit und dann die Begründetheit geprüft werden.

Die AO behandelt die **Zulässigkeit** in den §§ 347 ff. Demnach sind regelmäßig folgende **Zulässigkeitsvoraussetzungen** zu prüfen:

a)	Statthaftigkeit	§§ 347, 348, 349 AO
b)	Form	§ 357 Abs. 1 und 3 AO
c)	Frist	§§ 355, 356 (108–110) AO
d)	Beschwer	
e)	Befugnis	§§ 350, 352, 353 AO
f)	Keine Rücknahme	§ 362 AO
g)	Kein Verzicht	§ 354 AO

a) Statthaftigkeit

Der Begriff Statthaftigkeit umfaßt zwei selbständige Voraussetzungen, nämlich die Fragen, 381
- ob der Finanzrechtsweg überhaupt eröffnet ist und
- welcher Rechtsbehelf im einzelnen Fall gegeben ist.

aa) Zulässigkeit des Finanzrechtswegs

In § 347 AO (der im wesentlichen mit § 33 FGO übereinstimmt) wird die sachliche Zuständigkeit der Rechtsbehelfsbehörden zur Nachprüfung von Verwaltungsakten umrissen. Die Rechtsbehelfe der AO und der FGO sind danach gegeben
- in **Abgabenangelegenheiten**; das sind nach § 347 Abs. 2 AO alle mit der Verwaltung der Steuern zusammenhängenden Angelegenheiten;

    Beispiel:
    Die Ermittlung, Festsetzung und Erhebung von Steuern und steuerlichen Nebenleistungen sind Abgabenangelegenheiten;
- in **anderen Angelegenheiten**, soweit sie in § 347 Abs. 1 Nr. 2–4 AO aufgezählt sind.

    Beispiele:
    Wenn Finanzbehörden im Wege der Auftragsverwaltung andere Verwaltungsakte vollstrecken; Zulassungs- und Prüfungsangelegenheiten der Steuerberater; Streitigkeiten für die durch Spezialgesetze auf den Finanzrechtsweg verwiesen wird (§ 8 Abs. 3 WoPG).

bb) Der richtige Rechtsbehelf

Die AO kennt im Vorverfahren drei verschiedene Rechtsbehelfe, nämlich **Einspruch, Beschwerde** und **Untätigkeitsbeschwerde**.
Einspruch und Beschwerde kommen nach dem Wortlaut der §§ 348, 349 Abs. 1 AO nur gegen Verwaltungsakte (§ 118 AO) der Finanzbehörden in Betracht. Keine Verwaltungsakte sind die Niederschlagung (§ 261 AO) oder der Prüfungsbericht im Anschluß an eine Außenprüfung (§ 202 Abs. 1 Satz 1 AO). Diese innerdienstlichen Maßnahmen sind daher weder einspruchs- noch beschwerdefähig. Über den Einspruch entscheidet dieselbe Behörde noch einmal; er ist gegeben gegen Verwaltungsakte, denen umfangreiche Tatbestandsermittlungen zugrunde liegen. Bei anderen Verwaltungsakten, bei denen die Rechtsanwendung und die Ermessensausübung im Vordergrund stehen, ist die Beschwerde zulässig, über die eine unvoreingenommene übergeordnete Behörde entscheidet (§§ 367, 368 AO).

(1) Einspruchsfähige Verwaltungsakte (§ 348 Abs. 1 AO)

382 Nr. 1 **Steuerbescheide** (§ 155 AO), auch Vorauszahlungsbescheide. Zu beachten ist, daß der eigentliche Steuerbescheid mit der Steuerfestsetzung endet und daß die in der Praxis damit oft verbundenen weiteren Anordnungen (Anrechnung von LSt und KapErtrSt, Festsetzung von Verspätungszuschlägen und Vorauszahlungen, Anordnung der Buchführungspflicht nach § 141 Abs. 2 AO) selbständige Verwaltungsakte sind, die – unabhängig vom Steuerbescheid – anfechtbar sind.

Beispiel:
Das FA hat in einem ESt-Bescheid die Steuerschuld auf 100 000 DM festgesetzt. Auf dem Steuerbescheid rechnet das FA gem. § 36 Abs. 2 EStG auf die errechnete Steuerschuld die geleisteten Vorauszahlungen von 40 000 DM sowie die bezahlte LSt in Höhe von 20 000 DM an. Damit kommt es zu einer Abschlußzahlung von 40 000 DM (§ 36 Abs. 4 EStG). Schließlich werden auf dem Formular des Steuerbescheides ESt-Vorauszahlungen für das Folgejahr in Höhe von 40 000 DM festgesetzt (§ 37 EStG).

Das FA hat mit der Festsetzung der Steuerschuld und der Steuervorauszahlung zwei einspruchsfähige Steuerbescheide erlassen (§§ 155 Abs. 1 Satz 1, 348 Abs. 1 Nr. 1 AO). Die Anrechnung (§ 36 Abs. 2 EStG) ist nicht beschwerdefähig (vgl. Rdnr. 246).

Zu den einspruchsfähigen Steuerbescheiden zählen auch Freistellungsbescheide (§ 155 Abs. 1 Satz 2 AO; vgl. dazu Rdnr. 118). Einspruchsfähig sind schließlich Steueranmeldungen nach den §§ 167, 168 AO, wie die USt-Voranmeldung, die USt-Jahresanmeldung (§ 18 UStG) und die LSt- bzw. Kapitalertragsteueranmeldung (§§ 41a, 45a EStG).

Nr. 2 **Feststellungsbescheide** (§ 179 AO), **Meßbescheide** (§ 184 AO) und andere **Grundlagenbescheide** (§ 171 Abs. 10 AO), Zerlegungs- und Zuteilungsbescheide (§§ 188 190 AO).

Einspruchsfähig sind nach dem Wortlaut des Gesetzes: Feststellungsbescheide, die Einkünfte gesondert feststellen, ebenso wie Feststellungsbescheide, die andere Besteuerungsgrundlagen, wie z. B. den Förderbetrag nach § 10e Abs. 1 EStG oder eine berücksichtigungsfähigen Verlust nach § 10d Abs. 3 EStG, betreffen.

Nr. 3 Bescheide über **Steuervergünstigungen**, auf die ein Rechtsanspruch besteht.

Nr. 4 **Haftungs-** und **Duldungsbescheide** (§ 191 AO).

Nr. 5 Zolltarifauskünfte.

Zulässigkeit der Rechtsbehelfe 317

Nr. 6 **Verbindliche Zusagen** (§ 204 AO), die im Anschluß an eine Außenprüfung die rechtliche Beurteilung bestimmter Tatbestände für die Zukunft festlegen.

Nr. 7 **Kontingentbescheide** in Monopolsachen.

Nr. 8 **Aufteilungsbescheide** (§ 279 AO), mit denen im Vollstreckungsverfahren eine Gesamtschuld in eine Bruchteilsschuld umgewandelt wird.

Nr. 9 Bescheide nach § 218 Abs. 2 AO („Abrechnungsbescheide").

Beispiel:
Das FA erläßt einen ESt-Bescheid. Der Stpfl. legt Einspruch ein mit der Begründung, er habe mit einem Vermögensteuererstattungsanspruch aufgerechnet.
Diese Einwendung ist in dem Einspruchsverfahren gegen den ESt-Bescheid unbegründet. Denn in diesem Verfahren geht es nur um die Höhe der Steuerschuld. Der Stpfl. behauptet aber, die entstandene Steuerschuld sei nun durch die Aufrechnung erloschen (§§ 47, 226 AO). Bestreitet das FA die Wirksamkeit der Aufrechnung, so handelt es sich um einen Streit, der die Verwirklichung eines Anspruches aus einem Steuerschuldverhältnis betrifft (§§ 218, 37 AO). Diesen Streit regelt das FA durch einen Abrechnungsbescheid (vgl. Rdnr. 247), der nach § 348 Abs. 1 Nr. 9 EStG einspruchsfähig ist.

Nr. 10 **Zins- und Kosten**bescheide (§§ 234 ff.; 337 AO).

Nr. 11 **Verwaltungsakte im Konkursverfahren** (§ 251 Abs. 3 AO), die dann erlassen werden müssen, wenn der Konkursverwalter oder ein Konkursgläubiger die Höhe oder das Vorrecht einer vom FA angemeldeten Forderung bestreitet (§ 138 ff. KO).

Einspruchsfähig nach **§ 348 Abs. 2 AO** sind auch:

- Korrekturbescheide für die in den Nr. 1 bis 11 genannten Verwaltungsakte,

- Verwaltungsakte, mit denen der Erlaß einer der o. g. Verwaltungsakte abgelehnt wird.

Beispiele:
1. Das FA ändert einen Gewinnfeststellungsbescheid nach § 173 Abs. 1 Nr. 1 AO.
2. Das FA lehnt die Berichtigung eines Steuerbescheides durch Verwaltungsakt mit der Begründung ab, die Voraussetzungen des § 129 AO lägen nicht vor.
3. Das FA lehnt durch Verwaltungsakt den Erlaß eines Feststellungsbescheides nach § 180 Abs. 1 Nr. 2a AO mit der Begründung ab, die beiden Antragsteller seien keine Mitunternehmer, sondern zwischen ihnen bestünde ein Darlehensverhältnis.

4. Das FA lehnt durch Verwaltungsakt die Korrektur eines Haftungsbescheides mit der Begründung ab, die Voraussetzungen nach §§ 129, 130 und 131 AO lägen nicht vor.

In allen vier Fällen hat das FA einspruchsfähige Verwaltungsakte erlassen.

(2) Die Beschwerde

383 ist gegen alle anderen Verwaltungsakte (§ 118 AO) gegeben.

Ausnahmen:

- Einspruchs- und Beschwerdeentscheidungen (§ 349 Abs. 1 Satz 2 AO),
- Verwaltungsakte oberster Behörden (weil es keine „nächsthöhere" Behörden gibt, § 349 Abs. 3 Nr. 1 AO),
- Entscheidungen des Steuerberater-Zulassungsausschusses (§ 349 Abs. 3 Nr. 2 AO).

Gegen diese Verwaltungsakte ist unmittelbar die Klage statthaft (§ 44 Abs. 1 FGO).

Beispiel:
Die Beschwerde ist u. a. gegen Verwaltungsakte gegeben, wie Stundung, Prüfungsanordnung, Fristverlängerung, Erlaß, Umstellung des Wirtschaftsjahres, Ablehnung von Buchnachweiserleichterungen, Verspätungs- und Säumniszuschläge, Zwangsgelder, Aufklärungsanordnungen, NV-Bescheinigungen nach § 36b Abs. 2 und § 44a Abs. 2 EStG.

(3) Die Untätigkeitsbeschwerde

384 Dieser Rechtsbehelf ist nach § 349 Abs. 2 AO gegeben, wenn über einen Antrag auf Erlaß eines Verwaltungsaktes ohne triftigen Grund nicht binnen angemessener Frist entschieden worden ist. Welche Frist „angemessen" ist, muß unter Berücksichtigung des Zeit- und Arbeitsaufwands im einzelnen Fall entschieden werden.

Ist der begehrte Verwaltungsakt eine Einspruchs- oder Beschwerdeentscheidung, so ist nicht die Untätigkeitsbeschwerde, sondern die **Untätigkeitsklage** (§ 349 Abs. 2 Satz 2 AO) gegeben.

Beispiele:
1. Der Stpfl. beantragt einen ESt-Erstattungsbeschied (§ 46 Abs. 2 Nr. 8 EStG). Das FA wird in angemessener Zeit nicht tätig.
Der Stpfl. kann Untätigkeitsbeschwerde erheben (§ 349 Abs. 2 AO). Ergeht auch dann der beantragte Bescheid nicht, so hat der Stpfl. die Möglichkeit der Untätigkeitsklage (vgl. §§ 349 Abs. 2 Satz 2 AO, 46 FGO; Rdnr. 423).
2. Der Stpfl. beantragt einen ESt-Erstattungsbescheid. Das FA lehnt den Erlaß durch Verwaltungsakt mit der Begründung ab, der Stpfl. sei nach § 46 EStG zur ESt zu veranlagen.

Zulässigkeit der Rechtsbehelfe

Der Stpfl. kann gegen den ablehnenden Verwaltungsakt Einspruch einlegen (§ 348 Abs. 2 i. V. m. Abs. 1 Nr. 1 AO). Wird daraufhin das FA in angemessener Frist nicht tätig, so kann der Stpfl. wiederum Untätigkeitsklage erheben.

b) Form der Rechtsbehelfe

aa) Äußerlichkeiten

Nach § 357 AO kann ein Rechtsbehelf 385
- schriftlich eingereicht werden,
- zur Niederschrift oder
telegrafisch eingelegt werden.

Unter **Schriftform** versteht man, daß eine Willenserklärung niedergeschrieben und unterschrieben wird (vgl. § 126 BGB). Wenn die Unterschrift fehlt, mangelt es zwar an der „Schriftlichkeit", die Form im Vorverfahren ist aber trotzdem gewahrt; denn „es genügt, wenn aus dem Schriftstück hervorgeht, wer den Rechtsbehelf eingelegt hat" (§ 357 Abs. 1 Satz 2 AO).

Beispiel:
Der Stpfl. vergißt die Unterschrift, aber er hat einen gedruckten Firmenbogen verwendet oder er hat die Steuernummer und den angefochtenen Bescheid angegeben. Diese Vereinfachungsregelung gilt allerdings nicht für die Klage (§ 64 Abs. 1 FGO).

Bei der **Niederschrift** protokolliert ein Amtsträger die vom Stpfl. mündlich vorgebrachte Willenserklärung. Der Stpfl. muß die Niederschrift unterschreiben, und der Amtsträger bestätigt durch seine Unterschrift den Vorgang. Die Einzelheiten sind in den „Allgemeinen Dienstordnungen" der Länder geregelt. Ein Aktenvermerk reicht nicht aus.

Telegrafische Einlegung ist zulässig. Wenn das Telegramm von der Post innerhalb der Rechtsbehelfsfrist nur zugesprochen und das Schriftstück erst später dem FA übermittelt wird, ist die Rechtsbehelfsfrist gewahrt. Der Beamte, der den Zuspruch aufnimmt, muß darüber zur Klarstellung einen Aktenvermerk aufnehmen. Telefonische Einlegung ist nicht statthaft. Ohne Unterschrift des Stpfl. kann der Amtsträger keine Niederschrift fertigen. Nachdem der Stpfl. sich aber jederzeit vertreten lassen kann (§ 80 AO), könnte er telefonisch einen Vertreter beauftragen.

Beispiel:
A aus München ist auf einer Geschäftsreise in Lissabon. Abends um 19 Uhr bemerkt er, daß mit dem gleichen Tag eine Einspruchsfrist abläuft, die er wahrnehmen wollte. Er ruft sofort einen Taxi-Stand in München an und bittet

den Fahrer Maier, er möge auf einen Zettel „Einspruch gegen den ESt-Bescheid StNr. 12/345, Maier" schreiben und dieses Schriftstück vor 24 Uhr in den Amtsbriefkasten des FA werfen.
Der Einspruch ist form- und fristgerecht.
Zulässig ist schließlich auch die Einlegung durch **Telefax**.

bb) Inhalt

386 Hinsichtlich des Inhalts kennt die AO nur **Sollvorschriften**. Damit soll dem rechtsunkundigen Steuerpflichtigen die Einlegung des Rechtsbehelfes erleichtert werden. Allerdings muß der Steuerpflichtige in seinem Rechtsbehelfsschreiben erkennen lassen, daß er sich beschwert fühlt bzw. daß er eine Nachprüfung des Verwaltungsaktes begehrt.

Enthält der Rechtsbehelf neben dem sachlichen Begehren auch unsachliche oder beleidigende Äußerungen, so ist im Zweifel dennoch die Form gewahrt (BStBl II 1993, 119).

Unrichtige Bezeichnung schadet nicht (§ 357 Abs. 1 Satz 4 AO). Wenn der Stpfl. also einen Einspruch als Beschwerde, Klage oder Berufung bezeichnet, ist dieser von der Behörde als der richtige Rechtsbehelf zu behandeln. Daraus muß man schließen, daß es überhaupt nicht erforderlich ist, das Schreiben als Rechtsbehelf zu bezeichnen.

Beispiel:
Der Stpfl. schreibt: „Ihr Bescheid enthält verschiedene Mängel, nämlich... Ich bitte Sie, Ihre Fehler zu berichtigen, hochachtungsvoll X". – Ein Schreiben dieses Inhalts erfüllt auch die formalen Erfordernisse eines Rechtsbehelfs.

Es ist aber bei zweifelhafter Formulierung nicht zulässig, ein Schreiben gegen den – auch nachträglich – erklärten Willen des Steuerbürgers als Rechtsbehelf zu behandeln.

Bei der unrichtigen Bezeichnung darf man nicht nur an den Rechtsbehelf denken, sondern auch an den anzufechtenden Verwaltungsakt. Wenn der Stpfl. seinen Einspruch gegen einen Folgebescheid richtet, aus den Gründen aber hervorgeht, daß der Rechtsbehelf sich gegen einen Grundlagenbescheid wendet, ist der Antrag **auch** als Einspruch gegen den Grundlagenbescheid zu behandeln (vgl. § 351 Abs. 2 AO und Rdnr. 399).

Zur einfachen und raschen Behandlung eines Rechtsbehelfs ist es zweckmäßig, wenn der Schriftsatz die in § 357 Abs. 3 AO erbetenen Bestandteile enthält:
- Bezeichnung der angefochtenen Entscheidung,

Zulässigkeit der Rechtsbehelfe 321

- Rechtsbehelfsantrag,
- Anfechtungsgründe und Beweismittel dafür.

cc) Wahrung der Form

Wenn das FA merkt, der rechtsunkundige Stpfl. möchte einen Rechtsbehelf einlegen, muß der Beamte dafür sorgen, daß der Antrag die erforderliche Form bekommt (§ 89 AO). Unterläßt er das, kann er u. U. in dem Stpfl. einen Verfahrensirrtum hervorrufen, der Wiedereinsetzung in den vorigen Stand rechtfertigt.

c) Rechtsbehelfsfrist

aa) Dauer

Die Rechtsbehelfsfrist dauert nach § 355 AO einen Monat. Das gleiche gilt für die gerichtlichen Rechtsbehelfe, z. B.

Anfechtungsklage (§ 47 FGO),
Revision (§ 120 FGO),
Nichtzulassungsbeschwerde (§ 115 Abs. 2 FGO),

aber für die gerichtliche Beschwerde beträgt sie nur 2 Wochen (§ 129 FGO). Die Untätigkeitsbeschwerde ist unbefristet (§ 355 Abs. 2 AO). Die Frage, ob schon eine „angemessene Frist" i. S. des § 349 Abs. 2 AO verstrichen ist, gehört nicht zur Zulässigkeit, sondern zur Begründetheit.

bb) Beginn und Ende

Die Rechtsbehelfsfrist beginnt grundsätzlich mit der **Bekanntgabe** des Verwaltungsaktes. Weist der Verwaltungsakt Adressierungs- oder Übermittlungsmängel auf, so kann die Folge sein, daß der Verwaltungsakt nichtig ist oder die Rechtsbehelfsfrist erst später zu laufen beginnt (vgl. Rdnr. 129 ff.). Das Ende der Frist wird nach § 108 AO i. V. m. § 187 ff. BGB berechnet (vgl. Rdnr. 72).

Wenn ein schriftlicher Verwaltungsakt keine oder keine richtige **Rechtsbehelfsbelehrung** enthält, ist der Anlauf der Rechtsbehelfsfrist gehemmt, bis das Versäumte (schriftlich) nachgeholt wird (§ 356 Abs. 1 AO). In diesem Fall läuft eine Frist von einem Jahr ab Bekanntgabe (§ 356 Abs. 2 AO); auch diese Beschränkung entfällt bei höherer Gewalt oder der rechtswidrigen Auskunft, es sei gar kein Rechtsbehelf gegeben.

Die **Bestandteile der Rechtsbehelfsbelehrung** zählt § 356 AO auf:
- den Rechtsbehelf
- die Anbringungsbehörde und deren Sitz und
- die Frist.

Wenn die Rechtsbehelfsbelehrung des Stpfl. falsch ist (z. B. zu lange Frist), wird die Rechtsbehelfsfrist ebenfalls nicht in Lauf gesetzt (§ 356 Abs. 2 AO; BStBl II 1984, 84).

cc) Wahrung der Frist

388 Zur Wahrung der Frist ist es erforderlich, daß der Rechtsbehelf innerhalb der Frist bei einer bestimmten Stelle, der sog. „Anbringungsbehörde", eingeht.

Wie jedes Schreiben an das FA erhält auch ein Rechtsbehelf am Tag des Einganges einen Eingangsstempel. Solange der Rechtsbehelfsführer keinen Sachverhalt dartut, der die Unrichtigkeit des Stempels als wahrscheinlich erscheinen läßt, ist von dessen Richtigkeit auszugehen (BFH/NV 1989/110).

(1) Regelfall

Die Rechtsbehelfe sind bei der Behörde anzubringen, deren Verwaltungsakt angefochten wird (§ 357 Abs. 2 Satz 1 AO).

Sowohl die einspruchsfähigen Steuerbescheide als auch die beschwerdefähigen Verwaltungsakte werden regelmäßig vom FA erlassen; also sind beide Rechtsbehelfe grundsätzlich beim FA einzulegen.

(2) Weitere Anbringungsbehörden

Die Beschwerde kann auch bei der zur Entscheidung befugten Behörde eingelegt werden; das ist regelmäßig die OFD (§ 357 Abs. 2 Satz 2 AO).

Feststellungs- und Meßbescheide können bei der Behörde angefochten werden, die den darauf beruhenden Steuerbescheid erläßt:

Beispiele:
1. Ein Erlanger Metzger hat in Fürth seinen Betrieb. Er erhält vom FA Fürth seinen Feststellungsbescheid, in dem der Gewinn aus der Metzgerei gesondert festgestellt wird. Gegen diesen legt er 10 Tage später bei seinem Wohnsitz-FA Erlangen Einspruch ein.
2. Ein Weinhändler in Randersacker bekommt den Gewerbesteuermeßbescheid des FA Würzburg zusammen mit dem Gewerbesteuerbescheid von einem Gemeindeboten. Am letzten Tag der Frist legt er beim Bürgermeister von Randersacker Einspruch gegen den GewSt-Meßbescheid ein.

Beide Einsprüche sind bei der richtigen Anbringungsbehörde eingelegt und damit fristgerecht (§ 357 Abs. 2 Satz 3 AO).

Diese Vorschrift dient dem Schutz des rechtsunkundigen Bürgers. Der Rechtsbehelf ist in derartigen Fällen der zuständigen Stelle zu übermitteln (§ 357 Abs. 2 Satz 3, 4 AO). Dies gilt aber nicht auch umgekehrt: Ein Steuerbescheid kann nur bei dem hierfür zuständigen FA angefochten werden, nicht jedoch bei den Finanzämtern, die hierfür Grundlagenbescheide erlassen haben.

Schließlich ist die Anbringung bei jeder anderen Behörde möglich, wenn diese den Rechtsbehelf noch vor Ablauf der Frist der zuständigen Behörde übermittelt (§ 357 Abs. 2 Satz 5 AO).

Beispiel:
Am 6. 8. wird ein Bescheid zugestellt. Der Stpfl. fühlt sich besonders ungerecht behandelt und wendet sich mit seinem Einspruch am 2. 9. an den Bundesfinanzminister.

Wenn der Schriftsatz noch vor Ablauf des 6. 9. beim zuständigen FA eingeht, ist der Rechtsbehelf fristgerecht, andernfalls nicht. (In einem derartigen Fall gäbe es auch keine Wiedereinsetzung, weil aus der Rechtsbehelfsbelehrung die Anbringungsbehörde ersichtlich ist.)

(3) Gerichtliche Rechtsbehelfe

Die Klage ist beim Gericht anzubringen (§ 64 FGO); die Frist ist gewahrt, wenn die Klage bei der Behörde eingereicht wird, die den angefochtenen Verwaltungsakt oder die Rechtsbehelfsentscheidung im Vorverfahren erlassen hat (§ 47 Abs. 2 FGO). Revision und Beschwerde sind beim Finanzgericht einzulegen (§§ 120 und 129 FGO).

d) Beschwer

Ein Verwaltungsakt kann nur dann angefochten werden, wenn der Betroffene geltend macht, beschwert zu sein, wenn also von ihm etwas verlangt wird, was er nicht leisten will, oder wenn er nicht bekommt, was er beantragt hat.

Die Beschwer kann sich **nur aus dem erkennenden Teil des Verwaltungsaktes** ergeben, also dem Teil, der unmittelbar eine Rechtsfolge anordnet.

Darunter versteht man bei einem Steuerbescheid die **Höhe der festgesetzten Steuer**, und zwar gleichgültig, ob sie dem Einspruchführer zu hoch oder zu niedrig ist, bei einem Feststellungsbescheid die Höhe des festgestellten Betrages, bei einheitlichen Feststellungen auch dessen Aufteilung auf die Beteiligten, oder bei einem anderen Verwaltungsakt die Anordnung, z. B., daß ein Steuerpflichtiger beim FA erscheinen soll. Aus den Entscheidungsgründen kann sich niemals eine Beschwer ergeben: Sie belasten den Steuerpflichtigen nicht und nehmen auch nicht an der Bestandskraft teil. Unanfechtbar wird nur der entscheidende Teil eines Verwaltungsaktes; die Gründe, welche eine Entscheidung tragen, sind für andere Verfahren nicht verbindlich. Die Unselbständigkeit der einzelnen Besteuerungsgrundlagen bringt das Gesetz in § 157 Abs. 2 AO zum Ausdruck.

In diesem Zusammenhang sind zwei Sonderfälle zu beachten:

- Ausnahmsweise liegt eine Beschwer auch dann vor, wenn sich der Rechtsbehelfsführer allein gegen den Vorbehalt der. Nachprüfung (§ 164 AO) oder die Vorläufigkeit (§ 165 AO) eines Steuerbescheides wendet, ohne dabei auch die Höhe der Steuer anzugreifen. Die Beschwer ist darin zu sehen, daß in diesen Fällen der Stpfl. mit einer Verböserung des Bescheides rechnen muß.

- Wurde im Rahmen der gebundenen Verwaltung (Rdnr. 113) ein Verwaltungsakt unter Verletzung von Formvorschriften über das Verfahren, die Form oder die örtliche Zuständigkeit erlassen, so kann es allein wegen dieser Mängel nicht zu einer Aufhebung oder Rücknahme kommen (§ 127 AO; Rdnr. 106). § 127 AO gilt auch im Rechtsbehelfsverfahren. Wird allerdings ein Steuerverwaltungsakt wegen eines solchen Fehlers angegriffen, so fehlt dem Rechtsbehelf nicht die Beschwer. Dies bedeutet, daß die nachprüfende Behörde, wenn auch die übrigen Zulässigkeitsvoraussetzungen gegeben sind, in die Begründetheitsprüfung eintreten kann. Liegt eine materiell-rechtliche Unrichtigkeit des Bescheides vor, so ist der Rechtsbehelf ganz oder teilweise begründet. Ist dies nicht der Fall, so ist der Rechtsbehelf trotz des Verfahrensfehlers unbegründet (BStBl II 1984, 342).

Von diesen Sonderfällen abgesehen, ergeben sich daraus folgende Konsequenzen:

391
- Falsche Entscheidungsgründe beschweren den Steuerpflichtigen nur dann, wenn sie eine unmittelbare **Auswirkung auf die Höhe der Steuer** haben.

Beispiele:
Häufig entsteht Streit zwischen Stpfl. und FA, wie bestimmte Einkünfte einzuordnen sind (§ 2 Abs. 1 EStG).

Zulässigkeit der Rechtsbehelfe 325

1. A erklärt Einkünfte in Höhe von 14 000 DM aus Vermietung. Das FA behandelt sie als sonstige Einkünfte.
A ist nicht beschwert, da die Einordnung der Einkünfte durch das FA keine Auswirkung auf die Höhe der Steuer hat.
2. B erklärt 12 000 DM Einkünfte aus Vermietung. Das FA veranlagt sie als gewerblichen Gewinn. Keine Beschwer; die Höhe der EStG bleibt dadurch unverändert. Die Einordnung der Einkünfte bei der ESt hat keine Auswirkung auf die Gewerbesteuer. Dort muß die sachliche Steuerpflicht selbständig geprüft werden. Das Ergebnis kann durchaus von dem bei der ESt abweichen (§ 184 Abs. 1 Satz 2 AO).

- Ein **Freistellungsbescheid** kann grundsätzlich keine Beschwer enthalten. 392

Beispiel:

Das FA schätzt die gewerblichen Einkünfte des D mit 10 000 DM. Nach Abzug eines Freibetrages von 7 200 DM nach § 33b EStG ist die Steuer 0 DM. D legt Einspruch ein mit der Bergündung, seine Einkünfte hätten nur 8 000 DM betragen. Der Einspruch ist mangels Beschwer unzulässig.

- Ein zu niedrig angesetzter **Verlust** enthält keine Beschwer, wenn er sich 393 nicht auf die Höhe der Steuer auswirkt.

Beispiel:

Erl macht 03 einen Verlust von 4 000 DM geltend. Das FA erkennt nur 2 000 DM an und setzt die ESt auf 0 DM fest (Freistellungsbescheid).

Legt Erl gegen diesen Bescheid Einspruch ein mit der Begründung, der Verlust habe 6 000 DM betragen, so ist der Rechtsbehelf mangels Beschwer unzulässig; denn unterstellt, Erls Vorbringen ist richtig, führt es wieder zur Steuer 0 DM.

Hinsichtlich des Verlustvor- oder Verlustrücktrages (§ 10d EStG) kann sich eine Beschwer des Stpfl. erst dann ergeben, wenn das FA im Rahmen der Feststellung nach § 10d Abs. 3 EStG den nicht ausgeglichenen Verlust nicht oder nicht in der richtigen Höhe berücksichtigt. Er muß in diesem Falle den Feststellungsbescheid angreifen (vgl. Rdnr. 382).

- Bei der **gesonderten Feststellung** von Verlusten ist die Besteuerungsgrundlage allerdings verselbständigt (§ 179 AO) und daher selbständig angreifbar; denn das Ergebnis des Feststellungsbescheides ist dem Folgebescheid verbindlich zugrunde zu legen (§ 182 Abs. 1 AO).

Die Beschwer muß also immer in der Höhe der Steuer, der Feststellung usw. liegen, wobei auch in einer zu niedrigen Steuerfestsetzung eine Beschwer liegen kann, wenn der Stpfl. dafür in einem anderen Jahr um so mehr zahlen muß.

Beispiel:
Fritz erklärt für 04 Einkünfte aus Gewerbebetrieb in Höhe von 100 000 DM. Er hat Anfang 04 eine Maschine angeschafft (Anschaffungskosten: 24 000 DM). Bei einer unterstellten Nutzungsdauer von 10 Jahren macht er eine AfA (§ 7 Abs. 1 EStG) in Höhe von 2 400 DM geltend. Das FA geht von einer Nutzungsdauer von nur 5 Jahren aus und läßt in 04 eine AfA von 4 800 DM zu.

Die Sachbehandlung durch das FA führt zu einer niedrigeren Steuer. Dennoch kann Fritz eine Beschwer vortragen, etwa durch die Behauptung, er rechne in Zukunft mit höheren Gewinnen. Die AfA würde sich daher, eine 10jährige Nutzungsdauer unterstellt, innerhalb der 10 Jahre für ihn günstiger auswirken.

Auch bei Feststellungsbescheiden kann sich aus einem zu niedrigen Betrag eine Beschwer ergeben.

Bei einheitlichen und gesonderten Gewinn- und Verlustfeststellungsbescheiden (§ 180 Abs. 1 Nr. 2a AO) ist zu beachten, daß die Beschwer einerseits in einem zu hohen Gewinn bzw. zu niedrigen Verlust liegen kann, andererseits darin, daß das FA einem oder mehreren der Feststellungsbeteiligten ihre Rechtsposition bestreitet.

Beispiele:
1. Anton, Bernd und Carl sind zu je $1/3$ an einer OHG beteiligt. Nachdem das FA den Gewinn auf 120 000 DM festgestellt hat, begehren die Gesellschafter in einem Einspruch die Herabsetzung des Gewinnes auf 90 000 DM.
Alle 3 Gesellschafter sind beschwert, da der festgestellte Gewinnanteil jedes Gesellschafters Besteuerungsgrundlage für seinen ESt-Bescheid ist (§§ 179 Abs. 2 Satz 2, 182 Abs. 1 AO).

2. Die OHG-Gesellschafter Anton, Bernd und Carl beantragen die Verteilung des Gewinnes von 90 000 DM zu je $1/3$. Das FA verteilt den Gewinn dagegen im Verhältnis 60 000 DM (Anton), 15 000 DM (Bernd) und 15 000 DM (Carl). Die Gesellschafter legen Einspruch ein und wollen die beantragte Gewinnverteilung.
Hier hat das FA allen Gesellschaftern die Rechtsposition bestritten, so daß alle Gesellschafter beschwert sind.

Bei Einheitswertbescheiden (§ 180 Abs. 1 Nr. 1 AO, § 19 BewG) ist wegen der Langzeitwirkung dieser Bescheide immer eine Beschwer gegeben.

Es ist bei der Beschwer unbeachtlich, ob der Verwaltungsakt einem eigenen Antrag entspricht oder nicht. Deshalb ist auch die Anfechtung von Änderungsbescheiden nach § 172 Abs. 1 Nr. 2a AO oder von Veranlagungen nach Erklärung zulässig.

Zulässigkeit der Rechtsbehelfe

Beispiel:
Gert werden durch ESt-Bescheid vom 23. 5. antragsmäßig 500 DM erstattet. Am 10. 6. fällt Gert ein, daß er im Rahmen von außergewöhnlichen Belastungen noch die Aufwendungen für eine Zahnbehandlung geltend machen könnte.
Gert ist durch die materiell-rechtlich unrichtige Berechnung des Erstattungsbetrages beschwert, auch wenn diese seinem ursprünglichen Antrag entsprach.

Bei **zusammenveranlagten Ehegatten** (§§ 26 Abs. 1, 26b EStG) ist zu beachten, daß jeder Ehegatte beschwert ist, wenn er die Höhe der Gesamtschuld angreift.

Beispiel:
Die Hausfrau Inge Mann greift den Zusammenveranlagungsbescheid der Eheleute Mann mit der Begründung an, das FA habe Werbungskosten ihres Ehemannes rechtsfehlerhaft nicht zum Abzug zugelassen.
Inge Mann ist beschwert; denn sie ist Gesamtschuldnerin des Ehegattenbescheides (§§ 44 Abs. 1, 155 Abs. 3 Satz 1 EStG).

Grundsätzlich braucht der Rechtsbehelfsführer die Beschwer nicht zu **substantiieren.**

Beispiel:
Das FA hat die ESt auf 40 000 DM festgesetzt. Der Stpfl. legt dagegen Einspruch ein, ohne diesen zu begründen.
Soweit der Stpfl. nichts anderes erkennen läßt, ist davon auszugehen, daß er eine niedrigere ESt will. Die Beschwer ergibt sich mit hinreichender Deutlichkeit. Der Einspruch ist insoweit zulässig (BStBl II 1986, 243).
Würde der Stpfl. im vorliegenden Fall eine höhere Steuer fordern, so müßte er im Einzelfall seine Beschwer schlüssig darlegen.

e) Befugnis

Unter Befugnis versteht man das Recht bestimmter Personen, einen Rechtsbehelf einzulegen. Das Steuerrecht kennt keine „**Popularklage**", sondern beschränkt die Rechtsbehelfsbefugnis auf einen bestimmten Kreis von Betroffenen.

aa) Regelfall

Nach § 350 AO ist zur Einlegung eines Rechtsbehelfs befugt, wer geltend macht, daß er **durch einen Verwaltungsakt beschwert** ist. Das ist in erster Linie dessen Adressat. Wendet sich ein Bescheid inhaltlich an mehrere, dann sind grundsätzlich alle Gesamtschuldner befugt (z. B. zusammenveranlagte Ehegatten, § 26b EStG). Durch Vollmacht kann die Befugnis einem Vertreter übertragen werden (§ 80 AO). Bei Körperschaften und nicht geschäftsfähigen natürlichen Personen hat der gesetzliche Vertreter die Befugnis inne (§ 79 AO).

bb) Feststellungsbescheide

396 § 352 AO versucht, dem Unterschied zwischen gewerblichen und anderen Gesellschaften gerecht zu werden. Beim Gewerbebetrieb besteht immer ein vertraglicher Zusammenschluß, bei dem regelmäßig einer der Gesellschafter zur Geschäftsführung berufen ist. Dieser soll auch allein für die steuerlichen Angelegenheiten zuständig sein. Bei anderen Vereinigungen, vor allem bei Erbengemeinschaften, sind die Mitberechtigten vom Zufall zusammengeführt worden; es besteht häufig keine Geschäftsführung einzelner und auch nicht immer gegenseitiges Vertrauen. Deshalb kann hier jeder Berechtigte seine Interessen selbst verfolgen (§ 352 Abs. 2 AO).

Betrifft die einheitliche Feststellung einen **Gewerbebetrieb** (Einkünfte; Einheitswert des Betriebsvermögens oder eines Betriebsgrundstücks), dann ist die Rechtsbehelfsbefugnis nach § 352 Abs. 1 AO eingeschränkt. Im Normalfall sind die zugleich vertretungs- **und** geschäftsführungsberechtigten Gesellschafter befugt (§ 352 Abs. 1 Nr. 3 AO). Wer das ist, ergibt sich aus dem Gesellschaftsvertrag, hilfsweise aus dem Handels- und Gesellschaftsrecht.

Beispiel:
In der XY u. Co. KG sind X und Y Komplementäre; A, B und C sind die Kommanditisten. Wenn die Gesellschafter den gesondert festgestellten Gewinn für zu hoch halten, können – mangels abweichender Bestimmungen im Gesellschaftsvertrag – X sowie Y den Bescheid anfechten (§§ 114, 164, 125, 170 HGB). Der Einspruch eines Kommanditisten wäre mangels Befugnis als unzulässig zu verwerfen.

Sind ausnahmsweise Gesamtgeschäftsführung und Gesamtvertretung vereinbart, so können die Beteiligten nur gemeinsam zulässige Rechtsbehelfe einlegen.

Dieselben Grundsätze gelten im übrigen beim Rechtsbehelfsverzicht (§ 354 AO), bei der Rücknahme (§ 362 AO) und bei der Zustimmung, wenn das FA das Rechtsbehelfsverfahren durch einen Abhilfebescheid erledigen will (§§ 367 Abs. 2 Satz 3, 172 Abs. 1 Nr. 2a AO; vgl. Rdnr. 187).

Zu beachten ist, daß in den Fällen des § 352 Abs. 1 Nr. 3 AO Einspruchsführer jeweils die Gesellschaft, nicht der tätigwerdende Gesellschafter ist.

Nach ständiger Rechtsprechung des BFH führt die Gesellschaft, vertreten durch den Gesellschafter-Geschäftsführer, das Rechtsbehelfsverfahren mit Bestandskraftswirkung für die Gesellschafter. Im Gerichtsverfahren spricht das Gericht von einer **gesetzlichen Prozeßstandschaft** (BStBl II 1984, 15 und 1992, 559).

Beispiel:
X und Y sind Komplementäre, A, B und C sind Kommanditisten der XY u. Co. KG. Im Gesellschaftsvertrag wurde Einzelvertretung vereinbart. X legt gegen den Gewinnfeststellungsbescheid Einspruch ein und will einen niedrigeren Gewinn.
Einspruchsführer ist die XY u. Co. KG, vertreten durch den geschäftsführungs- und vertretungsberechtigten Gesellschafter X. Daraus folgt, daß dieser Einspruch auch von Y zurückgenommen werden könnte, da dieser ebenfalls geschäftsführungs- und vertretungsbefugt und damit für die KG handlungsbefugt ist.

Ist die Gesellschaft allerdings vollbeendet, so entfällt die Befugnis nach § 352 Abs. 1 Nr. 3 AO. Diese geht gemäß § 350 AO uneingeschränkt auf die Gesellschafter über. Vgl. BFH, in BStBl II 1990, 333, zu § 48 Abs. 1 Nr. 3 FGO.

Wenn es sich darum handelt, ob jemand überhaupt an der Gesellschaft (Gemeinschaft) beteiligt und wie das Beteiligungsverhältnis ist, dann sind auch die betroffenen Gesellschafter (Gemeinschafter) im eigenen Namen befugt (§ 352 Abs. 1 Nr. 1 AO).

Beispiel:
A (Komplementär) und B und C (Kommanditisten) sind zu je $^1/_3$ an der A-KG beteiligt. Das FA erläßt einen Gewinnfeststellungsbescheid, in dem es die Gesellschafterstellung des C verneint, dem A $^2/_3$ und dem B $^1/_3$ des Gewinnes zurechnet. Die Höhe des Gewinnes ist unbestritten.
A ist einspruchsbefugt im eigenen Namen, weil ihm das FA eine höhere Beteiligung zugerechnet hat (§ 352 Abs. 1 Nr. 1 AO). A ist weiterhin befugt als geschäftsführungs- und vertretungsberechtigter Gesellschafter der KG (§ 352 Abs. 1 Nr. 1 AO). C ist befugt, weil ihm das FA die Gesellschafterstellung bestreitet (§ 352 Abs. 1 Nr. 1 AO). B ist nicht befugt, da sich sein Gewinnanteil nicht ändert.

Wenn es sich um eine Frage handelt, die nur einen Gesellschafter angeht, ist dieser neben der Gesellschaft befugt (§ 352 Abs. 1 Nr. 2 AO). Persönlich betroffen in diesem Sinne kann ein Gesellschafter vor allem dann sein, wenn er von der Gesellschaft Vergütungen für seine Tätigkeit im Dienste der Gesellschaft oder für die Hingabe von Darlehen oder für die Überlassung von Wirtschaftsgütern bezogen hat (§ 15 Abs. 1 Nr. 2 EStG).

Beispiel:

A ist Komplementär, B, C und D sind Kommanditisten der A-KG. B hat der KG eine Lagerhalle vermietet, C hat der KG ein Darlehen hingegeben und D macht für die Gesellschaft die Buchführungsarbeiten. Beim Erlaß des Gewinnfeststellungsbescheides berücksichtigt das FA zu Recht die Entgelte, die die Kommanditisten für ihre Leistungen von der KG erhalten haben. Es handelt sich um Vergütungen, die den Gesellschaftern im Rahmen ihrer gewerblichen Betätigung zugeflossen sind (§ 15 Abs. 1 Nr. 2 EStG). Folgerichtig kann die Gesellschaft diese Einnahmen der Gesellschafter nicht gewinnmindernd, etwa als Betriebsausgaben, geltend machen.

B hatte im gleichen Wirtschaftsjahr Reparaturaufwendungen für die Lagerhalle zu tragen, C entstanden Aufwendungen im Zusammenhang mit der Darlehenshingabe und D bediente sich bei seinen Buchführungsarbeiten für die KG stundenweise einer Schreibkraft, die er entlohnen mußte. Diese Aufwendungen sind vom FA bei der Gewinnfeststellung nicht berücksichtigt worden. Mit einem Einspruch gegen den Gewinnfeststellungsbescheid können die Kommanditisten ihre Sonderbetriebsausgaben geltend machen. Ihre Befugnis, im eigenen Namen Einsprüche einzulegen, ergibt sich aus § 352 Abs. 1 Nr. 2 AO. Darüber hinaus ist A nach § 352 Abs. 1 Nr. 3 AO einspruchsbefugt, allerdings nur für die KG, da für ihn § 352 Abs. 1 Nr. 1 u. 2 AO nicht zutreffen.

Geht es um die Gewinnfeststellung bei **atypischen stillen Gesellschaften**, so kommt eine analoge Anwendung des § 352 Abs. 1 AO in Betracht. Ist der stille Gesellschafter persönlich betroffen i. S. v. § 352 Abs. 1 oder 2 AO, so ist er neben dem Geschäftsherrn einspruchsbefugt (BStBl II 1986, 311). Ist dagegen die Höhe des Gesamtgewinnes der stillen Gesellschaft strittig, so kann in analoger Anwendung von § 352 Abs. 1 Nr. 3 AO nur der Geschäftsherr, nicht etwa der stille Gesellschafter, Einspruch einlegen (vgl. BStBl II 1989, 145).

Die Befugnis nach § 352 Abs. 1 Nr. 3 AO ist umfassend und gilt auch für die Fälle der Nr. 1 u. 2. Im gerichtlichen Verfahren gilt nach § 48 FGO das gleiche (BStBl II 1992, 559).

Betrifft der Feststellungsbescheid andere als gewerbliche Feststellungen, ist grundsätzlich jeder Mitberechtigte befugt, einen Einspruch einzulegen (§ 352 Abs. 2 AO), vorausgesetzt, er auch beschwert (BStBl II 1992, 185).

Beispiel:

An einer hausbesitzenden Erbengemeinschaft sind 7 Personen mit verschiedenen Anteilen beteiligt. Das FA erläßt einen Feststellungsbescheid über die Einkünfte aus Vermietung und Verpachtung (§ 180 Abs. 1 Nr. 2a AO). Alle Gemeinschafter sind einspruchsbefugt.

Zur Hinzuziehung bei mehreren Feststellungsbeteiligten vgl. Rdnr. 414.

cc) Rechtsnachfolge

Wenn während des Laufs einer Rechtsbehelfsfrist ein Steuerpflichtiger 397
stirbt, geht die Rechtsbehelfsbefugnis im Rahmen der Gesamtrechtsnachfolge auf den Erben über. Der Ablauf der Frist wird davon nicht berührt. Einheitswertbescheide und Grundsteuermeßbescheide wirken auch gegen Rechtsnachfolger (§§ 182 Abs. 2, 184 Abs. 1 Satz 4 AO). Das ist hier besonders bedeutsam, weil die Hauptfeststellungszeiträume oft recht lange sind. Wenn während der Rechtsbehelfsfrist eines Einheitswertbescheides eine Rechtsnachfolge stattfindet, ist neben dem Vorbesitzer auch der Nachfolger befugt, den Bescheid anzugreifen (§ 353 AO).

Beispiele:
1. Dem A wird am 1. 6. ein VSt-Bescheid bekanntgegeben. Am 10. 6. stirbt er. Vom 1. 6. bis zu seinem Tod war A befugt; ab dann ist es sein Erbe E.
2. B hat ein Haus gebaut. Am 1. 6. wird ihm der Bescheid über den zum 1. 1. fortgeschriebenen Einheitswert bekanntgegeben. Am 10. 6. verkauft B das Haus an C. B ist immer befugt, C zusätzlich ab 10. 6.

Im gerichtlichen Verfahren gilt wegen der dinglichen Wirkung dieser Bescheide das gleiche.

dd) Anteilsbewertung

§ 7 AntBewVO stellt klar, daß gegen Verwaltungsakte im Verfahren über die einheitliche und gesonderte Feststellung des Wertes von Anteilen an Kapitalgesellschaften sowohl die Inhaber der Anteile als auch die Gesellschaft Rechtsbehelfe einlegen können.

f) Änderungsbescheide

Verwaltungsakte, die unanfechtbare Verwaltungsakte ändern, können 398
nur, soweit die Änderung reicht, angegriffen werden (§ 351 Abs. 1 AO), es sei denn, eine Korrekturvorschrift gestattet eine weitergehende Änderung.

Nach der Systematik der Korrekturvorschriften (Rdnr. 161 f.) umfaßt diese Vorschrift nicht Fälle der Rücknahme (§ 130 AO) bzw. des Widerrufes (§ 131 AO; BStBl II 1984, 791).

Es ist folgendes zu beachten:

§ 351 Abs. 1 AO gilt nur dann, wenn der geänderte Bescheid schon unanfechtbar war. Solange der alte Bescheid noch in vollem Umfang angreifbar ist, kann die Anfechtung des Änderungsbescheides nicht eingeschränkt werden.

Wiedereinsetzung beseitigt die Unanfechtbarkeit nachträglich.

Der Änderungsbescheid kann mit allen Gründen angegriffen werden, auch mit solchen, die schon gegen den ursprünglichen Bescheid möglich waren, weil die Entscheidungsgründe des ursprünglichen Bescheids nicht an der Unanfechtbarkeit teilhaben. Alle Schwächen des Änderungsbescheids können ohne Rücksicht auf den geänderten Verwaltungsakt geltend gemacht werden.

Die Beschränkung der Anfechtbarkeit gilt also nur für das zahlenmäßige Ergebnis. Die einmal unanfechtbare Steuer darf nicht unterschritten werden.

Beispiel:

1. Das FA hat die ESt bestandskräftig in Höhe von 40 000 DM festgesetzt. Darauf berichtigte es den Steuerbescheid auf 41 000 DM (§ 129 AO). Nun legt der Stpfl. Einspruch ein mit der Begründung, das FA habe bei der ursprünglichen Steuerfestsetzung rechtsirrtümlich zu niedrige Sonderausgaben zugelassen. Die ESt mindere sich daher auf 39 500 DM.

Der Einspruch ist insgesamt zulässig (str.; trotz der Stellung des § 351 in der AO handelt es sich hier um eine Frage der Begründetheit). Er ist allerdings, vorausgesetzt die Rechtsansicht des Stpfl. ist richtig, nur in Höhe von 1 000 DM begründet. Eine niedrigere ESt kann der Stpfl. hier nicht erreichen (§ 351 Abs. 1 AO).

2. Der Stpfl. trägt im Beispiel 1 vor, er habe aufgrund eines Rechtsirrtums die Sonderausgaben bisher nicht geltend gemacht (§ 173 Abs. 1 Nr. 2 AO).

In diesem Fall kann die Bestandskraft durchbrochen werden. Die ESt wird im Einspruchsverfahren auf 39 500 DM herabgesetzt (§ 351 Abs. 1 Halbsatz 2 AO).

g) Folgebescheide

399 Unter Folgebescheiden versteht man solche, für die der Inhalt eines anderen, nämlich eines Grundlagenbescheides, verbindlich ist (§ 182 Abs. 1 AO). Grundlagenbescheide sind die Feststellungs- und Meßbescheide. Folgebescheide sind meist Steuerbescheide; es können aber auch Feststellungs-, Meß- oder Zerlegungsbescheide sein (vgl. Rdnr. 206).

Nach § 351 Abs. 2 AO können Folgebescheide nicht mit der Begründung angefochten werden, daß Grundlagenbescheide Fehler enthalten. Derartige Einwendungen sind unmittelbar gegen den Grundlagenbescheid zu richten. Wer einen solchen unanfechtbar werden läßt, ist durch die Folgewirkungen nicht beschwert.

Beispiel:
A bekommt einen Einheitswertbescheid für sein Betriebsgrundstück. Er hält ihn zwar für unrichtig, unternimmt aber nichts dagegen, weil in dem Bescheid von ihm kein Geld verlangt wird.
Dieser EW/Grundstück ist nach § 182 Abs. 1 AO für den EWBV-Bescheid bindend. Dieser ist wiederum Grundlagenbescheid für den VSt-Bescheid und den GewSt-Meßbescheid; letzterer wird nach § 184 Abs. 1 Satz 3 AO dem Gewerbesteuer-Bescheid zugrunde gelegt. – Alle diese Bescheide fordern also von A zuviel, wenn der EW/Grundstück wirklich falsch war. Trotzdem kann A aber jene Bescheide nicht mehr anfechten. Er hätte sich deswegen gegen den Einheitswertbescheid für das Betriebsgrundstück wenden müssen. – Späteren Änderungen dieses Bescheids trägt § 175 Abs. 1 Nr. 1 AO Rechnung.

Geänderte Folgebescheide können im Rahmen des § 351 AO selbständig angefochten werden, also auch mit Tatsachen, die mit dem geänderten Grundlagenbescheid nichts zu tun haben.

Beispiel:
Wenn der Gewinnfeststellungsbescheid einer OHG nach § 173 Abs. 1 Nr. 1 AO geändert wird, kann ein Gesellschafter gegen die entsprechend erhöhte ESt-Festsetzung (§ 175 Abs. 1 Nr. 1 AO) weitere Sonderausgaben einwenden (§ 351 Abs. 1 AO).

Im gerichtlichen Verfahren gilt nach § 42 FGO eine ähnliche Regelung wie nach § 351 AO.

Trotz der Stellung des § 351 AO im Unterabschnitt „Zulässigkeit" ist in dieser Vorschrift nur eine sachliche Anfechtungsbeschränkung und keine Zulässigkeitsvoraussetzung zu sehen (vgl. BStBl II 1973, 24 sowie II 1988, 142).

h) Rücknahme und Verzicht

aa) Gemeinsame Grundlagen

Wer verzichtet, begibt sich von vornherein des Rechtes, einen Rechtsbehelf einzulegen (§ 354 Abs. 1 Satz 3 AO); Zurücknahme bedeutet dagegen den Verzicht auf die Fortführung eines bereits begonnenen Rechtsbehelfsverfahrens (§ 362 Abs. 2 AO). Der Rechtscharakter von Verzicht und Rücknahme ist im wesentlichen der gleiche, sie unterscheiden sich nur im Anwendungsbereich: Bis zur Einlegung eines Rechtsbehelfs kann verzichtet werden; von da an gibt es die Rücknahme.

bb) Form

401 Für die Rücknahme wird in § 362 Abs. 1 Satz 2 AO auf die entsprechenden Bestimmungen über die Einlegung der Rechtsbehelfe verwiesen. Damit wird das gleiche Ergebnis herbeigeführt wie beim Verzicht, wo Schriftform oder Niederschrift ausdrücklich gefordert werden (§ 354 Abs. 2 Satz 1 AO). Darüber hinaus besteht beim Verzicht das Verbot der Verbindung mit weiteren Erklärungen (BStBl II 1984, 513): Wo er mit anderen Erklärungen auf einem Formular zusammensteht (z. B. bei der USt-Voranmeldung), bedarf es einer eigenen Unterschrift (§ 354 Abs. 2 Satz 1 2. Halbsatz AO). Verzicht und Rücknahme müssen ausdrücklich erklärt werden; im bloßen Schweigen gegenüber der Aufforderung des FA, sich zu äußern oder in der Zustimmung zu einer Änderung nach § 172 Abs. 1 Nr. 2a AO liegt nicht auch schon ein Verzicht. Rücknahme und Verzicht sind Prozeßhandlungen. Als solche sind sie grundsätzlich unwiderruflich und können nicht unter einer echten Bedingung erklärt werden. Teilrücknahme oder Teilverzicht sind wegen des Amtsprinzips im Vorverfahren nicht möglich.

cc) Zeitlicher Rahmen

402 Der Verzicht ist möglich ab „Erlaß" des Verwaltungsaktes, d. h. ab seiner Bekanntgabe. Bei Steueranmeldungen kann er schon mit deren Abgabe erklärt werden (§ 354 Abs. 1 Satz 2 AO), und ist dann auf den Fall beschränkt, daß das FA die Steuer nicht abweichend von der Anmeldung festsetzt.

Wurde ein Verwaltungsakt angefochten, so ist die Verzichtserklärung als Rücknahme auszulegen. Die Rücknahme ist möglich ab Einlegung bis zur Bekanntgabe der Entscheidung. Angesichts der Kostenfreiheit im Vorverfahren wird dieser keine große Bedeutung zukommen.

dd) Wirkung

Durch den Verzicht wird der Rechtsbehelf unzulässig (§ 354 Abs. 1 Satz 3 AO); die Rücknahme hat den Verlust des **eingelegten** Rechtsbehelfs zur Folge (§ 362 Abs. 2 Satz 1 AO), führt also auch zu dessen Unzulässigkeit. Teilverzicht und Teilrücknahme sind wegen der Gesamtaufrollung nach § 367 Abs. 2 AO grundsätzlich nicht möglich. Eine Ausnahme ergibt sich aus § 354 Abs. 1a AO und § 362 Abs. 1a AO (vgl. dazu Rdnr. 215).

Ob der Rechtsbehelf erneut eingelegt werden kann, ist eine Frage des Fristablaufs; wo nicht Wiedereinsetzung in Frage kommt, wird meist die Frist dafür verstrichen sein.

ee) Unwirksamkeit

Nach der Rechtsprechung zu Treu und Glauben sind Rücknahme und Verzicht unwirksam, wenn sie vom FA durch **Druck** oder **unrichtige Belehrung** des Stpfl. veranlaßt wurden. Dieser muß die Unwirksamkeit aber innerhalb eines Jahres geltend machen (§ 354 Abs. 2 Satz 2 bzw. § 362 Abs. 2 Satz 1 i. V. m. § 110 Abs. 3 AO). Wenn der Steuerpflichtige die Unwirksamkeit behauptet und zu erkennen gibt, daß er das Verfahren fortsetzen will, muß das FA immer eine Entscheidung erlassen. Ist das FA der Auffassung, die Rücknahme (oder der Verzicht) sei wirksam gewesen, wird es den Rechtsbehelf als bereits verbraucht und deshalb unzulässig verwerfen. 403

2. Verfahrensgrundsätze

a) Amtsprinzip

Im Vorverfahren gilt das Amtsprinzip unbeschränkt (§ 88 AO), d. h. das FA muß von Amts wegen den Tatbestand, die Rechtslage und alle anderen interessierenden Umstände prüfen und daraus seine rechtlichen Schlußfolgerungen ziehen. Die Anträge, die der Stpfl. gestellt hat, sind lediglich ein Hinweis auf die Beschwer, sie begrenzen die Befugnisse und Pflichten der Rechtsbehelfsbehörde nicht. Nach § 365 AO gelten auch im Rechtsbehelfsverfahren die Bestimmungen des Besteuerungsverfahrens. Grundsätzlich besteht im Verfahren über den Rechtsbehelf keine Bindung mehr an den angefochtenen Verwaltungsakt. Die Bindungswirkung, die nach § 124 AO mit der Bekanntgabe eintrat, wird mit der Anfechtung insoweit wieder beseitigt. Beim Einspruch führt dies sogar zur Möglichkeit der Verböserung des ursprünglichen Bescheides. 404

b) Wirkung auf die Vollziehung – Aussetzung der Vollziehung

aa) Kein Suspensiveffekt

Die Einlegung eines Rechtsbehelfs führt in unserer Rechtsordnung normalerweise dazu, daß die Wirkungen der angegriffenen Maßnahmen so lange aufgeschoben werden, bis über den Rechtsbehelf rechtskräftig entschieden ist. Man nennt dies den Suspensiveffekt der Rechtsmittel. Er ist vor allem dort unerläßlich, wo der Vollzug einer behördlichen Anordnung nicht wieder rückgängig gemacht werden kann oder wo dessen Folgen nicht wieder beseitigt werden können. 405

Beispiel:
Vollzug einer Freiheits- oder gar der Todesstrafe; Abbruch eines verkehrsgefährdenden alten Gebäudes, dessen Erhaltung der Eigentümer aus persönlichen Beweggründen wünscht.

In den meisten Prozeßordnungen gibt es eine vorläufige Vollziehbarkeit als Ausnahmefall, insbesondere wenn der sofortige Vollzug eines Verwaltungsaktes im öffentlichen Interesse geboten ist und wenn die nachträgliche Beseitigung der Folgen leicht möglich ist.

Beispiel:
§ 708 ff. Zivilprozeßordnung; § 80 Verwaltungsgerichtsordnung; § 97 Sozialgerichtsgesetz; § 62 Arbeitsgerichtsgesetz.

Das Steuerrecht geht in § 361 AO den umgekehrten Weg: Die Einlegung eines Rechtsbehelfs hemmt die Vollziehung des angegriffenen Verwaltungsakts regelmäßig nicht, insbesondere wird die Erhebung einer Abgabe nicht aufgehalten. Nur als Ausnahme besteht die Möglichkeit, die Vollziehung auszusetzen. (Für Berufsverbote gilt nach § 361 Abs. 4 AO eine Sonderregelung.)

Der Suspensiveffekt im Besteuerungsverfahren hätte zur Folge, daß jeder Stpfl. sich durch Einlegung eines Rechtsbehelfs selbst eine Stundung verschaffen könnte. Durch die Flut der dann zu erwartenden Rechtsbehelfe würde die Belastung der Rechtsbehelfsbehörden in einem solchen Maße zunehmen, daß die Verfahren viele Jahre anhängig wären. Schon im Interesse der Gleichmäßigkeit der Besteuerung kann der Staat eine derart ungleiche Belastung nicht dulden.

Der Gesetzgeber muß also die einstweilige Vollziehung der Steuerverwaltungsakte zur Regel machen. Nachdem sich die Folgen einer unrechtmäßigen Erhebung durch Erstattung und Verzinsung (vgl. §§ 236, 237 AO) weitgehend bereinigen lassen, sind die Härten für den betroffenen Staatsbürger nicht allzu schwerwiegend, zumal dieser in echten Zweifelsfällen die Aussetzung der Vollziehung beanspruchen kann.

bb) Aussetzung der Vollziehung

(1) Voraussetzung

Die Aussetzung der Vollziehung liegt grundsätzlich im Ermessen der verfügenden Behörde. Ein Antrag des Stpfl. ist nicht erforderlich. Voraussetzung ist aber immer, daß ein Rechtsbehelfsverfahren anhängig ist; denn § 361 AO ist eine „Allgemeine Verfahrensvorschrift" für das außer-

Zulässigkeit der Rechtsbehelfe

gerichtliche Rechtsbehelfsverfahren (vgl. die Überschrift vor § 347 AO). Daraus folgt, daß eine Aussetzung der Vollziehung immer mit der Rücknahme des Rechtsbehelfes endet (BStBl II 1986, 475). Wo der Steuerpflichtige die Aussetzung beantragt, soll diese erfolgen, wenn

- **ernstliche Zweifel** an der Rechtmäßigkeit des angegriffenen Verwaltungsakts bestehen

oder

- die Vollziehung für den Abgabepflichtigen eine **unbillige Härte** zur Folge hätte.

Die ernstlichen Zweifel dürfen nicht dahin verstanden werden, daß die verfügende Behörde von den Einwendungen des Stpfl. überzeugt wäre; dann müßte sie dem Antrag nach § 172 Abs. 1 Nr. 2a AO abhelfen. Ernstliche Zweifel liegen vor, wenn in rechtlicher oder tatsächlicher Hinsicht neben für die Rechtmäßigkeit sprechende Umstände gewichtige, gegen die Rechtmäßigkeit sprechende Gründe zutage treten, die eine Unentschiedenheit oder Unsicherheit in der Beurteilung der Rechtsfragen oder Unklarheit in der Beurteilung der Tatfragen bewirken.

Beispiel:
Das FA hat einen Steuerbescheid erlassen. Dabei ist es gemäß einer Weisung in den Einkommensteuerrichtlinien zuungunsten des Stpfl. von dessen Steuererklärung abgewichen. Dieser legt Einspruch ein und beantragt Aussetzung der Vollziehung. Er trägt vor, daß ein Teil der Kommentare wie auch einige Finanzgerichte unter Ablehnung der Auffassung der Richtlinien seine Rechtsauffassung teilten.
Es bestehen ernstliche Zweifel an der getroffenen Entscheidung, wenn Urteile von Finanzgerichten bzw. ernsthafte Stimmen in der Literatur gegen die Rechtsauffassung der Finanzverwaltung die Auffassung des Steuerpflichtigen stützen. Aussetzung der Vollziehung ist somit zu gewähren (§ 361 Abs. 2 AO).

(2) Anwendungsbereich

§ 361 AO gilt nicht nur für Steuerbescheide, sondern für alle Verwaltungsakte. Insbesondere bei Verwaltungsakten, die nicht auf eine Geldleistung gerichtet sind, sollte man wegen der schwierigen Folgenbeseitigung hinsichtlich der Aussetzung großzügig verfahren.

Beispiele:
X wird in einer Steuersache des Y als Auskunftsperson nach § 93 AO zu einer Aussage aufgefordert. Er behauptet ein Auskunftsverweigerungsrecht nach

§ 101 ff. AO und erhebt Beschwerde. Das FA setzt die Vollziehung nicht aus und zwingt X zur Aussage. Später bestätigt der BFH das Auskunftsverweigerungsrecht. Die Folgen der Vollziehung lassen sich praktisch nicht mehr beseitigen.

Aussetzung der **Vollstreckung** bedeutet, daß die im Verwaltungsakt angeordnete Rechtsfolge vorläufig nicht verwirklicht werden kann. Vollziehung ist also nicht etwa mit „Vollstreckung" gleichzusetzen. Deshalb kann die Vollziehung auch dann nachträglich aufgehoben werden (§ 69 Abs. 3 Satz 3 FGO), wenn der Stpfl. den Verwaltungsakt befolgt hatte.

(3) Wirkung

407 Die Aussetzung der Vollziehung beseitigt einstweilen alle Wirkungen des angefochtenen Verwaltungsaktes. Bei Steuerbescheiden wird die Fälligkeit der festgesetzten Abgaben hinausgeschoben.

Bei Steuerbescheiden kommt eine Aussetzung der Vollziehung nur soweit in Betracht, als die dem Bescheid zugrunde liegende Steuer nicht bereits aufgrund eines bestandskräftigen Vorauszahlungsbescheides festgesetzt worden ist.

Beispiel:
Das FA hat durch einen ESt-Bescheid die Steuer auf 100 000 DM festgesetzt. Die aufgrund eines bestandskräftigen Vorauszahlungsbescheides geleisteten Vorauszahlungen betrugen für den Veranlagungszeitraum 80 000 DM. Der Stpfl. legt gegen den ESt-Bescheid Einspruch ein und begehrt eine Steuerfestsetzung von 70 000 DM. Gleichzeitig beantragt er insoweit Aussetzung der Vollziehung.
Aussetzungsfähig ist, sofern die sonstigen Voraussetzungen für eine Aussetzung der Vollziehung vorliegen, ein Betrag von höchstens 20 000 DM. Die Aussetzung darf nicht zu einer Erstattung bestandskräftig festgesetzter Vorauszahlungen führen.
Soweit allerdings bestandskräftig festgesetzte Vorauszahlungen vom Stpfl. nicht entrichtet wurden, steht die bestandskräftige Festsetzung der Aussetzung der Vollziehung nicht entgegen (BStBl II 1981, 767). A. A. nunmehr BFH (X. Senat) in seinem Vorlagebeschluß an den Großen Senat (Rdnr. 422) in BStBl II 1994, 38.

Soweit der Rechtsbehelf keinen Erfolg hat, muß der Stpfl. die von der Vollziehung ausgesetzte Steuer verzinsen (§ 237 AO).

Die Aussetzung der Vollziehung hat keine Rückwirkung (BStBl II 1977, 645). Wird die Aussetzung erst nach Fälligkeit einer Geldleistung angeordnet, so muß daher von Amts wegen geprüft werden, ob nicht die Verwirkung bereits angefallener Säumniszuschläge aufzuheben ist.

Zulässigkeit der Rechtsbehelfe 339

Wird der Erlaß eines begünstigenden Verwaltungsaktes abgelehnt, so ist dieser ablehnende Verwaltungsakt nicht vollziehbar. Folgerichtig ist dann auch kein Raum für eine Aussetzung der Vollziehung.

Beispiele:
1. Das FA lehnt durch Verwaltungsakt den Erlaß eines Erstattungsbescheides ab. Dagegen wendet sich der Stpfl. mit Einspruch (§ 348 Abs. 1 Nr. 1, Abs. 2 AO). Gleichzeitig beantragt er Aussetzung der Vollziehung des ablehnenden Steuerverwaltungsaktes nach § 361 AO.
2. Die Südbau-GmbH beantragt Herabsetzung ihrer KSt-Vorauszahlungen. Dies lehnt das FA ab. Die GmbH legt Einspruch ein (§ 348 Abs. 1 Nr. 1 u. Abs. 2 AO) und beantragt Aussetzung der Vollziehung (§ 361 AO).

Die Anträge der Stpfl. sind unzulässig. Sie hätten allerdings die Möglichkeit, durch Antrag auf einstweilige Anordnung nach § 114 FGO beim Finanzgericht vorläufigen Rechtsschutz zu erlangen. Dieser ist allerdings wesentlich schwerer zu erlangen als eine Aussetzung der Vollziehung (vgl. BStBl II 1991, 643).

(4) Aussetzung der Vollziehung von Feststellungsbescheiden

Unzulässig ist ein Antrag auf Aussetzung der Vollziehung eines Folgebescheides mit der Begründung, es bestünden ernsthafte Zweifel an der Rechtmäßigkeit des Grundlagenbescheides. Dies folgt aus dem Verhältnis zwischen Grundlagen- und Folgebescheid (BStBl II 1988, 240). Begründet allerdings der Rechtsbehelfsführer seinen Aussetzungsantrag gegen den Folgebescheid mit ernsthaften Zweifeln an der **Wirksamkeit** des Grundlagenbescheides, z. B. weil dieser falsch adressiert sei, so kann eine Aussetzung in Betracht kommen (BStBl II 1988, 660).

Begehrt der Stpfl. im Einspruchsverfahren den Erlaß eines abgelehnten Feststellungsbescheides oder einen höheren Verlust, als ihn das FA im Feststellungsbescheid zugrunde gelegt hat, so kann der Stpfl. vorläufigen Rechtsschutz in Form der Aussetzung der Vollziehung erhalten (BStBl II 1987, 637). Dasselbe gilt, wenn das FA neben der Feststellung eines zu niedrigen Verlustes auch die Mitunternehmerschaft einzelner Personen ablehnt. Vorläufiger Rechtsschutz wird auch hier einheitlich durch Aussetzung der Vollziehung gewährt (BStBl II 1980, 697).

Beispiel:
A, B und C sind Gesellschafter einer OHG und an dieser zu gleichen Teilen beteiligt. Das FA hat den Verlust auf 60 000 DM festgestellt und zu je einem Drittel auf die Gesellschafter verteilt. Dagegen legt A für die Gesellschaft einen zulässigen Einspruch ein und begehrt die Feststellung eines Verlustes von 90 000 DM. Gleichzeitig beantragt er Aussetzung der Vollziehung.

Kommt das FA nach Prüfung der Rechtslage zu dem Ergebnis, daß die Aussetzung antragsgemäß auszusprechen ist, so kann es folgendermaßen formulieren: Die Vollziehung des Feststellungsbescheides wird mit der Maßgabe ausgesetzt, daß vorläufig bis zur bestandskräftigen Einspruchsentscheidung statt von einem Verlust von 60 000 DM von einem Verlust von 90 000 DM auszugehen ist, der sich auf die Beteiligten zu je einem Drittel verteilt (BStBl II 1979 567).

Nach der Aussetzung der Vollziehung von Feststellungsbescheiden müssen die darauf beruhenden Folgebescheide entsprechend ausgesetzt werden (§ 361 Abs. 3 AO).

(5) Zuständige Behörde

Zur Aussetzung ist in jeder Lage des Verfahrens die Behörde zuständig, die den angefochtenen Verwaltungsakt erlassen hat.

Beispiel:
Der Stpfl. legt Einspruch gegen einen Steuerbescheid des FA ein. Dieses ist im Vorverfahren nach § 361 Abs. 2 Satz 1 AO, im Verfahren über die Klage oder Revision nach § 69 Abs. 2 FGO für die Aussetzung der Vollziehung zuständig.

Nach § 69 Abs. 3 FGO ist neben dem FA aber auch das Gericht der Hauptsache (oder dessen Vorsitzender) zur Aussetzung berechtigt, und zwar schon vor Erhebung der Klage.

Ein Antrag auf Aussetzung der Vollziehung an das Gericht der Hauptsache ist gemäß § 69 Abs. 4 FGO erst zulässig, wenn

- das FA einen Antrag abgelehnt hat,
- das FA ohne Mitteilung eines zureichenden Grundes in angemessener Frist nicht entschieden hat,
- eine Vollstreckung unmittelbar bevorsteht.

Lehnt das FA einen Antrag auf Aussetzung der Vollziehung ab, so ist gegen diesen Verwaltungsakt die Beschwerde gegeben (§ 349 Abs. 2 AO).

Weist die Oberfinanzdirektion die Beschwerde ab, so kommt nur ein Antrag auf Aussetzung der Vollziehung nach § 69 Abs. 3 FGO in Betracht (§ 361 Abs. 5 AO, § 69 Abs. 7 FGO).

Gegen die Entscheidung des Finanzgerichtes ist die Rechtsbeschwerde zulässig, wenn sie vom Gericht zugelassen worden ist (§ 128 Abs. 3 FGO).

Zu weiteren Einzelheiten vgl. BMF v. 12. 12. 1988 in BStBl I 1989, 2.

c) Rechtliches Gehör

Das rechtliche Gehör ist einer der elementaren Grundsätze des steuerlichen Verfahrensrechts und beruht letzten Endes auf Art. 103 Abs. 1 GG. Man versteht darunter, daß der Stpfl. in jeder Lage des Verfahrens gehört wird und die Möglichkeit hat, sich zum Tatbestand und zur Rechtslage zu äußern. Das rechtliche Gehör zieht sich wie ein roter Faden durch alle Stadien des Besteuerungsverfahrens. Wir begegnen ihm erstmals in § 91 AO, wonach u. a. eine beabsichtigte Abweichung von der Steuererklärung angekündigt werden soll. Sodann müssen die Steuerbescheide insoweit begründet werden, als dies zu ihrem Verständnis erforderlich ist (§ 121 AO). Nicht vorbesprochene Abweichungen von der Erklärung fallen stets darunter. Verstöße dagegen können nach § 126 Abs. 3 AO ein Wiedereinsetzungsgrund (§ 110 AO) sein. Schließlich ist das rechtliche Gehör eine Maxime des Rechtsbehelfsverfahrens. Einmal erwähnt § 364 AO ausdrücklich, daß den Beteiligten (§ 359 AO) auf Antrag oder von Amts wegen die Unterlagen der Besteuerung mitzuteilen seien. Der tatsächliche Anwendungsbereich ist aber breiter. Der Stpfl. soll nie von einer ungünstigen Entscheidung oder einem belastenden Verwaltungsakt überrascht werden. Er muß immer Gelegenheit haben, sich vor Erlaß einer behördlichen Maßnahme darauf einzulassen (§ 365 Abs. 2 und Abs. 1 AO). Im gerichtlichen Verfahren finden sich darüber hinaus eine ganze Reihe einzelner Vorschriften, die alle in dem Grundsatz des rechtlichen Gehörs wurzeln.

408

Beispiel:

§ 75 FGO (Mitteilung von Besteuerungsgrundlagen); § 77 FGO (Verteilung von Schriftsätzen an andere Beteiligte); § 78 FGO (Akteneinsicht); § 83 FGO (Teilnahme an Beweiserhebungen).

All diese Bestimmungen gipfeln in § 96 Abs. 2 FGO, wonach das Urteil sich nur auf solche Tatsachen stützen darf, zu denen die Beteiligten sich äußern konnten. § 119 Nr. 3 FGO erklärt Verstöße gegen den Grundsatz des rechtlichen Gehörs zum absoluten Revisionsgrund.

Man kann diese Vorschriften zwar nicht unmittelbar auf das Vorverfahren anwenden. Der allgemeine Grundsatz, auf dem sie alle beruhen, gilt aber für das Vorverfahren unverändert.

Einen besonderen Fall des rechtlichen Gehörs regelt § 367 Abs. 2 Satz 2 AO (Rdnr. 415).

d) Vertretung

409 Im Vorverfahren (§ 365 i. V. m. § 80 AO) und im Verfahren vor dem FG (§ 62 Abs. 1 FGO) kann der Stpfl. sich durch einen Bevollmächtigten vertreten lassen. Im Einspruchsverfahren und im Klageverfahren kann die Vollmacht auch noch nach Ablauf der Rechtsbehelfsfrist nachgereicht werden. Für das Klageverfahren folgt dies aus § 62 Abs. 3 FGO. Allerdings kann vom Finanzgericht für die Vorlage eine Frist mit ausschließender Wirkung gesetzt werden. Wird in diesem Falle die Vollmacht nach Ablauf der Frist vorgelegt, führt dies zur Unzulässigkeit des gerichtlichen Rechtsbehelfes.

Vor dem BFH muß ein sachkundiger Vertreter handeln (Postulationszwang – vgl. Art. 1 Nr. 1 BFH-EntlG).

e) Aussetzung und Ruhen des Verfahrens

410 Nach § 363 Abs. 1 AO (entsprechend § 74 FGO) kann die Rechtsbehelfsbehörde die Entscheidung über das Verfahren so lange aussetzen, bis eine für den Steuerstreit verbindliche Vorfrage in einem anderen Prozeß rechtskräftig entschieden ist.

Beispiel:
Y begehrt bei der ESt-Festsetzung einen Pauschbetrag als Körperbehinderter nach § 33b EStG mit einer Minderung der Erwerbsfähigkeit von 85 %. In seinem Ausweis ist nur eine Minderung von 60 % anerkannt. Deswegen ist ein Prozeß beim Sozialgericht anhängig.
Das FA kann auf einen Einspruch des Y hin das Verfahren nach § 363 Abs. 1 AO aussetzen (oder nach § 165 AO vorläufig entscheiden).

Im Einvernehmen mit dem Rechtsbehelfsführer kann auch das Ruhen des Verfahrens angeordnet werden, wenn dies zweckmäßig ist (§ 363 Abs. 2 AO).

Beispiel:
In einer rechtlich zweifelhaften Angelegenheit sind zahlreiche Einsprüche anhängig. Ein Fall geht als „Musterprozeß" durch die Instanzen; die anderen ruhen. Dies erspart allen Beteiligten Kosten und Arbeit, ist also zweckmäßig.

f) Beteiligte

411 § 359 AO stellt – ähnlich wie § 57 FGO – klar, wer Beteiligter ist, nämlich
(1) wer den Rechtsbehelf eingelegt hat und
(2) wer hinzugezogen worden ist (Rdnr. 412).

Den Beteiligten sind die Unterlagen der Besteuerung mitzuteilen (§ 364 AO), ihnen ist Gelegenheit zu geben, an Beweisaufnahmen teilzunehmen (§ 365 Abs. 2 AO), und die Rechtsbehelfsentscheidung ist ihnen bekanntzugeben (§ 366 AO).

g) Hinzuziehung anderer Beteiligter

aa) Grundlagen

Mitunter ist es zweckmäßig oder gar notwendig, dritte Personen, deren Interessen berührt werden, an einem Rechtsbehelfsverfahren zu beteiligen. Dem trägt die AO durch die Zuziehung nach § 360 AO Rechnung (der die Beiladung des § 60 FGO entspricht). 412

Die Zuziehung geschieht durch einen besonderen Verwaltungsakt. Sie ist allerdings akzessorisch, d. h. sie steht und fällt mit dem vom Einspruchsführer begonnenen Verfahren. Wenn dieser seinen Rechtsbehelf zurücknimmt, kann der Zugezogene das Verfahren nicht selbst weiterführen. Hiervon muß aber der Fall unterschieden werden, daß ein im Vorverfahren Zugezogener selbst Klage zum Gericht erhoben hat. In dieser Instanz ist er ja selbst Kläger und somit nicht bloß Beigeladener.

Der Zugezogene hat dieselben Rechte und Pflichten wie der Rechtsbehelfsführer (§ 360 Abs. 4 AO). Will das Finanzamt den angefochtenen Verwaltungsakt gemäß § 172 Abs. 1 Nr. 2a AO ändern, ohne dem Antrag des Rechtsbehelfsführers der Sache nach zu entsprechen, ist auch die Zustimmung des Hinzugezogenen einzuholen (AEAO Tz 4 zu § 360). Er kann sachdienliche Anträge stellen und gegen die ihm zugestellten Entscheidungen innerhalb der für ihn selbständig zu berechnenden Frist weitere Rechtsbehelfe, z. B. Anfechtungsklage, § 40 Abs. 1 FGO, einlegen. Das Rechtsschutzbedürfnis für die Klage zum Finanzgericht (§ 40 Abs. 2 FGO) ergibt sich für den Zugezogenen aus § 166 AO. Denn diese Vorschrift bewirkt, daß der Zugezogene alle ergangenen Entscheidungen gegen sich gelten lassen muß. Dies hat vor allem bei der Haftung Bedeutung, wo einem früher zugezogenen Haftungsschuldner die sonst zulässigen Einwendungen gegen den Steuertatbestand abgeschnitten werden. Ergeht keine Entscheidung, weil der Rechtsbehelfsführer das Verfahren durch Zurücknahme oder Zustimmung (§ 172 Abs. 1 Nr. 2a AO) beendet hat, dann ist nichts da, was dem Zugezogenen gegenüber wirksam werden könnte, und er ist in seinen Befugnissen nicht beeinträchtigt. Insofern erleidet er keinen Nachteil durch die Akzessorietät der Zuziehung (vgl. das Beispiel zu Rdnr. 365).

Herr des außergerichtlichen Rechtsbehelfsverfahrens bleibt allerdings auch im Falle der Zuziehung allein der Rechtsbehelfsführer. Der Zugezogene kann daher den Rechtsbehelf nicht zurücknehmen (§ 362 AO) und auch nicht eine Zustimmung zum Erlaß eines Abhilfebescheides (§§ 367 Abs. 2 Satz 3, 172 Abs. 1 Nr. 2a AO) erteilen.
Im übrigen unterscheidet das Gesetz zwischen der
- einfachen Zuziehung (§ 360 Abs. 1 AO)

und der
- notwendigen Zuziehung (§ 360 Abs. 3 AO).

Dasselbe gilt für die Beiladung im finanzgerichtlichen Verfahren (§ 60 FGO). Vor jeder Zuziehung ist der Rechtsbehelfsführer zu hören.

bb) Einfache Zuziehung

413 Werden die steuerlichen Interessen einer dritten Person durch die Entscheidung in einem Rechtsbehelfsverfahren berührt, so **kann** das FA im Rahmen seines pflichtgemäßen Ermessens (§ 5 AO) diese Person zum Verfahren hinzuziehen (§ 360 Abs. 1 AO).

Solche Interessen sind häufig bei einem Haftungsschuldner gegeben, der bei Vermögenslosigkeit des Steuerschuldners mit seiner Inanspruchnahme rechnen muß und damit u. U. ebenfalls das Vorliegen oder die Höhe einer Steuerschuld bestreiten wird.

Beispiel:
Der Betriebsübernehmer wird vom FA wegen einer USt-Schuld als Haftender in Betracht gezogen. In dem Rechtsbehelfsverfahren des Steuerschuldners gegen den USt-Bescheid kann das FA daher den Erwerber des Betriebs zuziehen. Vgl. dazu das Beispiel zu Rdnr. 365.

Auch bei gegensätzlichen Interessen mehrerer Stpfl. kann eine einfache Zuziehung in Betracht kommen (BStBl II 1981, 633).

Beispiel:
Hub und Mai streiten, wem Einkünfte aus Kapitalvermögen zuzurechnen sind. Jeder von beiden schiebt sie dem anderen zu. Das FA veranlagt die beiden Stpfl. endgültig, wobei es die Einkünfte rechtsirrtümlich dem Hub zurechnet. Dieser legt gegen den ESt-Bescheid Einspruch ein. Das FA korrigiert seine fehlerhafte Rechtsauffassung und will dem Einspruch stattgeben.
Um sich die Möglichkeit einer entsprechenden Korrektur des bestandskräftigen Bescheides des Mai offenzuhalten, kann es diesen zum Rechtsbehelfsverfahren hinzuziehen (vgl. §§ 360 Abs. 1, 174 Abs. 4 u. 5 AO; Rdnr. 204, 205).

Auch bei zusammenveranlagten Ehegatten ist eine einfache Zuziehung möglich.

Zulässigkeit der Rechtsbehelfe

Beispiel:
Die verheirateten Angestellten, Inge und Hans, wurden zusammen zur ESt veranlagt (§ 26b EStG). Nur Hans legt gegen den ESt-Bescheid Einspruch ein. Das FA kann im Rahmen seines pflichtgemäßen Ermessens (§ 5 AO) Inge zum Verfahren hinzuziehen. Ist die Rechtsbehelfsfrist für Inge bereits abgelaufen, so wird es von einer Zuziehung absehen (AEAO, Tz 3 zu § 360).
Eine notwendige Zuziehung kommt nicht in Betracht. Die Ehegatten sind Gesamtschuldner, § 44 Abs. 1 AO, und können für die Gesamtschuld einen Aufteilungsbescheid beantragen (§ 268 ff. AO, Rdnr. 235). Die Rechtsbehelfsentscheidung muß also nicht einheitlich gegenüber beiden Ehegatten ergehen.

Bei der Auftragsverwaltung von Steuern werden durch eine Entscheidung auch immer die steuerlichen Interessen des Steuergläubigers berührt; § 360 Abs. 2 AO verbietet jedoch, diesen als Beteiligten zum Verfahren zuzuziehen.

Beispiel:
Im Rechtsbehelfsverfahren um die Höhe des Gewerbesteuermeßbetrages kann die hebeberechtigte Gemeinde nicht zugezogen werden.

cc) Notwendige Zuziehung

Wo eine Rechtsbehelfsentscheidung mehreren gegenüber nur einheitlich ergehen kann, müssen diese zugezogen werden (§ 360 Abs. 3 AO). Dies kommt vor allem bei einheitlichen und gesonderten Gewinn- und Wertfeststellungen (§§ 179 Abs. 2, 180 Abs. 1 Nr. 1 und 2a AO) in Betracht. Notwendig zuzuziehen sind alle Feststellungsbeteiligten, die zwar nach §§ 350, 352 AO rechtsbehelfsbefugt sind, aber selbst keinen Einspruch eingelegt haben.

Beispiele:
1. Ein Kommanditist legt gegen eine einheitliche Gewinnfeststellung Einspruch ein. Er beantragt, die Zinsen für den Kredit, mit dem er seinen Gesellschaftsanteil erworben hat, als Sonderbetriebsausgaben abzusetzen und infolgedessen seinen Gewinnanteil zu mindern. Seine Befugnis ergibt sich aus § 352 Abs. 1 Nr. 2 AO.
Die Sonderbetriebsausgaben mindern aber auch den Gesamtgewinn der KG. Legt die Gesellschaft nicht selbst Einspruch ein, so ist sie, vertreten durch den nach § 352 Abs. 1 Nr. 3 AO befugten Komplementär, hinzuzuziehen.
2. Das FA hat die Einkünfte einer fünfgliedrigen Hauseigentümergemeinschaft einheitlich und gesondert festgestellt (§§ 179 Abs. 2, 180 Abs. 1 Nr. 2a AO). Ein Gemeinschafter legt Einspruch ein und begehrt eine Herabsetzung der Einkünfte. – Da alle Gemeinschafter nach § 352 Abs. 2 AO rechtsbehelfsbefugt sind, sind sie, soweit sie nicht selbst Einspruch einlegen, notwendig zum Rechtsbehelfsverfahren zuzuziehen.

3. A ist Komplementär, B und C sind Kommanditisten der A-KG. C ist im Jahre 04 aus der KG ausgeschieden. Das FA erläßt im Jahre 06 den Feststellungsbescheid für 04. A legt Einspruch ein für die KG; er ist befugt nach § 352 Abs. 1 Nr. 3 AO.

Da C aus der KG ausgeschieden ist, gelten für ihn die Befugnis-Vorschriften des § 352 AO nicht mehr. Er ist nach § 350 AO einspruchsbefugt und damit zum Einspruchsverfahren der KG notwendig hinzuzuziehen.

4. A war Komplementär, B und C waren Kommanditisten der A-KG. Die KG ist seit dem Ende des Jahres 05 aufgelöst. Das FA erläßt im Jahre 07 den Feststellungsbescheid für das Jahr 05. Der ehemalige Kommanditist C legt Einspruch ein und begehrt eine Herabsetzung des Gewinnes.

An wen mußte das FA den angefochtenen Bescheid adressieren und übersenden? Adressierung an die Feststellungsbeteiligten A, B und C (§§ 179 Abs. 2 Satz 2, 122 Abs. 1 AO).

Übersendung an alle Betroffenen, wenn dem FA die Auflösung der Gesellschaft bekannt war (vgl. §§ 179 Abs. 2 Satz 2, 122 Abs. 1, 183 Abs. 2 Satz 1 AO).

Wer wird von dem Feststellungsbescheid beschwert?

Beschwert sind alle Feststellungsbeteiligten (§§ 179 Abs. 2 Satz 2, 182 Abs. 1 AO).

Wer ist einspruchsbefugt?

Befugt sind alle ehemaligen Gesellschafter (§§ 350, 352 AO kommen nicht mehr zur Anwendung).

Wer ist zum Einspruchsverfahren hinzuzuziehen?

Notwendig hinzuzuziehen sind alle ehemaligen Gesellschafter, soweit sie nicht selbst Einspruch eingelegt haben (§§ 360 Abs. 3, 350 AO). Ist dies geschehen, so muß die aufgelöste KG nicht mehr zugezogen werden (BStBl II 1981, 186).

Zu beachten ist, daß in den Fällen, in denen ein Feststellungsbeteiligter von seiner Befugnis nach § 352 Abs. 1 Nr. 1 oder 2 AO Gebrauch macht, sich die Wiederaufrollung entgegen dem Wortlaut des § 367 Abs. 2 AO nur auf die in diesen Vorschriften genannten und angegriffenen Feststellungen beschränkt (BStBl II 1990, 561).

So ist Gegenstand der Wiederaufrollung im Beispiel 1 nur der Gewinnanteil des Kommanditisten. Der zugezogene Komplementär könnte im Rechtsbehelfsverfahren dagegen nicht mit Erfolg einwenden, der Gesamtgewinn sei zu hoch, da das FA Betriebsausgaben rechtsfehlerhaft nicht anerkannt habe.

Weder im Verfahren über die Aussetzung der Vollziehung noch im Verfahren über die einstweilige Anordnung kommt eine notwendige Zuziehung in Betracht, selbst wenn im Hauptsacheverfahren eine solche nötig ist. Denn im Verfahren über den vorläufigen Rechtsschutz wird über den

Zulässigkeit der Rechtsbehelfe 347

materiell-rechtlichen Anspruch nicht entschieden. Damit wird keine Entscheidung getroffen, die nur einheitlich gegenüber allen ergehen kann (BStBl II 1981, 99).

Aus denselben Gründen bedarf es keiner notwendigen Zuziehung, wenn ein Einspruch unzulässig und als solcher zu verwerfen ist (BStBl II 1978, 383).

h) Verbindung mehrerer Verfahren

Kann eine Rechtsbehelfsentscheidung mehreren Personen gegenüber nur einheitlich ergehen (vgl. § 360 Abs. 3 AO) und haben mehrere Rechtsbehelfsbefugte Einspruch eingelegt, so sind die Einspruchsverfahren miteinander zu verbinden. Dies ergibt sich aus dem Grundgedanken der Wahrung des rechtlichen Gehöres, ist aber nur für das Klageverfahren in § 73 FGO gesetzlich geregelt (BStBl II 1978, 600).

3. Verfahren über den Einspruch

a) Rechtsbehelfsbehörde

Über Einsprüche in Besitz- und Verkehrsteuersachen entscheidet immer das **Finanzamt** als die Behörde, die den angegriffenen Verwaltungsakt erlassen hat (§ 367 Abs. 1 Satz 1 AO). Für den Wechsel der örtlichen Zuständigkeit gelten die allgemeinen Bestimmungen (§ 367 Abs. 1 Satz 2 AO). Vgl. auch AEAO, Tz 1 zu § 367.

415

b) Verfahren

Das FA muß die Sach- und Rechtslage in vollem Umfang erneut prüfen (§ 367 Abs. 2 Satz 1 AO). Auch wenn der Stpfl. nur einen bestimmten Punkt des angegriffenen Verwaltungsakts rügt, ist das FA berechtigt und verpflichtet, den gesamten Fall noch einmal zu überprüfen. Kommt es dabei zu der Auffassung, bei richtiger Sachbehandlung sei die Steuer noch höher festzusetzen als in dem angefochtenen Verwaltungsakt, so ist es zur **Verböserung** berechtigt (§ 367 Abs. 1 Satz 2 AO). Allerdings fordert das rechtliche Gehör, daß der Stpfl. vorher

- auf die Verböserung und
- die Gründe hierzu hingewiesen wurde und
- sich hierzu äußern konnte (BStBl II 1984, 177).

Damit hat der Einspruchsführer Gelegenheit, durch Rücknahme seines Rechtsbehelfs die Verböserung zu vereiteln. Dies stellt keinen Verstoß gegen die Gleichmäßigkeit der Besteuerung dar. Derjenige, der einen Rechtsbehelf eingelegt hat, wird damit nur den anderen Steuerpflichtigen gleichgestellt, bei denen die Bestandskraft des bekanntgegebenen Verwaltungsaktes ohnehin eine Änderung verbietet.

Beispiel:
A bekommt einen USt-Bescheid über 1 000 DM. Die Steuer wurde nach § 12 Abs. 2 UStG mit 7 % bemessen. Er legt Einspruch ein und beantragt, die Steuer aus tatsächlichen Gründen auf 980 DM zu ermäßigen. Bei genauerer Untersuchung des Falles kommt das FA zu dem Ergebnis, daß der Steuersatz des § 12 Abs. 1 UStG (also 15 %) anzusetzen ist.

Das FA darf keine Einspruchsentscheidung über 1 000 DM erlassen, ohne A vorher auf diese Absicht hinzuweisen. Wenn A sich seiner Sache sicher fühlt, kann er weiterstreiten; wenn nicht, kann er durch Rücknahme des Rechtsbehelfs die Verböserung verhindern. (Beruhen allerdings die besseren Erkenntnisse des FA auf „neuen Tatsachen" i. S. des § 173 Abs. 1 Nr. 1 AO, dann hätte das FA auch nach der Rücknahme noch die Möglichkeit zur Änderung des ursprünglichen Bescheids.)

Eine Verböserung ohne Ankündigung ist immer ein Verfahrensmangel, der auf Klage oder Revision hin zur Aufhebung der Vorentscheidung wegen Nichtbeachtung des rechtlichen Gehörs führt.

Zur Beschränkung der Wiederaufrollung im Falle des § 172 Abs. 1 Nr. 2a AO vgl. Rdnr. 186 und im Falle des § 352 Abs. 1 AO vgl. Rdnr. 414.

c) Entscheidung

416 Das Verfahren wird mit der sog. „Einspruchsentscheidung" beendet (§ 367 Abs. 1 Satz 1). Gegen diese ist als weiterer Rechtsbehelf die Klage (§ 40 ff. FGO) gegeben. Wenn der Steuerpflichtige seinen Einspruch zurückgenommen hat, bedarf es keiner weiteren Sachentscheidung mehr; das Verfahren ist in diesen Fällen mit der Rücknahme beendet. Eine förmliche Entscheidung erübrigt sich auch dann, wenn das Finanzamt bereit ist, den Anträgen des Einspruchsführers zu entsprechen (§ 367 Abs. 2 Satz 3 AO). Dann wird das Rechtsbehelfsverfahren durch Korrektur des angefochtenen Verwaltungsakts nach § 172 Abs. 1 Nr. 2a AO beendet. Man spricht dann von einem **Abhilfebescheid**.

Beispiel:
A bekommt einen Bescheid über 1 000 DM. Er legt Einspruch ein und beantragt, die Steuer auf 600 DM festzusetzen. Nach eingehender Prüfung des Sachverhalts ist das FA der Ansicht, die Steuer sei richtig mit 850 DM festzusetzen.

Zulässigkeit der Rechtsbehelfe 349

a) Wenn A an seinem Antrag festhält, besteht keine Übereinstimmung zwischen seinen Anträgen und der Absicht der Behörde. Diese muß in der Form des § 366 AO eine Einspruchsentscheidung über 850 DM erlassen.
b) Wenn A mit dem Angebot des FA einverstanden ist, sind die Voraussetzungen des § 172 Abs. 1 Nr. 2a AO erfüllt; A hat einem Änderungsvorschlag des FA zugestimmt. Die Änderung zu seinen Gunsten ist statthaft.
c) Erging der Bescheid gegenüber A unter dem Vorbehalt der Nachprüfung (§ 164 Abs. 1 AO), so stützt sich der Abhilfebescheid anstatt auf § 172 Abs. 1 Nr. 2a AO auf § 164 Abs. 2 AO.

4. Verfahren über die Beschwerde

a) Rechtsbehelfsbehörde

Über die Beschwerde entscheidet die „nächsthöhere Behörde" durch Beschwerdeentscheidung (§ 368 Abs. 2 Satz 2 AO). Wer in der Behördenhierarchie nächsthöher ist, ergibt sich aus § 2 FVG, also gegenüber dem FA die OFD gegenüber dieser das Ministerium.

Beispiel:
Das FA setzt einen Verspätungszuschlag zur VSt fest. Über die Beschwerde entscheidet die OFD nach § 368 AO und § 2 Abs. 1 Nr. 2 FVG. Die OFD erläßt nicht – wie beantragt – 24 000 DM Grunderwerbsteuer, sondern nur die Hälfte; über die Beschwerde entscheidet das Ministerium.

b) Abhilfeverfahren

Bevor die Beschwerde der zur Entscheidung berufenen Stelle vorgelegt wird, hat die verfügende Stelle zu prüfen, ob sie nicht der Beschwerde abhelfen will. Mit der Abhilfe sollen die Rechtsbehelfsbehörden entlastet werden. Vor allem soll der verfügenden Behörde die Möglichkeit belassen sein, aufgrund ihrer besseren Kenntnis des Sachverhalts die Angelegenheit einfach und formlos zu erledigen, soweit sie nach Einlegung der Beschwerde ihren ursprünglichen Verwaltungsakt nicht aufrechterhalten will.

Beispiel:
X schreibt an das FA: „Ich bitte um Stundung meiner gesamten Steuerrückstände." Das FA lehnt ab und weist darauf hin, daß nichts für eine besondere Härte dieser Erhebung bekannt sei. Daraufhin legt X Beschwerde ein und führt u. a. aus, er liege z. Z. im Krankenhaus, brauche dafür beträchtliche Mittel und seine Einnahmen gingen auch merklich zurück. Die Beschwerde braucht jetzt nicht der OFD als Rechtsbehelfsbehörde zur Stattgabe vorgelegt zu werden. Das FA kann mit der Abhilfe nach § 368 Abs. 1 AO seine ursprüngliche Entscheidung korrigieren.

c) Sonstiges

Die Beschwerdeentscheidung ergeht in der gleichen Form wie die Einspruchsentscheidung. Eine Verböserung des ursprünglichen Verwaltungsaktes ist nicht möglich, wenn auch sonst der Amtsermittlungsgrundsatz gilt.

5. Rechtsbehelfsentscheidung

Nach § 366 AO ist die Rechtsbehelfsentscheidung schriftlich zu erlassen. Sie muß begründet und mit einer Rechtsbehelfsbelehrung versehen sein. Sie ist allen Beteiligten förmlich zuzustellen (§ 122 Abs. 5 AO). Wie eine Entscheidung aussieht, ist für das Vorverfahren nicht im Detail geregelt (anders für die gerichtlichen Urteile; vgl. § 105 FGO).

In Anlehnung an die Praxis der Gerichte hat sich durch ständigen Verwaltungsbrauch und nach einigen übereinstimmenden Verwaltungsanweisungen eine bestimmte Form für Rechtsbehelfsentscheidungen entwickelt. Auf die aus logischen Gründen wesentlichen Teile einer Einspruchsentscheidung wird hier kurz eingegangen.

a) Aufschrift

Die Aufschrift der Einspruchsentscheidung soll die Angelegenheit und die beteiligten Personen bezeichnen. Es sind also regelmäßig aufzunehmen:

- die entscheidende Behörde;
- die Steuernummer, Rechtsbehelfslistennummer, evtl. weitere Aktenzeichen;
- die Streitsache selbst und der angegriffene Bescheid;
- der Einspruchsführer, evtl. Bevollmächtigte und Hinzugezogene;
- das Datum der Entscheidung.

Beispiel:

„Finanzamt Starnberg   2. Januar 03
St.Nr. 123/45678
RBehList-Nr. 37/89
                    EINSPRUCHSENTSCHEIDUNG
In Sachen Einkommensteuer 01 des Landwirts Sebastian Huber in Herrsching, Kapellenweg 4, – vertreten durch den Steuerbevollmächtigten Simon Graf in Herrsching – hat das Finanzamt auf den Einspruch des Bevollmächtigten vom 4. 5. 02 gegen den Steuerbescheid vom 20. 4. 02 entschieden:"

In besonders gelagerten Fällen, etwa nach dem Tode eines Steuerpflichtigen, bei Vermögensverwaltung oder bei einer Mehrzahl von Rechtsbehelfsführern und sonstigen Beteiligten muß die Aufschrift diesen besonderen Verhältnissen angepaßt werden.

b) Der erkennende Teil (Tenor)

Der Tenor bringt in möglichst knapper Formulierung die Entscheidung über den Rechtsbehelf. 419

Hierzu sind drei Möglichkeiten denkbar:

aa) Wenn die Rechtsbehelfsbehörde der Auffassung ist, es fehle an einer Zulässigkeitsvoraussetzung, muß sie den Einspruch nach § 358 Satz 2 AO als unzulässig verwerfen.

Beispiel:
„Der Einspruch wird als unzulässig verworfen."

bb) Ist der Einspruch zulässig, aber ihm muß nach materiellem Recht der Erfolg versagt bleiben, dann wird er **zurückgewiesen** (wegen der Begriffe vgl. § 126 FGO).

Beispiel:
„Der Einspruch wird als unbegründet zurückgewiesen."

cc) Wenn der Einspruch teilweise Erfolg hat, der Steuerpflichtige aber einer Änderung nach § 172 Abs. 1 Nr. 2a AO nicht zustimmt, oder wenn die Einspruchsentscheidung gegenüber dem angegriffenen Bescheid eine Verböserung darstellt (§ 367 Abs. 2 Satz 2 AO), muß der Tenor die neue Steuerfestsetzung, Gewinnfeststellung, Haftungsschuld oder den neuen Meßbetrag angeben.

Beispiele:
„Unter Änderung des Steuerbescheids vom 20. 4. 04 wird die Einkommensteuer 02 auf 630 DM herabgesetzt."
„Unter Änderung des Feststellungsbescheids vom 1. 3. 04 wird der Gewinn 02 auf 25 000 DM festgestellt. Davon werden dem Gesellschafter Huber 10 000 DM und dem Gesellschafter Maier 15 000 DM zugerechnet."
„Unter Änderung des Haftungsbescheides vom 17. 5. 04 wird der Haftungsbetrag für die USt 05 auf 103 000 DM herabgesetzt."
„Unter Änderung des Meßbescheids vom 6. 2. 04 wird der Gewerbesteuermeßbetrag 02 auf 581 DM erhöht."

Die weiteren Einzelheiten, nämlich, daß und wieweit der Einspruch teilweise begründet war, gehören im Interesse der Übersichtlichkeit nicht in den Tenor, sondern in die Entscheidungsgründe.

c) Rechtsbehelfsbelehrung

420 Die Einspruchsentscheidung muß nach § 366 AO mit einer Belehrung über den Rechtsbehelf der Klage versehen sein. Die notwendigen Bestandteile einer solchen Belehrung zählt § 55 FGO auf:

aa) Hinweis auf die Klage als solche und deren notwendigen Inhalt (Bezeichnung des Klägers, des beklagten FA, der angefochtenen Entscheidung und des Streitgegenstands; § 65 FGO);

bb) das zuständige Gericht und die weiteren Anbringungsbehörden (vgl. § 47 Abs. 2 und 3 FGO);

cc) dessen Sitz (das ist der Ort, nicht unbedingt auch die volle Anschrift);

dd) die Klagefrist (vgl. § 47 Abs. 1 FGO).

d) Entscheidungsgründe

421 Nach § 366 Satz 2 AO muß die Rechtsbehelfsentscheidung begründet werden. Die Begründung soll den Steuerpflichtigen erkennen lassen, von welchem Sachverhalt das FA ausging und welche rechtlichen Schlußfolgerungen für die Entscheidung maßgeblich waren. Daraus folgt eine logische Aufteilung der Gründe in

- die Darstellung des Tatbestandes und
- die rechtliche Würdigung.

Die Trennung zwischen beiden soll möglichst klar sein. Im Tatbestand dürfen keine rechtlichen Ausführungen stehen, und umgekehrt darf die rechtliche Würdigung keine Tatsachen voraussetzen, die nicht schon im Tatbestand dargestellt worden sind.

Im folgenden werden nur die wesentlichen Grundsätze für den Aufbau der Entscheidungsgründe angeführt.

aa) Tatbestand

Der Tatbestand muß einerseits alle Tatsachen enthalten, die für die Entscheidung bedeutsam sind; alles was für die Entscheidung ohne Belang ist, kann weggelassen werden. Wo also ein Einspruch als unzulässig verworfen wird, erübrigt es sich, auf die Tatsachen einzugehen, die für eine Sachentscheidung bedeutsam wären. Wo der Sachverhalt unstreitig ist, kann man ihn kürzer darstellen als in solchen Fällen, in denen das FA den Angaben des Steuerpflichtigen nicht folgt. Auf den Akteninhalt sollte man nur dann verweisen, wenn feststeht, daß alle Beteiligten im Besitz der entsprechenden Urkunden sind; diese müssen allgemeinverständlich bezeichnet werden und nicht mit der Fundstelle in den Akten, die dem Steuerpflichtigen nichts sagt (also nicht „... im übrigen wird auf Bl. 47 der ESt-Akten verwiesen", sondern... „auf den Gesellschaftsvertrag vom 25. 12. 05"). Man beginnt den Sachverhalt im allgemeinen mit der Prozeßgeschichte und erwähnt, welcher Sachverhalt für den Verwaltungsakt maßgeblich war. Dann folgt ein Hinweis auf den Einspruch und das Vorbringen des Einspruchsführers. Dessen tatsächliche und rechtliche Einwendungen stehen im Konjunktiv. Soweit das FA noch tatsächlich Ermittlungen angestellt hat (z. B. Zeugenvernehmungen, Einsicht in Urkunden usw.), werden diese abschließend erwähnt.

bb) Rechtliche Würdigung

Dieser Teil der Entscheidung wird im sog. **Urteilstil** abgefaßt, d. h. die Entscheidung wird immer an den Anfang gestellt, und die Begründung folgt hernach. Man soll sich hier mit allen Einwendungen des Steuerpflichtigen auseinandersetzen; denn der Zweck der Begründung ist, den Einspruchsführer davon zu überzeugen, daß seine Auffassung unzutreffend und die des FA richtig sei. Aus § 358 AO und der Fassung des Tenors ergibt sich hier eine weitere Teilung in

- Zulässigkeit und
- Begründetheit.

(1) Wo die Zulässigkeit außer Zweifel steht, reicht es, auf den nächsten Abschnitt mit einer Bemerkung überzuleiten, die erkennen läßt, daß die Zulässigkeit geprüft wurde.

Beispiel:
„Der Einspruch ist zwar zulässig; er ist jedoch nur zum Teil begründet."

Wo eine Zulässigkeitsvoraussetzung nicht eindeutig erfüllt ist, muß deren Vorliegen kurz begründet werden.

Beispiel:
Wenn die Frist des § 355 AO nicht eingehalten ist, muß angeführt werden, daß und warum keine Wiedereinsetzung gewährt wurde.
Verwirft das FA einen Rechtsbehelf wegen Fristversäumnis als unzulässig, ohne die Wiedereinsetzung geprüft zu haben, so wird auf entsprechende Klage hin das Finanzgericht die Einspruchsentscheidung wegen eines Verfahrensmangels aufheben.

Wenn die Zulässigkeit verneint wird, erschöpft sich die rechtliche Würdigung in diesem Punkt. Es muß dann eingehend dargelegt werden, warum der Einspruch unzulässig ist. Fehlt es an mehreren Zulässigkeitsvoraussetzungen, dann reicht es aus, den Mangel einer von ihnen nachzuweisen.

Beispiel:
Ein Kommanditist legt Einspruch gegen einen Einheitswertbescheid der Gesellschaft ein. Der Rechtsbehelf ist verspätet; ob Wiedereinsetzung in Frage kommt, ist nur schwer zu entscheiden.

Das FA kann sich schwierige, tatsächliche und rechtliche Ermittlungen wegen der Fristwahrung genauso ersparen, wie die Ausführungen hierzu in der Entscheidung. Mit dem Hinweis, daß es nach § 352 AO an der Befugnis fehle, ist das Verwerfen ausreichend begründet.

(2) Der zweite Teil stellt die Sachentscheidung an die Spitze, begründet sie mit den Rechtsvorschriften des materiellen Rechts, geht auf die Anträge des Steuerpflichtigen ein und würdigt das Beweisergebnis, wo der Sachverhalt umstritten war.

III. Das gerichtliche Rechtsbehelfsverfahren

1. Gerichtsverfassung

Die Finanzgerichtsbarkeit wird durch die Finanzgerichte und den Bundesfinanzhof ausgeübt (§ 2 FGO).

Bei den **Gerichten** bestehen Senate, welche sich nach einem vorher aufgestellten Geschäftsverteilungsplan die Arbeit teilen. Jeder Senat entscheidet in der Besetzung von 5 Personen (§ 5 Abs. 3 FGO), nämlich mit drei Richtern (§§ 14, 15 FGO) und zwei ehrenamtlichen Finanzrichtern (§§ 16-30 FGO); im Beschlußverfahren entscheiden nur die 3 Richter.

Die **Finanzgerichte** entscheiden im ersten Rechtszug über alle Streitigkeiten, für die der **Finanzrechtsweg** gegeben ist (§ 35 FGO). Die örtliche Zuständigkeit ergibt sich daraus, daß der angegriffene (oder begehrte) Verwaltungsakt von einer Behörde im Gerichtsbezirk erlassen wurde (§ 38 FGO; Hilfszuständigkeiten in §§ 38, 39 FGO). Die Gerichtsbezirke decken sich meist mit dem Amtsbezirk einer Oberfinanzdirektion.

Der **Bundesfinanzhof** mit Sitz in München ist ein „Oberster Gerichtshof" i. S. d. Art. 95 GG. Die Senate des BFH entscheiden regelmäßig in der Besetzung mit 5 Richtern, im Beschlußverfahren mit 3 Richtern (§ 10 FGO). Der BFH ist sachlich zuständig zur Entscheidung über die Revision gegen Urteile und die Beschwerde gegen andere Entscheidungen der Finanzgerichte (§ 36 FGO).

Das gerichtliche Rechtsbehelfsverfahren 355

Beim BFH besteht ein **Großer Senat** (§ 11 FGO). Dieser soll verhindern, daß die einzelnen Senate gleiche Rechtsfragen verschieden beurteilen und dient damit der Rechtseinheit. Der Große Senat entscheidet, wenn ein Senat von der Entscheidung eines anderen Senats abweichen will, oder wenn er von einem Senat zur Fortbildung des Rechts oder Sicherung einer einheitlichen Rechtsanwendung angerufen wird. Die Entscheidung des Großen Senats ist in der vorliegenden Sache für den erkennenden Senat verbindlich.

Dem gleichen Zweck dient der **Gemeinsame Senat der obersten Bundesgerichte**, der die Rechtsprechung von BGH, BFH, BVerwG, BAG und BSG vereinheitlichen soll (Art. 95 Abs. 3 GG).

2. Klagen

a) Arten

§ 41 FGO nennt die drei Hauptarten, nämlich Gestaltungs-, Leistungs- und Feststellungsklagen. Im Steuerprozeß begegnen uns diese Klagen meist als besondere Unterarten. 423

aa) Gestaltungsklagen

Sie sind darauf gerichtet, die Gestalt eines Rechtsverhältnisses zu ändern. Im Steuerprozeß nennt man sie **Anfechtungsklagen** (§ 40 Abs. 1 FGO). Mit der Anfechtungsklage begehrt der Kläger die Aufhebung oder Änderung eines Verwaltungsaktes. Die Anfechtungsklage kommt in der Praxis am häufigsten vor.

Beispiel:
Klage gegen den Steuerbescheid oder gegen die Festsetzung eines Zwangsgeldes.

bb) Leistungsklagen

Sie fordern vom Beklagten eine Leistung. Hierzu gehört vor allem die **Verpflichtungsklage** (§ 40 Abs. 1 FGO), mit der die Behörde zum Erlaß eines abgelehnten Verwaltungsaktes verpflichtet werden soll.

Beispiel:
Klage auf Eintragung eines Freibetrages in die Lohnsteuerkarte, auf Erlaß eines Korrekturbescheides, auf Erlaß einer einheitlichen und gesonderten Gewinnfeststellung, auf Stundung oder Erlaß.

cc) Feststellungsklagen

Mit ihnen begehrt der Kläger die Feststellung, daß ein Rechtsverhältnis bestehe oder nicht bestehe oder daß ein Verwaltungsakt nichtig sei (§ 41 Abs. 1 FGO). Die Feststellungsklage setzt voraus, daß der Kläger seine Rechte nicht durch Gestaltungs- oder Leistungsklage verfolgen kann und ein berechtigtes Interesse an der Feststellung hat (§ 41 Abs. 2 FGO).

dd) Untätigkeitsklagen

Sie sind möglich, wenn Verwaltungsbehörden nicht innerhalb angemessener Frist tätig werden (§ 46 FGO). Die Untätigkeitsklage ist nur deshalb ein Sonderfall, weil sie auch ohne erfolglos abgeschlossenes Verfahren erhoben werden kann. Ansonsten wird sie je nach Lage des Falls zu einer der vorgenannten Klagearten gehören.

Beispiel:

Das FA entscheidet nicht über den Einspruch gegen einen Umsatzsteuerbescheid. Die daraufhin erhobene Untätigkeitsklage ist eine Anfechtungsklage. Die OFD entscheidet nicht über die Beschwerde gegen die Versagung eines Erlasses nach § 227 AO. Die Untätigkeitsklage in diesem Fall gehört zu den Verpflichtungsklagen.

Weitere Beispiele unter Rdnr. 384.

b) Zulässigkeit

aa) Allgemeines

424 Für die Zulässigkeit der Klagen gilt im wesentlichen das gleiche wie für die Zulässigkeit der außergerichtlichen Rechtsbehelfe. Bevor das Gericht prüfen darf, ob eine Klage begründet ist, muß es das Vorliegen aller Prozeßvoraussetzungen bejahen; anderenfalls ist die Klage als unzulässig zu verwerfen (vgl. §§ 97 und 126 Abs. 1 FGO).

Zu diesen **Prozeßvoraussetzungen gehören insbesondere:**

- Die Zulässigkeit des **Finanzrechtsweges** (§ 33 FGO).
- Die **Wahrung der Form** bei der Klageerhebung (§§ 64, 65 FGO). Hier ist die FGO wesentlich formstrenger als § 357 AO. Die Klage muß beim Finanzgericht (oder einer der weiteren Anbringungsbehörden des § 47 Abs. 2 oder 3 FGO) schriftlich oder zur Niederschrift erklärt werden. Sie muß den Kläger, den Beklagten (§ 65 FGO), den Streitgegenstand und bei Anfechtungsklagen den angefochtenen Verwaltungsakt bezeichnen. Sie soll einen Antrag enthalten. Fehlt eine der Vorausset-

zungen des § 65 FGO, kann diese innerhalb einer vom Vorsitzenden bestimmten Frist nachgeholt werden. Der Mangel der „Schriftlichkeit" beim Fehlen der Unterschrift ist aber hier – im Gegensatz zum Vorverfahren – nicht heilbar.

- Die Einhaltung der **Frist** bei Anfechtungsklagen (§§ 47, 46 Abs. 1 Satz 2, 54–56 FGO).
- Die **Beschwer** (auch Rechtsschutzbedürfnis genannt).
- Die **Befugnis** (§§ 40 Abs. 2, 48 FGO).
- Kein Verbrauch durch **Rücknahme** (§ 72 FGO) oder **Verzicht** (§ 50 FGO).
- Die **Prozeßfähigkeit** (§ 58 FGO).

bb) Das ergebnislose Vorverfahren

Nach § 44 Abs. 1 FGO ist die Klage als unzulässig zu verwerfen, wenn das Vorverfahren nicht durchgeführt worden ist oder den erstrebten Erfolg brachte. 425

Hiervon gibt es jedoch sechs Ausnahmen:

(1) **Die Sprungklage** (§ 45 Abs. 1 FGO). Klagen sind ohne Vorverfahren möglich, wenn das Finanzamt innerhalb eines Monats nach Zustellung der Klageschrift zustimmt. Die Sprungklage ist zweckmäßig, wenn der Sachverhalt unstreitig ist und eine rechtliche Meinungsverschiedenheit zwischen Bürger und Behörde schon vor Erlaß des Verwaltungsaktes erörtert wurde. Eine erneute Entscheidung durch das FA wäre in einem solchen Fall vertaner Aufwand.

Verweigert oder unterläßt das FA die Zustimmung, wird die Klage als Einspruch behandelt. Der Steuerpflichtige hat hiergegen keinen Rechtsbehelf, weil er – abgesehen von einem gewissen Zeitverlust – keinen Rechtsnachteil erleidet.

Nach § 45 Abs. 2 FGO kann das Gericht eine Sprungklage an das Finanzamt abgeben, wenn dies wegen weiterer Tatsachenfeststellungen sachdienlich ist.

(2) **Die Untätigkeitsklage** (§ 46 FGO)
Hat die Finanzbehörde über einen
- Einspruch
  oder über eine
- Beschwerde
  oder über eine

• Untätigkeitsbeschwerde

ohne Mitteilung eines zureichenden Grundes in angemessener Frist sachlich nicht entschieden, so ist die Anfechtungs- oder Verpflichtungsklage ohne Vorverfahren zulässig.

Beispiel:

Ein Stpfl. beantragt die Änderung eines ESt-Bescheides zu seinen Gunsten. Das FA wird in angemessener Zeit nicht tätig.

Als außergerichtlichen Rechtsbehelf kann der Stpfl. die Untätigkeitsbeschwerde (§ 349 Abs. 2 AO; Rdnr. 384) erheben. Bleibt das FA daraufhin weiter untätig, so ist ohne Vorverfahren (§§ 44 Abs. 1, 46 FGO) die Verpflichtungsklage gegeben (§ 40 Abs. 1 FGO).

(3) **Die Feststellungsklage** (§ 41 FGO)

Auch diese Klage bedarf keines Vorverfahrens.

Beispiele:

1. Das FA hat ein Zwangsgeld telefonisch angedroht, ohne daß Gefahr in Verzug war (vgl. § 332 Abs. 1 AO).

Der Adressat des androhenden Verwaltungsaktes kann ohne Vorverfahren Feststellungsklage auf Nichtigkeit (§ 41 Abs. 1 FGO) erheben.

2. Klag hat einen Steuerbescheid bestandskräftig werden lassen.

Da der Einspruch inzwischen unzulässig ist (§ 355 Abs. 1 AO) und wegen § 44 FGO damit auch die Anfechtungsklage, erhebt er Feststellungsklage zum Finanzgericht mit dem Antrag „festzustellen, daß die Steuerschuld statt 15 000 DM nur 11 000 DM betrage."

Diese Feststellungsklage ist unzulässig, da Klag sein Recht durch eine Gestaltungsklage (hier Anfechtungsklage) hätte verfolgen können (§ 41 Abs. 2 FGO).

(4) Die **Arrestklage** (§ 45 Abs. 4 FGO). Gegen die Anordnung des dinglichen (§ 324 AO) oder des persönlichen Arrests (§ 326 AO) ist wegen der Eilbedürftigkeit die Klage unmittelbar gegeben.

(5) Klage gegen eine Minister-Verfügung (§ 349 Abs. 3 Nr. 1 AO, § 44 FGO). Über dem Minister gibt es keine „nächsthöhere Behörde", die über eine Beschwerde entscheiden könnte. Deshalb ist gegen Verwaltungsakte eines Ministers die unmittelbare Klage gegeben.

(6) Die Klage gegen eine Entscheidung des Zulassungsausschusses in Angelegenheiten des Steuerberatungsgesetzes (§ 349 Abs. 3 Nr. 2 AO).

c) Wirkungen der Klageerhebung

aa) Begriff der Rechtshängigkeit

Durch die Erhebung der Klage wird die Streitsache rechtshängig (§ 66 Abs. 1 FGO), d. h. bei einem Gericht anhängig. Die Klage ist erhoben, sobald sie beim Gericht in der gehörigen Form eingeht. Die Anbringung bei einer der in § 47 Abs. 2 FGO genannten Verwaltungsbehörde führt noch nicht zur Rechtshängigkeit. Die Verwaltung muß in derartigen Fällen aber für eine unverzügliche Übersendung der Klageschrift an das Gericht sorgen (§ 47 Abs. 2 Satz 2 FGO).

426

bb) Folgen der Rechtshängigkeit

(1) Eine **neue Klage** in derselben Sache ist während der Rechtshängigkeit unzulässig.

(2) Die **Zuständigkeit** des Gerichts bleibt von Umständen unberührt, die sich nach der Rechtshängigkeit ereignen.

Beispiel:

A erhebt Anfechtungsklage beim Finanzgericht München gegen einen ESt-Bescheid seines Wohnfinanzamts Augsburg. Wenig später verlegt er seinen Wohnsitz nach Nürnberg.

Daß die Zuständigkeit für weitere Maßnahmen der Einkommensbesteuerung nun auf ein FA in Nürnberg übergeht (§§ 19 und 26 AO), ändert nichts daran, daß der rechtshängige Streit weiterhin vor dem Finanzgericht München (§ 38 FGO) gegen das FA Augsburg (§ 63 FGO) fortgesetzt wird.

(3) Vom Beginn der Rechtshängigkeit an werden Erstattungsansprüche des Klägers und im Falle der Aussetzung der Vollziehung die Nachholansprüche des Beklagten **verzinst** (§ 236 ff. AO). Wenn das Gericht die Kostenfolge des § 137 Satz 1 FGO ausspricht, unterbleibt eine Verzinsung der Erstattungsansprüche.

(4) Eine **Klageänderung** ist nur zulässig, wenn die übrigen Beteiligten einwilligen oder wenn das Gericht die Änderung für sachdienlich hält (§ 67 FGO). Sachdienlich ist die Klageänderung immer dann, wenn der ursprüngliche Antrag unklar oder unstatthaft war und der neue Antrag im Rahmen des Möglichen liegt.

(5) Die Rechtshängigkeit berührt die Wirkung der angefochtenen Verwaltungsakte nicht (§ 69 FGO), nur ausnahmsweise wird deren Vollziehung ausgesetzt.

427 (6) Die Rechtshängigkeit ist auch ohne Einfluß auf die **Verfügungsbefugnis der Verwaltung** über einen Steuerfall. Auch im anhängigen Prozeß bleibt das FA befugt, alle in der AO vorgesehenen Maßnahmen zur weiteren Aufklärung eines Steuerfalles zu treffen (§ 76 Abs. 3 FGO). Wo das Steuerrecht eine Korrektur von Verwaltungsakten gestattet, kann die Verwaltung diese Änderung auch während des Verfahrens über die Klage oder die Revision vornehmen. Die §§ 68, 123 und 127 FGO setzen dieses Recht der Verwaltung voraus; § 132 AO bestätigt es.

Dabei sind zwei Gruppen von Fällen denkbar:

- Die Verwaltung erkennt das Klagebegehren ganz oder zum Teil an und ändert ihren Verwaltungsakt gemäß dem (evtl. zurückgesteckten) Antrag des Klägers (z. B. nach §§ 132 und 172 Abs. 1 Nr. 2a oder 173 Abs. 1 Nr. 2 AO usw.). In diesem Fall werden die Beteiligten die Hauptsache für erledigt erklären, nachdem das Finanzamt dem Gericht den neuen Verwaltungsakt übersandt hat (§ 77 Abs. 3 FGO).

Das Gericht muß nur noch über die Kosten befinden, die nach § 138 FGO im allgemeinen der Behörde auferlegt werden.

Dieser Fall ist das Gegenstück zu der Rücknahme eines Rechtsbehelfs durch den Kläger, wenn dieser im Laufe des Prozesses erkennt, daß er keinen Erfolg haben wird.

- Andererseits ist es denkbar, daß der Verwaltungsakt unabhängig von den Anträgen des Klägers geändert wird (z. B. nach §§ 173 oder 174 AO). Dann hat der Kläger ein Wahlrecht:

Er kann nach § 68 FGO den geänderten Verwaltungsakt zum Gegenstand des Verfahrens machen oder er kann auch hier die Hauptsache für erledigt erklären, weil der angefochtene Verwaltungsakt ja beseitigt ist. Dabei bleibt es ihm unbenommen, den geänderten Verwaltungsakt erneut anzufechten, und zwar ohne die Einschränkung der § 351 Abs. 1 AO bzw. § 42 FGO.

Beispiel:
B ficht seinen ESt-Bescheid an. Nach Rechtshängigkeit führt das FA eine Außenprüfung durch und ersetzt den angegriffenen Bescheid durch einen neuen, der eine noch höhere Steuer von B fordert.

B könnte nun den Änderungsbescheid zum Gegenstand des Verfahrens machen und den bereits anhängigen Streit fortsetzen. – Er kann aber auch die Hauptsache für erledigt erklären. Dadurch verliert er nicht das Recht, gegen den Änderungsbescheid Einspruch einzulegen.

Das gerichtliche Rechtsbehelfsverfahren 361

Man wird in der Praxis den ersten Weg vorziehen, wo die Änderungen nur geringfügig und die Probleme, um die gestritten wird, im wesentlichen die gleichen geblieben sind. Man kommt dann schneller zu einer Entscheidung.

Beispiel:
Sachverhalt wie oben. B begehrte mit der Klage die Anerkennung einer außergewöhnlichen Belastung, die ihm auch der Änderungsbescheid versagte. Die Steuermehrungen durch die Betriebsprüfung sind unbestritten. – Hier wäre der Weg des § 68 FGO vorzuziehen.

Die zweite Möglichkeit ist dann günstiger, wenn der geänderte Verwaltungsakt dem ursprünglichen Klageantrag entspricht, aber neue Streitpunkte enthält.

Beispiel:
Wie oben, aber in dem Änderungsbescheid wird die außergewöhnliche Belastung abgezogen. Das FA ist jedoch der Auffassung, einige Aufwendungen, die B als Betriebsausgaben verbucht hatte, seien Privatausgaben. Diese neue Meinungsverschiedenheit sollte zunächst in einem neuen Vorverfahren geklärt werden. Dem Zeitgewinn bei einer Fortsetzung des Prozesses nach § 68 FGO steht das Risiko einer späteren Zurückverweisung nach § 100 Abs. 2 Satz 2 FGO gegenüber.

d) Verfahren über die Klage

Das gerichtliche Verfahren beruht auf den gleichen Grundsätzen, die oben für das Vorverfahren dargelegt wurden. Es ist in den §§ 51 bis 62 und 63 bis 94a FGO eingehend geregelt. Einige für die Praxis besonders wichtige Grundsätze seien hier erläutert.

428

aa) Beschränktes Amtsprinzip

Während im Vorverfahren das Amtsprinzip uneingeschränkt gilt, bestehen im gerichtlichen Verfahren gewisse Einschränkungen.

Der Sachverhalt wird auch beim Finanzgericht von Amts wegen erforscht (§ 76 Abs. 1 FGO). Das Gericht kann dazu die Beteiligten heranziehen und von ihnen weitere Auskünfte und Nachweise verlangen. Der Vorsitzende kann sie zur Beseitigung von Formfehlern, Unklarheiten und anderen Mängeln anhalten (Abs. 2). Das Gericht ist aber an das tatsächliche Vorbringen und die Beweisanträge der Beteiligten nicht gebunden. Das Gericht entscheidet nach seinem Ermessen, welche Maßnahmen erforderlich sind, um den ganzen und den wahren Sachverhalt festzustellen. Die Parteien können darauf keinen Einfluß nehmen.

Wenn das Gericht aus diesem Tatbestand seine rechtlichen Folgerungen ziehen will, sind ihm in zweifacher Weise Grenzen gesetzt:

429 • **Das Verböserungsverbot** – das die FGO nicht ausdrücklich erwähnt, sondern als allgemeinen Rechtsgrundsatz vorgegeben betrachtet – verbietet, den angefochtenen Verwaltungsakt zum Nachteil des Klägers zu ändern.

• Zugunsten des Klägers darf das Gericht nicht über das Klagebegehren hinausgehen (§ 96 Abs. 1 Satz 2 FGO). Die Entscheidung des Gerichts muß also immer in dem Rahmen bleiben, den der angefochtene Verwaltungsakt nach oben und der Klageantrag nach unten setzen, mag die Entscheidung auch noch so falsch sein.

Beispiele:
1. C bekommt einen ESt-Bescheid über 5 000 DM Steuer. Mit der Klage begehrt er eine Minderung wegen Sonderausgaben um 1 000 DM. Das Gericht erkennt, daß das Klagebegehren zwar berechtigt ist, daß aber weitere Einkünfte vorhanden sind, die das FA für nicht steuerbar gehalten hatte. Deren steuerliche Auswirkung führte zu einer Steuermehrung von 1 800 DM. Die objektive Steuerschuld betrüge folglich 5 800 DM. Das Gericht muß die Tatsachen berücksichtigen und ihr steuerliches Ergebnis mit dem der Sonderausgaben saldieren. Wegen des Verböserungsverbots ist es aber darauf beschränkt, die Klage als unbegründet zurückzuweisen.
2. D greift seinen ESt-Bescheid 01 über 10 000 DM wegen strittiger Aufwendungen für eine Putzfrau an. Das Gericht stellt fest, daß D in 01 eine dringend gebotene Rückstellung unterlassen hat. Im Rahmen des § 76 Abs. 2 FGO ermuntert der Vorsitzende des Gerichts D insoweit zu einer Klageänderung. D weiß zu diesem Zeitpunkt bereits, daß sein Gewinn 02 wesentlich höher ist als der des Vorjahres und daß er wegen der Progression des ESt-Tarifs keinen Vorteil von einer später wieder aufzulösenden Rückstellung hätte. Er ändert die Klage nicht.

Das Gericht ist an den Klageantrag gebunden. Obwohl die ESt 01 viel zu hoch festgesetzt ist, kann das Gericht keinen niedrigeren Betrag festsetzen.

bb) Mündliche Verhandlung

430 Nach den §§ 90–94 FGO ist regelmäßig aufgrund mündlicher Verhandlungen zu entscheiden. Mit Einverständnis aller Beteiligten kann (nicht: muß) die Verhandlung unterbleiben (§ 90 Abs. 2 FGO). Vgl. dazu Rdnr. 434. Zur mündlichen Verhandlung werden alle Beteiligten geladen (§ 91 FGO). Der Vorsitzende des Senats leitet die Verhandlung (§ 92 FGO). Nachdem der Berichterstatter den Stand der Sache erläutert hat, wird die Angelegenheit von den Beteiligten in tatsächlicher und rechtli-

cher Hinsicht erörtert. Die wesentlichen Vorgänge werden in einer Verhandlungsniederschrift festgehalten (§ 94 FGO).

cc) Beteiligte am Verfahren

§ 57 FGO zählt die Beteiligten auf. Immer sind ein Kläger und ein Beklagter vorhanden.

Daneben können noch andere interessierte Personen beigeladen werden (§ 60 FGO). Die Beiladung entspricht weitgehend der Zuziehung (§ 360 AO) im Vorverfahren. Weil im Beschwerdeverfahren nach § 368 AO die verfügende und die Rechtsbehelfsbehörde verschieden sind, kann diese dem Verfahren beitreten und wird dadurch auch Beteiligte (§ 61 FGO).

dd) Aktenübersendung

Die Klageschrift wird dem beklagten FA von Amts wegen zugestellt (§ 71 Abs. 1 FGO). Dieses legt daraufhin dem Finanzgericht die einschlägigen Akten vor (§ 71 Abs. 2 FGO). Alle dem Gericht übersandten Akten können von dem Beteiligten eingesehen und abgeschrieben werden (§ 78 FGO).

3. Entscheidungen

a) Urteile

aa) Form

Über die Klage wird regelmäßig durch ein Urteil entschieden (§ 95 FGO). Das Urteil ergeht in einer bestimmten Form, die in § 105 FGO festgelegt ist.

Das Urteil wird in der mündlichen Verhandlung durch Verlesen der Urteilsformel verkündet und anschließend in seiner vollständigen Fassung den Beteiligten zugestellt (§ 104 FGO). Die Verkündung kann, insbesondere wo keine mündliche Verhandlung stattgefunden hat, unterbleiben.

Die Urteile werden unter verschiedenen Gesichtspunkten eingeteilt. Einige dieser Gruppen spricht die FGO an.

Endurteile beenden den Steuerprozeß endgültig. Teilurteile (§ 98 FGO), Zwischenurteile (§ 97 FGO) und Vorabentscheidungen (§ 99 FGO) befinden nur über einen bestimmten Teil des Streitstoffs. Es muß immer noch ein Endurteil folgen.

bb) Inhalt und Wirkung

432 Die §§ 100 bis 102 FGO regeln Inhalt und Wirkung des Urteils in den Fällen, in denen der Kläger ganz oder teilweise Erfolg hat. Der Vollständigkeit halber sei erwähnt, daß darüber hinaus, wie § 126 FGO viel klarer ausdrückt, die Möglichkeit der Verwerfung oder der Zurückweisung einer Klage besteht.

Wo die Klage begründet ist, gelten folgende Regeln:

(1) Ist der Verwaltungsakt rechtswidrig, so hebt das Gericht ihn samt der Entscheidung über das Vorverfahren auf (§ 100 Abs. 1 FGO).

Die Verwaltung ist an die rechtliche Beurteilung des Gerichts immer gebunden; an die tatsächliche, soweit nicht später neue Tatsachen zu einer anderen Beurteilung führen.

(2) Bei Verwaltungsakten, die Geldleistungen fordern (außer Zwangsgeldern und Verspätungszuschlägen), kann das Gericht im Rahmen des Klageantrages einen anderen Betrag festsetzen (§ 100 Abs. 2 Satz 1 FGO).

(3) Diese Verwaltungsakte kann das Gericht auch aufheben, ohne daß es in der Sache selbst entscheidet, wenn das Gericht wesentliche Mängel feststellt, einer Entscheidung aber noch erhebliche Aufklärungsarbeiten vorausgehen müssen, die eigentlich Sache der Verwaltung sind (§ 100 Abs. 3 FGO). Die Bindung der Verwaltung an die Beurteilung des Gerichts entspricht der unter Nr. (1).

(4) Bei **Leistungsklagen** spricht das Gericht die Verpflichtung der Finanzbehörde aus, den begehrten Verwaltungsakt zu erlassen, wenn es die Sache für spruchreif hält. Meint das Gericht, es seien noch neue Ermittlungen erforderlich, beschränkt es sich darauf, seine Rechtsauffassung darzulegen und verpflichtet die Verwaltung, den Kläger auf dieser Grundlage zu verbescheiden (§ 101 FGO). Wo eine Leistung zugleich mit der Aufhebung eines Verwaltungsaktes verlangt werden kann, ist dies in einem Urteil auszusprechen (§ 100 Abs. 4 FGO).

433 (6) **Ermessensentscheidungen** der Verwaltung sind nur beschränkt nachprüfbar (§ 102 FGO), weil die Ermessensausübung Sache der Verwaltung und nicht der Gerichte ist. Wenn das Gericht eine Ermessensüberschreitung oder einen Ermessensfehlgebrauch feststellt, kann es den angefochtenen Verwaltungsakt aufheben und die Sache zur erneuten Entscheidung an die Verwaltung zurückverweisen. Im übrigen ist es nicht befugt, sein Ermessen walten zu lassen (Einzelheiten und Ausnahmen s. Rdnr. 113).

Gerichtliche Urteile werden nicht nur formell **rechtskräftig**, d. h. unanfechtbar, sondern sie besitzen auch eine beschränkte materielle Rechtskraft, indem sie die Beteiligten, deren Rechtsnachfolger und im einheitlichen Feststellungsverfahren die nicht klagebefugten Gesellschafter binden (§ 110 FGO). Die Beschränkungen liegen in § 110 Abs. 2 FGO: Soweit die Steuergesetze eine Änderung von Verwaltungsakten gestatten (z. B. wegen neuer Tatsachen nach § 173 AO oder wegen Änderung eines Grundlagenbescheids nach § 175 AO), kann auch ein rechtskräftiges Urteil geändert werden.

b) Gerichtsbescheide

Wo das Gericht eine mündliche Verhandlung für nicht nötig erachtet, kann es, ohne die Parteien hierzu gehört zu haben, durch Gerichtsbescheid entscheiden (§ 90a FGO). Dagegen können die Beteiligten: 434
- Revision einlegen, wenn sie zugelassen worden ist.
- Nichtzulassungsbeschwerde einlegen oder mündliche Verhandlung beantragen, wenn die Revision nicht zugelassen worden ist.
- Mündliche Verhandlung beantragen, wenn ein Rechtsmittel nicht gegeben ist.

Der Gerichtsbescheid wirkt als Urteil. Wird mündliche Verhandlung beantragt, gilt er als nicht ergangen (§ 90a Abs. 2 FGO).

c) Beschlüsse

Beschlüsse sind andere Entscheidungen des Gerichts als Urteile oder Vorbescheide. Sie werden in § 113 FGO erwähnt. Bei Beschlüssen außerhalb der mündlichen Verhandlung müssen die ehrenamtlichen Finanzrichter nicht mitwirken (§ 5 Abs. 3 FGO). Eine besondere Form ist nicht vorgeschrieben. Ansonsten gelten ähnliche Grundsätze wie für die Urteile. 435

d) Einstweilige Anordnungen (§ 114 FGO)

Wo die Gefahr besteht, es könnten Rechte vereitelt werden oder wo ein Zustand dringend einer vorläufigen Regelung bedarf, kann das Gericht durch einstweilige Anordnungen entscheiden. Diese Entscheidung ist weitgehend der einstweiligen Verfügung des Zivilprozesses nachgebildet. Deren Vorschriften gelten auch sinngemäß (§ 114 Abs. 3 FGO). 436

4. Rechtsmittel

a) Revision und Nichtzulassungsbeschwerde

aa) Zulässigkeit und Verfahren

437 Das Rechtsmittel der Revision steht den Beteiligten zu, wenn
- der Streitwert 10 000 DM übersteigt (§ 115 Abs. 1 FGO). Diese Streitwertrevision ist durch Art. 1 Nr. 5 BFH-EntlG vorläufig beseitigt worden.
- Das Finanzgericht die Revision zugelassen hat (§ 115 Abs. 2 FGO), weil die Sache von grundsätzlicher Bedeutung ist oder das Urteil von einer Entscheidung des BFH abweicht oder das Urteil auf einem behaupteten Verfahrensmangel beruhen kann;
- ein Verfahrensmangel nach § 116 FGO gerügt wird.

Wenn das Finanzgericht die Revision nicht zuläßt, ist dieser Teil der Entscheidung selbständig mit der sog. „Nichtzulassungsbeschwerde" anfechtbar (§ 115 Abs. 3 FGO). Diese ist innerhalb eines Monats nach Zustellung des Finanzgerichts-Urteils einzulegen; sie hemmt die Rechtskraft des Urteils. Der BFH entscheidet darüber durch Beschluß. Mit Zustellung des stattgebenden Beschlusses beginnt die Revisionsfrist des § 120 FGO.

Die Revision kann grundsätzlich nur darauf gestützt werden, daß das angefochtene Urteil auf einer **Verletzung von Bundesrecht** beruhe (§ 118 FGO). Gegenstand der Verletzung kann sowohl das materielle Recht (z. B. UStG, EStG usw.) sein als auch das Verfahrensrecht (AO, FGO; vgl. §§ 118 Abs. 3 und 119 FGO). Von den tatsächlichen Feststellungen des Finanzgerichts kann der BFH nicht abweichen. Man sagt daher, der BFH sei eine reine „Rechtsinstanz" zum Unterschied vom Finanzgericht als „Tatsachen- und Rechtsinstanz". Der Kläger kann jedoch mit seiner Revision vortragen, das Finanzgericht habe wegen einer Rechtsverletzung (z. B. Verweigerung des rechtlichen Gehörs; § 119 Nr. 3 FGO) einen falschen Tatbestand ermittelt; dann kann der BFH das Urteil des Finanzgerichts aufheben und das Finanzgericht anweisen, den Tatbestand noch einmal auf die rechte Art und Weise festzustellen.

Die Revision muß beim Finanzgericht innerhalb eines Monats nach Zustellung des Urteils schriftlich eingelegt werden (§ 120 FGO). Sie ist innerhalb eines weiteren Monats zu begründen; diese Frist ist vor Ablauf verlängerungsfähig (§ 120 Abs. 1 Satz 2 FGO). Beteiligte am Verfahren sind diejenigen, die schon bei der Klage beteiligt waren (§ 122 FGO).

Weitere **Beiladungen** und **Klageänderungen** sind im Revisionsverfahren nicht zulässig (§ 123 FGO). Wenn allerdings das FA während des Revisionsverfahrens den angefochtenen Verwaltungsakt ändert, kann nicht nur der BFH das angefochtene Urteil aufheben und die Sache zurückverweisen (§ 127 FGO), sondern auch der Kläger kann entweder die Hauptsache für erledigt erklären oder durch Klageänderung den neuen Verwaltungsakt zum Gegenstand des Verfahrens machen (§§ 68, 123 Satz 2 FGO).

Die Revision kann wie die Klage zurückgenommen werden (§ 125 FGO).

Hat die Revision ganz oder zum Teil Erfolg (§ 126 Abs. 3 FGO), kann der BFH je nach der Spruchreife der Sache selbst entscheiden oder die Sache an das Finanzgericht oder die Verwaltungsbehörde zurückverweisen. In diesem Falle ist das Gericht bei der neuerlichen Entscheidung an die rechtliche Beurteilung des BFH gebunden (§ 126 Abs. 5 FGO).

§ 126 Abs. 4 FGO stellt klar, daß auch die Revision eine **Beschwer** voraussetzt und daß eine im Ergebnis rechtmäßige Entscheidung nicht allein wegen eines Verfahrensfehlers oder einer falschen Begründung aufgehoben werden darf.

b) Beschwerde

Gegen Entscheidungen des Finanzgerichts oder dessen Vorsitzenden, die nicht Urteile oder Gerichtsbescheide sind, steht den Beteiligten die Beschwerde zu (§ 128 Abs. 1 FGO).

Beispiel:
Anordnung einer Beiladung (§ 60 FGO); Versagung der Wiedereinsetzung in den vorigen Stand, wenn dies in einer selbständigen Verfügung geschieht (§ 56 FGO).

Keine Beschwerde ist gegeben, wo das Gesetz dies ausdrücklich bestimmt, also gegen die prozeßleitenden Verfügungen (§ 128 Abs. 2 FGO), in Kosten- und Gebührensachen (§ 128 Abs. 4 FGO) und in verschiedenen Einzelfällen.

Beispiel:
Gewährung der Wiedereinsetzung, § 56 Abs. 5; Bewilligung der Prozeßkostenhilfe, § 142 Abs. 2 FGO.

Die Beschwerde gegen die Ablehnung eines Antrags auf Aussetzung der Vollziehung (§ 69 Abs. 3 FGO) ist von der ausdrücklichen Zulassung abhängig (§ 128 Abs. 3 FGO).

Die Beschwerde ist innerhalb von zwei Wochen nach Bekanntgabe der Entscheidung beim Finanzgericht einzulegen (§ 129 FGO). Das Finanzgericht kann abhelfen (§ 130 Abs. 1 FGO); anderenfalls entscheidet der BFH durch Beschluß (§ 132 FGO).

c) Antrag auf Entscheidung des Gerichts

439 Die Beschwerde ist nur gegen Entscheidungen des Finanzgerichts oder seines Vorsitzenden gegeben. Wo ein anderer Richter oder der Urkundsbeamte eine Entscheidung treffen darf, die einen Beteiligten belastet, kann dieser innerhalb zweier Wochen die Entscheidung durch das Gericht beantragen (§ 133 FGO). Das Verfahren ist dem der Beschwerde ähnlich.

Beispiel:
Der Antrag nach § 133 FGO ist zulässig gegen Entscheidungen eines mit der Beweisaufnahme beauftragten Richters (§ 81 Abs. 2 FGO).

d) Erinnerung

440 Gegen die Festsetzung der an das Gericht zu zahlenden Gebühren und Auslagen („Kostenansatz") durch den Kostenbeamten des Finanzgerichts (§ 4 GKG) hat der Kostenpflichtige die Erinnerung (§ 5 GKG). Über die Erinnerung beschließt das Finanzgericht, dessen Entscheidung nicht angreifbar ist (Art. 1 Nr. 4 BFH-EntlG).

e) Wiederaufnahme

441 In ganz außergewöhnlichen Fällen kann ein rechtskräftig beendetes Verfahren wieder aufgenommen werden (§ 134 FGO). Für die Wiederaufnahme gelten die §§ 578 bis 591 ZPO. Die Wiederaufnahme ist z. B. statthaft, wenn das erkennende Gericht nicht vorschriftsmäßig besetzt war, wenn das Urteil auf einer gefälschten Urkunde beruht oder wenn ein Beteiligter nachträglich des Meineids überführt worden ist. Die einzelnen Wiederaufnahmegründe sind in den §§ 579 und 580 ZPO abschließend aufgezählt.

5. Kosten und Vollstreckung

a) Kosten

aa) Begriff

442 Unter Kosten versteht § 139 FGO:

die **Gerichtskosten**, das sind die Gebühren und die Auslagen des Gerichts,
und
die **Aufwendungen der Beteiligten**.

Nicht zu den Kosten in diesem Sinne zählen die Aufwendungen der beteiligten Finanzbehörden. Aufwendungen der Beteiligten für einen Bevollmächtigten sind in Höhe der gesetzlich vorgesehenen Gebühren erstattungsfähig, ausnahmsweise auch schon für das Vorverfahren (§ 139 Abs. 3 FGO).
Die Höhe der Gebühren und der Betrag der Auslagen bestimmen sich nach dem Gerichtskostengesetz (§ 1 GKG). Die einzelne Gebühr bemißt sich nach dem Streitwert und der Anlage zu § 11 GKG.

bb) Kostenpflicht

Die Kosten der Klage (§ 135 Abs. 1 FGO) oder eines Rechtsmittels (§ 135 Abs. 2 FGO) trägt, wer im Prozeß unterliegt. Mehrere Beteiligte sind nach Kopfteilen verpflichtet (§ 135 Abs. 5 FGO). Beigeladenen werden Kosten nur auferlegt, soweit sie tätig geworden sind (§ 135 FGO).

Bei teilweisem Obsiegen werden die Kosten verhältnismäßig geteilt oder gegeneinander aufgehoben, d. h. die Gerichtskosten werden geteilt, die übrigen Kosten trägt jeder selbst (§ 136 FGO).

Trotz Obsiegens können einem Beteiligten die Kosten auferlegt werden, wenn sie durch sein Verschulden entstanden sind oder wenn sein Erfolg auf Tatsachen beruht, die er früher hätte vorbringen können und sollen (§ 137 FGO).

Wenn die Hauptsache sich dadurch erledigt, daß die Finanzbehörde dem Antrag des Klägers entspricht, werden die Kosten der Behörde auferlegt (§ 138 Abs. 2 FGO).

Wer eine Klage oder ein Rechtsmittel zurücknimmt, trägt die Kosten insoweit (§ 136 Abs. 2 FGO). In diesem Falle – und bei Erledigung der Hauptsache – ermäßigen sich jedoch die Gebühren (GKG Anlage 1 Nr. 1301, 1308).

cc) Verfahren

Die Kostenentscheidung ist Teil des Urteils (§ 143 Abs. 1 FGO). Wo das Verfahren auf andere Weise endet (z. B. Erledigung der Hauptsache), wird durch Beschluß über die Kosten entschieden („isolierte Kostenentscheidung"). Im Falle der Rücknahme bedarf es einer isolierten Kostenentscheidung nur, wenn ein Beteiligter Kostenerstattung beantragt (§ 144 FGO). Die isolierte Anfechtung der Kostenentscheidung ist nicht zulässig (§ 145 FGO).

Auf Antrag setzt der Urkundsbeamte die dem Kläger bzw. seinem Bevollmächtigten von der Finanzbehörde zu erstattenden Aufwendungen fest (§ 149 Abs. 1 FGO). Gegen diesen „**Kostenfestsetzungsbeschluß**" ist der Rechtsbehelf der Erinnerung gegeben. Die Rechtsbehelfsfrist beträgt zwei Wochen (§ 149 Abs. 2 FGO). Über die Erinnerung entscheidet das Gericht durch Beschluß (§ 149 Abs. 4 FGO).

b) Vollstreckung

Für die Vollstreckung zugunsten einer Körperschaft des öffentlichen Rechts gilt § 249 ff. AO. Die Vollstreckung wird von den Finanzämtern durchgeführt (§ 150 FGO).

Die Vollstreckung gegen einen Hoheitsträger richtet sich nach § 704 ff. ZPO; die Vollstreckung obliegt dem Finanzgericht (§§ 151, 152 FGO). Diese Maßnahmen werden jedoch kaum praktische Bedeutung erlangen.

IV. Die Verfassungsbeschwerde

1. Begriff

443 Über den normalen Rechtsbehelfsweg hinaus, gibt es noch einen weiteren, besonderen Rechtsbehelf zur Überprüfung der Verfassungsmäßigkeit von Verwaltungsakten und Gerichtsentscheidungen, nämlich die Verfassungsbeschwerde. Sie ist in Art. 93 Abs. 1 Nr. 4a GG und in den §§ 90 bis 95 BVerfGG geregelt. Mit der Verfassungsbeschwerde kann nur gerügt werden, der Beschwerdeführer sei durch die öffentliche Gewalt in einem seiner Grundrechte verletzt (§ 90 Abs. 1 BVerfGG). Unter Grundrechten sind hier die unabdingbaren Rechte zu verstehen, die in den Art. 1 bis 20 GG aufgezählt werden; darüber hinaus auch die in § 90 BVerfGG angeführten ähnlichen Rechte (Art. 33, 38, 101, 103, 104 GG). Wenn der Beschwerdeführer lediglich die Gesetzwidrigkeit oder eine anderweitige Verfassungswidrigkeit behauptet, kann die Verfassungsbeschwerde nicht zum Erfolg führen.

2. Zulässigkeit

Die Ausschöpfung des Rechtswegs ist Prozeßvoraussetzung für die Verfassungsbeschwerde (§ 90 Abs. 2 BVerfGG).

Im Bereich des Steuerrechts muß daher immer ein Urteil des Finanzgerichts oder, wo die Revision statthaft ist (§ 115 Abs. 1 FGO), eine Entscheidung des Bundesfinanzhofes vorliegen. Nur in besonders gelagerten Ausnahmefällen kann das Bundesverfassungsgericht davon absehen (§ 90 Abs. 2 Satz 2 BVerfGG).

Die Beschwerde bedarf keiner besonderen Form. Sie muß aber mindestens das verletzte Grundrecht und die verletzende Handlung angeben (§ 92 BVerfGG).

Die Verfassungsbeschwerde ist befristet (§ 93 BVerfGG). Die Frist, die einen Monat dauert, beginnt regelmäßig mit der Zustellung der vollständigen Entscheidung, in der die behauptete Beschwer enthalten sein soll. Für Steuerverwaltungsakte ist das also die Zustellung des nicht mehr anfechtbaren Urteils.

3. Entscheidung

Nachdem das Verfahren gemäß §§ 93a und 94 BVerfGG durchgeführt ist, entscheidet das Bundesverfassungsgericht (§ 95 BVerfGG). Hält es die Beschwerde für begründet, dann stellt es in seiner Entscheidung fest, welches Grundrecht durch den angegriffenen Akt verletzt worden ist. Es verweist die Sache an das zuständige Gericht zurück, damit dieses erneut entscheide. Hält das Bundesverfassungsgericht ein Gesetz für verfassungswidrig, dann erklärt das Gericht das Gesetz für nichtig (§ 95 Abs. 3 BVerfGG).

Damit wird aber nicht anderen, bereits unanfechtbaren Verwaltungsakten die Bestandskraft entzogen. Nach § 79 Abs. 2 BVerfGG bleiben diese Entscheidungen unberührt. Die Vollstreckung aus einer solchen Entscheidung ist allerdings entsprechend dem Umfang ihrer Verfassungswidrigkeit nicht mehr zulässig (§ 251 Abs. 2 AO i. V. m. § 79 Abs. 2 Satz 2 BVerfGG).

Wenn allerdings die Korrektur eines Verwaltungsaktes statthaft ist, kann nachträglich die Verfassungswidrigkeit einer Norm zugunsten des Stpfl. berücksichtigt werden (für Steuerbescheide vgl. §§ 176 Abs. 1 Nr. 1, 177 Abs. 1 AO).

P. Vollstreckung wegen anderer Leistungen als Geldforderungen

Die AO unterscheidet zwischen der Vollstreckung wegen Geldforderungen (§ 259 ff. AO) und der Vollstreckung wegen anderer Leistungen als Geldforderungen (§ 328 ff. AO). Hier wird nur die letztere Vollstreckungsart besprochen, da sie große Bedeutung auch im steuerlichen Ermittlungsverfahren hat.

I. Zwangsmittel

1. Bedeutung

444 Damit die Finanzbehörden ihre Aufgaben erfüllen können, sind sie auf die Mitwirkung der Beteiligten sowie dritter Personen angewiesen (vgl. § 90 ff. AO). Darüber hinaus räumt die AO den Finanzbehörden die Möglichkeit ein, diese Mitwirkungspflichten, soweit sie nicht freiwillig erfüllt werden, zu erzwingen.

Beispiele:
1. Steuerpflichtige haben die Pflicht, Auskünfte zu erteilen (§ 93 Abs. 1 AO).
2. Auch dritte Personen können zu Auskünften angehalten werden (§ 93 AO), soweit nicht ausnahmsweise Auskunftsverweigerungsrechte eingreifen (§ 101 ff. AO).
3. Steuerpflichtige müssen unter den Voraussetzungen des § 149 ff. AO Steuer-
erklärungen abgeben.

Diese Mitwirkungspflichten können von den Finanzbehörden erzwungen werden (§ 328 ff. AO).

Nicht erzwingbar sind dagegen:
- Auskünfte Dritter, soweit ein Auskunftsverweigerungsrecht besteht (§ 101 ff. AO),
- Versicherungen an Eides Statt (§ 95 Abs. 6 AO),
- Geldleistungen, da hier ein besonderes Vollstreckungsverfahren vorgesehen ist (§ 259 ff. AO).

2. Arten von Zwangsmitteln

Als Zwangsmittel kommen in Betracht (§ 328 Abs. 1 AO):
a) Zwangsgeld (§ 329 AO),
b) Ersatzvornahme (§ 330 AO),
c) unmittelbarer Zwang (§ 331 AO).

II. Verfahren

1. Androhung des Zwangsmittels

Zwangsmittel dürfen erst festgesetzt werden, wenn sie vorher angedroht worden sind (§ 332 AO). Die Androhung hat grundsätzlich **schriftlich** zu erfolgen, es sei denn, der Vollzug des durchzusetzenden Verwaltungsaktes würde vereitelt. Die Androhung hat die Rechtsgrundlage zu benennen, aufgrund derer der Adressat zu einer Handlung, Duldung oder Unterlassung verpflichtet ist. Zur Erfüllung der Verpflichtung ist in der Androhungsverfügung eine angemessene Frist zu setzen. Wird die Festsetzung eines Zwangsgeldes angedroht, so ist die Höhe des Zwangsgeldes anzugeben (§ 119 Abs. 1 AO).

445

2. Festsetzung des Zwangsmittels

Das Zwangsmittel darf erst festgesetzt werden, wenn die in der Androhung gesetzte Frist (§ 332 Abs. 1 Satz 3 AO) abgelaufen ist. Die Unanfechtbarkeit der Androhung braucht nicht abgewartet zu werden.

446

Beispiel:
Ein Stpfl. hat seine Einkommensteuererklärung (§ 25 Abs. 3 EStG) nicht abgegeben, obwohl der zuständige Amtsträger des FA ihn dazu mehrmals unter Androhung der Festsetzung eines Zwangsgeldes telefonisch aufgefordert hat. Daraufhin setzt das FA ein Zwangsgeld von 50 DM fest.
Die Androhung war nichtig, da sie mündlich erfolgt war und die Voraussetzungen des § 332 Abs. 1 Satz 2 AO nicht gegeben waren (§ 125 Abs. 1 AO). Die Festsetzung des Zwangsgeldes wird allerdings von der Nichtigkeit der Androhung nicht erfaßt. Sie ist allerdings, da sie wegen der Unwirksamkeit der Androhung rechtsfehlerhaft ist, mit der Beschwerde anfechtbar (§§ 349, 355 AO).

Gegen die Festsetzung eines Zwangsmittels kann nicht mit Erfolg geltend gemacht werden, die zugrunde liegende Androhung sei fehlerhaft gewesen, wenn der Adressat des Zwangsmittels den androhenden Steuerverwaltungsakt nicht angegriffen hat.

Dasselbe gilt, wenn der Einwand vorgebracht wird, der zu vollstreckende Verwaltungsakt sei rechtswidrig gewesen (vgl. § 256 AO sowie BStBl II 1982, 371).

Bei der Festsetzung von Zwangsmitteln handelt es sich um Ermessensentscheidungen der Finanzbehörde (§ 5 AO).

Die wiederholte Androhung eines Zwangsmittels wegen derselben Verpflichtung ist nur zulässig, wenn das zunächst angedrohte Zwangsmittel erfolglos geblieben ist (§ 332 Abs. 3 AO).

Die Ersatzvornahme sowie der unmittelbare Zwang haben im Steuerrecht nur eine geringe praktische Bedeutung.

Adressaten von Zwangsmitteln sind die Stpfl. selbst oder andere Personen, die zu einem bestimmten Tun, Dulden oder Unterlassen verpflichtet sind. So kann ein Zwangsgeld gegen eine juristische Person festgesetzt werden (BStBl II 1982, 141), ebenso gegenüber ihrem gesetzlichen Vertreter. Festsetzungen sind auch möglich gegenüber nichtrechtsfähigen Personenvereinigungen, ebenso gegenüber deren Geschäftsführern oder Gesellschaftern (§ 34 Abs. 1 und 2 AO).

3. Besonderheiten bei der Festsetzung von Zwangsgeldern

447 Das einzelne Zwangsgeld darf 5 000 DM nicht überschreiten (§ 329 AO). Ein Zwangsgeld zur Durchsetzung derselben Mitwirkungspflicht darf mehrmals hintereinander festgesetzt werden. Voraussetzung für die erneute Androhung ist allerdings, daß das zuerst festgesetzte Zwangsgeld bezahlt worden ist.

4. Ersatzzwangshaft

Ist das Zwangsgeld uneinbringlich, so kann es in Ersatzzwangshaft umgewandelt werden (§ 334 AO).

5. Berichtigung, Rücknahme und Widerruf

448 Festsetzungen von Zwangsgeldern können bei Vorliegen einer offenbaren Unrichtigkeit berichtigt (§ 129 AO), im übrigen unter den Voraussetzungen der §§ 130 Abs. 1, 131 Abs. 1 AO zurückgenommen oder widerrufen werden.

Beispiele:
1. Das FA hat ohne Androhung (§ 332 AO) ein Zwangsgeld festgesetzt. – Die Festsetzung des Zwangsgeldes ist rechtswidrig. Sie kann zurückgenommen werden (§ 130 Abs. 1 AO).

Verfahren

2. Das FA hat wegen Nichtabgabe der ESt-Erklärung (§ 25 Abs. 3 EStG) ein Zwangsgeld von 70 DM festgesetzt. Es kommt im Rahmen seiner pflichtgemäßen Ermessensausübung (§ 5 AO) zu dem Ergebnis, daß es zweckmäßiger gewesen wäre, ein Zwangsgeld von nur 50 DM festzusetzen. – Die ursprüngliche Festsetzung war rechtmäßig. Das FA kann den Verwaltungsakt daher gemäß § 131 Abs. 1 AO zum Teil widerrufen.

3. Das FA hat wegen Nichtabgabe der ESt-Erklärung (§ 25 Abs. 3 EStG) ein Zwangsgeld in Höhe von 50 DM festgesetzt. Es kommt im Rahmen seiner pflichtgemäßen Ermessensausübung (§ 5 AO) zu dem Ergebnis, daß es zweckmäßiger gewesen wäre, 70 DM festzusetzen. – Der ursprüngliche Verwaltungsakt war rechtmäßig. Begrifflich kann sich ein Widerruf eines den Stpfl. belastenden Verwaltungsaktes nur zugunsten des Stpfl. auswirken. Das FA kann daher das Zwangsgeld nicht mehr nach § 131 Abs. 1 AO heraufsetzen.

6. Beendigung des Zwangsverfahrens

Die Durchsetzung eines Zwangsmittels ist unzulässig, wenn die zugrunde liegende Verpflichtung erfüllt worden ist (§ 335 AO).

Beispiel:
Ein Stpfl. wird am 15. 5. unter Androhung eines Zwangsgeldes von 100 DM aufgefordert, bis zum 1. 7. eine Steuererklärung abzugeben. Am 1. 9. kommt er dieser Aufforderung nach. – Das Zwangsgeld kann nach dem 1. 9. nicht mehr festgesetzt werden, da der Steuerpflichtige dem Finanzbefehl Folge geleistet hat. Auch ein festgesetztes Zwangsgeld darf dann nicht mehr erhoben werden.

Hat der Stpfl. allerdings das Zwangsgeld vor Erfüllung seiner Verpflichtung bezahlt, so kommt es zu keiner Erstattung.

Q. Steuerstraf- und Steuerordnungswidrigkeitenrecht

I. Einleitung

450 Im Zusammenhang mit der Besteuerung werden bisweilen strafrechtlich oder bußgeldrechtlich zu verfolgende Sachverhalte aufgedeckt. Es ist Aufgabe der Bußgeld- und Strafsachenstellen in den Finanzämtern sowie der ordentlichen Gerichte, bei Verdacht von **Steuerstraftaten** und **Steuerordnungswidrigkeiten** zu ermitteln und gegebenenfalls Strafen bzw. Geldbußen zu verhängen. Darüber hinaus ist im Besteuerungsverfahren bei Anwendung folgender Vorschriften zu prüfen, ob die Voraussetzungen für eine Steuerstraftat bzw. Steuerordnungswidrigkeit erfüllt sind:

- Im Anschluß an eine Außenprüfung ergangene Steuerbescheide können nur geändert werden, wenn eine Steuerhinterziehung oder leichtfertige Steuerverkürzung begangen wurde (§ 173 Abs. 2 AO, Rdnr. 195).

- Bei Steuerhinterziehung verlängert sich die Festsetzungsverjährungsfrist auf 10 Jahre, bei leichtfertigen Steuerverkürzungen auf 5 Jahre (§ 169 Abs. 2 Satz 2 AO, Rdnr. 303; für Haftungsbescheide § 191 Abs. 3 Satz 2 AO).

- Bei Steuerhinterziehung endet die Festsetzungsfrist nicht, bevor die Strafverfolgung verjährt ist (§ 171 Abs. 7 AO, Rdnr. 308).

- Hinterzogene Steuern sind zu verzinsen (§ 235 AO, Rdnr. 269).

- Der Steuerhinterzieher haftet (§ 71 AO, Rdnr. 339). Der Haftungsbescheid kann sofort mit Zahlungsaufforderung ergehen (§ 219 Satz 2 AO, Rdnr. 358).

Die in diesen Vorschriften genannten Rechtsfolgen treten immer schon dann ein, wenn die Straftat tatbestandsmäßig, rechtswidrig und schuldhaft (Rdnr. 451) bzw. die Ordnungswidrigkeit tatbestandsmäßig, rechtswidrig und vorwerfbar (Rdnr. 485) begangen wurde. Ob letztlich die Straftat bzw. Ordnungswidrigkeit mit Strafe oder Bußgeld geahndet wurde, spielt dagegen keine Rolle.

Beispiel: Karl Vogt hat als Vormund für sein Mündel Steuerhinterziehung begangen (§ 370 AO). Da er Selbstanzeige (§ 371 AO) eingereicht hat, kommt es zu keiner Bestrafung (Rdnr. 475 ff.). Dennoch kann das FA Vogt als Steuerhinterzieher mit einem Haftungsbescheid nach § 71 AO in Anspruch nehmen, wenn die übrigen Voraussetzungen dieser Vorschrift erfüllt sind.

Bei Steuerstraftaten gelten die Vorschriften des Allgemeinen Teiles des **Strafgesetzbuches** (§ 369 Abs. 2 AO), für Steuerordnungswidrigkeiten gelten die Vorschriften des Ersten Teiles des Gesetzes über die Ordnungswidrigkeiten (§ 377 Abs. 2 AO).

II. Grundbegriffe des Steuerstrafrechts

1. Voraussetzungen einer strafbaren Handlung

Bei der Ermittlung wegen einer Steuerstraftat sind folgende Voraussetzungen zu prüfen:
- Tatbestandsmäßigkeit
- Rechtswidrigkeit
- Schuld
- kein Strafaufhebungsgrund

451

a) Tatbestandsmäßigkeit

Nach Art. 103 Abs. 2 GG, § 1 StGB kann eine Tat nur bestraft werden, wenn die Strafbarkeit gesetzlich bestimmt war, bevor die Tat begangen wurde. Die Umschreibung eines strafwürdigen Sachverhaltes nennt man **Straftatbestand**.

452

Man unterscheidet zwischen dem objektiven und dem subjektiven Tatbestand.

aa) Objektiver Tatbestand

Dieser beschreibt die konkrete strafbare Handlung, die in einem **Tun** oder **Unterlassen** bestehen kann. Durch Unterlassen kann eine Straftat nur begangen werden, wenn ein Gesetz (§ 4 AO) eine Rechtspflicht zum Handeln vorschreibt.

453

Beispiele:
1. Ein Unternehmer erklärt in der Umsatzsteuervoranmeldung zu niedrige Umsätze und führt dementsprechend USt ab.
Durch sein **Handeln** wurde USt verkürzt.

2. Ein Schwarzarbeiter mit hohen Umsätzen gibt keine Umsatzsteuervoranmeldungen ab.
Nach § 18 Abs. 1 UStG ist er zur Abgabe von USt-Voranmeldungen und zur Zahlung der USt verpflichtet. Er hat durch **pflichtwidriges Unterlassen** USt verkürzt.

bb) Subjektiver Tatbestand

454 Der objektive Tatbestand muß vom Täter bewußt **(vorsätzlich)** erfüllt werden.

Beispiel:

1. Ein Rentner, dem ESt-Erklärungen zugesandt wurden, reicht die Erklärungen beim Finanzamt nicht ein. Er glaubt, bei seinem geringen Einkommen falle ESt nicht an. In Wirklichkeit ergibt sich eine geringfügige ESt.

Obwohl der Rentner die Erklärung bewußt nicht abgibt, begeht er keine Steuerhinterziehung (§ 370 AO), da er dem Finanzamt nicht vorsätzlich Steuern vorenthalten will.

2. Ein Privatier gibt seine Vermögensteuererklärung nicht ab, um keine VSt zahlen zu müssen.

Der Privatier hat die Erklärung, zu deren Abgabe er verpflichtet war (§ 19 VStG), bewußt nicht eingereicht, da er dem Finanzamt vorsätzlich VSt vorenthalten wollte.

Der objektive und subjektive Tatbestand der Steuerhinterziehung (§ 370 Abs. 1 Nr. 2 AO) ist erfüllt.

b) Rechtswidrigkeit

455 Erfüllt der Täter den objektiven und subjektiven Tatbestand, dann verstößt sein Verhalten gegen die Rechtsordnung, und die Rechtswidrigkeit wird widerlegbar vermutet. Rechtfertigungsgründe (vgl. § 32 StGB: Notwehr; § 34 StGB: rechtfertigender Notstand) kommen im Steuerstrafrecht kaum vor.

c) Schuld

456 Ein Täter kann nur bestraft werden, wenn ihm sein Verhalten vorgeworfen werden kann; er also in der Lage war, das Unrecht der Tat einzusehen und nach dieser Einsicht zu handeln. **Schuldunfähig** (§§ 19, 20 StGB) ist demnach, wer bei Begehung der Tat

- noch nicht 14 Jahre alt war,
- an einer tiefgreifenden Bewußtseinsstörung oder Schwachsinn litt,
- unter krankhafter seelischer Störung handelte.

Grundbegriffe des Steuerstrafrechts 379

Ist die Fähigkeit des Täters, das Unrecht der Tat einzusehen, aus einem der angeführten Gründe erheblich vermindert, so kann die Strafe wegen **verminderter Schuldfähigkeit** gemildert werden (§§ 21, 49 StGB).

d) Kein Strafaufhebungsgrund

Selbst wenn der Täter tatbestandsmäßig, rechtswidrig und schuldhaft gehandelt hat, kann er nicht bestraft werden, wenn **Strafaufhebungsgründe** (z. B. Selbstanzeige, § 371 AO) vorliegen. 457

Beispiel:
Ein Dachdecker zeichnet seine Einnahmen bewußt nur teilweise auf, um ESt, USt, GewSt zu verkürzen. Nach der Bekanntgabe der Steuerbescheide zeigt er dem Finanzamt die nicht verbuchten Einnahmen an.
Aufgrund seines Verhaltens hat sich der Stpfl. wegen Steuerhinterziehung strafbar gemacht. Da er seine Angaben freiwillig berichtigt hat, tritt **Straffreiheit wegen Selbstanzeige** ein.

2. Täterschaft und Teilnahme

a) Täterschaft (§ 25 StGB)

Im Bereich der Täterschaft unterscheidet das Strafgesetzbuch 458
- den Alleintäter,
- den mittelbaren Täter,
- den Mittäter.

aa) Alleintäter

Täter ist derjenige, der den gesetzlichen Tatbestand verwirklicht, also die Tat begeht. Es kommt darauf an, daß er die Tat als **eigene** verwirklichen will. Leistet jemand nur Hilfe zur Tat eines anderen, so kann er nur wegen „Beihilfe" zu einer fremden Tat belangt werden. 459

Beispiele:
1. Ein Buchhalter weist in den für die Firma erstellten USt-Erklärungen mehrfach zu hohe Vorsteuerbeträge aus. Er veranlaßt, daß die USt-Vergütungen auf sein privates Konto überwiesen werden.
Aus dem Sachverhalt ergibt sich eindeutig, daß der Buchhalter die Hinterziehung allein begangen hat, also Alleintäter ist.
2. Ein Unternehmer fordert einen Angestellten auf, bestimmte Einnahmen nicht aufzuzeichnen. Beide wissen, daß dadurch Steuern verkürzt werden.

Der Unternehmer will Steuern verkürzen und ist daher Täter. Der Angestellte unterstützt die Tat, ohne daraus Vorteile zu ziehen. Er hat sich wegen Beihilfe (§ 27 StGB) strafbar gemacht.

bb) Mittelbarer Täter

460 Als mittelbarer Täter handeln Personen, die andere Leute zur Ausführung der Tat „als Werkzeug" benutzen, selbst „die Fäden in der Hand halten und das Werkzeug steuern".

Beispiel:
Ein Fabrikant hat private Baurechnungen als Betriebsausgaben buchen lassen. Sein gutgläubiger Steuerberater erstellt die Steuererklärungen, unterschreibt diese (§ 150 Abs. 3 AO) und reicht sie ein.
Der Steuerberater weiß nicht, daß durch sein Verhalten Steuern verkürzt werden. Er kann mangels Vorsatzes weder Täter noch Gehilfe sein. Er wirkt als Werkzeug des Fabrikanten, der daher mittelbarer Täter ist.

cc) Mittäter

461 Führen mehrere Personen eine Steuerstraftat aufgrund eines **gemeinsamen Tatentschlusses** gemeinschaftlich aus, so handeln sie als Mittäter (§ 25 Abs. 2 StGB). Die Tat wird durch Arbeitsteilung verwirklicht.

Beispiel:
In einer OHG entnehmen die 3 Gesellschafter laufend nicht aufgezeichnete Einnahmen für private Zwecke. Der Steuerberater gibt in Unkenntnis der Entnahmen falsche Steuererklärungen ab. Die Gesellschafter begehen als Mittäter Steuerhinterziehung in mittelbarer Täterschaft.

b) Teilnahme

462 Als Beteiligungsformen an einer Straftat sind

- Anstiftung (§ 26 StGB) und
- Beihilfe (§ 27 StGB)

zu unterscheiden. Beide Teilnahmeformen sind nur **bis zur Beendigung** der Tat durch den Täter möglich. Eine Tat ist beendet, wenn die gesamte Handlung abgeschlossen und der beabsichtigte Erfolg eingetreten ist.
Wird der Täter **nach Beendigung** der Tat durch Dritte unterstützt, so ist die Hilfeleistung als **Begünstigung** strafbar (Rdnr. 480).

aa) Anstiftung

463 Anstiften heißt, einen anderen vorsätzlich zu beeinflussen, daß er eine Straftat begeht.

Grundbegriffe des Steuerstrafrechts

Beispiel:
Ein Anlageberater rät seinem Mandanten, größere Zinsbeträge in der Einkommensteuererklärung nicht anzugeben, um ESt zu sparen. Folgt der Mandant dem Rat, und kommt es dadurch zu einer Steuerhinterziehung, so ist der Berater wegen Anstiftung zur Steuerhinterziehung strafbar. Gibt der Mandant entgegen dem Rat die Zinsen vollständig an, so kommt es nicht zu einer Hinterziehung als „Haupttat". Daher kann der Berater nicht wegen Anstiftung belangt werden.
(Vgl. auch Beispiel zu Rdnr. 474 a. E.)

Der Anstifter wird wie der Täter bestraft (§ 26 StGB).

bb) Beihilfe

Beihilfe bedeutet vorsätzliche Hilfeleistung zu einer Straftat. Der Gehilfe muß die Haupttat fördern wollen. Der Täter braucht nicht zu wissen, daß ihm geholfen wird. 464

Beispiel:
Ein Handwerker will seinen Betrieb durch Steuerhinterziehung vor dem drohenden Konkurs bewahren. Er bittet seinen Steuerberater, geeignete Möglichkeiten aufzuzeigen. Daraufhin fertigt der Berater Abschlüsse, die zu Steuerverkürzungen führen.
Der Handwerker hat sich wegen Steuerhinterziehung strafbar gemacht. Der Berater ist wegen Unterstützung der Tat als Gehilfe der Hinterziehung strafbar.

Im allgemeinen wird man bei Steuerberatern, die an Steuerhinterziehungen zugunsten ihrer Mandanten beteiligt sind, nur **Gehilfenvorsatz** annehmen können, da ihr Wille darauf gerichtet ist, eine fremde Tat zu unterstützen.
Beteiligt sich ein Berater jedoch an einer Steuerstraftat in seinem eigenen Interesse, z. B. in der Befürchtung, ein Mandat zu verlieren oder in der Hoffnung, einen finanziellen Vorteil zu erlangen, so handelt er mit **Tätervorsatz**. Er ist dann als Mittäter zu bestrafen.
Die Strafe des Gehilfen ist im Vergleich zu der des Täters zu mildern (§§ 27 Abs. 2, 49 StGB).

3. Strafverfolgungsverjährung

Die Frist für die Verfolgung von Steuerhinterziehungen und deren Begünstigung beträgt 5 Jahre (§ 369 Abs. 2 AO i. V. m. § 78 Abs. 3 Nr. 4 StGB). Die Fristberechnung ergibt sich aus § 78a ff. StGB. 465

III. Steuerstraftaten

466 Von den in § 369 Abs. 1 AO angeführten Steuerstraftaten werden hier nur
- die Steuerhinterziehung (§ 370 AO) und
- die Begünstigung einer Steuerhinterziehung (§ 257 StGB)

besprochen.

1. Steuerhinterziehung

a) Objektiver Tatbestand

467 Eine Steuerhinterziehung liegt vor, wenn
- Steuern verkürzt oder
- nicht gerechtfertigte Steuervorteile erlangt werden.

Steuern sind **verkürzt**, wenn sie nicht, nicht in voller Höhe oder nicht rechtzeitig festgesetzt werden (§ 370 Abs. 4 AO). Den Umfang der Verkürzung ergibt ein Vergleich der gesetzlich geschuldeten Steuer mit der tatsächlich festgesetzten bzw. nicht festgesetzten Steuer.

Beispiel:

Das Finanzamt setzt die Einkommensteuer eines Arbeitnehmers zu niedrig fest, weil dieser zu hohe Werbungskosten für Dienstreisen erklärt hat. Nach Aufdeckung der Steuerverkürzung schiebt der Arbeitnehmer bisher nicht geltend gemachte Werbungskosten nach.

Es liegt eine Steuerverkürzung vor, selbst wenn sich die Steuerfestsetzung unter Berücksichtigung der nachgeschobenen Werbungskosten als richtig erweist (§ 370 Abs. 4 Satz 3 AO).

Zu den **Steuervorteilen** gehören Erstattungen (Rdnr. 230), Vergütungen (Rdnr. 229), Eintragung von Lohnsteuerfreibeträgen (§ 39a EStG), Verlustrück- bzw. -vortrag (§ 10d EStG), Abschreibungen (§§ 7, 7g EStG), Erlaß (§ 227 AO), Stundung (§ 222 AO) und Aussetzung der Vollziehung (§ 361 AO). **Nicht gerechtfertigt** sind Steuervorteile, die dem Stpfl. zu Unrecht gewährt oder belassen werden (§ 370 Abs. 4 Satz 2 AO).

Beispiel:

Ein Kaufmann erreicht die Herabsetzung der ESt-Vorauszahlungen (§ 37 Abs. 3 EStG) mit der – falschen – Behauptung, seine Umsätze seien erheblich zurückgegangen.

Der Kaufmann erlangt einen nicht gerechtfertigten Steuervorteil, weil seine Einkommensteuer aufgrund seiner wahrheitswidrigen Angaben zum Teil erst später fällig wird.

Steuerstraftaten

Der ungerechtfertigte Steuervorteil braucht nicht dem Täter, er kann auch einer anderen Person zugute kommen.

Beispiel:
Ein Student der Rechte fertigt für seine Freundin, die einen „Modeshop" eröffnet hat, die USt-Voranmeldungen. Ohne ihr Wissen fälscht er Vorsteuerbelege und verschafft ihr dadurch nicht gerechtfertigte USt-Vergütungen.
Der Student hat Steuerhinterziehung begangen, wenngleich der Tatvorteil der Freundin zugute kam. (Anstiftung und Beihilfe scheiden hier aus, weil der Student der einzige Tatbeteiligte ist.)

Die Steuerhinterziehung kann im wesentlichen durch zwei Begehungsformen bewirkt werden: 468

- durch pflichtwidriges Verschweigen von steuerlich erheblichen Tatsachen

oder

- durch unrichtige oder unvollständige Angaben über steuerlich erhebliche Tatsachen.

aa) In vielen Fällen kommt es zu einer Steuerverkürzung durch **pflichtwidriges Unterlassen** der Abgabe einer Steuererklärung. 469

Beispiel:
Ein Arbeitsloser wird als selbständiger Handelsvertreter tätig, ohne sein Gewerbe der Gemeinde anzuzeigen (§ 138 AO). Da er keine Erklärungen abgibt, werden Steuern nicht festgesetzt.
Als Gewerbetreibender war er verpflichtet, Steuererklärungen abzugeben (§ 149 AO i. V. m. § 14a GewStG, § 18 UStG). Durch **Unterlassen** ist es zu einer Steuerhinterziehung gekommen.

bb) Meist kommt es zu Steuerhinterziehungen durch ein **Tätigwerden** des Stpfl., indem insbesondere in Steuererklärungen unrichtige oder unvollständige Angaben gemacht werden. 470

Beispiel:
Ein Arbeiter fährt täglich kostenlos mit einem Kollegen zum Betrieb. Dennoch macht er in seinem Antrag auf ESt-Veranlagung (§ 46 Abs. 2 Nr. 8 EStG) Werbungskosten gemäß § 9 Abs. 1 Nr. 4 EStG in Höhe von 900 DM geltend und erreicht dadurch eine höhere Steuererstattung.
Durch die unrichtigen Angaben ist es zu einer Steuerhinterziehung gekommen.

Ursachen für Steuerhinterziehungen durch unvollständige Angaben können insbesondere sein:

- Nichtverbuchen von Betriebseinnahmen,

- Verbuchen von privat veranlaßten Ausgaben als Betriebsausgaben,
- zu niedriger Ansatz von Aktivposten des Betriebsvermögens,
- Vortäuschen von Passivposten in der Bilanz,
- mangelnde Aufzeichnungen über die Privatentnahmen,
- Ausweisen von nicht erfolgten Einlagen.

b) Subjektiver Tatbestand

471 Die Steuerhinterziehung setzt **vorsätzliches Verhalten** voraus. Vorsatz bedeutet das Wissen und Wollen aller Tatbestandsmerkmale einschließlich des Erfolges.

Bei der Steuerhinterziehung muß sich der Vorsatz also auf die Steuerverkürzung bzw. die Erlangung eines nichtgerechtfertigten Steuervorteils erstrecken (vgl. Beispiele in Rdnr. 454).

472 Zu unterscheiden sind:
- der unbedingte Vorsatz und
- der bedingte Vorsatz.

aa) Unbedingter Vorsatz

Der Täter weiß, daß sein Verhalten zu einer Steuerverkürzung führt und will diese erreichen.

Beispiel:
Ein Kaufmann zeichnet seine Betriebseinnahmen bewußt unvollständig auf und reicht daher unrichtige Steuererklärungen ein, um seine Steuerlast zu verringern. Dies gelingt ihm.
Der Täter täuscht das FA bewußt. Er ist wegen unbedingter vorsätzlicher Steuerhinterziehung zu bestrafen.

bb) Bedingter Vorsatz

Weiß ein Stpfl. zwar nicht bestimmt, daß er eine Straftat begeht, nimmt er dies aber **billigend in Kauf**, so spricht man von bedingtem Vorsatz. Dieser reicht für eine Steuerhinterziehung aus.

Beispiel:
Der Komplementär einer KG berücksichtigt bei der Gewinnermittlung Quittungen über private Aufwendungen als Betriebsausgaben, um die Kommanditisten zu übervorteilen. Er hält es für möglich, daß es dadurch zu ESt- und GewSt-Verkürzungen kommen kann und nimmt das in Kauf. Es kommt tatsächlich zu niedrigeren Steuerfestsetzungen.

Der Komplementär war mit dem möglichen Erfolg seines Handelns einverstanden. Er ist wegen bedingt vorsätzlich begangener Steuerhinterziehung strafbar.
Zur Abgrenzung von der bewußten Fahrlässigkeit bei der leichtfertigen Steuerverkürzung vgl. Rdnr. 489.

c) Strafmaß

Die Steuerhinterziehung wird als Vergehen (§ 12 Abs. 2 StGB) mit Freiheitsstrafe bis zu 5 Jahren oder mit Geldstrafe – aufgrund des Tagessatzsystems (§ 40 StGB) – bis zu 3,6 Mio. DM geahndet (§ 370 Abs. 1 AO). In besonders schweren Fällen wird eine Freiheitsstrafe von mindestens 6 Monaten und höchstens 10 Jahren verhängt (§ 370 Abs. 3 AO).

473

d) Versuch der Steuerhinterziehung (§ 370 Abs. 2 AO)

Eine Straftat versucht, wer nach seiner Vorstellung von der Tat zur Verwirklichung des Tatbestandes unmittelbar ansetzt (§ 22 StGB). Ein Versuch liegt vor, wenn die Handlungen des Täters einen unmittelbaren Angriff auf das geschützte Rechtsgut – bei Steuerhinterziehung die Sicherung des Steueraufkommens – darstellen. Vom Versuch zu unterscheiden ist die **straflose Vorbereitungshandlung**.

474

Wenn ein Kaufmann im Rahmen der körperlichen Bestandsaufnahme Gegenstände des Umlaufvermögens zu niedrig bewertet, um den Gewinn zu schmälern, so bereitet er hier zunächst nur eine Steuerhinterziehung vor. – Erklärt er dem FA den unrichtig ermittelten Gewinn, so hat er von seiner Seite aus alles getan, um eine Steuerhinterziehung zu erreichen. Er ist wegen versuchter Steuerhinterziehung zu bestrafen, selbst wenn das FA die falschen Ansätze entdeckt, und es nicht zu Steuerverkürzungen kommt. – Setzt das FA jedoch tatsächlich zu niedrig fest, so ist die Steuerhinterziehung vollendet.

Auch **Anstiftung** und **Beihilfe** zur versuchten Steuerhinterziehung sind strafbar.

Beispiel:
Ein Anlageberater rät seinem Mandanten, größere Zinsbeträge in der ESt-Erklärung nicht anzugeben, um ESt zu sparen. Der Mandant befolgt diesen Rat. Das FA erfährt jedoch von den Zinserträgen und setzt sie im Steuerbescheid an.
Der Mandant ist wegen versuchter Steuerhinterziehung zu bestrafen, der Berater wegen Anstiftung zum Versuch (§ 370 Abs. 2 AO, § 26 StGB).

e) Selbstanzeige

475 Durch das Inaussichtstellen von Straffreiheit soll für die an einer Steuerhinterziehung Beteiligten ein Anreiz zur freiwilligen Entrichtung hinterzogener Beträge geschaffen werden. Straffreiheit kann neben dem Täter einer vollendeten oder versuchten Tat auch der Anstifter oder Gehilfe erlangen.

Die Selbstanzeige setzt voraus, daß

476
- eine Berichtigungserklärung abgegeben wird,
- die Nachzahlung fristgerecht entrichtet wird und
- die Tat weder entdeckt war noch deren Entdeckung drohte.

aa) Berichtigen bedeutet, die unrichtigen oder unvollständigen Angaben durch richtige und vollständige zu ersetzen.

Beispiele:
1. Ein Unternehmer hat vorsätzlich fehlerhafte USt-Erklärungen abgegeben und dementsprechend zu geringe Zahlungen geleistet. Aus Furcht vor Entdeckung überweist er an das FA den hinterzogenen Betrag unter Angabe seiner Steuernummer mit dem Vermerk „Umsatzsteuer".
Die Nachzahlung allein bewirkt keine Berichtigung der Erklärungen. Eine wirksame Selbstanzeige liegt daher nicht vor.
2. Ein Altmetallhändler hat einen Arbeiter entlassen, der nun droht, Einnahmeverkürzungen dem FA mitzuteilen. Der Händler bittet daraufhin das FA, eine Außenprüfung bei ihm durchzuführen. Nachdem Steuerhinterziehungen aufgedeckt worden waren, erklärt der Händler, er sei straffrei, weil er durch Anregung der Außenprüfung Selbstanzeige erstattet habe.
Durch die Anregung der Außenprüfung allein erfährt das FA nicht die richtigen Besteuerungsgrundlagen. Eine Selbstanzeige liegt nicht vor.
3. Ein Bauunternehmer zeigt dem FA an, daß er Urlaubsgelder an seine zehn Arbeitnehmer in Höhe von je 10 000 DM ausgezahlt habe; Lohnsteuer habe er absichtlich weder einbehalten noch abgeführt.
Hier hat der Unternehmer dem FA zwar nicht die Höhe der hinterzogenen LSt mitgeteilt; er hat dem FA jedoch die Möglichkeit verschafft, ohne langwierige Nachforschungen die richtige LSt nachzuholen. Eine wirksame Selbstanzeige liegt vor.
4. Durch bewußt falsche Angaben ist es einem Freiberufler gelungen, eine Herabsetzung seiner ESt-Vorauszahlungen zu erreichen. In der ESt-Jahreserklärung gibt er seine Einkünfte in richtiger Höhe an.
Durch die Herabsetzung der ESt-Vorauszahlungen ist es zu einer Steuerhinterziehung gekommen (§ 370 Abs. 1 Nr. 1 i. V. m. Abs. 4 Satz 1 AO). In der zutreffenden Jahreserklärung liegt eine ordnungsgemäße Berichtigungserklärung.

Der Täter bzw. die Teilnehmer an einer Steuerhinterziehung müssen nicht persönlich Selbstanzeige erstatten. Die Anzeige kann auch **durch Dritte**, z. B. Steuerberater oder Angehörige, **auf ausdrückliche Veranlassung des Hinterziehers** erfolgen.

Die Anzeige muß bei dem sachlich und örtlich zuständigen FA eingegangen sein.

bb) Straffreiheit tritt nur bei **fristgerechter Nachzahlung** ein. Dies gilt nicht nur für den Täter, der die Steuer schuldet, sondern für alle an der Tat Beteiligten, zu deren „unmittelbarem wirtschaftlichen Vorteil" Steuerverkürzungen erfolgten (§ 371 Abs. 3 AO). 477

Beispiele:
1. Ein Prokurist hinterzieht Steuern und überweist die verkürzten Beträge auf sein Privatkonto. Er erstattet Selbstanzeige.

Der Prokurist erlangte aus der Steuerhinterziehung unmittelbar den Vorteil. Daher tritt aufgrund der Selbstanzeige Straffreiheit nur ein, wenn er die verkürzten Steuerbeträge innerhalb der ihm vom FA bestimmten Frist nachzahlt.

2. Mit Hilfe gezielter Fälschungen in den Buchführungsunterlagen erlangt ein Kaufmann Steuervorteile. Seinem „tüchtigen Buchhalter" zahlt er vereinbarungsgemäß ein Viertel der hinterzogenen Steuern aus. Der Buchhalter erstattet Selbstanzeige.

Aufgrund seiner Unterstützung der Tat ist der Buchhalter Gehilfe. Er hat einen unmittelbaren Vorteil aus der Hinterziehung erlangt. Straffreiheit tritt für ihn nur ein, soweit die zu seinen Gunsten hinterzogenen Steuern an das FA abgeführt werden.

3. Ein Angestellter verschafft seinem gutgläubigen Geschäftsherrn durch Erklärung von zu hohen Vorsteuern ungerechtfertigte Steuervorteile. Er erstattet Selbstanzeige.

Der Angestellte hat aus der Tat keinen Vorteil erlangt. Straffreiheit tritt für ihn unabhängig von der Nachentrichtung ein.

cc) In den Genuß der Straffreiheit soll der Täter nur kommen, wenn er aus freien Stücken zur Steuerehrlichkeit zurückfindet. In folgenden Fällen ist daher eine strafbefreiende Selbstanzeige nicht mehr möglich. 478

Beispiele:
1. Nach Erscheinen des Außenprüfers erstattet ein Stpfl. Selbstanzeige wegen im Prüfungszeitraum hinterzogener Steuern.
Straffreiheit tritt nicht ein (§ 371 Abs. 2 Nr. 1a AO).

2. Aufgrund einer Kontrollmitteilung (§ 194 Abs. 3 AO) ermittelt das FA gegen einen Fabrikanten. Während er sich auf einer Geschäftsreise in Amerika befindet, gibt das Finanzamt seinem steuerlichen Berater die Einleitung des

Strafverfahrens (§ 397 AO) bekannt. Kurz darauf geht beim FA eine Selbstanzeige von F aus Amerika ein. Die Einleitung wirkt auch gegenüber dem Vertretenen. Straffreiheit kann nicht mehr eintreten (§ 371 Abs. 2 Nr. 1b AO).

3. Ein Bauherr prahlt im Wirtshaus, daß er die Herstellungskosten für sein Haus gegenüber dem Finanzamt doppelt geltend mache; im Herstellungsjahr lege er die Rechnungen vor und in den Folgejahren beantrage er durch Vorlage von Teilzahlungsbelegen für diese Rechnungen AfA für nachträgliche Herstellungskosten. Einige Tage später wird der Bauherr vom FA aufgefordert, alle Baurechnungen und Quittungen vorzulegen. Nun erstattet er Selbstanzeige.

Bei verständiger Würdigung mußte B aufgrund der Aufforderung damit rechnen, daß die Tat entdeckt war. Seine Selbstanzeige kann Straffreiheit nicht mehr bewirken (§ 371 Abs. 2 Nr. 2 AO).

479 Die **Wirkung der Selbstanzeige** kommt nur der Person zugute, die sie erstattet. Erfolgt die Selbstanzeige durch den Gehilfen, so bleibt nur sein Tatbeitrag straffrei; der Täter kann weiterhin wegen Steuerhinterziehung bestraft werden.

Ausnahmsweise kann Straffreiheit auch für Dritte eintreten, wenn eine Anzeige gemäß § 153 AO erstattet wird (§ 371 Abs. 4 AO).

Beispiel:

Fünf Miterben erkennen, daß sie über Jahre hinweg in der Erklärung zur einheitlichen und gesonderten Feststellung der gemeinsamen Mieteinkünfte diese zu niedrig angegeben haben. Obwohl sie übereinkommen, dies dem FA zu verschweigen, erstattet ein Erbe unverzüglich Anzeige gemäß § 153 AO. Durch die fehlerhaften Feststellungsbescheide sind Steuerverkürzungen eingetreten. Da die Miterben nachträglich die Unrichtigkeit der Erklärungen erkannten, war jeder von ihnen zur unverzüglichen Richtigstellung verpflichtet. Ein Miterbe hat die Anzeige rechtzeitig erstattet. Straffreiheit tritt hier auch für die anderen Miterben ein.

2. Begünstigung eines Steuerhinterziehers

a) Objektiver Tatbestand

480 Begünstigung begeht, wer dem Täter oder Teilnehmer einer Straftat in der Absicht Hilfe leistet, ihm die Vorteile der Tat zu sichern (vgl. § 257 StGB). Hier wird nur die Begünstigung des Steuerhinterziehers behandelt. Insoweit liegt eine Steuerstraftat vor (§ 369 Abs. 1 Nr. 4 AO). Die Begünstigungshandlung muß nach Beendigung der Tat erfolgen.

Beispiel:

Ein Unternehmer hat Steuern hinterzogen. Nachdem sich bei ihm ein Außenprüfer angesagt hat, veranlaßt er seinen Buchhalter, die Hinterziehungen zu verschleiern.

Hier sichert der Buchhalter nach Beendigung der Steuerhinterziehung dem Unternehmer den Vorteil der Tat. Der objektive Tatbestand der „Begünstigung eines Steuerhinterziehers" ist erfüllt.

Hätte der Buchhalter hingegen dem Unternehmer seine Unterstützung vor Begehung der Tat zugesagt, so wäre er wegen Beihilfe zur Steuerhinterziehung zu bestrafen.

b) Subjektiver Tatbestand

Der Täter muß vorsätzlich handeln. Er muß also wissen, daß eine Steuerhinterziehung begangen wurde und daß er dem Hinterzieher die Vorteile der Tat sichert. 481

c) Strafmaß

Die Strafe darf nicht schwerer sein als die für die Steuerhinterziehung angedrohte Strafe (§ 257 Abs. 2 StGB; vgl. Rdnr. 473). 482

d) Versuch

Der Versuch einer Begünstigung ist nicht strafbar (§§ 12, 23 Abs. 1, 257 Abs. 2 StGB, § 370 Abs. 1 AO).

e) Straflosigkeit der Selbstbegünstigung

Wegen Begünstigung wird nicht bestraft, wer Täter, Anstifter oder Gehilfe der begünstigten Steuerhinterziehung war (§ 257 Abs. 3 StGB; vgl. Beispiel Rdnr. 480).

IV. Grundbegriffe des Ordnungswidrigkeitenrechts

1. Begriff der Steuerordnungswidrigkeit

„Eine Ordnungswidrigkeit ist eine rechtswidrige und vorwerfbare Handlung, die den Tatbestand eines Gesetzes verwirklicht, das die Ahndung mit einer **Geldbuße** zuläßt" (§ 1 OWiG). Richtet sich die Handlung gegen ein Steuergesetz, so liegt eine Steuerordnungswidrigkeit vor (§ 377 Abs. 1 AO). 483

2. Abgrenzung zur Steuerstraftat

Der Begriff der Straftat beinhaltet den Vorwurf eines **kriminellen** Verhaltens. Durch eine Ordnungswidrigkeit wird ein **Verstoß gegen** eine Vorschrift des **Verwaltungsrechtes** gerügt. 484

Die strafbare Handlung wird durch Freiheits- oder **Geld**strafe geahndet, die nur durch einen **Richter** festgesetzt werden darf. Ordnungswidrigkeiten werden durch Geld**bußen** geahndet, die von **Verwaltungsbehörden** ausgesprochen werden (§ 35 OWiG). Jedoch kann der Betroffene gegen den Bußgeldbescheid **Einspruch** einlegen, über den das Amtsgericht entscheidet (§ 67 ff. OWiG). Bei Straftaten ist die Staatsanwaltschaft bzw. die Finanzbehörde (vgl. § 386 Abs. 1 AO) zur Ermittlung verpflichtet (**Legalitätsprinzip**, vgl. § 152 Abs. 2 StPO). Die Verfolgung einer Ordnungswidrigkeit liegt im Ermessen der Behörde (**Opportunitätsprinzip**, § 47 OWiG).

3. Voraussetzungen einer Ordnungswidrigkeit

485 Bei der Ermittlung wegen einer Ordnungswidrigkeit sind – ähnlich wie bei der Straftat – folgende Voraussetzungen zu prüfen (vgl. Rdnr. 451):

- Tatbestandsmäßigkeit,
- Rechtswidrigkeit,
- Vorwerfbarkeit,
- kein Verfolgungsausschließungsgrund.

4. Beteiligung

486 Das Ordnungswidrigkeitsrecht kennt nur einen **einheitlichen Beteiligtenbegriff** (§ 14 OWiG). Beteiligter ist der Täter, der Anstifter und der Gehilfe. Die Art der Beteiligung wird bei der Zumessung der Geldbuße berücksichtigt.

5. Versuch

Der Versuch wird nur geahndet, wenn dies gesetzlich bestimmt ist (§ 13 Abs. 2 OWiG). Die Tatbestände der Steuerordnungswidrigkeiten fordern die Verfolgung des Versuches nicht.

6. Verfolgungsverjährung

Die Frist für die Verfolgung der leichtfertigen Steuerverkürzung, der Steuergefährdung von Abzugsteuern beträgt 5 Jahre (§ 384 AO). Der unzulässige Erwerb von Steuererstattungs- und Vergütungsansprüchen kann 3 Jahre verfolgt werden (§ 377 Abs. 2 AO, § 31 Abs. 2 Nr. 1 OWiG). Die Fristberechnung ergibt sich aus § 31 ff. OWiG.

V. Steuerordnungswidrigkeiten

Von den in der AO angeführten Steuerordnungswidrigkeiten werden hier nur 487
- die leichtfertige Steuerverkürzung (§ 378 AO),
- die Steuergefährdung (§ 379 AO),
- die Gefährdung der Abzugsteuern (§ 380 AO) und
- der unzulässige Erwerb von Steuererstattungs- und Vergütungsansprüchen (§ 383 AO)

besprochen.

1. Leichtfertige Steuerverkürzung

a) Objektiver Tatbestand

Der objektive Tatbestand der leichtfertigen Steuerverkürzung stimmt 488
hinsichtlich Tathandlung und Erfolg mit dem der Steuerhinterziehung
überein (§ 378 Abs. 1 AO, Rdnr. 467). Als Täter kommen neben dem
Stpfl. (§ 33 Abs. 1 AO) alle Personen in Betracht, die für ihn steuerlich
tätig werden, also gesetzliche Vertreter, Bevollmächtigte, Buchhalter und
andere Erfüllungsgehilfen.

b) Subjektiver Tatbestand

Der subjektive Tatbestand fordert **leichtfertiges** Handeln. Leichtfertigkeit 489
ist mit grober Fahrlässigkeit gleichzusetzen. Erforderlich ist ein besonders leichtsinniges, gleichgültiges oder nachlässiges Verhalten bei der
Erfüllung steuerlicher Pflichten.

Beispiel:
Ein Steuerberater gibt über Jahre hinweg für einen Mandanten Umsatzsteuererklärungen ab, die erhebliche Vorsteuerüberschüsse ausweisen. Durch die
Auszahlung der Vergütungen ist es zu Steuerverkürzungen gekommen.
Steuerverkürzungen sind eingetreten. Dem Berater mußten sich hier Zweifel
an der Richtigkeit der Angaben des Stpfl. aufdrängen; er durfte die Zahlen
nicht kritiklos übernehmen. Er handelte daher leichtfertig.
Allerdings hätten auch dem Amtsträger bei der Veranlagung Bedenken kommen müssen. Er hat jedoch nicht in „Wahrnehmung der Angelegenheiten des
Stpfl." gehandelt. Der objektive Tatbestand des § 378 Abs. 1 AO ist daher
nicht erfüllt.

c) Strafmaß

Die leichtfertige Steuerverkürzung kann mit einer Geldbuße bis zu 490
100 000 DM geahndet werden (§ 378 Abs. 2 AO).

d) Selbstanzeige

Die Beteiligten einer leichtfertigen Steuerverkürzung können durch Selbstanzeige (vgl. Rdnr. 475 ff.) eine Ahndung verhindern (§ 378 Abs. 3 AO).

Beispiel:
Zahnarzt Dr. Gold hat bei seiner ESt-Erklärung für 06 leichtfertig Einnahmen nicht erklärt. Während bei ihm im Jahre 08 eine Außenprüfung auch für das Jahr 06 stattfindet, erkennt er seinen Fehler. Er übersendet seinem FA eine Berichtigungserklärung.
Dr. Gold hat rechtzeitig Selbstanzeige erstattet (§ 378 Abs. 3 AO). Er konnte dies noch tun, obwohl der Betriebsprüfer bei ihm bereits erschienen war. § 378 Abs. 3 Satz 2 AO verweist nicht auf § 371 Abs. 2 AO. Die Selbstanzeige ist daher möglich bis zur Einleitung eines Straf- oder Bußgeldverfahrens.

e) Zusammentreffen von Straftat und Ordnungswidrigkeit

„Ist eine Handlung gleichzeitig Straftat und Ordnungswidrigkeit, so wird nur das Strafgesetz angewendet" (§ 21 Abs. 1 OWiG).

Beispiel:
Ein Stpfl. erklärt seine Einkünfte aus Kapitalvermögen vorsätzlich nicht. Außerdem vergißt er, Einkünfte aus selbständiger Tätigkeit anzugeben, auf deren Versteuerung er vom Finanzamt hingewiesen wurde.
Der Stpfl. wird nur wegen Steuerhinterziehung bestraft. Die leichtfertige Steuerverkürzung bleibt außer Betracht.

2. Steuergefährdung

a) Objektiver Tatbestand

491   Zu einer Steuerordnungswidrigkeit kann es auch kommen, ohne daß eine Steuer verkürzt wird, weil der Gesetzgeber in bestimmten Fällen allein die **Gefährdung des Steueraufkommens** ahndet.

Eine Steuergefährdung begeht, wer

- unrichtige Belege ausstellt oder
- Falschbuchungen vornimmt

und dadurch Steuerverkürzungen ermöglicht (§ 379 Abs. 1 Satz 1 AO). Als unrichtige Belege kommen in Betracht: Gefälligkeitsrechnungen und -quittungen, Gefälligkeitsbescheinigungen, z. B. Spendenbelege, Abrechnungen über Tageseinnahmen, Eigenbelege über Geschäftsreisen und andere steuererhebliche Geschäftspapiere.

Steuerordnungswidrigkeiten

Steuergefährdung i. S. von § 379 Abs. 1 Nr. 2 AO begeht insbesondere, wer offensichtliche Privatentnahmen als Betriebsausgaben verbucht, wer als gewerblicher Unternehmer den Wareneingang bzw. Warenausgang falsch aufzeichnet (§§ 143, 144 AO) oder wer als Unternehmer die Entgelte unvollständig erfaßt (§ 22 UStG).

Ferner begeht eine Steuergefährdung (§ 379 Abs. 2 AO), wer
- Auslandsbeteiligungen dem Finanzamt nicht anzeigt (§ 138 Abs. 2 AO) oder
- die Pflicht zur Kontenwahrheit verletzt (§ 154 Abs. 1 AO).

b) Subjektiver Tatbestand

Die Steuergefährdung kann durch vorsätzliches oder leichtfertiges Handeln begangen werden.

492

c) Strafmaß

Die Steuergefährdung kann mit einer Geldbuße bis zu 10 000 DM geahndet werden (§ 379 Abs. 4 AO).

d) Zusammentreffen mit anderen Straftaten bzw. Steuerordnungswidrigkeiten

Wird durch eine Handlung sowohl der Tatbestand der Steuergefährdung als auch der der leichtfertigen Steuerverkürzung erfüllt, so wird der Beteiligte nur wegen dieser belangt (§ 379 Abs. 4 AO).

Treffen eine Steuergefährdung und eine Steuerhinterziehung zusammen, so kommt nur eine Bestrafung aus § 370 AO in Betracht (§ 21 Abs. 1 OWiG).

Beispiele:
1. Ein Unternehmer kauft eine Maschine für 1 200 DM. Er bittet den Verkäufer im Hinblick auf § 6 Abs. 2 EStG, zwei Rechnungen über je 600 DM auszustellen, was auch geschieht.
Käufer und Verkäufer sind als Beteiligte einer vorsätzlichen Steuergefährdung zu verfolgen.
2. Kommt es im obigen Fall durch die Verwendung der Rechnungen zu einer Steuerverkürzung, so ist der Käufer wegen Steuerhinterziehung, der Verkäufer wegen Beihilfe strafbar. Eine Ahndung der Steuergefährdung entfällt.
3. Entdeckt das Finanzamt im obigen Fall bei der Veranlagung die beabsichtigte Umgehung der Abschreibungspflicht, so hat sich der Käufer wegen versuchter Steuerhinterziehung, der Verkäufer wegen Beihilfe hierzu strafbar gemacht. Die Ahndung der Steuergefährdung tritt zurück.

Im Beispiel 1 wird eine bloße Vorbereitungshandlung nur als Steuerordnungswidrigkeit verfolgt, weil eine konkrete Gefährdung des geschützten Rechtsgutes noch nicht eingetreten ist. Im Beispiel 3 legt der Unternehmer die Rechnungen der Gewinnermittlungen zugrunde und gibt falsche Steuererklärungen ab. Hierdurch wird das Steueraufkommen unmittelbar gefährdet, wofür der Gesetzgeber eine Strafe für angemessen hält (vgl. Rdnr. 474).

3. Gefährdung von Abzugsteuern

a) Objektiver Tatbestand

493 Wer seine Verpflichtung, Lohn- oder Kapitalertragsteuern einzubehalten und abzuführen, nicht ordnungsgemäß erfüllt, gefährdet Abzugsteuern (§ 380 Abs. 1 AO).

Beispiel:
Ein Bauunternehmer zahlt Löhne an seine Arbeiter und reicht eine ordnungsgemäße Lohnsteueranmeldung ein, führt jedoch die LSt erst Monate später ab.
Da der Bauunternehmer die LSt nicht rechtzeitig bezahlt hat, ist er wegen Gefährdung von Abzugsteuern zu verfolgen. – Der Unternehmer hat das Finanzamt nicht getäuscht, daher ist der objektive Tatbestand der Steuerhinterziehung nicht erfüllt.

Täter kann jeder sein, der bei einem Arbeitgeber mit der Lohnsteuer bzw. bei einer Gesellschaft mit der Kapitalertragsteuer befaßt ist, also z. B. gesetzliche und gewillkürte Vertreter, kaufmännische Leiter und Buchhalter.

b) Subjektiver Tatbestand

494 Die Gefährdung von Abzugsteuern kann durch **vorsätzliches** oder **leichtfertiges** Handeln begangen werden.

c) Strafmaß

Die Ordnungswidrigkeit kann mit einer Geldbuße bis zu 10 000 DM geahndet werden (§ 380 Abs. 2 AO).

d) Zusammentreffen mit einer leichtfertigen Steuerverkürzung

Wird durch eine Handlung sowohl der Tatbestand der Gefährdung von Abzugsteuern als auch der der leichtfertigen Steuerverkürzung erfüllt, so wird nur diese geahndet (§ 380 Abs. 2 AO).

4. Unzulässiger Erwerb von Steuererstattungs- und Vergütungsansprüchen

a) Tatbestand

Nach § 46 Abs. 4 AO ist der geschäftsmäßige Erwerb von Erstattungs- oder Vergütungsansprüchen zum Zwecke der Einziehung auf eigene Rechnung unzulässig. Wer **vorsätzlich** gegen dieses Verbot verstößt, begeht eine Ordnungswidrigkeit (§ 383 Abs. 1 AO).

b) Strafmaß

Die Geldbuße kann bis zu 100 000 DM betragen.

VI. Straf- und Bußgeldverfahren

1. Einführung

Während im allgemeinen Strafverfahren die Staatsanwaltschaft die Ermittlungen durchführt, obliegen bei Steuerstrafverfahren die Ermittlungsmaßnahmen den **Finanzämtern** wegen deren besonderer Sachkenntnis (§ 386 AO). In den Finanzämtern ermitteln die zentral eingerichteten „Bußgeld- und Strafsachenstellen".

2. Einleitung

Die Durchführung des Steuerstrafverfahrens bzw. Bußgeldverfahrens beginnt mit der **Einleitung**. Diese ist erfolgt, sobald ein zuständiger Finanzbeamter eine Maßnahme trifft, die erkennbar darauf abzielt, gegen jemanden wegen einer Steuerstraftat bzw. -ordnungswidrigkeit vorzugehen (§§ 397 Abs. 1, 410 Abs. 1 Nr. 6 AO).

Beispiele:

1. Der Veranlagungssachbearbeiter gibt die Akten an die Strafsachenstelle ab und bittet, wegen einer Steuerhinterziehung zu ermitteln.
Obwohl der Stpfl. von diesem amtsinternen Vorgang zunächst nichts erfährt, ist das Strafverfahren eingeleitet.

2. Das FA gibt die Akten an die Staatsanwaltschaft ab (§ 386 Abs. 4 Satz 1 AO).
Das Strafverfahren ist eingeleitet.

3. Der Außenprüfer weist den Stpfl. auf die Möglichkeit eines Strafverfahrens hin (§ 201 Abs. 2 AO).
Der Hinweis allein ist keine Maßnahme, die ein Strafverfahren einleitet.

Die Einleitung ist aktenkundig zu machen und dem **Beschuldigten** mitzuteilen (§ 397 Abs. 2 und 3 AO).

Die Einleitung hat einschneidende Folgen:

- Der Stpfl. kann die Aussage zur Sache verweigern. Für das Strafverfahren ergibt sich dies aus § 393 Abs. 1 AO, § 163a Abs. 3, § 136 Abs. 1 StPO, für das Bußgeldverfahren ist dies § 46 OWiG, § 136 Abs. 1 StPO zu entnehmen.
  Über das Aussageverweigerungsrecht ist der Stpfl. zu belehren. Unterbleibt die Belehrung, so kann die Aussage dennoch im Straf- oder Bußgeldverfahren verwertet werden.

- Das Finanzamt darf das Aussageverweigerungsrecht nicht umgehen, indem es auf seine Befugnisse im Besteuerungsverfahren zurückgreift und Zwangsmittel anwendet (§ 393 Abs. 1 Satz 2 und 3 AO).

- Vor der Einleitung des Strafverfahrens vom Stpfl. offenbarte Tatsachen dürfen von der Staatsanwaltschaft nicht zur Verfolgung von außersteuerlichen Straftaten herangezogen werden (§ 393 Abs. 2 AO; vgl. Rdnr. 43).

- Die Selbstanzeige bei Steuerhinterziehung (§ 371 AO) und bei leichtfertigen Steuerverkürzungen (§ 378 Abs. 3 AO) ist ausgeschlossen.

- Der Ablauf der Festsetzungsfrist wird gehemmt, bis die aufgrund der Ermittlungen geänderten Steuerbescheide unanfechtbar geworden sind (§ 171 Abs. 5 Satz 2 AO).

3. Steuerstrafverfahren

Für das Strafverfahren gelten die Strafprozeßordnung, das Gerichtsverfassungsgesetz und das Jugendgerichtsgesetz (§ 385 Abs. 1 AO).

a) Befugnisse des Finanzamtes

Ermittelt das Finanzamt wegen einer Steuerstraftat, so hat es insbesondere folgende Befugnisse (§§ 386 Abs. 2, 399 Abs. 1 AO):

- Vernehmung des Beschuldigten (§ 163a StPO),
- Anhörung von Zeugen und Sachverständigen (§ 161a StPO),
- Beschlagnahme von Gegenständen bei Gefahr im Verzug (§ 98 StPO), z. B. geschäftlichen Schriftverkehr,
- Durchsuchung bei Gefahr im Verzug (§ 102 ff. StPO).

Ermittelt die Staatsanwaltschaft, so haben die Beamten des Finanzamtes nur bei unaufschiebbaren Maßnahmen obige Befugnisse, sind aber im übrigen an die Weisungen der Staatsanwaltschaft gebunden (§§ 402 Abs. 1, 399 Abs. 2 Satz 2 AO). Wegen seiner besonderen Sachkenntnis ist das Finanzamt bei Ermittlungen der Staatsanwaltschaft und der Polizei zu beteiligen (§ 403 AO). Zu jeder Zeit hat das Finanzamt das Recht auf Akteneinsicht (§ 395 AO).

Im gerichtlichen Verfahren hat das Finanzamt bis zum Erlaß des Strafbefehls weiterhin die Befugnisse der Staatsanwaltschaft (§ 406 Abs. 1 AO).

Bei Vorbereitung der Hauptverhandlung und während der Verhandlung hat das Finanzamt das Recht, entscheidungserhebliche Gesichtspunkte vorzubringen (§ 407 AO).

Übersicht: Steuerstrafverfahren

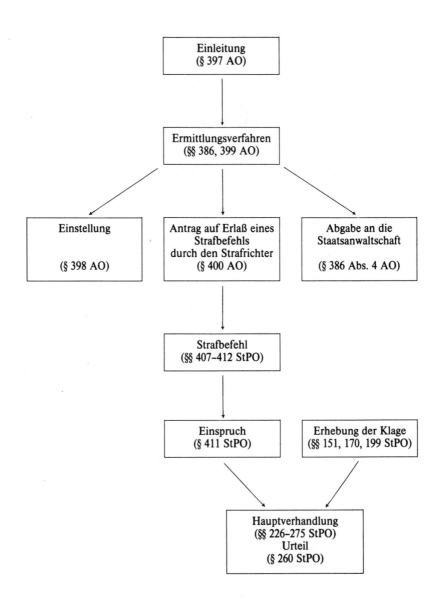

b) Rechtsschutz im Strafverfahren

499 Gegen den vom Amtsgericht erlassenen Strafbefehl kann der Beschuldigte **Einspruch** einlegen. Dieser ist innerhalb der Frist von 2 Wochen nach Zustellung beim Amtsgericht anzubringen (§ 409 Abs. 1 Nr. 7 StPO). **Wird kein Einspruch eingelegt**, so erlangt der Strafbefehl die Wirkung eines rechtskräftigen Urteils (§ 410 StPO).

Wird Einspruch erhoben, so entscheidet das Amtsgericht aufgrund einer **Hauptverhandlung** durch **Urteil** (§ 411 StPO). Dabei kann das Gericht auch die Strafe erhöhen (§ 411 Abs. 4 StPO). Auch wenn ein Strafbefehl – wegen tatsächlicher oder rechtlicher Schwierigkeiten – nicht erlassen wurde, kann das Gericht eine Hauptverhandlung anberaumen und durch Urteil entscheiden.

Gegen das Urteil des Amtsgerichtes können die Staatsanwaltschaft oder der Beschuldigte innerhalb einer Woche **Berufung** einlegen (§§ 296, 312, 314 StPO). Über die Berufung entscheidet das Landgericht (§ 74 Abs. 3 GVG).

Gegen das Urteil des Landgerichtes kann binnen einer Woche **Revision** eingelegt werden (§§ 333, 341 StPO), über die das Oberlandesgericht (§ 121 Abs. 1 Nr. 1 GVG) bzw. der Bundesgerichtshof entscheiden (§ 135 GVG).

4. Bußgeldverfahren

500 Für das Bußgeldverfahren gelten die Abgabenordnung (§§ 409 bis 412 AO), das Gesetz über die Ordnungswidrigkeiten (§ 410 Abs. 1 AO) sowie ergänzend die Strafprozeßordnung, das Gerichtsverfassungsgesetz und das Jugendgerichtsgesetz (§ 46 Abs. 1 OWiG).

a) Vorverfahren

Das bußgeldrechtliche Vorverfahren (§ 53 OWiG) entspricht dem strafprozessualen Ermittlungsverfahren. Bei der Erforschung von Steuerordnungswidrigkeiten hat das Finanzamt dieselben Rechte und Pflichten wie bei der Verfolgung von Steuerstraftaten (§ 53 Abs. 1 Satz 2 OWiG; vgl. Rdnr. 498). Der Betroffene braucht im Vorverfahren nicht vernommen zu werden, hat aber Anspruch auf rechtliches Gehör (§ 55 Abs. 1 OWiG).

Übersicht: Bußgeldverfahren

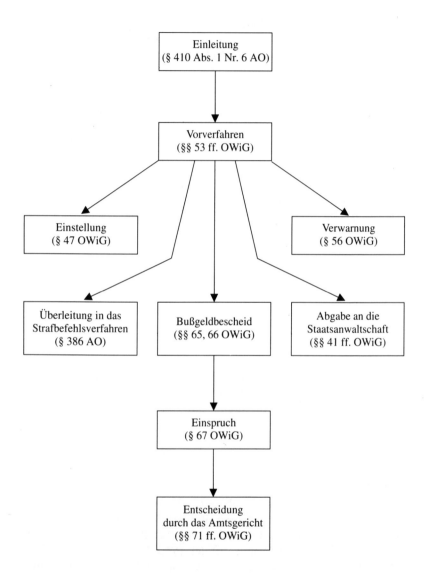

Das Vorverfahren kann abgeschlossen werden durch:
- Einstellung des Verfahrens (§ 47 OWiG),
- Verwarnung u. U. mit Festsetzung eines Verwarnungsgeldes bis zu 20 DM (§ 56 OWiG),
- Bußgeldbescheid (§§ 65, 66 OWiG), oder bei Anhaltspunkten für eine Steuerstraftat durch
- Abgabe an die Staatsanwaltschaft (§ 41 ff. OWiG) bzw. Überleitung in das Strafbefehlsverfahren.
Vgl. Rdnr. 499.

Beispiel:
Im Vorverfahren ermittelt das Finanzamt gegen einen Kaufmann wegen vorsätzlicher Steuergefährdung (§ 379 AO). Dabei ergibt sich der Verdacht, daß diese Tat als Steuerhinterziehung (§ 370 AO) zu ahnden ist.
Hier kann das Finanzamt ein Ermittlungsverfahren wegen der Steuerstraftat einleiten oder die Sache an die Staatsanwaltschaft abgeben. Wird durch eine Handlung sowohl eine Steuerstraftat als auch eine Ordnungswidrigkeit verwirklicht, so findet nur das Strafgesetz Anwendung (§ 21 Abs. 1 OWiG).

b) Rechtsschutz im Bußgeldverfahren

Gegen den Bußgeldbescheid kann innerhalb von zwei Wochen nach Zustellung (§§ 122 Abs. 5, 412 Abs. 1 AO) **Einspruch** beim Finanzamt eingelegt werden (§ 67 OWiG).
Über den Einspruch entscheidet das Amtsgericht (§ 68 Abs. 1 OWiG)
- ohne Hauptverhandlung **durch Beschluß** (§ 72 OWiG) oder
- nach einer Hauptverhandlung durch Urteil (§ 71 OWiG, § 411 Abs. 1 StPO).

Im Beschlußverfahren kann der Bußgeldbescheid nicht zum Nachteil des Betroffenen geändert werden (§ 72 Abs. 2 Satz 2 OWiG). Im Urteilsverfahren kann das verhängte Bußgeld erhöht werden (§ 71 OWiG, § 411 Abs. 4 StPO).
Gegen den Beschluß bzw. das Urteil ist unter Voraussetzungen des § 79 Abs. 1 OWiG die **Rechtsbeschwerde** statthaft. Diese ist binnen einer Woche nach Zustellung des Beschlusses bzw. Verkündung des Urteils beim Amtsgericht zu erheben (§ 79 Abs. 3 OWiG, § 341 StPO). Über die Rechtsbeschwerde entscheidet das Oberlandesgericht (§ 79 Abs. 3 OWiG i. V. m. § 121 Abs. 1 Nr. 1a GVG).

Paragraphenschlüssel

Die halbfett gedruckten Zahlen bezeichnen die Hauptfundstellen.

1. Paragraphenschlüssel Abgabenordnung (AO)

§	Rdnr.	§	Rdnr.
1	3	38	238 f., 342
3	4 f., 116, 227	39	23 f., 200
4	11, 12	40	28
5	32, 101, **113**, 170, 356, 357, 368, 373, 413, 446	41	28 f., 210
		42	30
6	13	43	99, **231**
7	33 f., 36	44	118, 139, **235**, 357
8	50, 53	45	139, **236**, 276, 303, 365
9	50, 53	46	239, **272** f., 495
10	50, 58	47	276
11	50, 58	48	277, 366
12	50	69	61, 236, **336** f.
15	34, 93	71	236, **339**, 450
16	46 f., 151	72	340
17	49 f.	73	341
18	50 f.	74	342
19	50, 53	75	239, **343** f., 351, 365
20	50, 58	77	352
21	50, 59	78	34, 75, **88**
22	60	79	90, 141, 151, 395
24	61, 353	80	77, **89** f., 147, 385, 395, 409
25	62	81	91
26	66	82	33 f., 157
27	64	83	34 f.
28	63	85	30, **85**
29	61	86	82
30	33, 36 f.	88	17, 82, 404
31	41	89	82
32	33	90	82, 88, 103
33	88, 233, 353, **488**	91	75, **86**, 408
34	77, **90**, 233, **336**	92	87
35	233, 336	93	38, 88, **92**, 114
37	227 f., 237, 245, 246, 275 f.	94	88, 92

§	Rdnr.	§	Rdnr.
95	78, 88, 92, 444	165	107, 179, **180 f.**, 215, 222, 309, 393
97	69, 114		
101	88, 93, 368, 444	166	236, 365, 412
102	93	167	97, 119, 251, 258, 327
103	88, 93	168	97, 119, 178, 258
107	92	169	168, 178 f., 182, 201 f., **302 f.**, 364
108	71 f.		
109	69, 99	170	178 f., 182, 201 f., 214, 239, **298 f.**
110	**73 f.**, 156, 186		
118	**105**, 129	171	168, 178, 182, 207, **304 f.**
119	**106,** 119, 134	172	177, **183 f.**, 187, 416
120	**107 f.**, 174, 262	173	**190 f.**, 215 f., 371
121	75, **106**, 119, 354, 408	174	**196 f.**, 215 f., 413
122	20, 118, **129 f., 140 f.**, 418	175	**206 f.**, 215 f., 268, 311, 399
124	118, 129, 152, 160	175a	215
125	34, 48, 67, 106, **151 f.**	176	**221 f.**
126	75, 106, **155 f.**, 408	177	167, 191, **216 f.**
127	34 f., 67, 106, 157, 390	179	20, 21, 27, 54 f., 115, **120 f.**, 143, 311, 315 f., 393, 414
128	158		
129	129, **163 f.**, 225, 305, 363, 382, 448	180	21, 27, 51 f., **120 f.**, 206, 311, 315 f., 393, 414
130	48, 102, 112, **169 f.**, 173, 363, 448	181	38, 99, **315 f.**
		182	67, 128, 136, 206, 236, 397, 399
131	102, 110, 112, **173 f.**, 363, 448		
		183	20, **143 f.**
132	187, **225,** 427	184	60, 116, 321, 391, 397, 399
138	345, 469, 491	185	60
149	**95 f.**	188	116
150	89, **95 f.**, 119, 258	190	116
151	96	191	155, 242, 326, 335, 352, **353 f.**, 356
152	32, **99 f.,** 170 f., 241, 258, 324		
		192	335, **366**
153	96, 258, 310, 479	193	**367 f.**
154	340, 491	194	40, 368
155	97, 103, **118 f.**, 129 f., 138, 148, 235	195	**367**
		196	368
156	**294 f.**	197	368
157	51, 56 f., 115, **119,** 267	199	51, 81, 115, 368
159	83 f.	200	**368**
160	84	201	370
162	103, 149, 180, 258	202	307, 370
163	**288 f.**	204	371 f.
164	97, 107, 118, 165, **178 f.**, 215, 221, 258, 371, 393	205	374 f.
		206	374 f.

§	Rdnr.	§	Rdnr.
207	375 f.	347	381 f.
218	246, **248,** 253, 255, 259, 285, 331, 382	348	358, 378 f., **382 f.**
		349	358, 378 f., **383 f.**
219	248, 326, **357 f.**	350	**395 f.**
220	245, **250 f.**	351	167, 386, **398 f.**
221	**260**	352	145, **396,** 414
222	**261,** 329, 333	353	397
224	277 f.	354	73, 396, **400 f.**
225	277 f.	355	79, 131 f., 156, 186, **387 f.**
226	239, **279 f.**	356	73, 119, 354, 387
227	174, **288 f.,** 360 f.	357	385 f.
228	296, **325 f.,** 360 f.	358	380
229	249, **325 f.,** 362	359	88, 411
230	334	360	145, 205, 365, **412 f.**
231	264 f., **329 f.**	361	19, 69, 264, 270, 271, 329, **405 f.**
232	328		
233	**266 f.**	362	73, 396, **400 f.,** 412
233a	267	363	410
234	241	364	408
235	**269,** 339	365	225, 404, 408
236	**271,** 405	366	132, 411, **418 f.**
237	**270,** 405	367	187, 225, 271, **415 f.**
238	267	368	48, 80, **417**
239	267, 322	369	465
240	72 f., 117, 241, 248, **256 f.,** 263 f., 268, 276, 286, 324	370	195, 269, 303, 308, 310, 328, 339, **467 f.**
241	261	371	33, 303, 339, 359, **475 f.,** 497
251	313	377	483 f.
254	247, 249, 263 f.	378	195, 303, 308, 310, 328, **488 f.,** 497
258	**265,** 329, 381		
261	294 f., 381	379	491 f.
268	235	380	493 f.
297	381	383	495
309	132	386	41
324	132	393	43, 497
328	110, 114, 117, 241, 323, **444 f.**	397	497
		399	498
329	446	410	500 f.
332	151, 445	412	132
334	447		
335	276, 449		

2. Paragraphenschlüssel Finanzgerichtsordnung (FGO)

§	Rdnr.	§	Rdnr.
33	381	69	406
40	152, 365, 412, **423 f.**	73	414
41	423 f.	74	410
44	379, 384, 425	76	428
45	271, 425	90	430, 434
46	271, 384, 423, 425	96	408, 429
47	**387**, 389, 426	100	432
48	396	102	113, 432
56	73	110	433
57	411	113	435
60	205, 412 f., 430	114	407, 436
61	430	115	387, **437**
62	409	116	437
64	385, 389, 424	119	408
65	424	120	387, 389, 437
66	271, 407, 426	128	407, 438
67	426	129	387, 389
68	427	137	271
		139	442

Stichwortverzeichnis

Die Zahlen verweisen auf die Randnummern, die halbfett gedruckten Zahlen bezeichnen die Hauptfundstellen.

A

Abhilfebescheid 187, 416
Ablaufhemmung 201, 202, **304**, 319, 334
Ablehnung von Amtsträgern 33
Abrechnung 246
Abrechnungsbescheid 246, **248**, 285
Abschlußzahlungen 252
Abschnittsprinzip 376
Absolute Unzuständigkeit 48
Abtretung 272
Adressierung **134 ff.**
Akzessorietät 359, 412
Amtspflichtverletzung 33
Amtsträger **33 ff.**, 36, 190
Änderung im Rechtsbehelfsverfahren 427, 225, 187
Änderungssperre 195, 371
Änderung von Steuerbescheiden 176 ff.
Änderung von Zinsbescheiden 266, 267
Androhung 445
Anfechtbares Rechtsgeschäft 210
Anfechtungsklage 152, 423
Angehörige 34, 93
Anlaufhemmung **299**, 316, 327
Anrechnung 246
Anrechnungsverfügung 246
Anrufungsauskunft 376
Anscheinsvollmacht 89
Anspruch aus dem Steuerschuldverhältnis 227
Anstiftung 462 f.
Anwachsung 236

Anwendung der Gesetze **17 ff.**
Anwendungserlaß zur AO 13
Aufhebung von Steuerbescheiden **176 ff.**
Auflage 110
Aufrechnung **279**
Aufteilungsbescheid 235
Aufzeichnungspflicht 94
Augenschein 87
Auskünfte 82, 376
Auskunftspflichten **92 ff.**
Auskunftsverweigerungsrecht 84, **93 ff.**, 368
Auslegung von Gesetzen **18 ff.**
Ausschließung von Amtsträgern 34
Außenprüfung 195, 307, **367**
Aussetzung der Steuerfestsetzung 182
Aussetzung der Vollziehung 264, **406 ff.**
Aussetzungszinsen 270
Auswahlermessen **113**, 357

B

Bedingung 109, 209
Befugnis 395 ff.
Beginn der Zuständigkeit 65
Begünstigende Verwaltungsakte 112, 171
Begünstigung 480 ff.
Behördliche Fristen 69
Beihilfe 462, 464
Beiladung 430
Beistände 89
Beiträge 4
Bekanntgabe 129 ff.

Belastende Verwaltungsakte 112, 171
Berichtigung 163 ff., 363, 448
Berufsgeheimnis 93
Berufung 499
Beschränkt Geschäftsfähige 135
Beschwer 390 ff.
Beschwerde 383, 417
Beschwerde (gerichtliche) 438
Besitzsteuern 6
Bestandskraft 178, 181, 380
Besteuerungsgrundlagen 51, **81**, 103, 213
Besteuerungsgrundsätze 82 ff.
Besteuerungsverfahren 81
Beteiligte 88, 92
Betreuer 90
Betriebsbedingte Steuern 345
Betriebsfinanzamt 50 ff.
Betriebsgeheimnisse **37 ff.**
Betriebsnahe Veranlagung 87
Betriebsprüfungsordnung 367
Betriebsstättenfinanzamt 49
Betriebssteuern 8
Betriebsübernahme 343 ff.
Betriebsvergleich 103
Bevollmächtigte **88 ff.**, 147, 409
Beweislast 83
Bindungswirkung 128, **133**, 160
Bruchteilsgemeinschaft 27
Buchführungspflicht 94
Bundessteuern 5
Bußgeldverfahren 307, **496 ff.**

D

Dauer der Festsetzungsfrist 302
Deklaratorische Verwaltungsakte 111
Dingliche Haftung 335, 352
Direkte Steuern 7
Duldungsbescheid 352 ff.
Duldungsvollmacht 89

E

Eidliche Vernehmung 92
Eigenbesitz 26

Eigentumsvorbehalt 26
Einheitliche und gesonderte Feststellungen 120 ff.
Einheitswertbescheide **124**, 127, 317
Einlegung der Rechtsbehelfe 385
Einspruch 382, 415
Einspruch im Bußgeldverfahren 501
Einspruch im Strafverfahren 499
Einspruchsentscheidung 186, **418 ff.**
Einstweilige Anordnung 407
Einteilung der Steuern 5
Empfangsbevollmächtigter **143**
Ende der Zuständigkeit 65
Enthaltung von Amtsträgern 34
Entschließungsermessen **113**, 175, 356
Entstehung der Steueransprüche 238
Ereignis mit Wirkung für die Vergangenheit **208 ff.**
Ergänzungsbescheide 128
Erhebungsverfahren 113, 169
Erhöhte Bindungswirkung 195, 371
Erinnerung gegen den Ansatz der Gerichtskosten 440
Erklärungstheorie 129
Erlaß 288 ff.
Erlöschensgründe **275**
Ermessensverwaltung 32, 101, **113**, 170, 205, 356, 357, 358
Ermittlungsverfahren **81 ff.**, 113, 169
Ersatzzuständigkeit 61
Ersatzzwangshaft 447
Erstattungsanspruch 230, 244, 255, 353, 495
Erstattung 246
Erstattungszinsen 267
Ertragshoheit 5
Erwerber eines Handelsgeschäftes 349
Evidenztheorie 151

F

Fälligkeit **245**
Fehlerhafte Verwaltungsakte 151 ff.

Stichwortverzeichnis

Festsetzungsfrist **298**
Festsetzungsverfahren 113
Festsetzungsverjährung 298 ff.
Feststellende Verwaltungsakte 111, 114
Feststellungsbescheide **120 ff.**, 143, 176, 206, 393 f., 396, 407
Feststellungsfrist **315**, 318
Feststellungsverjährung 315 ff.
Finanzamt 14
Finanzbehörden 13
Folgeänderungen 207
Folgebescheide **206 ff.**, 311, 399
Form der Rechtsbehelfe 385
Formelles Recht 154
Formfehler 155
Freistellungsbescheide 118, 176, 392
Fremdbesitz 26
Frist **68 ff.**, 387 ff.
Funktionelle Unzuständigkeit 48
Funktionelle Zuständigkeit 47

G

Gebühren 4
Gebundene Verwaltung 113
Gefährdung von
  Abzugsteuern 493 f.
Geltungsbereich der AO 3
Gemeindesteuern 5
Gemeinschaftssteuer 5
Gerichtliches
  Rechtsbehelfsverfahren 422 ff.
Gerichtsbescheid 434
Gerichtskosten 440, 442
Gesamtaufrollung 415
Gesamthandsgemeinschaft 27
Gesamthandsverhältnis 27
Gesamtrechtsnachfolge 139, **236**, 365
Gesamtschuldner 235, 357
Geschäftsgeheimnisse **37 ff.**
Geschäftsleitungsfinanzamt **50**, 58
Geschäftsunfähige 135
Gesetz 11
Gesetzliche Fristen 70

Gesetzliche Haftung 336 ff.
Gesetzliche Vertreter 90, 312, 336
Gesetzmäßigkeit **85**, 288
Gesetzwidriges Handeln 28
Gesonderte Feststellungen 122, 316
Gestaltungsklage 423
Gewerbesteuermeßbescheid 60
Gleichmäßigkeit 4, 85
Grammatische Auslegung **19**
Grobe Fahrlässigkeit 192, 338
Großer Senat 422
Grundlagenbescheid **206 ff.**
Grundsteuermeßbetrag 60
Gründungsgesellschaft 348

H

Haftung **335 ff.**
Haftung der Gesellschafter 346 ff.
Haftungsanspruch 228, 242
Haftungsbescheid 248, 326, **353 ff.**
Haftungsschuld 335
Haftungsschuldner 335, 357
Haftung steuerlicher
  Hilfspersonen 336 ff.
Haftungsverfahren 353 ff.
Haftungsverjährung 360 ff.
Hauptveranlagungszeitraum 301
Heilung von Verfahrensfehlern 155
Hinterziehungszinsen 269
Hinzuziehung 145, 205, **412 ff.**
Höhere Gewalt 304

I

Indirekte Steuern 7

K

Klagen 423
Konkursforderung 313
Konkursmasse 313
Konkursverfahren 313
Konstitutive Verwaltungsakte 111
Kontoauszug 246
Kontenwahrheit 341
Kontrollmitteilung 369
Korrektur von
  Verwaltungsakten **160 ff.**, 363

Kostenfestsetzungsbeschluß 442
Kuvertierung 133, 140 ff.

L

Lagefinanzamt 250
Landessteuern 5
Legalitätsprinzip 484
Leichtfertige Steuerverkürzung 303, **488 ff.**
Leistungsgebot **247**, 250
Leistungsklage 423
Liquidation 136, 137, 143
Logisch-systematische Auslegung 20
Lohnsteueraußenprüfung 367

M

Mangel im Bescheid 134
Materielle Fehler 216 ff., **219**
Materielles Recht 154, 170
Meßbetragsverfahren 115
Minister 16
Mißbrauch rechtlicher Gestaltungsmöglichkeiten 30
Mitberichtigung von Rechtsfehlern 167, **216 ff.**
Mittäter 461
Mittelbarer Täter 460
Mitwirkungspflichten 87 ff.
Monopole 6

N

Nachforderungszinsen 267
Nachlässe 312
Nachmeldung 258
Nebenbestimmung **107**, 262
Negativer Feststellungsbescheid 121
Neue Beweismittel 189 ff.
Neue Tatsachen **190 ff.**
Nichtiges Rechtsgeschäft 210
Nichtigkeit v. Verwaltungsakten 48, 150, **151 ff.**
Nichtrechtsfähige Vereine 347
Nichtsteuerbescheide 169
Nichtzulassungsbeschwerde 437

Niederschlagung **294**, 295
NV-Mitteilungen 118, 169, 383

O

Oberfinanzdirektion 15
Offenbare Unrichtigkeit **164**, 225, 305
Offenbarung von Steuergeheimnissen **40 ff.**
Opportunitätsprinzip 484
Organisationsmangel 77
Organschaft 341
Örtliche Zuständigkeit 49

P

Pauschalierung 85
Personensteuern 8
Persönliche Billigkeitsgründe 289
Persönliche Haftung 335
Pfändung 274
Postulationszwang 409
Prozeßstandschaft 396
Prozeßzinsen 271
Prüfungsanordnung 368
Prüfungsbericht 370, 381
Prüfungshandlung 371
Prüfungszeitraum 367

R

Realsteuern 8
Rechtliches Gehör 86, 408
Rechtsbehelfe gegen Änderungsbescheide 398
Rechtsbehelfe gegen Folgebescheide 399
Rechtsbehelfsbefugnis 395 ff.
Rechtsbehelfsbelehrung 358, 387, 420
Rechtsbehelfsentscheidung 418 ff.
Rechtsbehelfsfrist 387 ff.
Rechtsbehelfskosten 442
Rechtsbehelfsverfahren 186, 187, 225, 306, 364, **377 ff.**
Rechtsbeschwerde 438, 501
Rechtsfehler 170, 215
Rechtsgeschäfte 210

Stichwortverzeichnis 411

Rechtsgestaltende
  Verwaltungsakte 111
Rechtshängigkeit 271, 426 ff.
Rechtsnormen 11
Rechtswidriger Verwaltungsakt 170
Regelmäßige Verjährungsfrist 302
Revision 437, 499
Richtigstellung von
  Feststellungsbescheiden 128
Rückforderungsbescheid 230, 244, 245
Rücknahme **169 ff., 225,** 363, 448
Rücknahme von
  Rechtsbehelfen 400
Rückwirkendes Ereignis 208 ff.
Ruhen des Verfahrens 410

S

Sachhaftung 335, 352
Sachliche Billigkeitsgründe **290**
Sachliche Unzuständigkeit **48,** 188, 375
Sachliche Zuständigkeit **47,** 292
Sachsteuern 8
Sachverständige 87
Saldierung von Rechtsfehlern 167, **215 ff.**
Sammelhaftungsbescheid 354
Säumniszuschläge 245, **256 ff.**
Schätzung 103
Scheingeschäfte 29
Schlichte Änderung **183 ff.**
Schlußbesprechung 370
Schonfrist 257
Schuld 456
Selbstanzeige 33, **475 ff.,** 490
Sicherungseigentum 25
Sittenwidriges Handeln 28
Sprungklage 425
Statthaftigkeit 381 ff.
Steueranmeldung **97,** 119, 176, 327
Steueranspruch 227
Steuerbegriff 4
Steuerbescheide **118 ff.,** 142
Steuerentrichtungspflichtige **232**

Steuererklärung 95 ff., 99
Steuererstattungsgläubiger 237
Steuerfahndung 307
Steuergefährdung 491 f.
Steuergeheimnis 33, 36 ff.
Steuerhinterziehung 303, 467 ff.
Steuerklausel 209
Steuerliche Hilfsperson 366 ff.
Steuerliche Nebenleistungen 227, 241, 253, 353
Steuermeßbescheide 116, 176, 321
Steuermeßbeträge 60
Steuern (Übersicht) 9
Steuerordnungswidrigkeiten 308, 450, 487 ff.
Steuerpflichtige **233**
Steuerrechtsfähigkeit **234**
Steuerschuldner **231**
Steuerschuldverhältnis 226, 227, **231,** 353
Steuerstrafverfahren 307, 496 ff.
Steuervergütungsansprüche **229,** 243, 254
Steuervergütungsbescheid 176
Steuervergütungsgläubiger 237
Steuerverwaltungsakte **105 ff.,** 353
Strafaufhebungsgrund 457
Strafbefehl 498 f.
Straftäter 458
Strafverfolgungsverjährung 465
Stundung 261 ff.
Stundungszinsen 268
Subsumtion 31

T

Tatbestandsmäßigkeit **30,** 238
Tätigkeitsfinanzamt 50 ff.
Tatsächliche Verständigung 370
Teilabhilfebescheid 187
Teiländerung 184
Teilrichtigkeit 153
Telefax 96, 385
Teleologische Auslegung 21
Termin **68**
Treuhandschaft 24, 84

Treu und Glauben 193, 276, 290, 294, 376
Typisierung 85

U

Übermittlung von Steuerbescheiden 140 ff.
Umdeutung 158
Umsatzsteuerprüfung 367
Unbilligkeit 289
Unlautere Mittel 188
Untätigkeitsbeschwerde 384
Untätigkeitsklage 384, 423, 425
Unterbrechung **329**
Unterbeteiligung 121
Unternehmensfinanzamt 50
Untersuchungsgrundsatz 82
Unwirksame Rechtsgeschäfte 28
Unzuständigkeit 67
Urkunden 87
Urteile 431

V

Veranlagungsverfahren 81
Verbindliche Auskunft 376
Verbindliche Zusage 372
Verbleibender Verlust 126
Verböserung 415
Verböserungsverbot 429
Verbrauchsteuern 6
Verfahrensfehler 155
Verfallklausel 262
Verfassungsbeschwerde 443
Verfügungsberechtigter 337
Vergütungsansprüche 229, 243, 254, 495
Verhältnismäßigkeitsgrundsatz 82
Verjährung **296**
Verkehrsteuern 6
Verlängerte Verjährungsfrist 303
Vermögensübernehmer 350 f.
Vermögensverwalter 337
Verpfändung 273
Verrechnungsvertrag **287**
Verschiebung der Fälligkeit 260

Versicherung an Eides Statt 92
Verspätungszuschlag **99 ff.**, 258, 324
Verständigungsvereinbarung 215
Vertragliche Haftung 366
Vertrauensschutz 171, 172, 174, **221 ff.**, 375
Vertreter von Amts wegen 91
Vertretung im Rechtsbehelfsverfahren 409
Verwaltungsakt **105 ff.**, 353
Verwaltungsfinanzamt 50 ff.
Verwaltungshoheit 6
Verwarnung 500
Verwertungsverbot 93, 371
Verwirklichung 245
Verwirkung 276, 323
Verzicht auf Rechtsbehelfe 400
Vollmacht 89, 409
Vollstreckungsaufschub 265
Vollstreckungskosten 322
Vollstreckungsverfahren 113, 169, 444
Vorauszahlungen 251
Vorauszahlungsbescheide 118
Vorbehalt der Nachprüfung 97, 177, **178 ff.**, 393
Vorbereitungshandlung 474
Vorgesellschaft 348
Vorgründungsgesellschaft 348
Vorlageverweigerungsrechte 93
Vorläufiger Steuerbescheid 129, **180 ff.**, 309, 393
Vorverfahren 380 ff., 500
Vorverlegung der Fälligkeit 260
Vorsatz 338, **471 ff.**
Vortragsfähiger Gewerbeverlust 126

W

Wechsel der Zuständigkeit 65
Widerruf **169 ff.**, 225, 363, 448
Widerrufsvorbehalt 109
Widerstreitende Steuerfestsetzung **196 ff.**, 413
Wiederaufnahme 441
Wiederaufrollung 415

Stichwortverzeichnis 413

Wiedereinsetzung **73**, 156
Wirtschaftliche
  Betrachtungsweise 22 ff.
Wohnsitzfinanzamt **50**, 53

Z

Zahlung 277
Zahlung durch Dritte 277
Zahlungstag **278**
Zahlungsverjährung **325**, 362
Zerlegungsbescheide 116, 176
Zinsbescheid 176, 266
Zinsen **266 ff.**, 322, 328
Zölle 6
Zolltarifauskunft 376

Zulässigkeit der
  Rechtsbehelfe **380 ff.**, **424 ff.**
Zurechnung von
  Wirtschaftsgütern 23
Zusammengefaßter
  Steuerbescheid 118, 138, 235
Zusicherungen 376
Zuständigkeit 46 ff., 353
Zuständigkeit in Großstädten 54
Zuständigkeitsstreit 62, 63
Zuständigkeitsvereinbarung 64
Zustellung **132**
Zuteilungsbescheide 116, 176
Zuziehung, siehe Hinzuziehung
Zwangsgeld 276, 323, **444**
Zwangsmittel 104, **444 ff.**